제2판

한국, 영국, 캐나다, 호주 현장 사례 분석

다문화교육과 평생교육

이론과 실제

김진희 저

박영story

제 2 판
머리말

　모든 사람은 인간으로서 존엄성을 보장받고 자신의 성별, 연령, 인종, 장애, 계층을 이유로 정치, 사회, 경제적으로 차별과 배제를 받지 않아야 한다. 이는 193개국 회원국으로 구성된 유엔(UN)이 채택한 세계인권선언에 반영되어 있는 사상이자, 대한민국 헌법에도 반영되어 있는 가치이다. 사상과 가치는 명문화된 수사학(修辭學)에 그치는 것이 아니라, 우리 개인들의 '삶과 경험을 변화'시키고, 개인과 집단, 사회, 더 나아가 세계와 관계를 맺는 다양한 방식에 과정적으로 개입하는 가장 근본적인 토대가 되어야 한다.

　그런데 오늘날 우리의 교육은 이러한 튼튼한 사상적 토대 위에서 합리적인 방식으로, 정의로운 방향에서, 다양성과 존엄성을 보장하며, 인간의 보다 나은 성장을 도모하는 방식으로 전개되고 있는가? 한국 사회의 각종 통계자료와 엄격한 지표를 논거로 제시하지 않더라도, 우리가 일상 생활세계에서 체감하고 켜켜이 축적해온 인지 체계에서 '그렇지 않다'라는 인식이 더욱 우세할 것이다.

　<다문화교육과 평생교육>은 이러한 거대한 문제의식에서 출발하여, '다문화'와 '평생교육'이 교차하는 실제 세계를 이론적으로 분석하고, 사례와 현상을 연구한 이론서이다. 2016년 이 책을 출간하고 2년 만에 개정판을 내놓는 시점에서, 2018년 현재 전체 인구의 약 5%에 육박하는 구성원들이 다문화배경을 가지고 있는 전환적 상황을 읽을 수 있다. 법무부에 따르면, 2018년 1월을 기준으로 국내 장단기 체류 외국인(212만 8,400명)과 국적 취득자(15만 9,400명)를 더하면 약 230만 명이 이민

i

자 배경을 가지고 있다. 한편, 평생교육은 시민 개인과 집단의 일상 영역에서 직간접적인 영향을 미치고 있다. 2017년 한국교육개발원이 발표한 자료에 따르면, 우리나라 성인 평생학습 참여율은 35.8%로 점차 증가하고 있는 상황이다. 이 책의 주장은 명료하다. 다문화교육은 평생교육 맥락에서 실천되어야 하고, 평생교육은 인종, 민족, 국적, 계층 등 이질적인 배경을 가진 학습자를 포용하고 참여적 민주시민성을 함양하는 방향에서 전개되어야 한다는 저자의 소신에는 변함이 없다.

개정판을 낸지 2년 만에 새롭게 제2판을 내놓게 되었다. 제2판은 일부 책의 구성과 내용을 새로운 논문으로 보강하였다. 전체적으로 가능한 통계 자료를 최근 데이터로 바꾸거나 추가하였다. 특히 <제2부> '다문화사회, 변화하는 평생교육 정책과 실제'에서는 4장에 '성인학습자 대상 다문화교육의 실제와 쟁점'을 새롭게 집필하고, 5장에 '한국 기업의 다문화교육 프로그램 전개 양상과 특성'을 구성함으로써 국가, 시민사회, 기업 등 다양한 주체들이 다문화교육을 추진하고 있는 양상을 평생교육학의 프리즘으로 분석하였다.

그동안 이 책을 교재로 활용하는 교수님들과 학생들, 현장의 실천가들로부터 질문을 받고 건설적인 조언을 얻기도 하였다. 이러한 관심에 감사드리며, 향후 필요한 실증 연구에 대한 아이디어를 주신 분들께도 고개 숙여 감사함을 전한다. 이 책을 통해서 독자들이 다문화교육과 평생교육에 관한 사회과학적 인식의 지평을 넓히고, 비판적인 토론을 학계와 실천 영역에서 이끌어주신다면 저자로서 더욱 값진 보람을 얻고 학문적 긴장감을 놓치지 않을 것이다.

2018년 5월
저자 김진희

다문화교육은 평생교육이다. 다문화교육은 인생의 특정한 연령과 시기, 학교라는 특정한 공간에서 이루어지는 것이 아니라 인간이 전 생애에 걸쳐서 자신의 경험을 생활세계에서 끊임없이 재구성하면서 평생교육 차원에서 이루어져야 한다. 그런데 평생교육은 국경을 넘어서 존재한다. 우리나라에서 평생교육의 이념을 구현하기 위한 법제화는 1980년 헌법 제 29조에 '국가는 평생교육을 진흥해야 한다'라고 명시됨으로써 본격화되었다. 그 이후 우리나라의 평생교육은 제도화의 기틀을 마련하면서 전 사회적으로 평생학습의 요구가 높아지고 이와 함께 평생교육 진흥 활동이 각 계각층에서 이루어져왔다. 이러한 과정을 거치면서 최근 아시아 태평양 지역에서 한국의 평생교육이 우수 사례로 주목받으면서 일부 개발도상국가는 우리나라의 평생교육 제도와 실천을 벤치마킹하는 움직임도 전개되고 있다.

한편 한국의 평생교육 이론과 현상 역시 끊임없이 변화하고 있다. 평생교육이 한국에서 뿌리를 내리기 시작하면서 학술적 논의와 현상적 실제에 대한 관심 역시 다양한 양태로 확장되어 왔다. 최근에는 글로벌화, 다문화라는 시대적 상황과 조우하면서 자신이 태어나고 자란 고향을 떠나 새로운 삶을 살아가는 사람들이 점증하고 있다. 이미 한국사회에도 외국 출신 체류인구가 전체 인구 구성의 4%를 차지하는 것을 눈앞에 두고 있는 상황이다. 일터에서, 학교에서, 길거리에서, 시장에서, 지역사회에서, 그리고 미디어에서 다문화 배경을 가진 사회 구성원을 만나는 것이 더 이상 낯설지 않다. 다인종, 다문화사회로의 전환이 급속하게 이루어지고 있는 것이다. 다문화사회를 이미 구성한 해외 국가들이 오랜 시간에 걸쳐 형성한 다문화 구성체가 우리나라에서는 약 20여 년간의 짧은 기간 동안 빠르게 형성되었기에 더 많은 연구와 실천에 대한 진지한 성찰이 수반되어야 한다.

평생교육학은 다른 어떤 학문분야보다 사회문화적 맥락이 살아 숨 쉬는 분야이며, 일상 생활세계에서 언어와 행위, 경험을 반영하는 연구 분야이다. 평생학습은 인간이 생애에 걸친 경험의 재구성과 성장의 변증법을 거치는 과정인데 그것이 개인적 경험과 외재적 역량을 키우는 데 그치는 것이 아니라, 사회라는 복잡다단한 관계망을 통해서 개인과 집단의 학습 맥락을 다각적으로 읽어내는 것이 중요하다. 오늘날 다문화라는 시대적 조류와 맞닿은 평생교육은 어떠한 체계를 갖추고 어떠한 역할을 수행해야 하는가? 우리사회에서 다양한 인종적, 민족적, 국적, 문화적, 종교적 배경을 가진 이주민을 향한 불편한 시선은 여전히 존재하고 있다.

우리사회 내부에서뿐만 아니라 경제협력개발기구(OECD)의 사회통합 관련 각종 국제 지표에서 우리나라는 최하위 그룹에 속해 있다. 사회자본지수, 사회통합지수, 장애인과 타인에 대한 관용 지수, 인간 자유와 관한 지수, 복지와 분배와 관련한 지수에서 낙관할 수 없는 전망을 나타내고 있다. 그동안 민주주의와 소수자의 해방, 모든 이를 위한 교육과 학습권의 복원, 그리고 사회 통합에 대해서 치열한 고민을 해 온 평생교육학은 이러한 사태에서 뒷걸음칠 수 없다. 이를 볼 때 다문화사회로 전환되어 가고 있는 한국사회에 절실하게 필요한 것은 학교 담장을 넘어서 다양한 채널을 통해서, 다양한 사회구성원들이 더불어 살아가는 가치를 인식하고 함께 살아가기 위한 공존(共存)의 민주시민성을 끊임없는 배움의 과정을 통해서 내재화해야 하는 과업이다. 이것이 곧 다문화 평생교육으로 개념화될 수 있다.

다문화사회는 복합적인 이질성과 혼종성을 정책과 제도를 넘어서 일상 생활세계에서 마주치게 되는 사회이다. 따라서 다문화 맥락에서 평생교육의 연구 영역과 실천의 패러다임이 바뀔 수밖에 없다. 다문화사회와 평생교육의 형상도 점차 달라지는 변화의 과정 앞에 놓여 있다. 이러한 관점에서 이 책은 다문화사회의 평생교육에 대한 이론적 이해를 높이고, 변화하는 현장을 다각도에서 분석하였다. 이 책은 저자가 2010년부터 2015년 동안 우리나라를 비롯하여 영국, 캐나다, 호주, 독일, 노르웨이, 남아프리카공화국 등 세계의 다양한 평생교육 현장을 공부하고 지역 현장 사례에 참여하면서 집필해온 여러 논문의 일부를 정리한 것이다. 또한 이 논문들은 그동안 한국연구재단의 주요 등재학술지인 「평생교육학연구」, 「Andragogy Today」,

「다문화교육연구」, 「비교교육연구」에 출판된 내용을 새롭게 3부의 형태로 재구성한 것이다.

<제1부>에서는 다문화와 평생교육의 조우를 이론적으로 조망하고, 다문화 사회에서 평생교육 담론의 재편성이 어떤 방향으로 이루어지는지를 논의하였다. <제2부>에서는 다문화사회로 전환되고 있는 우리사회에서 평생교육의 정책 지형을 살펴보고, 실제 다문화적 생활세계가 나타나면서 조금씩 변화하는 평생교육의 현장을 질적 연구 방법론을 통해서 분석하였다. 이를 통해서 다문화인구로 정의되는 국제결혼이주민, 이주노동자의 목소리를 직접 듣고 우리나라의 지역사회와 구성원들이 어떻게 변화하는지를 탐구하였다. <제3부>에서는 우리보다 앞서 다문화국가를 형성한 주요 해외 선진국의 평생교육 현장과 사례를 구체적으로 분석하였다. 특히 다문화정책을 견고하게 유지해 온 영국, 캐나다, 호주에서 다양한 이주민 배경을 가진 개인과 집단들이 어떠한 방식으로 상호교섭하고 역동하는지를 다층적으로 분석하였다.

이 책은 다문화교육과 평생교육이론의 렌즈로 현장을 분석하고, 현장의 실체를 통해서 이론을 재구성하기 위한 노력의 편린이라 할 수 있다. 특히 저자는 이주배경을 가진 학습자 중 정신적, 육체적 고통을 겪으며 가장 극적인 삶의 경험을 가진 국제난민들을 연구하는 과정을 통해서 인간에게 '평생학습은 호흡과 같은 본능적 활동'이라는 이론을 입체적으로 재확인할 수 있었다. 이 책은 다문화사회의 평생교육에 종합적인 이론의 총론을 제공하거나 모든 해법을 제시하지 못한다. 오히려 관련 연구 분야에 대한 이론적, 실천적 고민을 켜켜이 담고 있다.

다만 이 책은 글로벌 시대와 다문화사회에 조응하는 평생교육의 새로운 역할 논의가 더욱 심화되어야 한다는 점을 분명하게 보여주고 있다. 우리나라의 평생교육학은 인종의 다양성, 문화적 다양성, 민족의 다양성, 정체성의 다양성을 비판적으로 통찰하고 이에 대한 학술적 논의를 보다 확장해 가야 한다. 그동안 깊숙이 조명 받지 못했던 다중 복합적 경험양식과 학습세계를 가진 이주민에 대한 이해를 높이고, 다문화라는 사회 변환에서 새롭게 재구성되는 정주민들의 평생학습의 역동과 의미를 밝히고, 나아가 우리사회 모든 구성원들의 다문화 리터러시(literacy)를 높여야 하는 것도 평생교육의 주요 과제라 할 수 있다.

이 책의 부족함이 있다면 그것은 오롯이 저자의 몫이다. 이 책의 발간을 맡아주신 박영사 대표님과 편집과 교정을 지원해주신 노현 부장님과 전채린 대리님을 비롯한 편집진의 노고에 깊은 감사의 말씀을 드린다. 그동안 논문을 쓰면서 저와 함께 많은 고민을 하며 소통해 온 선배 동료 연구자들, 그리고 대학 강단에서, 이런 저런 강연에서 날카로운 질문을 던지며 연구자를 부단하게 일깨워준 분들께도 마음 깊이 감사를 드린다. 특히 이 책에서 「외국 출신 이주민을 포용하는 평생교육 정책과 쟁점」과 「캐나다와 호주의 전문대학의 성인 이주민을 위한 교육 현황」은 이로미 박사와의 공동 저작으로 발간한 논문을 토대로 하고 있다. 후자의 경우는 2010년에 발간된 『전문대학의 다문화 교육 현황 및 제도 개선 연구』의 일부를 활용하여 2014년에 논문으로 새롭게 집필한 것이다. 다문화와 평생교육이라는 거대한 키워드를 함께 고민하는 훌륭한 동료 연구자의 혜안과 소통이 없었다면 탄생하지 못했을 논작이다.

루드비히 비트겐슈타인(Ludwig Josef Johann Wittgenstein)은 나의 언어의 한계는 나의 세계의 한계를 뜻한다고 했다. 언어는 상이한 개별 주체간의 단순한 의사소통 수단이 아니라, 자기 세계를 드러내고 세계를 인식하는 창이 된다. 외면적으로 볼 때 우리는 같은 시간과 공간에 존재하는 것 같지만, 각자의 언어를 통해서 경험하지 못한 다른 세계를 만나게 된다. 이 책이 가진 언어의 한계가 있을지라도 독자들이 다른 세계를 조우할 수 있기를 소망한다. 현재 다문화교육과 평생교육에 종사하는 연구자들과 실천가들에게, 지금도 더 나은 교육을 실천하기 위해 노력하고 계시는 분들에게 조금이라도 도움이 된다면 더 바랄 나위가 없을 것이다.

2016년 7월
저자 김진희

차례

Part O1
이론적 이해: 이론과 담론의 재편성

chapter O1 열린 평생학습사회와 교육체제의 변화 ································3

Ⅰ. 서론 4

Ⅱ. 학습사회가 상정하는 교육체제의 지형 변화 6

    1. 평생학습과 교육체제 변화 의미 6

    2. 학습사회 안에서 재구성되는 교육체제와 변화 8

    3. 공교육 체제의 유연성 확보와 연계 강화 11

Ⅲ. 교육체제 재구조화를 위한 조건과 방향성 15

    1. 교육 영토를 둘러싼 새로운 기획 15

    2. 교사, 학습자, 공동체를 중심으로 한 교육체제 통합 16

    3. 평생학습사회의 통합적 교육과정 18

    4. 학교-사회-삶의 경계 넘기 24

Ⅳ. 결론 및 시사점 26

chapter O2 평생학습 담론과 다문화교육의 조우: 의미와 맥락 ·········33

Ⅰ. 서론 34

Ⅱ. 평생학습에서의 다문화 담론: 이론적 고찰 39

    1. 성인교육 논의에서 살펴본 평생학습과 다문화주의 지형 39

2. 경계선을 넘나드는 다문화적 학습 담론 42

Ⅲ. 학습사회의 관계와 소통 다원성: 시민사회와 참여적 시민 45

Ⅳ. 다문화주의에 기반한 평생교육 논의의 새로운 방향 49

Ⅴ. 결론 및 시사점 52

Part 02

다문화사회, 변화하는 평생교육 정책과 실제

chapter 01 외국 출신 이주민을 포용하는 평생교육 정책과 쟁점 ·······63

Ⅰ. 서론 64

Ⅱ. 이주민 평생교육에 대한 개념적 이해와 동향 분석 66

1. 이주민 평생교육의 이념과 지향성에 대한 논의 66

2. 이주민 평생교육의 법적 기반과 준거에 대한 비판적 고찰 71

Ⅲ. 주요 부처별 이주민 대상 평생교육의 실제 75

1. 여성가족부의 추진 현황 76

2. 고용노동부 추진 현황 78

3. 안전행정부 추진 현황 80

4. 문화체육관광부 추진 현황 82

Ⅳ. 이주민 대상의 평생교육 쟁점과 논의 84

1. 평생학습 관점의 누락과 칸막이 구획화 84

2. 다문화의 딜레마와 평생교육 대상의 제약 86

3. 교육사업과 단위 프로그램의 내용적 한정 88

4. 이주민 대상 평생교육 통합방식의 모호성과 상호작용 부재 90

Ⅴ. 결론 및 시사점 92

chapter 02 국제결혼이주여성과 이주여성노동자의 교육 참여 현실 ···99

Ⅰ. 서론 100

Ⅱ. 이론적 배경 102

　　1. 이주의 여성화와 이주여성문제에 대한 비판적 이해 102

　　2. 이주여성의 교육과 사회 적응에 대한 논의와 실천 105

Ⅲ. 연구방법 109

Ⅳ. 분석결과 및 논의 112

　　1. 교육 참여의 현실과 한계 112

　　2. 평생교육의 역할과 과제 120

Ⅴ. 결론 및 시사점 126

chapter 03　지역사회 이주노동자 지원센터와 다문화학습 ·················131

Ⅰ. 서론 132

Ⅱ. 평생교육담론과 다문화주의 논의: 이론적 고찰 140

Ⅲ. 평생학습의 다문화주의 맥락: 실제 탐색 144

　　1. 학습의 맥락: 타자화, 갈등 그리고 다문화적 학습 역동 144

　　2. 학습의 구성 양식과 학습 내용: 다원성을 통한 경험의 재구조화 150

　　3. 현상학적 해석: 존재, 관계, 그리고 다문화적 경험을 통한 성장 159

Ⅳ. 결론 및 시사점 163

chapter 04　성인학습자 대상 다문화교육의 실제와 쟁점 ·················171

Ⅰ. 서론 172

Ⅱ. 이론적 배경 176

　　1. 평생교육과 다문화교육: 맥락과 접근 176

　　2. 성인대상 다문화교육: 목적, 대상 및 주체, 내용과 방법을 중심으로 178

Ⅲ. 성인대상 다문화교육의 실제 분석 186

　　1. 성인대상 다문화교육의 목적 186

　　2. 성인대상 다문화교육의 대상 및 주체 189

　　3. 성인대상 다문화교육의 내용과 방법 191

Ⅳ. 성인대상 다문화교육의 쟁점, 한계, 그리고 방향 194

chapter 05 한국 기업의 다문화교육 프로그램 전개 양상과 특성 ····201

I. 서론: 문제제기 202

II. 이론적 배경 203

    1. 다문화주의와 기업에 대한 이해 203

    2. 기업의 사회적 책임(CSR)과 다문화를 둘러싼 논의 204

    3. 다문화맥락에서 기업의 다양성 관리와 사회 통합 논의 205

III. 연구대상 및 분석틀 206

    1. 문헌분석 206

    2. 자료선정과정 207

    3. 자료분석과정 208

IV. 분석결과: 단계별 흐름 분석과 내용 쟁점 209

    1. 한국 주요 기업의 다문화교육 프로그램의 정책과 기조 209

    2. 주요 기업의 다문화교육 프로그램의 특성과 내용 214

    3. 주요 기업의 다문화교육 프로그램의 참여 대상 변화 추이 218

V. 기업의 다문화교육 프로그램 한계와 시사점 220

    1. 시대의 흐름을 수동적으로 따라가는 변방의 파편화된 프로그램 220

    2. 다양성 관리와 유리된 기업 다문화교육 프로그램 221

    3. 다문화교육 프로그램 참여 대상 및 효과의 표피성과 불투명성 222

VI. 결론 및 시사점 223

Part 03

해외 다문화국가의 평생교육 현장과 사례

chapter 01 다문화주의를 둘러싼 서구 유럽의 갈등과 평생교육 ·······231

I. 서론 232

II. 다문화주의와 다문화교육에 대한 이론적 이해 234

    1. 이주, 다문화주의, 그리고 다문화교육 234

2. 통치 담론으로서의 다문화주의:
다문화주의 갈등을 이해하는 렌즈 236
Ⅲ. 다문화주의를 둘러싼 해외의 갈등 담론과 이슈 고찰 238
1. 주요 국가별 다문화주의를 둘러싼 갈등 담론 240
2. 해외의 다문화주의 관련 갈등과 소요 246
3. 호주의 난민 폭력 시위와 다문화주의를 둘러싼 긴장 253
Ⅳ. 한국의 다문화 갈등 상황과 다문화교육의 방향 256
1. 다문화주의 갈등의 일면: 외국인에 대한 목욕탕 차별 256
2. 한국의 다문화 갈등과 다문화교육 성찰 259
Ⅴ. 결론 및 시사점 261

chapter O2 영국의 중도입국 다문화가정 학생을 위한 교육지원 체계 ⋯271
Ⅰ. 서론 272
Ⅱ. 영국의 다문화가정 학생을 위한 교육 기조와 방향 274
1. 영국 다문화배경 학습자 지원을 위한 교육복지 기조 274
2. 영국의 중도입국 다문화가정 학생 현황 275
Ⅲ. 다문화가정 학생을 위한 교육지원체제 279
1. 중도입국 다문화 학생을 위한 교육지원 방안과 그 특징 279
2. 다문화배경을 가진 학생을 위한 학교 지원 방안 288
3. 교육지원체제 성공 사례 295
Ⅳ. 결론 및 시사점 300

chapter O3 캐나다의 이주민 정착 지원을 위한 교육 실제 ⋯⋯⋯⋯⋯⋯311
Ⅰ. 서론 312
Ⅱ. 이론적 배경 312
Ⅲ. 연구방법 316
Ⅳ. 연구결과 317
1. 캐나다의 이주민 교육지원정책 특성:
다문화주의 모형과 간문화적 접근 317

2. 캐나다 연방정부의 이주민 지원과 커뮤니티 기반 교육적 접근 319

3. 캐나다 지방정부의 이주민 교육내용 및 프로그램:
   프린스 에드워드 아일랜드를 중심으로 322

4. 이주민 교육의 주체, 수혜자 및 학습자: 교육 초점과 특성 324

Ⅴ. 결론 및 시사점 331

chapter 04 캐나다와 호주 전문대학의 성인 이주민을 위한 교육 실제 … 339

Ⅰ. 서론 340

Ⅱ. 이론적 배경 341

Ⅲ. 캐나다 전문대학의 이주민교육 현황 분석 344

1. 캐나다의 이주민 유입상황 및 실태 344

2. 캐나다의 이주민교육 정책 345

3. 이주민교육기관으로서의 캐나다 전문대학 역할 346

4. 캐나다 전문대학의 이주민교육 사례 347

Ⅳ. 호주 전문대학의 이주민교육 현황과 특성 350

1. 호주의 이주민 유입상황 및 실태 350

2. 호주의 이주민교육 정책 351

3. 이주민교육기관으로서의 호주 전문대학 역할 352

4. 호주 전문대학의 이주민교육 사례 353

Ⅴ. 결론 및 시사점 355

chapter 05 호주의 국제난민을 둘러싼 다문화담론과 이주민 교육 … 365

Ⅰ. 서론 366

Ⅱ. 다문화담론과 평생교육 논의 366

Ⅲ. 난민 이주민을 둘러싼 다문화담론의 양면성:
   인도주의와 통치성 371

1. 인도주의적 이념(humanitarian ideology)으로서의 다문화주의 372

2. 국민국가의 통치성(governmanality)으로서의 다문화주의 375

Ⅳ. 난민 성인학습자를 위한 교육 프로그램과 그 전개 378

1. 이주민을 위한 성인 영어교육 서비스: 정부의 공적 지원 378
2. 지역사회의 시민 의식 함양 프로그램:
    시민사회의 다문화학습 저변 380
3. 정부−시민단체−학계의 연계 협력 움직임 383
4. 제한된 교육 접근성과 다문화담론의 실천 괴리: 한계와 과제 384
Ⅴ. 결론 및 시사점 388

chapter 06 호주의 국제난민 정착과 난민 이주민의 학습활동 실제 ···· 397
Ⅰ. 서론 398
Ⅱ. 초국경 이주와 평생학습 논의 401
Ⅲ. 연구방법 407
Ⅳ. 분석결과 409
1. 학습 맥락 및 과정: 분절을 통한 학습 역동 409
2. 학습 영역 및 내용: 소외, 성찰, 전환 416
Ⅴ. 결론 및 시사점 424

찾아보기 ···432

이론적 이해: 이론과 담론의 재편성

Part

01

열린 평생학습사회와 교육체제의 변화

연구개요

　세계의 교육개혁은 학습사회를 구현하는 데 초점을 맞추고 있다. 다양한 시간과 공간에서 전개되는 '평생학습'을 국가 및 시민 사회 발전의 필수불가결한 동력으로 인식하면서, 유연하고 통합적인 학습사회의 도래를 도모하고 있는 것이다. 평생학습 태제에서 기존의 교육체제를 재구조화하는 다양한 시도 가운데 하나로서, 학교를 중심으로 한 교육 영토의 대통합과 평생학습 인프라 구축이 강조되고 있다. 그렇기에 평생교육학 영역에서 학교교육을 다시금 성찰하는 것은 분명 중요한 지점이다. 이에 본 연구는 교육시스템을 둘러싼 담론과 실천의 새로운 변화를 읽고, 그 변화의 방향과 주요 조건들을 분석하였다. 즉 평생학습체제에서 교육시스템의 재구조화란 무엇을 의미하는지 이론적으로 고찰하였고, 공교육체제에서 교육 영토의 유기적 연계는 어떤 방향에서 이루어지는가를 탐색하였다.

　연구 결과 첫째, 교육시스템은 다양한 교육 주체 및 학습자의 역량을 강화하기 위해 통합적 교육과정을 개발하고 네트워크에 기반을 둔 교육환경을 구축하는 방향으로 변화해야 함을 확인할 수 있었다. 둘째, 다양한 학습자의 교육 활동을 시간적 흐름에 따라 조정하는 '수직적 통합'과 학교 담장을 벗어나 지역 사회에서 연계를 이루는 '수평적 통합'이 교육시스템 변화의 핵심 조건임을 도출하였다. 셋째, 평생학습지원체제를 실현하기 위한 교육시스템은 연대적 통합성, 사회적 공공성, 학습기회 접근의 개방성 확보라는 큰 방향에서 재구조화되는 방향으로 진전되어야 한다. 따라서 학습사회에서 교육시스템은 정형화된 단일 체제나, 교육제도간의 물리적 병합이 아니라, 학령기는 물론 성인 학습자의 다양한 경험이 학교, 가정, 산업체, 지역사회에서 경계 넘기를 통해 유기적으로 연계·통합될 수 있는 질적 변혁이 부단히 요구된다.

I. 서론

오늘날 교육은 학령기에 맞춰 정규교육과정에 따라 운영되는 학교교육 이외에, 이른바 학령기를 지난 청·장년 및 노령기까지 학교라는 교육공간을 벗어나 다양한 교육의 장(場)에서 이루어지고 있다. 또한 교육은 유아기, 청소년, 장년기, 노년기 등 전 생애에 걸쳐서 자신의 경험을 끊임없이 재구성하면서 이루어진다(김신일, 2009). 1990년대 후반부터 세계교육문화과학기구(UNESCO), 세계은행(World Bank), OECD(경제개발협력기구), 유럽연합(EU) 등 국제기구는 이른바 '학습'을 국가 조직 및 시민 사회의 발전 동력이자 필수체로 인식하기 시작하면서, 유연하고 통합적인 열린 '학습사회'의 도래를 기획해 왔다(Jarvis, 2007). 특히 EU는 1996년을 '유럽 평생학습의 해'로 지정하면서 지식사회에서 학교 교육체제의 개혁과 평생학습을 통한 지속적인 인재 양성을 추진해 왔다. 이와 함께 미국, 영국, 캐나다, 호주, 일본 등 선진 각국은 평생학습체제 구축을 교육개혁의 주요 목표로 삼아 오고 있다. 우리나라도 세계적인 교육경쟁력을 강화하고 학습 역량을 제고하기 위하여 제1차 평생학습진흥종합계획(2002~2006)에 이어 제2차 평생학습진흥종합계획(2007~2012)을 수립하면서 모든 학습자가 다양한 영역에서 학습기회에 접근하고 교육에 참여할 수 있는 학습하는 국가를 구현하기 위한 노력을 기울여 왔다(평생교육진흥원, 2010). 이는 학습사회에서의 교육시스템의 대통합과 평생학습 인프라를 전 사회적으로 다지기 위한 국가 수준의 의지가 반영된 것이라 할 수 있다.

이러한 평생학습담론은 우리사회에서 여전히 교육 영토의 중추적 역할을 수행하는 학교 교육시스템의 변화를 불러일으키고 있는 것이 사실이다. 기실, 수요자 중심의 학습 선택권 강화와 지역사회에서 학교의 평생교육 기능 활성화가 이러한 교육체제의 재구조화를 실제적으로 보여주는 움직임이다. 유사한 맥락에서, 미래학자로 대표되는 앨빈 토플러(Alvin Toffler)가 2007년 방한하여 공교육 문제에 대한 대담에서 다음과 같은 말을 남겼다. "의무교육은 65세부터 하는 것이 어떨까요? 그래야 나도 아이팟 사용법을 배우죠." 의무교육을 노년기까지 제공하자는 그의 주장은 기존의 공교육 시스템에 관한 신선한 발상의 전환을 가져오지만, 동시에 기존의 교육체제에 도전하는 교육 쟁점을 담지하고 있다. 왜냐하면 공교육 체제를 구축하고 있는 세계의 대부분의 국가는 의무교육을 유아 및 청소년기라는 정통 학령기로 구획하고 제정하고 있으며, 그 시작과 끝의 구조에서 성인 중장년기는 늘 배제되어 온 것이 사실이기 때문이다. 이러한 상황은 한 사회에서 제공하는 거의 대부분의 의무교육이 미성숙한 학습자에게 사회의 지식과 정보, 규범 등을 전달하는 '통로'로서 활용되어 온 것과 궤를 같이한다. 의무교육을 골간으로 하는 국가의 교육시스템은 특정한 연령, 시기, 장소, 대상 등에 모종의 규범성을 정박하고 있는 것이다. 그런데 의무교육은 65세부터 시작하자는 토플러의 주장은 '부터'가 가지는 시작 지점을 교육영토에서 재구조화하여 새로운 교육시스템의 판짜기를 하자는 언설이라 할 수 있다. 교육체제를 단순히 학교, 가정, 지역과 같은 수평적 축과 유아기서부터 노년기까지의 생애사적 수직 축을 기계적으로 환치해서 구성하는 차원이 아니라, 학습 내용의 생성, 지식의 사용-폐기-재구성의 급속한 주기와 활용, 그리고 학습의 총량과 질적의 구조를 다층화하는 근본적인 인식론의 변화라 할 수 있다. 이 점을 주목하면서 본 연구는 학습사회에서 새로운 교육영토를 재구성하기 위한 교육시스템의 변화를 분석하고 그 전망을 통찰하고자 한다. 이를 위해 교육시스템 자체의 용어적 개념 정의를 다루기보다는, 평생학습체제에서 교육체제의 변화는 무엇이며, 재구조화의 내용과 조건 지점이 무엇인가를 탐색하고자 한다. 구체적으로 아래의 연구 문제를 설정하였다.

첫째, 새로운 교육체제의 재구조화를 상정하는 학습사회란 무엇인가?

둘째, 학습사회에서 교육시스템의 지형은 어떻게 변화하고 그 함의는 무엇인가?

셋째, 공교육체제에서 교육 영토의 유기적 통합과 연대는 어떤 방향에서 이루어지는가?

따라서 평생학습사회에서 교육시스템의 변화와 교육적 방향성을 분석하는데 의의를 둔다.

II. 학습사회가 상정하는 교육체제의 지형 변화

1. 평생학습과 교육체제 변화 의미

학습사회 담론의 부단한 전개는 학교교육의 변화를 추동해 왔다. 국제기구, 정부, 학계, 지방단체 등 학습사회 논의를 이끌어 온 주체에 따라 개념 정의를 하는 방식과 접근 양식은 차이가 있더라도 학습사회는 생애에 걸친 학습 그 자체가 모종의 부가 가치를 창출하고, 인간에게 다른 어떤 것보다 학습을 권장하고 지원하는 사회를 말한다(Hendrick, 2006). 학습에 대한 관점이 변화하고 학습의 조건과 기능태, 환류 메커니즘이 달라지는 학습사회에서 학교 교육은 이제까지 고수해 온 대량 생산적 산업사회 교육사회의 관성을 벗어나 획기적인 변화와 혁신을 요청받고 있는 것이다(박부권, 2002).

이는 지식에 대한 관점 변화와 닮은꼴을 하고 있다. 산업사회에서 지식은 근대적 이성관에 의해 규정되어, 객관적 이성과 논리 작용으로 파악하고 검증하는 절차를 거쳐 도출되는 표준화된 명제들이 지식의 토대를 이루게 된다. 그러나 지식기반사회에서 지식은 명제적인 속성보다 방법적인 속성에 많은 비중을 두며 어떤 과제를 수행하는 데 활용될 수 있는 지식이나 그 수행 과정을 방법적으로 체계화하는 아이디어로서의 지식이 보다 가치 있는 지식으로 여겨진다(Field, 2010). 즉 근대에 이르러 지식이 생산의 과정에 활용됨으로써 급속히 사회적 의미와 가치를 지닌 것으로 인식되고, 그 인식 위에서 지식은 생산 활동의 불가결한 요소로서 기능화되기 시작했다. 지식의 생성주기와 가용주기가 급격하게 단축되고 있으며, 지식과 경험이 존재와 행위에 적용되는 범주도 다층적일 뿐만 아니라 광범위하기 때문이다.

지식은 교육과 학습의 핵심적인 요소이다. 지식에 변화가 있다면 교육에도 상응하는 변화가 올 수밖에 없다. 지식의 가치가 실용성이나 생산성에 근거해서 평가되는 지식의 총체는 교육체제에 있어서도 그러한 교육에 더 비중을 두게 한다. 논리실증주의적 인문학 교과를 중시해 오던 교육은 점차 실용적이며 직업적인 교과를 포용하고 중시해 가는 추세로 무게중심의 축을 변화시키고 있다. 학교 교과나 대학의 전공 영역들이 근대로 진입하면 할수록 세속화와 직업화(vocationalization)의 길을 걸어왔다는 지적은 낯설지 않다(이돈희 외, 1999).

이러한 지식관 변화의 연장선상에서 교육 체제의 변화가 있는 것이며 교육 시스템의 변화는 평생학습이라는 거시적인 기제를 만나면서 재구조화를 요구받고 있다. 오늘날 '정규적인 형식교육' 안에서만 일어나는 교수와 학습 행위는 학습사회의 다양한 삶 속에 살아 숨 쉬고 경험 안과 밖에서 맥락화되는 학습의 본질을 오도할 우려가 있다(한승희, 2005; Jarvis, 2007). 오늘날 학습은 화석화된 교육 체제에서 파편적으로 존재하는 것이 아니라 삶의 현장에서 총체적으로 활용되고 축적되고 해체되고 재구조화되는 특질을 띠고 있기 때문이다.

지금까지 교육시스템 내에 구조화되어온 교육 내용은 비제도적 영역에서 일어나는 복합 다층적인 학습에 대한 이해, 생애에 걸친 학습을 하는 유기체가 살아가는 생활 세계의 잠재적 학습과 구조화된 학습활동을 이론적이고 실천적인 원리로 담아온 것이다. 그리하여 학습은 그 자체가 삶터의 '존재'에 그리고 '행위'에 적용되기 시작하면서, 한 사람의 생애사적 궤적 속에서 끊임없이 재구성되고, 한 사회 안에서 개인 및 조직의 지속적인 학습 활동이 일어나는 실존적 변화의 과정을 의미한다. 이처럼 학습사회에서는 교육시스템에 대한 상이 달라질 수밖에 없다. 특정한 시기에, 특정 방법으로, 특정 내용을 배우고 가르치는 근대적인 개념의 교육시스템은 전 생애에 걸쳐 실천적 삶의 과정에서 획득되고 재구성되는 학습의 다층성을 고려한다면 일정한 한계를 노정할 수밖에 없다. 학교교육에서 교수되고 학습되고 구성되는 지식이 요람에서 무덤까지 생애에 걸친 학습을 수행하는 학습자에게 경험과 삶에서 부단하게 재구성되는 생명성을 가져오지 못하기 때문이다(Illeris, 2002).

분명한 것은 열린 학습사회에서는 기존의 교육 시기와 내용, 방법, 대상, 훈련을 표준화하는 교육시스템은 자율적 생명력을 장기적으로 유지할 수 없는 한시적인 저수지일 수밖에 없다는 점이다. 지식과 기술의 생성과 가용 주기가 짧아지게 되면서 지식과 기술을 응용하는 직업 생활은 끊임없는 학습으로 유지되어야 하며, 교육 기회 역시 학령기의 형식적인 학교뿐만 아니라 전 생애에 걸쳐서 접근되어야 하는 것이 학습사회의 기본적인 요건이다. 이렇게 볼 때 태어나서 약 20여 년 정도를 책임지는 현재의 학교 교육 중심의 교육시스템이 위치할 존재론적 기반이 흔들리는 것이며 그 체제의 정당성은 재구조화 될 수밖에 없다(김신일, 2005). 따라서 지식기반사회와 평생학습의 조우는 새로운 학교교육의 재구조화를 추동하는 것이다.

아울러 고전적 의미의 학교교육 체제처럼 교사가 가치 있는 지식이나 정보의 원천을 독점적인 지위에서 유지하고 유통하는 형태는 유지될 수 없다. 학습자는 원하는 학습 정보에 따라 학습 자원을 발굴하고 활용하고 환류하게 된다. 이처럼 학습의 발생 맥락과 원천이 다변화되면서 학교가 교육영토의 주도적인 헤게모니를 잡고 군림하는 것은 산업사회의 교육시스템이 해체의 위기를 맞고 있는 것이다. 또한 지식기반사회가 창발한 정보기술의 발전은 교육이나 학습 수행에 있어서 한 장소에 모여서 동시에 교수하고 학습하는 집단적 교육행위의 틀을 깨고 있다. 평생학습체제 안에서 학습자는 자신의 흥미와 학습 수준에 따라 개별화된 학습을 추구할 수 있으며 다른 학습자들과 함께 집단적으로 상호작용하면서 교사와의 학습적 상호작용을 수행한다(권두승, 2000). 곧 이것이 학교교육을 골간으로 하는 교육시스템의 정형적 틀의 재구조화가 시작되는 지점이다.

2. 학습사회 안에서 재구성되는 교육체제와 변화

학습사회가 품고 있는 이념과 실제는 기존 교육시스템의 새로운 판짜기를 동반한다(Jarvis, 2010). 학습사회에 대한 인식론적 변화는 오늘날 특정 시기의 유·청소년을 대상으로 하는 전통적인 의미의 지식전달형 교수 행위를 넘어, 다양한 연령의 학습자들에게 현장중심의 방법적 지식, 직업 기술, 그리고 무형식 학습장에서 일어나는 암묵적 지식을 발굴하고 강조하는 변화를 가져왔다. 즉 이러한 추세는 일과 학습 그리고 교육의 유기적인 연계를 강력하게 점화시키고 있다. 학교교육체제의 실용적인 직업 교육화 경향과 함께 교육-일 연계 프로그램

(School-to-Work/Work to School Program)들이 학교(특히 고등학교) 교육의 본류를 점해가고 있는 현상들은 미국, 호주, 핀란드, 스웨덴, 영국 등에서 쉽게 발견할 수 있다(노남섭·박양근, 2004). 학교 교육의 일부분을 일의 현장에 위임하는 방안들이 성행하고 있고, 그 연장선에서 일과 교육의 구분이 흐려지는 양상을 전망해보게 된다.

지식의 가용주기가 짧아지는 현대사회에서 평생학습이 불가결해짐에 따라 새로운 교육체제 구축이 모색되고 있고 이것이 교육 개혁의 핵심적인 과제로 도출하고 있다. 예컨대, 뉴질랜드에서 학습자 개인은 어떤 경로로 지식이나 기능을 습득하였건 간에, 평가 인정된 자격 부여 기관에서 시행하는 평가 절차를 거쳐 자격을 취득할 수 있다. 졸업장이나 자격증을 위해 학교 교육이나 특정 교육 훈련 기관을 반드시 이수해야 하는 구속이 원칙적으로 없다(정지선, 2008). 물론, 등록된 기관에서 자격이나 학점을 위한 교육 훈련을 받을 수 있지만 그 과정이 학점이나 자격을 자동적으로 보장하는 것은 아니다. 자격 부여 기관으로 평가 인정된 별도의 기관이 요구하는 절차를 통과해야 비로소 자격이나 학점을 취득하게 된다(김경회, 2003). 기존의 공교육 체제를 포함하여 모든 자격 체제를 개편하고 있다는 점에서 근본적인 변혁을 꾀하는 것이다.

또한 교육 공급자로서 학교와 교사의 독점적 지위가 흔들리면서 오늘의 학교들은 평생학습 체제에서 교육서비스의 다변화나 교육 관리 방식의 새로운 개혁을 선보이고 있다. 이에 공교육의 부실 문제를 해결하기 위해서 반독점, 즉 서비스 다변화와 주체의 다양화라는 방향으로 교육정책의 대안을 모색하고 교육의 민영화나 학교 단위의 자율성을 강화하는 방향에서 구체적인 대안들을 찾는 모습이 포착되고 있다(교육인적자원부, 2005). 학습사회에서 나타나고 있는 이러한 변화들은 궁극적으로 교육시스템 근간을, 미시적으로는 학교교육의 변화를 필수적으로 수반한다. 즉 이제까지의 교육과정의 개편과 같은 골격의 변화뿐만 아니라 교육 현장의 철학, 주체, 내용, 방법 등 질적 양태를 전혀 다른 방식으로 재구성하게 될 것이라는 점을 시사한다. 평생학습 패러다임의 도래는 교육시스템의 변화를 가져오고, 교육체제의 재구조화는 또다시 교육 혁신이라는 이름으로 부단히 재구획되는 현상이 포착된다. 전술하였듯이 세계 각국의 평생학습 패러다임 부상과 그 인식론은 학교교육의 체질 개선을 자극하는 기제가 되고 있고 학습사회에서 교육시스템은 축적된 지식의 전달을 반복하는 재생산 행위를 넘어, 개인 혹은 조직 단위의 학습자의 관심과 필요에 맞게 지식과 정보를 확보하고 수렴 발산하는 능력의 신장을 강조한다. 그런 점에서 평생학습사회의 교육체제는 교육수요자의 요구에 보다 효과적으로 부응하고, 시간과 장소의 제약을 넘어 보다 개방적인 유기체의 형태로 변화된다(평생교육진흥원, 2010).

예컨대 호주의 '미래의 학교', 컴퓨터 중심의 학교, 가상학교 등은 평생교육 맥락에서 학교교육의 재구조화를 향한 시도라 할 수 있다. 즉 호주의 '미래의 학교' 프로젝트는 호주 정부가 1992년부터 새로운 교육정책으로 추진하는 것으로 조직의 운영, 관리를 전통적인 상하의 수직적 관계에서 수평적 관계로 재조직하고, 팀워크를 중심으로 하는 운영, 질 관리, 소비자 만족의 서비스 등 변화하는 환경에 즉각 대응할 수 있는 운영형태로 바꾸어 나가는 모형이다. 특히 '미래의 학교'에서는 지역사회가 요구하는 일꾼을 길러내기 위해 학교단위의 독특하고 다양한 프로그램을 개발하게 된다(박성열, 2005). 이 같은 프로그램의 연구와 실행은 교사를 중심으로 단위학교에서 이루어지며 그 학교가 제공하는 프로그램의 질에 따라 학생들의 입학 희망 정도가 달라진다. '미래의 학교' 프로젝트는 학습자 개인의 요구나 능력별 교육에 부합하는 교육인프라구축의 차원에서 컴퓨터를 중심으로 한 과학기술을 활용하고 있다. 학교경영의 효율성을 위해 학교행정을 자동화하고, 컴퓨터의 교육적 활용으로는 오디오그래픽, 쌍방향 비디오 프로젝트 등을 통해 쌍방향 커뮤니케이션을 주축으로 한 교수-학습활동이 이루어진다. 또한 컴퓨터 중심의 학교에서는 21세기가 지식기반의 정보화 사회에서 컴퓨터 중심의 학교환경을 재구성함으로써 새로운 학교의 모습을 추구하고자 한 시도이다. 이를 통해 교육체제의 방법론적 통합성을 높이고 다양한 교사/학생 비율 및 복합적인 교수활동을 통해 유연한 인프라를 갖추게 하는 것이다.

평생학습 관점에서 교육체제, 특히 학교교육의 재구조화 노력은 일찍이 랑그랑(Lengrand)과 다베(Dave) 등 1960년대부터 전개된 일군의 교육학자들이 말한 논의에서 출발하고 있다. 여기서 교육은 삶의 다층적인 현장이자, 생애에 걸친 학습행위를 지원하고 통합적으로 관리하는 것이라 할 수 있다. 마찬가지로 교육시스템은 학교교육과 더불어 시작하고 소멸하는 것이 아니라 인간 존재의 본질을 부단히 추구하고 발견하는 삶의 지속적인 과정으로써 유기적으로 통합되어야 그 의미가 획득되는 것이다(Glenn, 2006). 분명 학습사회에서 교육체제가 효율적으로 작동하기 위해서는 '통합'은 필수적인 의제라 할 수 있다. 아울러 다양한 연령, 특성을 가진 학습자를 포괄하고 교육 기회의 접근성을 확장하는 것은 통합을 위한 근본적인 인프라이다. 기존의 교육기관간 독점적 폐쇄주의와 전통적인 학교교육의 분리주의가 해체되어 인적 자원, 환경, 방법, 내용, 과정간의 유기적인 경계 넘기가 시도되지 않는다면, 학습사회의 발전과 성숙은 한계에 직면한다(Kim, 2010). 교육 주체의 시간적 흐름과 학습경과에 따라 다층적인 학습활동을 조정하는 '수직적 통합'과 학교 외 다양한 학습 장소에서의 교육과 학습의 통합을 연계하는 '수평적 통합'은 평생학습사회를 지탱하는 교육시스템의 근간을 이루는 원리이므로 교육 현장은 변화에 직면하지 않을 수 없다.

3. 공교육 체제의 유연성 확보와 연계 강화

학습사회에서 공교육은 도전과 가능성을 동시에 가지고 있다. 평생학습 담론은 지구화 경향성과 포스트모더니즘 구성 양식을 동시에 잉태하면서 몰역사적·보편주의적 지식관에 빠져 있던 전통적 교육이념을 극복하고, 일상생활 공간에서 구체적인 인간의 행위를 조명하는 움직임이라 할 수 있다(한숭희, 2005). 이러한 변화들을 교육 영역에서 수렴하는 과정은 근대적인 주지주의(主知主義) 교육담론과 권위적 교육체제에서 비롯되는 공교육 체제의 문제점을 성찰하고, 교육적 대안을 모색하는 방향으로 이어지기도 한다. 어떤 측면에서 보자면 평생교육, 평생학습이 하나의 패러다임으로까지 논의된 것은 구성주의와 포스트모더니즘의 인식론이 확산되어감에 따라 기존의 교육 지평의 재구조화가 가속화되면서이다(Jarvis, 2010). 모더니즘의 계몽적 인식론을 거부하면서 객관적 합리주의에 대한 대항 테제로서 등장한 포스트모더니즘과 유기체와 환경간의 의미론적 구조변환에 초점을 둔 구성주의라는 양자는 합리주의와 계몽주의 인식론의 한계를 비판한다는 점에서 지향점을 공유한다. 더욱이 학습사회에서 다양한 학습자의 경험 양식과 유기체의 맥락구성, 그리고 그것의 새로운 재현을 중시한다는 공통점을 가진다(Field, 2009). 이는 그동안 학교교육을 기저에 깔고 전개되어 온 교육시스템 내의 지식의 정초주의(定礎主義, foundationalism)와 교육자 중심의 절대론적 진리전달이라는 전제를 비판하는 논거가 되어 온 측면이 적지 않다.

그런 점에서 평생교육은 학교교육, 공교육의 평생화(平生化)로 등식화될 수 없고 '평생'이 학습자의 전 생애적인 유기적(有機的) 학습을 의미하는 것을 인지할 때, 학습사회의 교육시스템의 무게 중심은 교육자에서 학습자로, 정해진 교육내용에서 학습경험으로, 제도적 분할교육에서 일상적 생활학습으로의 전환을 의미하게 된다(Jarvis, 2010). 이 점에서 보건대 열린 학습사회의 평생교육은 평생에 걸쳐 이루어지는 배움이 학습자 안에서 통시적-공시적으로 통합될 수 있도록 전사회적인 지원이 구축되는 것이 기본 원리다. 바로 여기서 강조되는 방점 중의 하나는 공교육의 폐쇄성과 교육적 지식과 앎의 행위의 단절성에 대한 비판이다. 학습사회 담론은 공교육과 비형식 교육 그리고 무형식 교육의 유기적 네트워크를 추동하고 교수 학습의 대상 및 시기, 방법, 과정에 대한 총체적인 경계 넘기를 시도하는 것이라 할 수 있다. 다시금 교육 현상에서 유기성을 주목해야 하는 지점이다. 기본적으로 유기적이라는 개념은 활동을 하는 생명체가 많은 조직과 요소들이 모여 하나를 이루듯이, 전체를 구성하는 각 부분들이 서로 떼어 낼 수 없이 긴밀하게 연결되어 있는 것을 말한다. 뒤르켐(Durkheim)이 주장한 전문화와 개별적 분업화를 강조한 근대적 교육시스템일지라도 개성적이고 이질적인 교육 주체간의 유기적 연대(organic solidarity)는 필수불가결하다.

인간의 학습, 교육, 노동, 여가가 통합적으로 연계되는 학습사회에서 공교육 체제의 유연성을 읽는 지표 가운데 하나로서, 지식 및 정보 습득으로서의 교육내용과 그 교육내용의 적용 및 활용 간의 경계 넘기가 얼마나 이루어지는가를 직업교육 국면에서 찾을 수 있다. 선진국의 직업교육은 평생 직업교육체제 구축과 실현의 일환으로서 종국교육이 아니라 직업인으로서 필요한 기초능력 함양, 전문분야별 직업인 양성을 위한 직전교육, 취업 후의 계속교육, 그리고 직무능력 향상을 위한 직장에서의 인적자원개발을 포괄하는 평생직업교육훈련체제 (Lifelong Vocational Education and Training, LVET)하에서 전개된다. 공교육 체제는 직업의 장으로서 재구조화될 뿐만 아니라, 의무교육 단계에서는 체험학습을 통한 직업 진로지도가 활성화되기도 하고 직업기초능력과 자격, 그리고 자격증과 수학능력시험 결과를 공교체제와 병렬하여 호환할 수 있는 제도적 장치를 마련해 놓고 있다. 더욱이 중등교육단계에서는 직업교육 목적이 변화하면서 수요자 중심의 프로그램들이 강조되고, 공교육도 직업평생교육과 긴밀하게 연계되어 학습자 중심의 네트워킹과 유연성 확보를 요청받고 있다.

직업교육체제간의 연계 강화는 학교의 종적 연계를 강화시켜 직업교육을 고등학교와 고등교육 기관간에 유기적으로 연계하여 실시하려는 경향이 높다는 것을 증명한다. 미국은 고등학교와 전문대학에서의 유기적인 연계체제를 통한 직업교육을 실시하기 위하여 2＋2체제, 즉 'Tech－Prep Education Program' (『Vocational and Applied Technology Education Act』에 의거한 것으로 직업 기술과 교육체제 연계를 강조하는 프로그램)을 운영한다. 이 체제는 고등학교 2학년부터 전문대학에 진학하는 것을 목적으로 하는 학생을 대상으로 고등학교 2~3학년과 전문대학 1~2학년 총 4학년에 걸쳐 이수하여야 할 교육과정을 사전협의하여 편성하고 이에 맞춰 운영하는 교육체제이다(김경회, 2003). 고등학교와 고등교육기관을 연계한 유형은 일본에서 실시된바, 중학교 졸업생을 대상으로 5년제 고등전문학교도 있다.

이처럼 열린 학습사회를 구현하는 데 있어서는 다양한 공교육 주체간의 횡적 연계 강화가 요청받고 있다. 최근 핀란드, 스웨덴, 덴마크 등 북유럽 국가들을 중심으로 제도교육간 벽이 무너지고 있는 것은 평생학습 체제에서 공교육 시스템이 변화하고 있는 현상을 보여준다. 일반적으로 동일지역 사회 내에서는 가능한 인문 고등학교 학생이 직업고등학교 직업과정을 이수하게 하고, 인문 고등학교의 보통교과 담당 교사가 직업고등학교에 가서도 동일 교과를 담당하게 한

다든지, 학생, 교사, 그리고 학부모의 교육 시설 공동이용 등이 활발히 전개되고 있다. 그것이 더 확대되어 학교교육기관과 사회교육기관 간에도 상호 교과이수를 인정하는 체제로 전환되고 있는 것이다(교육인적자원부, 2005). 이러한 변화의 지점들은 학습사회에서 전개되는 교육시스템의 새로운 틀 짜기의 시초라 할 수 있다.

이 같은 현상은 OECD 회원국들이 최근 교육정책을 결정하면서 교육-훈련, 학교교육-사회교육, 일반인문교육-직업교육간의 개념 구분을 없애고 교육체제를 평생학습 테제에 맞게 유기적으로 재조직해야 한다는 주장과 결부되어 이루어지고 있다. 여기서 학교를 비롯한 주요 공교육 기관과 산업체간의 네트워크 강화는 공통적으로 강조된다(Garvin, 2000).

우리나라의 경우도 평생학습사회에 발맞추어 공교육에서 생애에 걸친 진로지도에 내실을 기하고 학교와 사회, 일과 삶의 유기적 관계를 재구조화하기 위해 평생직업교육 기반 구축에 힘을 기울이고 있다(평생교육진흥원, 2010). 평생학습은 누구나 언제, 어디서든 원하는 교육을 받을 수 있는 열린 평생교육사회의 기반을 구축하고, 학교교육의 정형화된 블랙박스뿐만 아니라 교육기회에서 구조적으로 배제된 근로청소년, 성인 및 정규학교 중도탈락자 등의 소외계층에 대한 계속교육 기회를 확대·지원하고, 학력중심사회에서 능력중심사회로의 전환을 유도하기 위한 많은 체제를 도입하고 있다. 이처럼 열린 학습사회 맥락에서 볼때, 공교육 기관 간의 다양한 형태의 교류와 협력은 다층적인 교육협의체의 유기적 연대의 시작이자, 평생학습망을 학교를 넘어 전 사회적으로 구성하는 필수 조건이다. 실제로 최근 호주에서도 뉴 사우스 웨일즈(NSW) 주(州)를 중심으로 전개되는 평생학습 실천의 초점은 성인학습을 담당하는 다양한 협력체, 즉 산업체, 교육기관, 지역커뮤니티, 시민단체간의 '연대와 파트너십'을 강조하는데 있다.

III. 교육체제 재구조화를 위한 조건과 방향성

1. 교육 영토를 둘러싼 새로운 기획

본 장에서는 평생학습의 맥락에서 교육시스템을 유기적으로 재구조화하기 위해 검토되어야 할 몇 가지 조건과 지점들을 살펴보고, 학습사회에서 새롭게 위치 지어지는 교육시스템의 방향성을 논의하고자 한다. 세계의 교육개혁은 학습사회를 창출하는 데 초점을 맞추고 있다(Glenn, 2006). 현재까지 이러한 담론을 실천적으로 추진하는 데 있어 학습사회의 특정한 범주와 영역을 명확하게 체계화하는 단계는 아니지만, 한 사회의 유기적인 성장과 발전을 위해 교육시스템을 새롭게 재구조화하고 학습의 목적과 방향을 재정치시키는 움직임이 전개되고 있음은 분명하다. 학습하는 사회는 삶의 경험을 학습으로 치환하는 것이며, 학습은 곧 삶의 호흡이라고 강조한 헨드리크(Hendrik, 2006)의 주장은 교육시스템의 기획을 새롭게 노정한다.

학습사회의 교육시스템은 학습에 대한 관점의 변화는 물론, 한 사회가 학습을 지원하는 인프라를 공교육체제부터 정치, 경제, 문화, 환경 등 시민사회의 영역까지 네트워킹하는 유기적 교육망이다. 즉 전술하였듯이 학습사회는 다른 어떤 것보다 평생학습을 권장하는 사회적 합의와 환경이 가정되는 사회이다(Jarvis, 2007). 이에 대해 헨드리크(Hendrik, 2006)는 학습사회의 특징을 설명하면서 학습의 다양한 발생학적 형태를 강조한다. 학습 기회와 자원을 다양한 학습자에게 인도하는 학습(guided learning), 학습행위자가 자기주도적으로 자신의 요구와 필요에 따라 수행하는 학습(do it yourself learning), 그리고 정형화된 교육 공간과 시간의 경계를 넘어서 무형식적이면서 연속발생적인 학습(spontaneous learning)이 이루어지는 사회가 바로 그 핵심이다. 이것이 바로 열린 교육 네트워크를 전제하는 학습사회의 주요 구성 요소를 이루고 있는 것이다. 학습사회는 다른 어떤 가치보다 학습을 권장하고 도모하는 특징을 내재한다. 이 관점을 따르면 학습사회에서 생명체로서 활동하고 기능을 수행하는 교육시스템은 다양한 교육 주체의 역량을 강화하기 위해 교육 전달 체제의 질적 수준을 제고해야 하며, 새로운 교육과정, 규범, 방법, 교육환경, 네트워킹을 개발하고 발전시켜야 작동된다.

이를 실현하기 위해서 학습사회의 교육시스템은 교육 참여를 저해하는 모든 환경적 장애물을 제거하여 접근성을 확대하고 보장할 필요가 있다. 학습사회의 교육체제는 교육비 부담의 빈부격차, 비정규적인 노동시간, 불편한 교육접근체제, 인종적·문화적·언어적 차별 등이 사유가 되어 교육 기회를 놓치는 학습소외계층에게 최대한 교육과 학습의 권리와 문호를 개방하는 열린 시스템으로 재구조화되어야 한다. 따라서 학습사회의 교육시스템이 담보할 주요한 보루는 공교육을 중심으로 하는 교육체제 내에서 개방성과 다원성을 확보하고, 교육 유관 기관 간의 다양한 인적, 물적, 교육적 자원을 상호 활용하는 연대성의 강화이다.

2. 교사, 학습자, 공동체를 중심으로 한 교육체제 통합

흔히 20세기 교사가 21세기 학생들에게 19세기 교육을 시키고 있다는 비판이 제기되는 것은 교육이 바뀌지 않으면 아무것도 바뀌지 않는 것이요, 교육이 바뀌면 모두가 바뀌는 것이라는 교육개혁의 중요성을 시사해 준다(이돈희, 1999). 학습사회에서는 교사와 학습자 그리고 학교 자체가 지식공동체라는 큰 틀 안에서 재조명 받기에 이른다. 비록 무형식 학습, 비형식교육기관 등의 양적·질적 확대로 인하여 전통적인 학교교육의 기능이 상대적으로 약화되었지만, 여전히 학습사회에서도 교육체제의 주요 영역을 담당하는 것도 사실이다. 다만 학습사회에 교육기관의 모습은 어떻게 변화하고 교사는 어떤 역할을 수행해야 하며, 그리고 학습자의 학습 행위는 어떤 맥락에서 전개되는가에 대한 비판적 성찰이 요구된다.

이에 대해 교육시스템은 평생학습사회에서 요구되는 인재를 양성하고, 일터의 성인근로자는 현장에서 요구되는 일반지식, 직업기초능력, 그리고 전문지식 등을 가질 수 있도록 개편해야 한다는 목소리가 있다(Illeris, 2003). 학습자들이 일반지식에 관한 능력을 개발하고 다양한 성인교육기관이 평생학습기회를 제공할 수 있도록 유연하고 융통성 있는 교육체제를 구축하고, 학교 이념 및 교육 목표를 재설정하며, 이에 부합되도록 학과편제와 교육과정을 개편하여야 하는 것이 주요 축이다.

아울러 교사와 학습자간의 관계 전환과 역할 재구조화에 대한 논의도 중요하다. 지식공동체적 관점에서 볼 때 교사와 학습자의 교수학습 행위는 일방향식으로 전개될 수 없다. 그것은 창의적이고 자율적인 학습이 전개될 수 있도록 상호지원적인 촉진 관계로 전환되어야 한다. 즉 지식기반사회에서는 학습자와 교사의 역할상은 변화한다. 기존의 전통 교육학에서 은행저축식으로 학습을 수동적으로 습득하던 학습자는 지식을 일방적으로 암기하는 방식의 학습이 아니라, 상황과 맥락에 따라 다양한 지식을 스스로 재구성하고 체화하여 자기주도적으로 학습하는 방법을 터득하는 능동적 주체로 변환된다. 나아가 학습자는 심화된 지식을 창출·공유할 수 있어야 한다. 교사 역시 단순한 지식의 제공자가 아닌 학습자가 자율적으로 학습하는 방법을 학습(learn how to learn)할 수 있도록 유도하는 조정자로서 역할을 수행하게 된다. 학습자와 교사의 역할 변화는 학습하는 유기체의 다층적인 학습 맥락을 복원하고 자율적이고 창의적인 교육과정 및 교수-학습방법이 병행되도록 하는 데 있다.

최근에는 급속하게 발달된 첨단 정보통신기술을 활용하여 재택근무, 재택학습, 직장내학습, 방송통신을 활용한 이러닝(e-Learning), SNS 등 다양한 채널의 쌍방향 원격교육이 보편화되고 있다. 기존의 교육내용 및 교육방법, 교육과정의 혁명적인 변화를 초래하고 평생학습에 대한 수요가 증가함에 따라 지식공동체적 관점에서 누구나 학습에 참여할 수 있고 시공간적으로 학습이 개방되어 경계를 넘는 유기적인 교수학습 행위를 촉진하는 움직임이라 할 수 있다. 또한 오늘날 학습사회를 실현하기 위한 교육영토의 대통합 전략은 지식과 기술의 효율적 생성·활용·확산을 위한 인프라 구축을 통해 지속적인 인적자원개발의 핵심 요건을 충족하는 데 목표점을 두고 있다. 더 이상 평생교육 혹은 평생학습사회 건설이라는 담론은 단기적인 이슈나 혁신의 화두가 아닌 만큼, 교육공동체가 직업세계와의 연계를 원활하게 수행하도록(school to work, work to school) 학제 혹은 제도적인 인프라 마련을 요청하는 추진체이다. 이 맥락에서 국가경쟁력과 사회적 통합을 도모하는 학습국가 건설을 위한 핵심 과제로 평생학습체제 구축이 전사회적으로 강조되고 있는 것이다(평생교육진흥원, 2010). 교육과 노동시장을 연계한 탄력적 학제가 의무교육 연장 및 통합고등학교 운영 등 유기적인 평생교육체계(school−to−work, work−to−school system) 구현으로 이어질 때, 공교육시스템에서 교육받은 인력들이 졸업 후에도 일터에서 자율적인 직업능력 개발을 도모할 수 있는 유연한 교육과 학습 행위가 가능하다. 예컨대 바우처 체제(voucher system), 융자제도 등 수요자 중심의 재정지원 확대로 실직자, 중·고령자, 취약계층 특화 직업훈련 프로그램 신규 개발 활성화를 할 수 있으며 수강지원금 지원 확대 및 유급 학습휴가 활성화도 한 방편이 될 수 있다(노남섭·박양근, 2004; 장명희, 2008). 이처럼 평생학습사회 맥락에서 교육체제는 교사의 역할 및 학습자의 위치, 교수 학습의 발생 및 과정적 메커니즘을 전혀 새로운 모습으로 바꿔놓기 시작했다. 지식과 삶과 앎을 통합하는 유기적인 학습체제를 지원하는 모형으로 그 형태와 기능을 재구성해 가고 있는 것이다.

3. 평생학습사회의 통합적 교육과정

평생학습이라는 거시적인 개념도만큼, 평생학습 맥락에서 살펴본 교육과 교육과정의 유기적 통합과 재구조화를 조망하는 작업은 하나의 거대한 프로젝트라 할 수 있다. 이미 교육과정의 통합이라는 영역 내에서 평생교육의 가능성을 객관적으로 검토하려는 움직임이 반세기 전에 일어난 바 있다. 유네스코(UNESCO)의 평생학습 담론을 주도한 다베(R.H. Dave)는 교육을 평생에 걸친 인간 활동으로 간주하고, 통합을 교육의 핵심개념으로 주장한 바 있다. 따라서 평생교육의 관점에서 교육과정 통합의 의미와 가능성은 오래전부터 모색되어 온 역사성을 가진다.

기실 교육과정에 대한 대부분의 정의는 교수내용으로서 교육과정과 학습경험으로서의 교육과정이라는 정의 사이에 존재한다. 전자의 경우 교육과정은 지식의 조직적 형태와 구조화에 역점을 두고, 후자의 경우 학습자의 학습경험에 대한 전술을 역점에 둔다. 학교의 교육과정으로서 통합의 영역은 전통적으로 초등과 중등학교에서 널리 사용되어 왔지만, 교육과정 통합과 유형의 정도에는 차이가 있다(한국교육과정학회, 2010).

그러나 이에 앞서 무엇보다 '교육과정'과 '통합'이라는 용어가 평생학습과 만나는 지점에 대한 고찰이 선행되어야 한다. 평생학습과 교육과정 통합이 만나는 지점에는 '수직적 통합'과 '수평적 통합'의 열쇠가 존재한다. 수직적 통합은 시간의 흐름과 경과에 따른 통합을 강조하며 유기체 발달의 여러 단계에서 이루어지는 교수-학습 경험을 관련짓는 것이라면, 수평적 통합은 교육과정상의 여러 교과들을 조화시키거나, 가정, 학교, 사회, 매체 등과 같은 다양한 교육기관과 교육영토를 조화시키는 것을 강조한다. 분명히 평생교육과 교육과정의 통합 원리는 교과간 관계 설정, 학교 조직과 교육과정 통합의 영향, 교사의 역할과 학습자의 학습 수행 역량 등 다층적인 측면에서 분석할 영토가 무궁무진하다. 교육과정 통합의 경우, 교육적 실천사례는 풍부할지 모르나, 그것을 이루는 철학적 전제가 군건하기보다 오히려 일회적이거나 단편성이 강한 측면이 있다. 이때 평생교육은 학습사회라는 이념망에서 학교 중심 교육과정의 새로운 재조직화라는 작업에 일종의 이론적 토대를 제공하고, 교육과정 통합의 원리와 실천에 있어서 학습자의 생애적 경험의 재구성을 지원하는데 관심을 둔다. 결국 평생교육은 교육과정 통합 그 자체를 목적으로 남겨두는 것이 아니라, 더 넓은 의미의 교육적 맥락에서 보다 광범한 교육 목적을 추구하는 활동이라 할 수 있다(Ingram, 1979).

그러나 평생학습 맥락에서 교육과 교육과정에 대한 통합적 접근이 항상 진보주의적인 것도 아니고 절대적인 해법을 제시하는 것도 아니다. 즉 교육과정의 통합이 이루어진다고 교육현장에서 이루어지는 교수 행위가 불가피하게 진보주의적인 것이 아니라는 것이다. 보다 중요한 것은 통합이 이루어지기 위해서는 무엇보다 학습자의 특성, 학습자의 준비도, 성취 수준, 교육 활동의 영역, 수업 실제적 측면 등에 대한 다각적인 분석이 필요하다. 이에 유네스코가 제시한 바에 따르면, 평생교육 맥락에서 통합적 학습의 원리는 크게 세 가지로 이루어진다. 첫째, 앎을 위한 학습, 둘째, 행함을 위한 학습, 셋째, 존재를 위한 학습이 바로 그것이다. '앎을 위한 학습'은 교과와 학문을 통한 학습뿐만 아니라, 학문을 초월한 학습을 포함하고 통합을 통한 학습을 말한다. '행함을 위한 학습'은 지식의 유용성과 생활세계에서 지식의 실천적 유의미성을 조명하는 것이다. '존재를 위한 학습'은 학습이란 삶을 위해 존재하는 것이지, 앎이나 행함만을 위해 기능적으로 수반되는 것이 아님을 역설한다. 구체적인 실천 맥락에서 평생학습 관점에서 교육과 교육과정은 통합적 교수 실제를 위해서 창의적 수업, 촉진적 수업, 협동적 수업 등을 수행할 것을 요청받는다. 물론 교육과정 통합과 지식의 구조의 문제, 교과별 수업과 통합된 수업의 위계적 계열성 문제, 교육내용의 점진적 체계화 등의 문제가 제기되는 것도 사실이다. 그럼에도 불구하고 교육과정을 통합하는 원리들은 지식공동체로서의 학교와 학습의 유기적인 구조로서의 교육과정 실천의 필요충분조건이다.

　　오늘날 평생학습 패러다임은 학교에서 지역사회로의 유기적인 연대와 패러다임 전환을 상정한다. 학령기 학교교육에서 통합은 아동의 교육적 경험의 한 측면에 강조를 두고 있으나, 생애적 맥락에서 통합은 궁극적으로 학교에서의 활동과 사회 그리고 생활세계의 유기적 관계 맺음을 중시한다. 곧 개인의 전 생애동안의 총체적 삶과 관련을 맺는 것을 말한다. 분명한 사실은 통합의 영향이 학교의 담장 안에서만 머문다면 이때 교육 통합이란 크게 혁신적일 수 없다. 다시 말해 통합이 학교의 교문을 벗어나 유기적인 경계 넘기를 통해 지역사회로 확장·발산될 수 없다면, 통합은 폐쇄 구조의 기계론적 교합에 불과하며 학습자에게 지식은 일상의 삶의 맥락과 연동하지 못한다. 이러한 측면에서 잉그램(Ingram, 1979)은 교육과정의 통합이 이루어지는 단계를 네 단계로 설명한다. 첫 번째, 교수의 단계, 즉 교사에게 책임이 있는 단계, 두 번째 학습의 단계, 즉 아동에게 통합적 능력을 계발시키는 단계, 세 번째는 개별성의 단계, 인격의 단계로서 인격의 통일성과 통합을 강조함으로써 우주의 경험과 세계관의 조화를 강조하는 것이며, 마지막으로 네 번째 단계가 지역사회의 단계로서 교육 공동체의 인간관계가 생활세계와 지역사회와 조화를 맺고 지식의 분절화를 해체하는 것이다.

요컨대 평생교육 관점에서 교육과정 통합은 교육의 과정, 개인의 발달과 지역사회의 육성, 교육과정 통합을 통한 단순한 교수학습 기법의 개선이 아니라 학습자의 총체적인 생애의 삶을 준비하고 구성하는 메커니즘 기제라 할 수 있다 (김신일, 2005). 이는 이미 유네스코가 평생교육과 통합교육 담론의 조감도를 교사의 교수학습 기법 개발과 직업훈련에 한정한 것이 아니라, 교육의 구조, 내용, 방법, 과정에 대한 혁신적 구안을 교육시스템의 재구조화에서 잡고 있는 것과 일맥한다. 따라서 학습사회 맥락에서 교육과정을 유기적으로 구조화시키는 유네스코의 하부 전략을 이해하는 것이 필요하다. 그것은 첫째, 직업세계, 교육상담, 직업지도의 요구 조건과의 관련하에서의 교육과정 내용의 평가를 구현하는 것을 강조하며 둘째, 평생교육의 초기 단계의 하나로서의 학교교육과정을 개편하고, 마지막으로 셋째, 평생교육의 관점에서 교육과정 연구를 위한 통합적인 방법론의 개발이 그것이다. 궁극적으로 이러한 철학적 담론은 연계성(articulation), 통합(integration), 협동(cooperation), 보완(complementation), 동등화(equivalence) 등 다양한 차원에서 강조되어 왔으나(Ingram, 1979), 교육유관기관과의 협력관계 및 통합적 유기화에 대한 본질은 학습자의 학습기회 제공과 통합에 필수요건이라는 점에서 주목해야 한다(한승희, 2005). 또한 학년별·학교급별·학문영역별 수준에 따라 교육과정이 서로 위계적 연계성이 담보되면서 여러 교육 영토에 걸쳐 이루어지는 공시적이고 통시적인 학습활동이 교육과정상에서 통합되어야 한다.

그 일례로 본 절에서는 '학습경험으로서의 교육과정' 통합의 사례로서 호주의 기술계속교육(Technical and Further Education, 이하 TAFE)을 살펴보면서 시사점을 도출할 수 있다. TAFE는 호주의 직업 전문 교육 및 훈련(VET)의 핵심이다. 오늘날 호주는 OECD 국가 가운데, 특히 40세 이상의 장년층 성인의 평생교육 참여율이 6%로 세계에서 가장 높은 수준이다. 이는 영국(5%), 스웨덴(3.3%), 뉴질랜드(2.9%)를 웃도는 수치로서, 80%의 성인들이 평생 동안 성인 교육 활동에 참여하고 있으며, 매년 전체 성인의 25% 이상이 직업계속교육 및 훈련을 통해 능력을 계발하고 있다(Tennant & Morris 2009). 이처럼 평생교육 활동이 전 사회적으로 활발하게 이루어지는 호주에서 TAFE는 3개월에서 3년까지 초급기술교육과정부터 학위(Diploma) 수여까지 이루어진다.

▶ 수료증 과정(Certificate 1-4)
특정한 직업 기술 분야의 취업 및 기술 향상을 위해 현장 인턴십과 경험 중심 교육과정을 제공하며, 6개월 이내의 다양한 코스를 수료한 후, 지역 산업체로 고용 통로를 찾거나 심화과정으로 진출함.

▶ 디플로마(Diploma)
우리나라의 전문대학에 준하는 학위과정으로 디자인, 도로 보수, 치과기공기술, 타일, 마사지 등 다양한 코스를 통해 기존에 현장 경험 중심의 경력자들이 일정한 테스트 과정을 통해 학점을 인정받고 습득한 기술을 바로 직업 현장에 적용시키는 과정으로 보통은 1년에서 2년이 소요됨.

▶ 고급 준학사과정(Advanced Diploma)
기술전문교육훈련과 일반 대학과의 연계성을 강화한 통합적 교육과정으로 공통 과목 이수를 유연하게 인정하고 현장 직업 경력을 학점으로 산정해 졸업생들이 산업체로 진출 혹은 대학교 2~3학년으로 편입하는 데 용이한 과정으로 보통 2~3년의 기간이 소요됨. 예컨대 뉴 사우스 웨일즈(TAFE NSW)의 경우는 25개 이상의 D2D(Diploma-to-Degree) 대학 패스웨이 프로그램은, 일부 대학(University of Western Sydney, Australian College of Applied Psychology)과 통합 커리큘럼을 조정하고 협의함.

위와 같이 TAFE는 고등교육 영역에서 학습경험 기반의 교육과정이 학교간 협약 및 지역 중소산업체와의 네트워크를 통해, 현장 경험-직업기술력 향상-고용-진로 계발로 유기적으로 이어지는 통합형 과정을 운영하고 있는 것을 알 수 있다. 즉 TAFE의 사례는 교육계-산업계-지역사회의 3자의 파트너십을 통해, 직능 계발과 경력 중심 교육과정이 학교체제의 담장을 넘어서 통시적으로 연계되고 있음을 시사한다. 예를 들어 치기공학과의 경우는 현장 전문가가 개발한 단계별 교육 과정을 통해 모의 체험 실습, 현장 중심 기술 교육, 경력 개발 훈련에 참여하게 된다. 졸업 후 곧바로 치기공사 협회(Dental Technician Registration Board)에 등록하는 자격이 주어지면서, 학교와 거주지에 따라 지역 기공소나 산업체에 우선적으로 취업하는 네트워크 협약을 활용할 수 있다. 따라서 제도교육에서 제공하는 지식과 기술을 토대로 직업 현장의 새로운 부가가치 창출을 연계하고 일과 학습의 유연성을 강화하는 TAFT의 모형은 학교 '안'과 학교 '밖'의 학습 가치를 호환하고, 유연성을 확보하는 '현장 경험학습 평가인증'이 작동되는 사례라 할 수 있다.

분명 평생교육은 단지 위계적 연계성의 새 양식을 제시할 뿐만 아니라 학습 시기와 참여의 확장을 강조해 왔다. 오늘날 아동기와 청소년기에만 공적이고 의도적 학습이 이루어지는 것은 아니며 성인기에서도 의도적 학습이 이루어지는가 하면, 아동기와 청소년기도 무형식·비형식 학습의 장에서 다양한 교육 경험의 재구성이 활발하게 이루어진다. 전통적으로 다양한 학령기의 열린 교육기회와 학습과정에 영향을 주는 교육기관간 위계적 연계를 맺고 협응하는 것이 필수적이다(Illeris, 2002). 평생학습의 맥락에서는 그러한 상호 협응과 통합을 향한 네트워크가 전 생애 동안의 학습자의 학습과정에 영향을 주며, 각 교육 영토에 따라 혹은 시기와 대상간의 수직적·수평적 의미의 통합적 경계 넘기는 핵심적인 조건이다.

따라서 '학교교육＝교육'이라는 등식화를 이념적 선언이 아니라, 실질적으로 폐기하여, 모든 학습기회와 교육기관의 체제가 유연하게 통합되고 연계될 수 있는 교육체제가 재구성되고 작동될 시점이다. 물론 모든 교육기관은 그 자체로서 특수한 기능과 계열적 위치를 가지지만, 각 교육기관은 평생의 학습과정 중 학습자의 다양한 학습욕구를 진작할 수 있는 유연성을 역할을 수행할 수 있어야 한다(오혁진, 2003). 이에, 학습사회에서 교육시스템의 재구조화는 교육과 교육간의 제도적 병렬이 아니라, 학습자의 경험이 학교교육과 산업체, 지역사회와 연계되는 것을 조건화한다. 그 연계망은 학습사회의 근본적 환경이자 실천적 작동 단위가 되어야 한다. 그것이 바로 형식적 학습의 영역과 무형식적 학습의 영역 을 통합적으로 교차하는 열린 교육체제의 재구성 방향이다.

4. 학교-사회-삶의 경계 넘기

존재하는 모든 인격체는 그 자체로서 학습의 주체이며, 삶은 학습의 과정이 다(Jarvis, 2010). 환원하자면 존재하는 학습자 그 자체가 학습하는 유기체이며 경 험과 학습이 학습자의 삶과 지식, 성장을 구성하게 되는 것이다. 이러한 인식론 적 변화와 학습자에 대한 새로운 조명은 형식적인 교육체제 내에서 박제된 지식 이 실제적 삶과 경험과의 괴리를 가진다는 점을 지적했다. 이제 평생학습 패러 다임에서 학습은 곧 학습하는 방법의 학습(Learning to Learn)이며 학습의 과정 (learning process)은 학습의 결과(learning outcome)만큼이나 중요한 위치를 차지 한다. 이러한 논의는 교육시스템 내의 교육 커리큘럼 통합 문제로 이어지는 것 이다. 더 나아가, 궁극적으로 생활세계의 통합, 앎과 지식의 통합, 교육과 학습 행위의 통합이라는 보다 넓은 관점에서 해석된다.

전통적으로 학교와 사회에 대한 관점에는 세 가지 방식이 존재해 왔다. 첫 째, 학교가 사회의 일부이기는 하지만 양자는 서로 다른 가치체계를 추구한다는 점이다. 학교가 학문중심의 주지주의를 강조한다면, 삶의 실제적 사태가 발생하 는 사회는 실용주의적 성향을 가진다. 둘째, 사회는 직업의 세계를 반영하며 학 교는 학습의 세계를 반영한다는 관점이다. 마지막으로 세 번째 관점은 형식적 교 육과 비형식적 교육 사이의 구분 문제이다(김종서·황종건·김신일·한승희, 2000). 학교는 형식 학습의 장이고, 사회는 비형식 학습의 장으로 보는 이 관점은 양자 론적 이분구도를 띠고 있다. 이런 맥락에서 학교와 사회에 대한 다양한 관점은 진보주의 교육과 경험중심적 교육철학을 강조한 많은 논자들이 학교교육의 정 형화된 형식성을 제거하고 교육과정을 학습자에 맞게 유기적으로 통합하려는 접근 방식을 취했다는 점을 읽어낼 수 있다. 이 지점에서 통합된 교육과정은 학생이 교사가 일방적으로 전달하는 추상적인 개념으로서의 인지구조를 수동적으로 수용하는 것이 아니라, 학생 스스로 인지구조를 창조·변화하여 상황적 학습을 수행함으로써 학교와 사회의 매개 역할을 수행하는 기제가 된다. 동시에 유연성을 요구받는 교육 영토는 높은 칸막이와 담장을 넘기 위한 방편으로서 교육체제를 재구성하려는 움직임이다. 그리하여 통합적 커리큘럼은 교육과정 간의 영토 통합뿐만 아니라 교육체제의의 형식성과 폐쇄성을 뛰어넘고자 하는 시도라 할 수 있다. 따라서 교육시스템의 통합적 접근은 지식에 대한 구조적 접근이 아니라, 그동안 배제되어 오던 기능적 접근을 채택함으로써 학문주의가 가지는 냉소와 편협함의 장애를 해소하고자 한다. 여기서는 '행함을 통한 존재의 학습'에 무게 중심에 두고 있는 것이다(Lamm, 2000).

그런데 이러한 전제를 충분히 인지하더라도 과연 학교와 사회, 그리고 삶의 유기적 통합지형은 어떻게 이루어질 수 있는가를 고민하지 않을 수 없다. 학교와 사회, 지식과 권력 그리고 문화 정치의 문제를 통찰해 온 헨리 지루(Henry Giroux)는 학교는 지식과 기술을 전달하는 객관적인 장으로, 교사는 정해진 목표를 성취하기 위해 교육방법을 효과적으로 실행하는 사람으로, 학생은 지식을 외우고 무조건 이해하는 존재로 그려지는 기존의 학교교육에 대항을 선언한다. 지루가 보기에 학교는 학교와 사회 그리고 지식과 삶이 역동적으로 얽히고 통합되는 장이며, 교사는 교수 지식을 일방적으로 쏟아내는 사람에 불과한 것이 아니라 스스로 지식을 생산하는 지성인이며, 학생은 각기 살아온 문화와 자신의 목소리를 내고 복원하는 성장하는 유기체라고 규명한 것이다. 그런 점에서 지루(Giroux)는 각기 다른 형태로 표상화되는 영토간의 과감한 경계넘기(border crossing)와 유기체의 재구조화를 역설하였다. 경계넘기는 동질 종에 대한 집착과 밀착력을 벗어나 혼종 교배의 위험 부담을 직면할지라도 각각의 영토에서 유기체가 호흡하고 해체하고 재구성되는 자기분열적 승화 과정을 필요로 한다(Kim, 2010). 따라서 학교와 지역사회 그리고 삶의 경계넘기는 이질적인 주체와 학습자간의 갈등과 충돌을 극복한 자기 성장의 가능성을 제고하는 중추적인 방법론이 될 수 있다.

요컨대 평생학습사회에서 교육시스템은 사회와 삶의 실존적 문제를 다양한
경험과 인식 구조를 통해 유기적으로 통합하는 실천적 구성체로 변화될 필요가
있다. 이는 다양한 형태로 생애에 걸쳐 학습을 멈추지 않는 교사, 학생, 학부모,
지역공동체가 거치는 학습의 공시성과 통시성을 전제하지 않으면 성립될 수 없
는 것이다. 보다 명확한 지점은 학습사회에서 교육체계는 기계론적 통합을 도모
하는 것이 아니라 오히려 각각의 미시적인 문화적, 정치적, 일상적 맥락에서 다
층적인 경험을 구성하는 학습자가 '교육계'라는 공간에서 얻은 지식과 '사회'라는
공간에서 얻은 경험의 총체를 새롭게 구성한 산물이다. 이렇듯 열린 교육시스템
은 다양한 학습 주체의 교육적 실천 행위를 유연하게 지원하고, 교육적 자원을
서로 네트워킹하고, 이를 유기적으로 통합하는 핵심적인 메타포로서 존재한다는
사실을 인식할 수 있다.

IV. 결론 및 시사점

다양한 교육학적 인식론과 상이한 방법론이 상존하더라도 교육의 주요한
임무는 적어도 사람과 그 사회를 지속적으로 시민화(civilize)한다는 측면에서는
반론의 여지가 없다(Hendrick, 2006). 교육은 사람으로 하여금 세상을 인지하는
지각을 고양하고, 삶에 요구되는 기술과 능력을 연마하고, 감정, 사상, 태도 등
한 사회에서 살아가는 데 필요한 것을 제공하고 끌어올리는 것이다. 지금까지
고찰한 학습사회의 교육시스템도 이러한 교육적 책무의 본질을 쉽게 해체할 수
없다. 한 사회의 교육적 장치, 규범, 자원은 학습사회를 구현하는 데 필요한 지
원 체제로 유기적으로 재구조화되어야 한다. 날로 늘어가는 재교육, 순환교육,
직업능력개발 등의 요구는 기존의 닫힌 학교시스템, 주로 학위 및 학력 취득 중
심의 좁은 체제에서는 한계를 노정하고 있음은 자명하다. 평생학습사회에서는
다양한 형태의 학습을 인정하고, 교육주체의 능력을 제고하도록 학습과 교육과
훈련이 열린 구조로 재구조화되어야 한다. 기존의 방계학제를 사회 부적응자,

학습 소외집단을 수용하는 체제로 치부할 것이 아니라, 그 자체의 유연성이 평생학습 맥락에서 작동하고, 질적으로 학습의 성과를 제고하는 디딤돌 체제가 되어야 할 것이다. 예컨대 이미 호주와 캐나다 등에서 이루어지고 있는 플로리스트, 재봉사, 주택관리사 등의 자격제도와 학력의 유연한 연계체제를 안정적으로 구비하고, 경험학습의 인증체제를 실질적으로 구축하여 교육-학습-직업-기술의 호환체제를 실용화하는 것도 새로운 교육시스템의 단면이다.

또한 사전학습을 인정하고 대학의 교육과정과 연계하여 학교 외의 다양한 일상에서의 경험학습, 현장훈련 등에 대한 지침을 마련함으로써 기존의 기술 중심의 경험학습뿐만 아니라 다양한 경험학습 결과를 평가 인증하는 열린 체제도 작동 중이다. 동일 선상에서 학습자의 자가교육(self-education)의 성취를 인정하여 학습사회의 진화를 꾀하는 것도 하나의 방법이다(Glenn, 2006). 이러한 현장의 사례와 변화들은 다양한 영역에서 이루어지는 무형식, 비형식 학습을 전 사회적으로 지원하고, 궁극적으로 학습자들에게 학습하기 위한 학습(Learning to Learn) 역량을 함양하는 것이다. 그리하여 학습사회의 교육체제는 지속적으로 재구성되는 교육과 학습 행위의 복합적인 구조망을 지원하고 자생적으로 자기 생성할 수 있는 체제로 방향을 잡아야 한다. 즉 이러한 단면들은 학습사회에서는 다양한 교육과 학습행위가 파편화되어 사장되는 것이 아니라, 각 영역이 의미를 부여받고 인정·활용되는 열린 평생학습지원체제로 재구조화되는 변화를 연동한다.

분명히 학습사회라는 지점은 교육체제의 개혁을 위해 다층적인 관점과 실천에 많은 함의를 주고 있다. 평생학습은 단순히 누구나, 언제, 어디서나, 무엇이든지 교육받고 학습할 수 있는 권리를 복원할 수 있는 이상주의적 선전형(propaganda)에 머무는 것이 아니다. 오히려 교육의 비전과 교육활동의 영역, 교육과정의 수준과 단위, 학습 역량 및 범위 인증 등의 교육 영토의 틀을 새롭게 재구성하는 작업이다. 교육은 학습을 관리하는 모종의 방향성을 가지고 교육 조건은 학습 경험의 재구성을 통해 가능하듯이, 학습사회의 교육시스템은 평생학습의 본질적 사태와 이념적 원리가 지속적으로 재구조화되고 그 속에서 학습을 지원하고 관리하는 체제로 거듭나야 한다. 즉 열린 학습사회에서 교육은 학습자의 전 생애에 걸친 학습 행위가 각 교육 영토간 유기적 연계를 통해 실천되고 진작되어야 한다. 이상에서 새로운 교육체제는 학습자의 경험을 중심으로 학교 교육과 가정, 사회교육을 유기적으로 통합하는 핵심적 메커니즘이자 교육 행위를 지원하는 실천적 인프라로 방향을 잡아야 한다.

이를 실현하는 평생학습지원체제의 주요 원리를 아래의 논의에서 시사받을 수 있다(김신일 외, 2003). 첫 번째 원리로서 연대적 통합성, 둘째, 사회적 공유를 통한 공공성, 셋째, 학습기회 접근성을 제고하는 개방성의 확보가 필요하다는 점을 주지할 필요가 있다. 통합성은 한 사회의 총체적인 교육적 자원을 효율적으로 활용하기 위한 각 영역간의 통합적 네트워킹이 필요하다는 것을 강조한다. 공공성은 평생학습을 개인의 개인에 의한 사적 과제로 보는 것이 아니라, 한 국가의 발전과 시민들의 학습 권리를 보장하기 위한 공적 관계에서 발전시키는 주요 원리이다. 마지막으로 교육체제의 개방성은 기존 교육시스템이 가진 폐쇄형 종점모형을 누구나 어디서나 학습할 수 있는 유연하고, 열린 구조로 전환하는 것에 방점을 둔다. 궁극적으로 학습사회의 교육시스템을 재구성하기 위해서는 유아는 물론 노인들까지 평생에 걸친 학습의 요구와 필요를 전 사회적으로 지원할 수 있는 평생학습원리가 다양한 제도와 실천 속에 융합되어야 한다. 예컨대 학습기회 접근성의 확대는 물론 교육과정의 개방, 교육결과 인증과 활용이라는 유연한 호환 체계가 보장될 필요가 있다. 특히 OECD 국가를 중심으로 이루어지고 있는 학습자의 평생학습 참여의 과도한 사적 부담을 줄이고, 국가와 시민사회가 연대를 이루어 수준 높은 공공 교육시스템을 강화하는 방안을 모색할 시점이다.

본 연구는 여기저기서 차용되고, 선언되고 있는 학습 사회의 교육체제를 어떤 방향에서 구축할 것인가에 대해 다시금 진지하게 고찰한 점에서 의의를 가진다. 그럼에도 불구하고 담론 분석 연구로서 이 연구는 심도 있는 추가 연구를 필요로 한다. 첫째, 본 연구에서는 학습사회란 학습을 최대화하고 그 물리적 총량과 질적 다변성을 확대하는 광의의 개념으로 분석하고 있으나, 학습사회는 모든 사람의 학습을 관리하는 사회인지, 학습이 자본으로 축적되는 사회인지, 과연 학습의 본질과 이념, 역할, 운용 메커니즘 등 학습사회를 둘러싼 거대한 물음표가 풀리지 않았다. 따라서 향후 학습사회의 세부적인 구조와 의미를 분석하고, 그 안에서 재구성되는 교육체제의 다양한 쟁점과 대안을 분석할 필요가 있다. 둘째, 본고에서는 공교육과 직업세계의 연계를 논의하면서, 열린 교육체제를 실업계학교와의 연계 중심으로 치우친 측면이 있다. 이러한 제한점을 극복하기 위해 추후 인문계학교와의 포괄적인 연계와 통합적 네트워킹에 대한 추가 연구가 요청된다. 셋째, 이 연구는 평생학습을 둘러싼 인식론적 층위와 그 속에서 열린 교육체제의 방향과 조건을 전반적으로 탐색하는 담론형 연구로서, 실증적인 사례를 세부 쟁점에 따라 심도 있게 다루지 못한 제한이 있다. 따라서 추후 경험과학 연구를 통해 획득된 데이터를 통해 교육영토의 유기적 통합의 성격과 쟁점을 밝힐 필요가 있다. 예컨대 교육과정이 평생학습 맥락에서 통합적인 형태로 이루어지기 위해 다양한 주체간 이해관계를 분석하고, 학습자 특성, 교육내용, 교육과정, 교육방법에 따른 교육체제 연계의 구조도를 체계적으로 그려내는 작업이 유의미할 것이다. 이 작업은 흡사 평생학습 연구가 인간의 학습과 교육이라는 수직적, 수평적, 형식적, 무형식적, 맥락적, 탈맥락적 다층성을 분석하는 통섭적인 과정임을 시사하고 있다. 가장 중요한 지점은 학습사회에서 존재하는 교육체제는 고정되고 확정된 교육과정, 방법론, 결과를 고수하는 닫힌 구조가 아니라, 듀이(Dewey)가 말했듯이 모든 학습주체가 끊임없이 자신의 교육적 경험을 재구성하고, 부단한 상호작용을 모색하는 살아있는 유기체로 작동해야 한다는 점이다.

이상에서 보건대 학습사회의 교육체제는 그것의 원리, 과정, 내용, 형태, 방법, 의미구조 등에서 복합적인 관계망과 상호작용에 따라 지속적으로 창출되고, 평가되고, 재구성되는 현재진행형의 실험대가 될 수밖에 없다. 앞으로 평생학습사회의 교육체제연구는 다양한 교육 실천 현장과 연계된 심도 있는 이론화 작업을 통해 논의의 지평을 더욱 확장할 수 있을 것이다.

참고문헌

권두승(2000). 성인학습 지도방법의 이론과 실제. 서울: 교육과학사.

교육과학기술부·평생교육진흥원(2009). 평생교육백서.

교육인적자원부(2005). 인적자원강국을 위한 정책과제와 방향. 대한상공회의소 CEO간담
　회기고문.

김경희(2003). 한국의 평생직업교육. 서울: 원미사.

김신일(2009). 평생교육개론. 서울: 교육과학사.

김신일·권두승·한숭희·양병찬·오혁진·이지혜(2003). 평생학습지원체제 구축 방안 연구.
　서울: 한국교육개발원.

김신일·박부권(2005). 학습사회의 교육학. 서울: 학지사.

김종서·황종건·김신일·한숭희(2000). 평생교육개론. 서울: 교육과학사.

노남섭·박양근(2005). 인적자원개발론: 성과 중심의 방법론과 촉진전략. 서울: 한올.

박부권(2002). 교육주의와 학습주의를 넘어서. 한국교육사회학회 춘계학술대회 자료집

박성열(2005). 지식기반사회의 평생교육의 이해와 평생교육프로그램 개발. 서울: 집문당.

오혁진(2003). 평생교육경영학. 서울: 학지사.

이돈희·강태중·이무근·김태완·강인애(1999). 지식기반사회와 교육. 교육인적자원부 정
　책연구보고서.

장명희(2008). 평생학습계좌제 도입과 자격과의 연계 방향. 한국직업능력개발원 Working
　Paper.

정지선(2008). 고등교육기관의 평생학습 기능 강화방안. 한국직업능력개발원 Working
　Paper.

한국교육과정학회(2010). 교육과정: 이해와 개발. 서울: 교육과학사.

한숭희(2005). 포스트모던 시대의 평생교육학. 서울: 집문당.

한숭희(2010). 평생학습사회연구. 서울: 교육과학사.

Bynner, J., & Parsons, S. (2002). Social exclusion and the transition from school to
　work: The case of young people not in education, employment training. *Journal
　of Vocational Behavior*, 60(2), 289–309.

Dewey, J. (1916). *Democracy and Education*. 이홍우 역(2007). 서울: 교육과학사.

Field, J. (2009). *Researching Transitions in Lifelong Learning(ed. with Jim Gallacher
　and Robert Ingram)*. London: Routledge.

Field, J. (2010). Models of provision of lifelong learning: How is it done around the world? In C. Cooper, J. Field, U. Goswami, R. Jenkins & B. Sahakhian (Eds.), *Mental capital and well－being*. Oxford: Wiley－Blackwell.

Garvin, D. A. (2000). 살아있는 학습조직(유영만 역). 서울: 세종서적.

Hendrick, Van D. Z. (1991). The learning society. *International Journal of Lifelong Education*, 10(3), 213－230.

Ingram, J. B. (1979). *Curriculum Intergration and Lifelong Education*. 배진수·이영만 역(1995). 서울: 학지사.

Jarvis, P. (2010). *Adult Education and Lifelong Learning*. London: Routledge.

Jarvis, P. (2007). *Globalisation, Lifelong Learning and the Learning Society*. London: Routledge.

Kim, J. (2010). A changed context of lifelong learning under the influence of migration. *International Journal of Lifelong Education*, 29(2), 255－272.

Knud, I. (2002). *The Three Dimensions of Learning*. Roskilde University Press Copenhagen.

Knud, I. (2003). Learning changes through life. *Journal of Lifelong Learning in Europe, 2003*(1), 50－60.

Lea, L. S. (2000). *The connection between action reflection learning and transformative learning*. Degree of Doctor Columbia University.

Mark, T., & Roger, M. (2009). The changing face of adult education in Australia. In Jarvis, P. (Eds), *International handbook of Lifelong Learning*. London: Routledge.

Rikowski, G. (2006). *Only charybdis: The learning society through idealism*. London: Routlege.

참고 사이트

http://www.tafensw.edu.au/
http://www.federalgrantswire.com/techprep－education.html

평생학습 담론과 다문화교육의 조우: 의미와 맥락

연구
개요

　지구화의 가속화로 인해 노동, 교육, 결혼, 환경 재난, 정치적 박해 등의 이유로 2억 4천명의 이주민이 고향을 떠나 새로운 삶터에서 삶을 영위하고 있다. 국내에 체류하는 외국인이 187만명에 육박하고, 외국 태생 인구 비율이 총 인구의 3.6%를 차지한다는 점에서 오늘날 평생학습사회의 구성 원리와 양태는 이질적인 변화를 경험하고 있다. 본 연구는 한국 사회가 다인종·다문화사회로 재배치되는 과정을 평생교육관점에서 비판적으로 탐색하였다. 연구의 주요한 내용으로서 첫째, 평생학습담론의 다문화주의 맥락을 이론적 고찰하기 위하여 전통적인 성인교육론에서 다루어져 온 다문화주의 담론 지형을 분석하였다. 둘째, 오늘날 평생교육 논의의 새로운 환경으로서 다문화적 생활 세계 (multicultural life world)의 구성과 다양한 인종적, 민족적, 문화적 배경을 가진 학습 집단 간의 학습 행위의 변화를 이론적으로 살펴보았다. 셋째, 다문화시대에 평생학습사회의 다양한 소통을 촉진하기 위하여 다문화적 학습역량을 계발하고 이주민의 참여적 시민성의 발현을 논의하였다.

　연구의 결론으로서 다음의 네 측면이 제시되었다. 첫째, 평생교육체제를 재구조화하기 위해서는 국제이주노동의 가속화로 인해 잉태된 다양한 학습 소외 계층의 요구와 역량을 포괄할 수 있도록 다문화주의에 입각한 평생교육의 이론 심화가 필요하다. 둘째, 다양한 초국경 학습자의 동등한 평생학습 기회 진작을 위해 종합적인 평생교육정책 수립이 시급하다. 셋째, 평생교육사 및 성인교육자의 다문화 이해 역량을 강화하고, 이들이 다양한 생애사적 배경을 가진 이주민의 평생학습활동 지원하는 방안을 새롭게 구안해야 한다. 넷째, 문화 다원주의에 기반을 둔 비판적 시민교육 프로그램이 지역 현장을 중심으로 공유되고 시민사회의 폭넓은 참여로 이어져야 한다. 궁극적으로, 다문화시대의 평생교육 방향성을 이론적으로 고찰한 본 연구는 향후 평생교육의 연구 주제 및 대상이 보다 심층적으로 확장되어야 한다는 점을 논증하고 있다.

Ⅰ. 서론

1. 문제 제기

  평생학습에 있어서 다문화적 사태는 한 사회의 다양한 사회적 집단들이 그들이 가진 고유한 경험과 역사를 고려하도록 요청하기 때문에 복잡한 이슈를 제기한다. 왜냐하면 사회는 개인과 집단이 현재에 기반한 실재와 경험의 재구조화를 꾸준히 기획해 왔기 때문이다(Gustavsson & Osman, 1997: 180).

  우리는 지금 다문화적 생활 세계 안에 살고 있다(Jarvis, 2007: 6). 언제, 어디서나, 불특정한 양식과 특정 양식이 학습 유기체 안에서 통합적으로 이루어지는 평생학습담론에 있어서, 개인의 경험뿐만 아니라 사회의 집단적 경험은 다문화적 맥락에서 보다 다양한 방식으로 전개된다. 각 개체와 집단이 가진 전기적인 레퍼토리(biographical repertoires) 혹은 그들이 행하는 익숙한 반응들이 현대 사회의 환경과 변화된 구성 양태에 자동적으로 대응하기 불충분하다면, 생활세계에서 유기체의 학습 단절과 경험의 재구조화가 진행될 수밖에 없다. 다문화적 상황은 인종, 종교, 국적, 언어, 계층 등을 기본 요소로 하는 인구학적 변화는 물론 구성원들의 사회문화적인 정체성과 상호작용, 그리고 행위자간의 소통방식의 변화를 불러일으키게 된다(Parekh, 2006). 따라서 인간이 터한 학습과 세계에 대한 개념 역시 재구조화 된다. 딜타이(Dilthey, 2002)는 인간이 역사적으로 스스로를 구성해온 삶을 전제하면서, 자기이해와 타자이해는 분리될 수 없다고 말했다. 그런 측면에서 다문화적 삶의 문제는 복잡다단한 자아와 타아간의 상호교섭과정이며, 주체와 세계간의 이해와 소통의 재구성과정이라 할 수 있다. 즉, 인간이 세계와 상호작용하는 변증법적 과정이 보다 복잡다단한 형식으로 이루어지는 것이며, 본질적으로는 생활 세계에서 이루어지는 인간의 경험을 통한 변화와 소통의 맥락이 상이한 문화적 교류와 동화, 전이, 충돌, 갈등, 융합의 방식으로 전개됨을 역설한다.

2. 학습사회의 현상적 변화와 기존 논의 반성

그렇다면 이러한 이론적 문제 제기에 터하여, 평생학습담론에서 다문화주의 맥락을 지금 왜 논하는 것인지 한국사회의 현상적 변화를 들여다 볼 필요가 있다. UN의 통계에 따르면 지금 전 세계에는 약 2억 4천명의 이주민들이 고향을 떠나서 살아가고 있다(UN, 2015). 이는 세계 인구의 3.3%를 차지한다는 점에서 이주민들은 전 지구적으로 가시적인 사회 집단(visible social group)으로 부상하고 있음을 보여준다. 실로 지구촌 디아스포라(diaspora)의 시대로 명명되고 있다. 특히 이 가운데 1억 8천만 명 이상은 세계 각국의 3D(dangerous, dirty, difficult) 업종에서 일하는 이주노동자와 그 가족들로 분류되고 있으며(ILO, 2008), 한국 땅에서도 약 80만 명 이상의 이주노동자들이 합법적 신분 혹은 미등록 체류신분으로 일하고 있다. 무엇보다 두드러진 인구통계학적 변화는 국내 체류 외국인이 1,879,880명(출입국·외국인정책본부, 2015)을 육박하여, 이들이 대한민국 인구의 약 3.6%를 차지하는 다인종·다문화 사회로 빠르게 변하는 상황이라 할 것이다. 대개 한 사회에서 외국 태생 인구 비율이 국민의 5%를 상회하면 다문화사회로 분류되는데, 이민국가로 성장한 대표적인 국가인 미국(14.8%), 캐나다(19.9%) 등을 제외하더라도, 한국의 외국 태생 인구 비율은 1990년 0.11%(4만 9,000명)에서 25년 만에 3.6%로 급증하였다는 점에서 우리나라는 점차 다문화적 사회 구성체를 갖추어가는 모습을 보이고 있다(법무부 출입국·외국인정책본부, 2015).

더욱이 고령화의 급속한 진전과 함께 OECD 국가 중 최저의 출산율을 보이는 우리 사회에서 다문화가족(결혼이민자와 그 후손)이 고령화와 저출산, 국가 경쟁력 저하를 완화시키는 역할을 한다는 새로운 논의들이 전개되고 있다. 실제로 현재 우리사회의 다문화가족의 규모는 30만 명(2015년 기준)이지만 2020년이면 체류외국인은 더욱 늘어나 외국인·이민자와 그 자녀의 수가 총인구 중 5.5% 수준인 270만 명에 이를 것이라는 전망이 제시되었다(국방일보, 2015). 반면 이삼식, 최효진, 박성재(2009)의 '다문화가족의 증가가 인구의 양적, 질적 수준에 미치는 영향'이라는 연구 결과에 따르면 같은 기간 한국인은 4,875만 명에서 4,234만 명으로 감소할 것으로 전망되고, 2050년에는 우리나라 인구의 20명 중 한 명이 다문화가족이 될 것으로 예측하고 있다. 총인구 대비 다문화가족의 비율은 2009년 0.56%에서 2015년 1.05%, 2025년 1.99%, 2035년 3.04%, 2050년 5.11%로 급격하게 높아질 전망이다(이삼식, 최효진, 박성재, 2009). 이러한 인구학적 변화는 단순히 외국 태생 인구 비율의 증가라는 양적 지표가 아니라, 우리 사회의 정치·경제·문화·이념적 체질과 구성 양식을 변화시키는 움직임으로 읽어 낼 필요가 있다. 즉 다문화 사회는 국제이주를 통해 인적 구성에 변화가 일어나는 사회이자, 더 나아가 다양한 인종적·민족적·문화적 이주민과 사회적 소수자의 권리가 포괄적으로 보장되는 사회를 말한다(한건수, 2010). 고대 국가 형성에서부터 근현대사에 이르러 일제강점기를 거치면서 오랫동안 단일민족주의를 견고하게 고수해온 한국에서는 최근의 일련의 다문화주의 담론과 논의가 한편으로는 낯설게 다가오고, 또 어느 순간에는 외국인 친화사회를 부르짖는 다문화 '열풍'으로 이해되기도 한다(한건수, 2010). 국내 체류 외국인 100만 명 시대를 살아가는 한국사회는 아직도 이러한 사회생태계의 변화와 새로운 사회적 경험에 대한 냉철한 성찰과 이해, 논쟁과 합의에 바탕을 둔 중장기적 전망을 제시하지 못하고 있다.

　　루소가 『에밀』에서 말했듯이 지식은 자신이 구성한 경험(self-made experience)에서 시작한다. 그런데 우리는 자신은 물론, 사회구성원들이 구성한 경험뿐만 아니라 일상에서 매일매일 자신의 경험과 상이하고 다른 무언가와 조우한다. 이런 과정을 거치면서 우리는 세계의 지평과 끊임없이 통합되고 만날 수밖에 없다. 다문화적 맥락은 인간의 학습경험의 틀과 구성 양식을 보다 다양한 인종적·문화적·언어적 요소들로 수렴·발산시키는 기제로 작용하고 있다. 르쾨르(Ricoeur)는 인간은 그 자신의 문화가 축적한 역사의 구획물 아래서 형성된 자취들을 통해 학습한다고 주장했다(로이보인, 1998). 이 지점에서 모종의 보편적인 것을 향하는 길은 역설적으로 다른 것, 외국의 것, 이질적인 차이에 대한 인식과 지식을 통해 보다 적극적으로 구성된다는 사실을 주목할 필요가 있다. 이를 정리하는 입장으로써 다문화적 사태에서 학습의 의미는 다음의 단락에서 간명하게 설명될 수 있다.

다양한 종교, 언어, 인종 등으로 대표되는 상이한 사태는 일상에서 난관을 불러일으킨다. 더욱이 급작스럽게 서로에 대한 이해가 수반되어야 한다면 그 어려움은 배가된다. 남아프리카의 기초 성인 학급에서도 네 개의 다양한 언어와 흑인, 아시아, 백인의 다양성만큼이나 상이한 종교가 존재한다. 우리는 여기서 무슬림이 사고하는 방식을 이해하기 쉽지 않듯이, 무슬림이 크리스천을 이해하는 것 역시 힘들다는 것을 알게 된다. 여기서 주목할 것은 일상적인 삶에서 이해의 지평을 확장하는 것이 쉽지 않다는 것이다. 왜냐하면 이해란 자신의 정체성에 대한 깊은 이해를 통해 가능하기 때문이다. 따라서 모든 학습은 자기 정체화(self-identification)에서 출발하며 이는 분명히 일상의 영역에 녹아들어간다. 낯선 것과의 만남, 이질적인 다문화와의 만남에서 우리는 스스로의 문화를 학습하게 된다(Gustavsson & Osman, 1997: 182).

인간은 모르는 것, 모종의 낯선 것을 계기로 학습한다. 이는 경험이 학습의 근거라고 강조한 경험학습론에서 해석하자면, 낯선 경험은 곧 학습의 근거이고 학습을 위한 일종의 자극으로 작동한다는 사실을 내포한다. 따라서 다문화적 맥락에서 학습의 가장 큰 난점은 과연 무엇이, 왜, 어떻게 경험과 의미구조를 작동시켜서 개인의, 집단의, 사회의 정체성을 다중복합적으로 구성하는가를 이해하는 것이다. 어떤 이는 지극히 개인적인 관점에서 자아 정체성을 논하지만 또 어떤 이들은 종족 집단이나 인종적, 젠더적 맥락에서 스스로를 인식한다. 그러나 다시 환원되는 중요한 사실은 인간은 알지 못하는 것, 다양한 외국의 문화와의 만남에서 자신의 경험을 재구성하고 세계와의 상호교섭을 통해 스스로를 모종의 방식으로 인식하고 행위하는 변증적인 과정을 거친다는 점이다.

여기서 다문화적 삶의 형식은 일원주의적 문화가 아니라 다양한 집단적 전통의 토대에서 규범적으로 해석되고 실천되는 것이라 할 것이다. 여기서 다문화교육은 이러한 다원적 문화 토양에서 가르침과 배움을 통해 더 바람직한 세계, 더 나은 인간됨을 형성하는 변증법적 과정이다. 다문화라는 사태가 하나의 일상

세계라면 다문화교육은 이 세계를 구성하는 다원적·다층적·원리를 보다 내밀하게 분석하여 교수자와 학습자간의 상호작용을 촉진하는 데 방점을 둔다. 이 지점에서 다문화 학습은 학습하는 유기체가 자신의 경험을 다문화적 세계와의 지속적인 상호작용을 통해 해석하고 변화하며 성장하는 것으로써, 문화적 의미구조에 대한 인식망의 전환(Mezirow, 1991)을 통해 자기 조직적 앎의 내재화(한승희, 2005)를 세계와의 관계를 통해 기획하는 것이라 할 수 있다. 이런 맥락에서 도출되는 다문화적 평생학습은 인간이 전 생애에 걸쳐 끊임없이 다문화적 세계와 교류하면서 고유의 경험을 새롭게 직조하는 것이며, 동시에 자신이 기반을 둔 문화 정체성과는 상이한 메커니즘으로 작동하는 외국문화의 이질성을 통해 기존 경험을 반성하고 전환시키는 앎의 관계를 끊임없이 형성하는 것이라 할 수 있다. 이상의 맥락에서 살펴보건대, 평생학습담론의 다문화적 맥락은 인간의 학습이 발생하는 조건, 사태, 의미구조, 과정, 분석 및 해석의 근본적인 물음을 담지하고 있으며, 이를 단일문화적 상황이 아닌 다중복합문화 측면에서 보다 역동적으로 풀어내는 지점을 가진다는 점에서 연구의 필요성은 대두된다.

그러나 지금까지 성인교육 영역과 평생학습담론에서 접근해 온 다문화주의에 대한 많은 논의들은 세계 속에 존재하는 다문화적 자원이 하나의 거대한 퀼트를 직조해가는 여정을 보다 정교하게 조명하지 못했다. 학습사회에서 주체가 재구성하는 현상적 경험세계가 전 생애에 걸쳐서 어떻게 개인, 공동체, 거대 조직에 영향을 미치며, 어떠한 방식과 원리로 이를 분석하고 해석할 것인가에 대해 적극적으로 다루지 못했던 것이 사실이다. 즉 성인학습의 다문화적 혹은 간문화적 접근에 대한 비판 담론은 다분히 처방주의적이고 실용적인 교육 프로그램이 강조되어 왔기 때문에(Sparks, 2002; Standfield, 1994), 유기체의 자기 조절적 경험의 재구성과 다문화적 세계의 복잡다단한 관계망에 대한 접근이 심화되지 못했던 것이다.

이러한 문제의식 아래 본고에서는 평생학습이 이루어지는 다문화적 맥락을 조명하는 데 있어 수렴적 개념화를 시도한다. 즉 다문화주의에 대한 논의 지형이 복잡다단하기 때문에 본 연구에서 맥락화하는 다문화주의는 인류의 지식·신념·행위의 총체를 말하는 문화 일반론이 아닌, 다양한 인종, 종족, 국적, 언어, 종교 등에서 기인한 모종의 정체성이 하나의 학습사회 안에서 생성되고, 교차하며, 융합되는 것에 초점을 두고자 한다. 따라서 본고에서 규명하는 다문화주의 (multiculturalism)는 기존의 소수집단의 문화담론처럼 다문화적 배경을 가진 구성원들을 중심부에서 배제하거나 주변부로 게토화하는 것이 아니라, 하나의 학습생태계에서 복합다중적 학습 개체들이 생활세계에서 끊임없이 조우하고, 다양한 경험들을 생성·해체·융합하는 관계적 퀼트를 직조하는 특정 맥락으로 접근하고자 한다. 이상의 관점에서 본 연구는 평생학습담론에서의 다문화적 맥락의 논의 지형을 비판적으로 이해하고자 한다.

Ⅱ. 평생학습에서의 다문화 담론: 이론적 고찰

1. 성인교육 논의에서 살펴본 평생학습과 다문화주의 지형

문화적으로 다양한 집합체에 대한 교육 분야의 논의는 주로 교육사회학에서 다문화교육과 반인종교육(anti-racist education)이 양대 진영을 이루며 전개되어왔다. 다문화교육은 인종, 종족, 계급, 성 등 다양한 배경을 가진 학생들이 성공을 경험하고 사회적 이동을 평등하게 촉진하는 데 초점을 두어왔다면, 반인종교육은 주로 체제의 불균형과 힘의 문제에 귀착하고 있다. 그러나 중요한 것은 이들 두 진영 모두 헤게모니를 가진 지배 문화를 준거로 문화적 자원이 빈약한 집단을 소수(minority)로 규정하여 왔다. 예컨대 소수집단을 지배 담론의 희생자로서 규명하면서 이들에게 동등한 권리를 담보하고 차별을 금하는 것을 강조한 것이다. 특히 성인학습논의에서 주요하게 탐색되어 온 것은 억압적 상황을 변혁할 수 있는 성인학습자의 자유의지와 창의성이 그 하나였다(Gustavsson & Osman, 1997).

지구화에 따라 성인학습에서는 새로운 형태의 세계시민적 민주주의를 강조하면서 성인교육의 다양한 제도적·문화적·사회적 문제와 쟁점을 논하고, 지구화에 따라 심화되는 성인학습 영역의 문화권력과 소외, 차별의 문제를 다루어왔다. 주로 후자에서 다문화학습과 상호문화학습을 조명해 왔다. 성인교육에서 지구화는 새로운 형태의 초국적 시민연대를 가능케 하는 긍정적인 기제라고 말한 코스가드(Korsgaard, 1997)는 반면에 이러한 변화가 기존의 복지적 의미의 국가 메커니즘의 수월성에 장애를 가져와 성인학습의 물신화(物神化)를 심화시킬 수 있다고 보았다. 더욱이 전 세계적으로 평생학습에 있어 참여와 그 수혜 양태에서 종족, 성, 계층, 종교 등에 따라 차별적으로 진행되기 때문에 차별과 소외가 재생산되는 점을 비판하였다. 따라서 평생학습에서 자본의 영향력 확대, 세계 간 상호연관성의 증대, 시민사회 중심의 새로운 민주주의 대두 등 거시적인 측면뿐만 아니라 복합다층적 문화 확산은 평생학습의 새로운 전환을 가져오는 것이라고 보았다.

세계는 보다 다양다종으로 전개될 수밖에 없다. 여기서 평생학습의 다문화적 맥락은 문화복합체의 양식으로서 인종, 성, 종족, 계급 등 다중문화를 접하면서 자신이 전제하던 경험세계를 전 생애에 걸쳐 재구성하는 과정이며, 이를 통해 다문화적 삶의 전역을 끊임없이 인식하고 해체하고 융합하면서 차별과 소외를 넘는 변증법적 진행형이라 할 수 있다. 따라서 평생학습에서 다문화적 맥락은 그것의 수준, 준거, 작동 메커니즘에 따라 달라지겠지만, 학습내용, 학습환경, 학습관계 등 다층적인 구조를 생산시킬 수 있다. 여기서 아직까지 그것의 구체적인 실재와 논의들이 풍성하게 전개되지는 못했으나, 다문화학습능력(multiculral learning competency)은 하나의 이념 망으로 구성될 수 있을 것이다.

그럼에도 불구하고 아직까지 다문화주의를 해석하는 렌즈는 광범위하고 다층적이라 명쾌하지 못한 것이 사실이다. 평생학습의 다문화적 맥락이라는 언설을 전개하고 있으나 그것이 과연 무엇인지에 대해서는 선명하게 규명된 바가 없다. 사전적 의미부터 조명한다면 다문화주의는 소수파문화, 여성문화, 비서양문화 등 여러 유형의 이질적인 문화를 하나의 제도권 안으로 수용하자는 입장과 가깝다(Pai, 1990). 다문화주의의 개념을 문자 그대로 풀이한다면 여러 유형의 이질적인 문화를 세계시민주의(cosmopolitanism)나 다원주의(pluralism)의 입장에서 유연하게 수용하자는 것으로써, 복잡다단하게 구성된 세계 안에 특정 개체를 소외시키거나 차별하는 것이 아니라 포용하는 것을 강조한다(Diamond, 1994). 이런 맥락에서 교육 담론에서는 백인 남성 위주의 특정한 이해 기반으로 재생산하는 것이 아니라 유색인, 이민자, 여성, 동성애자 등 주변부화된 사회 소수집단을 교육체제 안에 포용하는 것을 강조한다(Torres, 1998; Pai, 2000).

　　전통적으로 성인교육에서 다문화주의 담론은 인종, 계층, 성, 종족의 배경에서 기인하여 사회주변부로 위치 지어진 소수자의 문제로 집중되어 왔다. 이러한 맥락에서 스베퍼(Sbefer) 등은 다문화적 맥락에서 배태되는 인간의 불평등과 차별, 그리고 소외를 뛰어넘기 위한 성인교육의 과제를 해결하기 위해 성인교육자의 역할과 교육적 개입을 강조하였다. 이를 다음과 같이 정리하였다.

　　성인교육자들은 오늘날 불평등에 도전하기 위한 다양한 역량이 요구된다. 첫째, 예컨대 반 인종차별 교육 프로그램은 억압을 극복하기 위한 발전적인 도구를 개발하는데 힘을 써야 한다. 둘째, 성인교육자들은 그들이 터한 교실 혹은 생활세계에서 힘과 억압의 관계를 인식하는 눈이 필요하다. 셋째, 성인교육자들은 그들의 일터, 가정, 조직을 포함한 삶의 전역에서 성인들이 인종, 계층, 성 등이 미치는 영향력을 분명하게 자각하도록 도와야 한다. 넷째, 억압의 다양한 형태와 상호작용에 대한 이론적 관점과 이에 대한 성인들의 이해를 심화시킬 필요가 있다(Sbefer, Samnuels & Sardien, 1997: 169).

　　무어(Moore)는 이에 대해서 성인학습자는 자신이 기존에 잉태한 지적이고 감성적인 이념형으로서 문화의 개념을 해체할 것을 요청했다(Sparks, 2002). 현존에 대한 비판적 사고능력과 해체는 현재의 자신이 누구이며, 왜 이렇게 형성되었는지에 대한 새로운 이해를 가져온다는 점에서 의미가 있기 때문이다. 이는 곧 세계와 상호 교섭하는 주체가 종전의 경험을 끊임없이 재구성하는 과정이며,

문화적 배경에 배태된 불평등한 힘의 관계와 소외를 뛰어넘는 이념적 기제로써 다중복합적 문화 맥락에서 발생하는 학습이라 할 수 있다.

이를 종합적으로 살펴볼 때, 현재의 평생학습담론이 위치시킨 다문화주의 맥락은 모종의 공통된 이데올로기적 입장을 선명하게 윤곽화하지 않는다. 또한 그것은 단순히 자유주의적 다원주의나 세계주의의 연장이라고 하거나 인종·성별·성적 취향에 따르는 급진적 분리주의를 정치하는 것도 아니다. 오히려 평생학습담론의 다문화주의는 성인교육 논의의 전통을 승계하여 소수파 또는 주변화된 집단에 대한 평등한 참여와 소통의 기회를 보장하고, 이들이 하나의 생태계 안에서 끊임없이 융합하고 상호작용하는 것을 조명하는 좌표계(frame of reference)라 할 수 있다. 그렇기 때문에 평생학습담론에서 다문화주의는 마르코(Marco, 2002)의 말처럼 연성적 다문화주의(soft multiculturalism)를 차용함으로써— 예컨대 유럽의 젊은 여성들이 터키의 아나톨리아 여인들의 바지를 즐겨 입는 하나의 패션붐을 일으킨다거나, 아프리카 마사이족 귀걸이를 착용하는 등— 타자의 문화에 '이국적' 관심을 갖자는 식의 논의를 뛰어 넘는다. 그렇기에 평생학습에서 다문화주의는 하나의 문화적 취향으로서의 사인화(私人化)가 아니라, 학습사회의 다양한 유기체들이 자기와 세계를 끊임없이 재구성해 가는 구조와 관계적 과정을 성찰할 것을 요청한다.

2. 경계선을 넘나드는 다문화적 학습 담론

학습은 사회적 맥락에서 이루어진다. 학습이란 경험을 지식, 기능, 태도로 변환하는 과정이다. 따라서 학습의 과정은 경험으로부터 출발하며 학습의 결과로 인해 이전보다 풍부한 인간이 되는 것이기 때문에 그것은 단순히 개인의 심리적 과정만으로 환원될 수 없는 총체적인 사회적 현상학이다(Jarvis, 2007). 마찬가지로 평생학습담론에서의 다문화적 맥락은 학습을 복합다중적인 사회적 경험 서사로 위치하게 한다. 왜 문화는 다중복합적으로 구성되는가, 여기서 학습의 의미는 무엇인가, 또 학습생태계의 변화와 학습의 관계망은 어떻게 형성되는가

등 궁극적으로 무엇이 평생학습의 구조와 과정을 새롭게 재구성하면 해석하고
실천하게 하는가라는 중대한 물음들이 도출된다.

스파크(Sparks, 2002)는 지금까지 성인교육 영역의 다문화연구가 가지는 특
성과 한계점을 세 가지 측면에서 지적했다. 첫째, 성인교육 이론과 실제는 미국
사회를 이해하는 데 보편 합당한 사회과학 개념을 차용함으로써 지극히 부분적
인 지식에 의존해 왔다. 성인교육을 지배하는 실용적 담론으로 인해 1960년대
여성운동의 경험과 인종에 대한 전사회적 경험이 누락되었다. 예컨대, 흑인, 히
스패닉, 아시안 등 인종적 범주에서 구획되는 연구 담론들에 대한 경험과학적
연구가 부족했으며 차이에 대한 이해를 주는 비교연구 방법론도 부족했다. 둘
째, 성인교육연구에 중산층의 가치가 지배담론으로 자리 잡으면서 다양한 문화
태제에 대한 균형 잡힌 시각보다는 고정관념을 하나의 도그마로 형성해 왔다.
셋째, 기존의 성인교육에서 문화담론이 가진 보수적 헤게모니이다. 즉 성인교육
영역에서도 보수주의적 권력 담론이 재생산됨으로써 사회적 소수자에 대한 문
제를 구조적인 측면에서 조명하기보다는 개인의 능력 부족 문제로 환원하면서
불평등한 권력관계를 제기하기보다는 현상유지에 급급한 측면이 강하다.

특히 성인교육에서 다문화적 연구는 오늘날 성인교육 실제에 만연한 거대
한 다양성으로 인해 문제해결적 성격으로서 부각되어 왔다는 지적은 유효하다.
이것은 향후 평생학습담론의 형성과 전개에 주요한 성찰 지점을 요구하는 대목
이다. 즉 앞으로 평생학습론은 이와 같은 처방적 성격을 넘어 학습사회의 복합
중층적인 관계망의 경계를 유기적으로 뛰어넘으며, 다양한 성, 인종, 계층 등의
사태를 체계적으로 분석하는 보다 정교화된 이론과 방법론적 실재가 융합되어
야 할 것이다.

다문화적 맥락의 학습논의는 끊임없는 경계 넘기를 경주하지 않으면 안 된
다. 지루(Giroux, 1993)의 언설을 빌리자면, 경계 넘기는 이해의 융합을 위해 이질
적인 지형간의 상호 교섭의 과정을 내포한다. 하나의 문화체로부터 또 다른 문화
체가 가진 문화적 신념과 기반을 가로지른다는 것은 지속적인 학습을 요구한다.
특히 인종, 종족, 성, 계층 등의 복합다중적 카테고리가 존재하는 정치사회적 국

면에서 경계 넘기는 무엇보다 중요한 테제다. 그렇게 본다면 문화는 위치 짓기와 액션화를 형성하고 재구성하는 가장 강력한 힘이다(Sparks, 2002). 모든 문화적 목소리는 간주간적이며, 근접적이며, 힘의 관계가 내재하며, 불일치하기 때문에 정치적 해결책을 제시하는 데 있어서 일상 안에서 조정된 실체를 제공한다.

　　스탠필드(Standfield, 1994)에 따르면 문화간연구(cross cultural)는 소수집단의 지식과 경험을 합법화하고 이를 포용하는 이론 틀을 제공한다. 그것은 종족주의(ethnocentrism) 대 문화적 상대주의(cultural relativism)라는 논쟁에 대한 의미를 재구성하는 것이며, 그동안 당연시 여겨온 사회의 권력관계와 문제들을 공공의 장에서 재해석하고 정치적인 언어로 문제 제기를 하는 시발점이 될 수 있다. 학습 맥락에서 가장 중요한 것은 소수집단 구성원들이 지배문화의 도그마에 종속되지 않고 자신의 고유 경험을 자각하고 이해하는 통찰을 지속적으로 재구성하는 것을 주목하게 된다. 따라서 다문화적 학습은 소수집단과 그 구성원이 자신에 대한 이해는 물론 일상을 구획하는 많은 실체들의 관계 구조를 분석하도록 공동체의 규범과 가치, 표준 등에 대해 비판적 성찰로 접근하는 것이라 할 수 있다.

　　그런 이유로 많은 경우 성인학습에서 문화 다양성 연구는 힘의 관계, 헤게모니, 소외와 참여의 문제로 집중되어 왔다고 볼 수 있다(Sparks, 2002; Pai, 1990). 예컨대 여성문제의 경우, 여성문화의 종속성, 탈주체성 등을 분석하는 좋은 기제이다. 궁극적으로 평생학습에서 다문화적 맥락은 차이와 다양성을 뛰어넘는 지속적인 담론을 통해 하나가 아닌 복합다중적인 개별 주체의 목소리와 경험을 현현시킨다는 점에서 특수한 지위를 갖는다(Sparks, 2002). 따라서 평생학습의 다문화적 맥락은 소수집단이 자신의 경험을 재구성하고 해석하여 일상에서 자신의 목소리와 이해를 발현하는 과정을 정치시킨다. 예컨대 한 사회의 주변부에 위치해온 이주노동자가 그들 스스로 인식하고 말하는 일상의 경험 구조와 해석, 자기 인식과 의미망은 어떻게 형성되고 전개되는지는 밝혀낸다는 것은 다중복합적 문화체들이 다양한 경계선을 넘나드는 방식을 이해하는 데 매우 중요한 문제이다.

Ⅲ. 학습사회의 관계와 소통 다원성: 시민사회와 참여적 시민

독일의 사회과학연구원에서 조사한 바에 의하면 2020년경에 요구되는 미래 교육의 핵심 역량 가운데 하나로서 다문화역량(multi-intercultural skills)이 선정 되었다. 이미 호주, 뉴질랜드, 캐나다, 미국, 유럽 등 다문화주의를 하나의 국가 모델로서, 그리고 생활세계의 유기적인 사태로서 담지하고 있는 곳에서는 다문화역량을 학교교육의 주요 주제는 물론, 삶의 전 영역에서 자연스럽게 인지하고 있다. 주체의 지식과 수행을 위한 미시적인 인식이 아니라 거시적으로는 시민사회, 지역에 근거한 생활세계에서 다문화역량을 전사회적으로 요청하고 있음을 보여주는 것이기도 하다. 능력과 역량을 강화시키기 위해 변화와 성장을 촉진시키는 과정이 바로 학습이다. 다양한 문화를 학습하는 것, 다문화적 학습 역량을 함양한다는 것은 단순히 교수학습 내용의 재구성이 아닌, 학습사회가 살아 숨쉬는 삶의 양식의 변환을 가져온다.

오늘날 우리나라 역시 단일민족 신화는 도전받고 있다는 것을 많은 지점에서 인식할 수 있다. 우리사회의 전통적인 단일문화권적 외연은 이미 균열과 융합을 반복하기 시작했다. 전술했듯이 오늘날의 한국 사회에서 인구 100명당 2명은 외국인인 셈이다. 전통적인 의미의 한국인과 다른 외양과 언어적·종교적·문화적 배경과 양태를 담지한 외국인들이 인구의 3%를 육박하고 있는 현 사태는 단일 민족주의·단일문화에만 익숙해져온 기존의 사회적 생태계로서는 낯선 환경에 노출되었음을 대변한다. 다문화가정의 확대, 외국인 공동체의 구성, 거리에서 만나고 스치게 되는 다양한 인종, 언어, 종족, 종교 등 상이한 문화 자원을 가진 외국인들을 통해 우리 사회가 가진 기존의 경험 구조와 일상의 구성 양식은 탈일문화적 변화를 기획하지 않을 수 없다.

학습사회의 거대 서사를 끊임없이 재구성해 나가는 평생학습 지형에서 다문화적 맥락은 실존적 방식으로 사회의 질적 변환을 예고하는 것이다. 지배문화 담론, 중심부가 기획하는 헤게모니가 아닌 주변부, 소수파에 대한 열린 관계망과 자기 인식(self-awareness)을 고무하는 다문화적 맥락(Sparks, 2002)은 좁게는 개체 간 관계와 소통의 다원성, 넓게는 이에 터한 참여민주적 시민사회 구성으로 이어지는 경향을 보이기 때문이다.

　실천적 의미의 평생학습담론의 거시적 젖줄을 제공해 온 유네스코(UNESCO)는 '존재의 학습'(learning to be), '행위의 학습'(learning to do), '학습하는 방법의 학습'(learning to know), '함께 살아가는 학습'(learning to live together)을 강조했다(유네스코21세기세계교육위원회, 1997). 정치, 경제, 사회의 전역에서 글로벌화가 가속화되고 있는 오늘날 평생학습담론을 지탱하는 각각의 기둥에서 다문화적 맥락은 무엇보다도 다양한 유기체들이 '함께 어울리며 살아가는 학습'과 가장 근접한 맥을 공유하고 있다. 다양한 문화와 전통, 정체성, 개성을 가진 개별 주체들이 어떻게 하면 함께 잘 살아갈 수 있는가는 '요람에서 무덤까지' 생애에 걸친 평생학습의 거시적 좌표이기 때문이다. 이러한 지점에서 가르침과 배움의 세계는 다양한 품차를 가진 개인 혹은 집단의 지속적인 만남과 소통의 과정으로 형성된다. 학습사회의 거대 지형에서 보건대, 평생학습담론은 탈일원적 문화담론을 넘어 다중복합적 문화 유전자를 가진 유기체들이 다문화적 경험을 끊임없이 생성, 해체, 융합하는 변증법적 과정으로 거듭나는 것이다.

　일찍이 유럽, 미국, 중남미 성인교육 담론에서 다문화적 경향은 그것이 전개되는 중요한 환경이자 삶터의 문제 그 자체다. 실제로 영미권 성인교육학의 많은 주제들이 인종문제, 여성문제, 소수자문제 들이 복잡다단하게 교차하고 있는 것을 알 수 있다. 이들 사회의 구성원들은 자연스럽게 단일문화중심주의(mono-culturalism)가 아닌 상이한 종족, 언어, 종교, 문화관습 등이 다양하게 혼재된 다문화주의(multi-culturalism) 환경 속에 노출되면서 성장해 왔다. 이로 인해 다양한 문화적 자원과 행위를 둘러싼 지배문화와 소수 문화의 헤게모니와 권력 문제 등이 여전히 다층적으로 상존하고 있다. 그러나 여기서 중요한 것은 '다름' 자체가 '문제시'되는 것이 아니라 다양한 색채의 인종, 종교, 문화, 계층의 모자이크가 하나의 거대한 학습 사회를 구현하는 자연스러운 환경이자 요소들로 작동하고 있는 것이다. 그것은 국가와 시민사회의 다양한 층위를 아우르는 평생학습의 존재론적 이념과 실천적 방법을 구체적으로 구현하는 것이라 할 수 있다.

흡사 글로벌화가 평생학습과 민주주의, 시민사회의 전통적인 관계방식을 재고하도록 추동하듯이, 평생학습담론의 다문화적 맥락은 학습사회가 직조되는 씨줄과 날줄의 관계와 학습 행위자의 소통 양식에 문화적 다원성을 가속화시키는 변화를 불러일으킨다. 특히 시민성의 렌즈로 이에 접근하는 것은 유의미하다. 다문화주의적 관점에서 시민성의 모순과 딜레마를 연구한 토레스(Torres, 1998)는 민주주의 시민사회에서 시민성이 규정되는 맥락은 종족, 인종, 계층, 성 등의 문제에 의해 큰 영향을 받는다고 말한다. 신사회운동에서 규명했듯이 오늘날 탈식민주의의 도전과 한 사회의 거대한 이민집단, 인종적, 성적 소수집단이 배태한 식민적 경험을 고려할 때, 참여적 시민사회를 구성하기 위해 다원주의적 시민성을 발현시키는 것은 언제나 도전적인 과제로 치부되어 왔다. 참여적 시민사회를 온전히 구현한다는 것은 인종적, 종족적, 계층적 차이들이 한 사회의 보편적인 자유와 평등의 이념과 충돌하기 때문에 모순이 제기된다. 과연 성, 종족, 계층 등 한 사회의 다문화적 맥락으로부터 유도되는 특수성과 보편성을 어떻게 참여민주적 시민사회 속에 용해시킬 것이며, 이들에게 동등한 시민성을 어느 수준까지 부여할 수 있을 것인가에 대한 의문을 불러일으킨다.

실제로 자유주의적 시민성 관점에서는 인종, 종족, 성 등 사회 소수집단의 다양성으로 야기되는 문제를 참여적 사회 연대 형성의 가장 큰 장애로 간주하고 있기 때문이다. 오스본(Osborne, 1997)은 이에 대해 적극적 시민성의 관점은 인종적으로, 성적으로, 종족적으로, 계층적으로 소수 집단에 위치한 사람들에게 동등한 권리를 부여하는 것과 맥락을 공유한다. 포괄적 수준의 다문화주의 속에 내재한 권력, 정체성, 헤게모니 등의 문제를 소수집단의 참여적 소통행위(participatory communication)를 보장함으로써 문화 다원성의 권리를 역설한 것이다. 셀비(Selby, 1994)는 국가의 경계를 뛰어넘어 인종적, 성적, 종족적 권리와 참여의 책무를 다원적이고 평행한 방식으로 시민성을 보장하는 것이 중요하다고 말했다.

결국 인간의 전 생애에 걸친 현상학적 경험 세계를 끊임없이 재현하고 해체하며 융합해 가는 평생학습의 영토에서 참여적 시민사회는 종족적, 인종적, 계층적, 성적 정체성에서 기인하는 문화의 다중복합체를 소외와 배제의 정치학이 아닌, 포괄적이고 적극적인 시민성 수준에서 보장하는 것이 필요하다는 것을 인식할 수 있다. 학습사회에서 이들이 개체적으로 게토화되는 것이 아니라, 하버마스, 로티, 료타르 등이 주장했듯이 의사교환적(Kommunikative) 이성, 담론적 시민성(이삼열, 2000)을 학습생태계 안에서 끊임없이 발현시켜가는 것이 관건이라 할 것이다.

　　분명한 사실은 평생학습세계에서 관계와 소통의 다원성이 적극적인 시민성 담론으로 융합되어 참여민주적 시민사회로 이어지기 위해서는 다문화적 학습에 내재한 학습 메커니즘을 반성적으로 이해할 필요가 있다. 즉 다문화적 학습의 변증법에 내재한 딜레마 중 하나는 학습 메커니즘의 도구성과 불확실성에 있다. 우리가 습득하고 사용하는 언어, 문화의 표상 속에 스며있는 준거, 경험구조의 인식 망들은 생활세계에 편리하고 유용한 기제가 되기도 한다. 그렇지만 한편으로는 주체의 선 이해(先 理解)를 이미 결정한 문화적 준거들이 기존의 전제와 다른 성격의 문화를 직면하게 될 때 도전과 해체의 국면을 맞을 수밖에 없다는 점에서 위험 요소가 내재한다(Illeris, 2003). 이 속에는 순응과 동화, 적응 등이 자연스럽게 융합되기도 하지만 역으로 방어기제의 작동, 인지적 불일치, 심리적 저항과 육체적 거부 및 자발적 혹은 비자발적 소외 등의 역동이 수반되는 경우도 빈번하기 때문이다. 기본적으로 학습의 역동과 마찬가지로, 다문화적 학습은 혼돈(chaos)과 불균형(disequilibrium)을 동반하고 있음을 각인하는 지점이라 하겠다.

　　바로 이 맥락에서 학습이 일어난다. 듀이적 해석을 빌리자면, 학습이란 인간 경험의 지속적인 재구성 과정이다. 변혁학습을 논한 메찌로우(Mezirow, 1991) 역시 인간은 경험의 의미를 종전과 다른 방식으로 재구성하여 해석하기 때문에, 새로운 의미구조가 끊임없이 생성된다. 이렇듯 학습이 발생하는 것은 주체가 현재 담보한 언어와 세계가 새로운 환경에 놓이면서 재현(re–present)과 해체, 그리고 융합을 부단하게 수행하는 증거라 할 수 있다. 분명 이는 주체와 세계간의 상호교섭의 과정이다.

　종합적으로 볼 때 오늘날 평생학습사회의 구성원리와 양태는 변화를 경험하고 있다. 동일한 문화적 유전자, 일원주의·단일문화적 환경에서 성장한 유기체간의 내적 교류가 아닌, 차이와 다양성에 터한 혼종의 유기체가 서로를 인식하고 기존의 선 이해를 반성하며, 자기 경험을 재구조화하는 역동적인 상호교섭 과정이 지속적으로 전개되어야 하는 지점이다. 문화복합성을 발산하는 다양한 유기체의 자기 인식, 사회적 관계망, 소통 구조 및 경험 재구성 방식의 다중복합성이 궁극적으로 학습사회에 주는 미시적인 의미를 경험 과학적으로 분석하고 해석하는 것이 평생학습담론의 다문화적 맥락을 이해하는 요체이자 과제라 할 것이다.

　이로써 오늘날 현저하게 부각되기 시작한 학습사회의 다문화적 경험은 존재의 변화와 관계의 성장을 도모하는 부단한 과정을 거치는 기제가 된다. 즉 다문화적 경험의 재구성을 통해 추동된 모종의 현재진행형의 결과로써, 갈등, 충돌 그리고 해체의 과정을 거치면서 학습하는 존재에게 다름과 차이에 대한 이해의 지평이 서서히 열릴 수 있으며, 다중복합적 문화담지체간의 소통을 통해 간주간적 존재성이 부여될 수 있다. 이 지점에서 우리는 평생학습사회를 구현하는 데 있어서 다양한 학습자집단 간의 관계망의 확장을 통해 다원적 시민성의 모형을 새롭게 발견하고, 학습사회의 상이한 개체와 다원적인 조직의 참여적 소통 역량을 성장시킬 수 있는 이론적이고 실천적인 기틀을 마련해야 할 것이다. 따라서 궁극적으로 평생학습담론에서의 다문화적 맥락의 실제는 복합다층적인 존재와 관계의 학습망에 초점을 두고 이를 정교하게 읽어내는 작업에 다름 아니다.

IV. 다문화주의에 기반한 평생교육 논의의 새로운 방향

　분명 평생학습사회의 구성 원리와 양태는 변화를 경험하고 있다. 한민족, 한국어, 한국 국적, 한국 문화 등 동일한 문화적 유전자와 집단적 경험에 바탕을 둔 단일문화적 환경에서 성장한 개인 및 집단 간의 교류를 넘어, 인종적, 문화적, 언어적 차이와 다양성에 터한 이질적인 학습개체들이 서로를 인식하고, 선이해를 반성하며, 자기 경험을 재구조화하는 역동적인 상호교섭 과정이 목도했다. 성인학습자의 생활세계를 구성하는 하드웨어로서의 외적 환경은 물론 자기 정체성, 가치관, 의미구조를 구성하는 소프트웨로서의 인식망(meaning scheme)이 다문화적 퀼트를 직조하지 않을 수 없게 된 것이다(Kim, 2010: 257).

　　굳이 우리 사회에 자리하는 이주노동자의 수, 다문화 가정의 규모, 이주노동의 유출입의 빈도, 원곡동 이주노동자 마을, 이주노동자의 송금 규모 등을 계량적으로 열거하지 않더라도, 우리 안의 생활세계가 다문화적 맥락에서 모종의 변화된 지형을 그리고 있음을 알 수 있다. 마찬가지로 '하인즈 워드', '다니엘 헤니', '비정상 회담' 등 다문화적 아이콘이 단발적인 시장적 가치로 활용되는 것에 그치는 것이 아니라, 또한 공중파 방송 프로그램의 아프리카 최빈국을 위한 글로벌 나눔 프로젝트의 감성적 · 시혜적 접근이 아닌, 현 시점에서 우리 사회의 다문화적 맥락과 그 실제에 대하여 보다 냉철한 이론적 분석과 대안이 필요한 시점이다.

　　우리는 이와 같은 현대사회의 다문화적 환경과 구성 양식이 넓게는 평생학습사회의 체질을 변환시키고, 좁게는 개별적인 학습 주체의 경험구조와 의미 망을 다문화적 맥락 안에서 재구조화하는 기제가 된다는 점을 분명히 인식해야 한다. 인간의 학습은 조작된 교육방법, 환경, 제도 등이 없더라도 생활세계 안에서 이루어진다(한승희, 2005). 여기서 평생학습의 다문화적 맥락은 학습사회가 다중복합적 지형을 그리고 있음을 전제한다. 당장의 사태를 들여다보더라도, 우리사회는 이미 다문화적 환경에 노출되기 시작했다. 인식 주체의 문화적 기원을 준거로 볼 때, 인종, 계층, 종족, 성 등 '나'가 전제한 경험 구조와 선 이해로 담지한 의미 세계는 상이한 존재를 만나면서 탈균형적 변환의 위기에 노출된다. 미디어에서, 일터에서, 거리에서 마주하는 포괄적 의미의 낯선 문화담지체와의 만남은 학습의 발생 맥락과 경험의 구성 양식들을 재구성한다. 본고는 학습의 양식과 구성방식, 유기체의 소통과 관계망이 일문화중심적으로 행해지기보다는 인종, 민족, 언어, 국적, 종교적 다원성에 기초한 다름과 낯섦, 혼돈과 자기 조직화를 통해 끊임없이 변화하는 다문화적 학습 맥락을 읽어 낸 것이다.

서구 유럽에서도 다문화주의가 가진 '정신적 게토'는 사회통합과 인류 화합의 가장 큰 극복 과제라는 언설이 제기되는 것처럼(Marco, 2001), 문화다양성은 언제나 도전적 사태였다. 그러나 다문화주의든, 문화다양성이든 어떤 용어를 쓰건 간에 정치, 사회, 경제를 아우르는 총체적인 생활세계의 다중복합성은 불가피하다. 이는 마치 포스트모던시대의 학습사회가 근대적 균형성을 부단히 해체하고, 생애에 걸친 학습의 양식, 자원, 방법, 의미를 새롭게 재구조화하는 사태와도 맥락을 공유하고 있다. 오늘날 평생학습사회를 구현하는 데 반성적 학습이 요청되는 것은 이와 같이 단순히 삶터의 외형적 맥락이 다원주의적 변화를 도모한다는 사태적 인식을 넘어, 궁극적으로 인간이 전 생애에 걸쳐 차이와 다름의 경험을 어떻게 해석하고, 세계를 성찰하며, 존재의 경험을 재구성할 것인가라는 근본적인 물음을 불러일으키기 때문이다. 따라서 우리사회의 가시적인 집단으로 성장한 국제 이주노동자, 안산 원곡동 이주민 집단 거주지, 다문화가정, 귀화외국인, 해외 유학생 등 우리 사회의 다문화적 실체를 하나의 학습사회에서 게토화하는 것이 아니라, 지속적인 소통과 상호작용의 관계망을 통해 평생교육의 환경을 재구성해야 한다.

마지막으로 상기할 사실은 평생학습론에서 다문화주의 맥락은 이탈리아인은 파스타를, 인도인은 짜파티를, 아랍인은 쿠스쿠스를 좋아한다는 식으로 유기체의 기원과 정체성을 민속지향적(ethnocentric) 담론으로 조명하는 것이 아니라는 점이다. 다시 말해 평생학습의 다문화주의 연구는 그동안 다문화적 딜레마로서 오랫동안 제기되어온 전제를 해체하고 재구성하는 데 일 관점을 제공할 수 있다. 각 개체의 다양성을 문화적 소속으로 귀속해버리는 또 다른 형태의 배타성과 마치 호주 원주민 부족이 다문화주의 정책으로 인해 호주라는 중심적 의미 '안'으로 들어오지 못하는 합법적 배제 기제를(Young, 1989) 비판적으로 성찰하는 것이다. 오히려 평생학습의 다문화주의는 다문화적 기원에서 기인한 존재의 차별, 소외를 학습사회에서 해방시키는 기제로서, 차이와 다름에 대한 변증법적

이해를 통해 '함께 살아가는 학습'을 전 생애에 걸쳐 도모하는 것이라 하겠다. 다양한 배경을 가진 인종적·민족적·종교적 이주자와 소수자자들이 문화다양성의 증진을 이끌어내는 주체로 자리 잡고, 이들의 소통과 참여를 포괄적·다원적(Inclusive and plural)으로 지원하는 전 생애사적 학습사회를 기획하는 질적 동력으로 작동해야 할 것이다. 따라서 평생학습의 다문화주의 맥락은 학습사회의 복합다중적인 의미 '밖'과 의미 '안'의 세계, 혹은 그 경계조차 뛰어넘고 해체되는 지점들을 정치하고 있다(김진희, 2010). 이러한 관점에서 보건대 평생학습의 다문화주의 맥락은 인간 학습의 과정, 형태, 방법, 의미구조 등에서 복합다층적인 영향력을 극적으로 드러내는 것이며 학습사회에서 다양한 유기체들이 모종의 관계망에서 끊임없이 상호작용하며 재구성을 거듭하는 역동을 보여주는 것이라 하겠다.

V. 결론 및 사서점

본 연구는 변화하는 글로벌 시대에 평생학습담론에서 다문화주의 맥락을 이론적 측면에서 분석하였다. 평생학습 논의의 주요 기둥을 형성하는 성인학습론에서 다문화적 맥락의 논의 지형을 분석하였고, 경계선을 넘나드는 다문화적 학습담론은 어떠한 특성을 가지는지 고찰하였다. 아울러 학습사회의 관계와 소통 다원성을 이론적으로 고찰하면서 시민성과 참여 민주적 시민사회 안에서 논의를 맥락화하였다. 그리하여 본 연구에서 밝힌 다문화적 평생학습론은 인종, 민족, 언어, 국적, 종교적 다원성을 가진 다양한 학습자들이 다름과 낯섦, 혼돈과 해체의 변증법적인 경험의 재구성을 보여주는 개념 틀로 이해되었다.

평생학습의 다문화주의적 렌즈를 이념형으로 삼은 본 연구는 일정한 한계를 노정하고 있기 때문에 예컨대 이주노동자와 지역사회 구성원간의 상호작용, 소통, 갈등, 경험의 재구성과정 등 학습 양태를 하나의 실제로서 탐색하는 다양한 경험과학적 연구들을 추가적으로 요청한다. 본 연구를 한층 더 발전시키기 위해서는 보다 세밀한 방식으로 이질적인 문화적 자원을 가진 학습 존재, 예를 들어 이주노동자, 다문화가정 자녀, 귀화외국인, 해외 유학생 등 기존의 한국사회의 구조와 환경과는 상이한 배경을 가진 학습자들의 소통 과정, 이들이 지역사회에서 맺는 관계망의 구조, 비정형적 학습 맥락의 다원적 역동과 이를 작동시키는 내적 메커니즘을 치열하게 분석하는 것이 유의미할 것이다. 또 평생학습의 다문화적 맥락을 이론과 실제적 측면에서 수렴하면서 다원적 학습사회에서 제기되는 시민성의 문제를 보다 면밀하게 해석해야 한다는 점에서 본 연구는 후속 연구 과제를 남기고 있다.

　그럼에도 불구하고 본 연구는 오늘날 평생학습담론에 주요한 성찰 지점을 제공한다. 존재를 위한 학습, 행하기 위한 학습, 학습하는 방법의 학습, 함께 살아가기 위한 학습은 본질적인 평생학습의 이념 테제로써 지속가능한 평생학습사회를 희구하는 부단한 여정이다. 비록 그 이념과 실천의 방향성이 거시적이라 할지라도 시작의 지점은 우리가 터한 지역의 다문화적 생활세계에서 출발해야 한다는 점은 자명하다. 결국 본고에서는 성인학습자들이 각자 호흡하고, 발을 딛고 있는 일상 생활세계 학습의 다층적인 맥락을 유의미하게 분석하고, 사적 영역과 공공 영역을 넘나들어, 다양한 인종·문화·종교적 배경을 가진 성인 학습자들의 소통과 관계의 역동이 지역사회, 나아가 시민사회를 어떻게 보다 정의롭게, 지속가능하게, 행복하게 구성해 갈 것인가라는 시론적 질문을 던지고 있다는 점에서 의의를 가진다.

　한국 사회에서 다양한 인종, 민족, 국적, 언어 등의 배경을 가지고, 국경을 넘은 이주민을 향한 불편한 시선은 여전히 상존하고 있다. 그런데 하나의 의미 있는 지각변동으로서 2010년 5월 '다문화유권자연대'가 최초로 출범했으며, 1995년 지방자치제가 부활한 지 15년 만에 다문화가정 출신 후보자가 지방 정계에 최초로 입성했다는 점을 주목할 필요가 있다. 2010년 6월에 열린 지방선거에서 비록 결과는 미미하지만 각 정당이 다문화가정 출신 여성들을 비례대표로 영입하는 움직임을 보였다. 결국에는 대한민국 헌정 사상 결혼이주여성으로 처음으로 필리핀 이주여성인 이지민 씨가 2012년 19대 국회의원이 되는 변화가

있었다. 현재까지 한국에는 지방 선거권을 가진 다문화가족이 약 12만 명으로
추산된다는 점에서 소위 '다인종·다문화 사회 Korea'를 구성하는 정치적 환경
이 달라지기 시작한 것이다. 정부 주도의 일방향적 다문화정책이나 관(官)주도
의 시혜적인 다문화사업이 아니라, 이들 이주민들이 한국 사회에서 자기 목소리
를 내고, 정치 사회적 권리를 주장하기 시작하는 통로가 시민사회에서 발아했다
는 점은 다문화사회를 빚어가는 변화된 한국의 상을 방증하고 있다.

　　오늘날의 평생교육담론과 실천주의적 성인교육 현장은 바로 이 균열과 변
화의 지점들을 날카롭게 포착해야 한다. 그 선결 조건으로서 그동안 우리사회에
서 타사화(othering)를 통해 열등한 존재에 위치하고, 주체적인 목소리가 배제된
이주노동자, 결혼이주민, 귀화외국인 등 다문화적 유전자를 가진 성인학습자들
의 생활세계의 식민화를 극복하고, 이들이 평생교육 기회에 지속적으로 참여함
으로써 자기 발전을 거듭할 수 있도록 지원해야 한다. 이들을 우리 사회의 낯선
'손님'으로 인식할 것이 아니라, 귀중한 다문화적 자원을 가진 이주민들의 생애
에 걸친 교육과 학습 행위를 작게는 지역 공동체 안에서, 크게는 시민사회에서
조명하고 지원하는 작업이 동반되어야 할 것이다. 따라서 향후 평생교육체제를
개선하고 시스템을 재구조화하는 과정에서도 주변부화된 이주민들이 평생교육
의 동등한 기회와 권리를 갖고 자신의 삶을 새롭게 디자인할 수 있는 방법을 다
각적으로 구안해야 한다. 평생교육 프로그램은 이들이 참여적 시민권을 발휘하
여 우리 사회의 건강한 이웃으로 자기 몫을 다할 수 있도록 재구성되어야 하며,
일반 시민들도 평생교육의 주요 내용으로서 다문화 민주시민교육에 참여함으로
써 문화 다원주의를 비판적으로 이해하는 과정이 필요하다. 따라서 앞으로 평생
교육론은 국제이주노동의 가속화로 인해 잉태된 다양한 학습 소외 계층의 요구
와 역량까지 포용할 수 있는 이론적이고 실천적인 기틀을 마련하는 데 힘을 기
울여야 한다.

　　이를 위해 첫째, 평생학습의 다문화적 논의 지형의 이론 심화가 필요하다.
다문화적 평생학습 실체를 비판적으로 통찰하고 이해하는 담론이 보강되어야
하며 이에 대한 이론화 작업이 요청된다. 학습양식, 학습내용, 학습과정, 학습결

과 등 생활세계의 다문화적 학습 메커니즘의 특수성과 보편성을 분석하는 인식
론적 틀이 현재의 사태를 해석하는 데 유의미할 것이다.

둘째, 다양한 초국경 학습자의 평생학습 기회 진작을 위한 포괄적인 정책
수립이 요청된다. 이주노동자, 국제 난민, 결혼이주민, 다문화가족 구성원, 귀화
외국인 등 한 사회의 다문화적 배경을 가진 구성원들의 요구도를 포용하고 평생
교육의 동등한 기회 접근성을 제고할 수 있도록 문화다원주의에 기반한 평생교
육정책이 개발되어야 한다.

셋째, 평생교육사 및 성인교육자의 다문화적 이해와 소통 역량을 강화하고,
그들의 역할 변화가 필요하다. 인종적, 민족적, 종교적, 국적별 이주민과 소수자
에 대한 다각적인 이해는 해당 학습자의 교육 및 학습 활동을 촉진하는 핵심적
인 출발점이다. 따라서 평생교육사와 성인교육자들이 기존에 자신들이 전제한
학습자와 학습대상의 경험 양식에 대한 선 관념을 재구성하여, 다양한 생애사적
배경을 가진 학습자의 평생교육활동을 조력하는 역할 방안을 마련해야 한다.

넷째, 문화다원주의에 기반한 비판적 시민교육 프로그램 개발이 지역 현장
을 중심으로 개발되고 폭넓게 참여되어야 한다. 평생교육기관들을 중심으로 공
적 섹터에서의 다문화 민주시민교육 프로그램이 다층화되어야 한다. 특히 국경
을 넘은 이민자들이 지역이라는 삶의 현장에서 공동체의 일원으로 자활하려면,
중앙 정부 중심이 아닌 지방자치단체의 적극적인 정책 참여와 지원이 필요하다.
더욱 중요한 것은 다문화 민주시민교육은 다문화를 가진 해당 이주민이나 다문
화가족만이 참여하는 것이 아니라, 지역공동체의 저변 확산을 위해 일반시민들
이 다양한 형태의 형식적·비형식적 학습의 장에 참여하고 상호작용을 할 수 있
도록 구안되어야 한다.

참고문헌

김신일 외(2005). 학습사회의 교육학. 서울: 학지사.

김진희(2010). Border crossing on migrant workers' learning community. University of Surrey 박사학위논문.

로이보인(1998). 홍원표 역. 데리다와 푸꼬: 동일성과 차이. 서울: 인간사랑.

법무부 출입국·외국인정책본부(2015) 국내 체류 외국인 통계 자료.

석원정(2003). 이주노동자 문제와 한국사회의 과제. 이주노동자인권을 위한 모임 발표자료집.

유네스코21세기세계교육위원회(1997). 김용주 역. 21세기 교육을 위한 새로운 관점과 전망. 서울: 오름.

외국인노동자대책협의회(2001). 외국인 이주노동자 인권백서. 서울: 다산글방.

이삼식·최효진·박성재(2009). 다문화가족의 증가가 인구의 양적, 질적 수준에 미치는 영향. 서울: 한국보건사회연구원.

이삼열 (2000). 강치원 역. 세계화의 불안과 세계시민적 이성. 세계화와 한국사회의 미래. 서울: 백의.

조용환(2004). 질적 연구와 질적 교육. 교육인류학연구. 7(2).

한건수(2010). 다문화사회, 글로벌시대의 경쟁력. 공감코리아 메타블로그. http://blog.korea.kr/

한숭희(2005). 포스트모던 시대의 평생교육학. 서울: 집문당.

허영식(2000). 지구촌 시대의 시민교육. 서울: 학문사.

Arisagne (1994). 박재환 역. 생활사 연구의 시각. 일상생활의 사회학. 서울: 한울.

Baudrillard J. (1992). 하태환 역(2001). 시뮬라시옹. 서울: 민음사.

Bion, W. (1994). *Learning from experience*. Northvale. NJ: Jason Aronson.

Bolin, F. S. (1987). Teaching as a self-renewing vocation. Bolin F. S.; mcConnell-Falk, J (Ed), *Teacher renewal: Professional issues, personal choices*, 217-230. New York: Teachers College Press.

Boud, D., & Walker, D. (1991). *Experience and learning: Reflection at work*. Geelong, Victoria: Deakin University press.

Capara. F. (1996). The web of life. 김용정·김동광 역(1998). 생명의 그물. 서울: 범양사.

Diamond. L. (1994). Rethinking civil society: Toward democratic solidation. *Journal*

of Democracy, 5(3), 4−17.

Dilthey. W. (2002). 이한우 역. 체험·표현·이해. 서울: 책세상.

Dominic, P. (2000). *Learning from our lives.* San Francisco: Jossey−Base.

Eliot W. Eisner (2001). 박병기 외 역. 질적연구와 교육. 서울: 학이당.

Finger, M., & Asn, J. M. (2001). *Adult education at the crossroads: Learning our way out.* London: Zed Books.

Falk, R. (1994). The making of global citizenship. Van Steenbergen. B.(Ed). *The condition of citizenship.* London: The Sage Publications.

Forte, M. (1989). Globlaization and world system analysis: Toward New Paradigms of a geo−historical social anthropology(A Research Review). vol. Ⅹ, Ⅺ.

Flyvberg, B. (1998). Empowering civil society: Harbermas, Foucault and the question of conflict. In Douglas. M & Friedman(Eds). Cities for citizen. Sussex: Wiley.

Geert Hofstede. (1995). 차재호·나은영 역(2000). 세계의 문화와 조직. 서울: 학지사.

Giroux. H. A. (1993) *Bordwer crossings : Cultural workers and the politics of education.* New York and London: Routledge.

Gudtavsson. B. & Osman. A.(1997). Multicultural education and life−long learning.Walters. S(Eds). *Globalization, adult education and training.* London & New York: Zed books. Heater, D. (1998). *World citizenship and government.* London: Macmillian Press.

Heater, D. (1990). *Citizenship: The civic ideal in world history, politics and education.* London: Longman Group.

IIZ/DVV. (1998). Intercultural learning. *Adult Education and Development. 51,* 69−130.

Illeris, K. (2002). *The three dimensions of learning.* Roskilde University press. Copenhagen.

Illeris, K. (2003). Learning changes through Life. *Journal of Lifelong Learning in Europe.*

IOM (2009) World Migration 2008: Managing labour mobility in the evolving global economy (International Organization for Migration publisher).

Jarvis, P. (2007) Globalisation, lifelong learning and the learning society (London: Routledge).

Kim, J. H.(2010). A changed context of lifelong learning under the influence of migration. *International Journal of Lifelong Education, 29*(2), 255－272.

Jogia W. 이한우 역(1999). 가다머 : 해석학 전통 그리고 이성. 서울: 민음사.

John, B. & Samantha. P. (2002). Social exclusion and the transition from school to work: The case of young People Not in Education, Employment, or Training. *Journal of Vocational Behavior, 60*(2), 289－309.

Jonston. R. (1999). Adult learning for citizenship: Towards a reconstruction of the social purpose tradition. *International Journal of Lifelong Education, 18*(3), 175－190.

Lindeman, E. C. (1926). *The meaning of adult education.* New York: New Republic.

Marco Martiniello. (2002). 윤진 역. 현대사회와 다문화주의. 서울: 한울

Merriam, S. B. (1988). 허미화 역(1997). Case study research in education: A qualitative approach. San Francisco: Jossey－Base. 서울: 양서원.

Mezirow, J. (1991). *Transformative dimensions of adult learning.* San Francisco: Jossey－Bass.

Mezirow. J. (1991). Understanding transformative theory. *Adult Education Quarterly, 44*(4), 222－232.

Osborne, K. (1997). Citizenship education and social studies. Wright, I. and Sear, A.(Eds). *Trends & issues in Canadian Social Studies.* Vancourver: Pacific Educational Press.

Pai, Y. (1990). *Cultural pluralism, democracy and multiculturl education.* Cassara, B.B.(Ed).(1990). Adult education in a multicultural Society. London: Routledge.

Pamela. C. (2005). Blank slates or hidden treasure? Assessing and building on the experiential learning of migrant and refugee women in European countries. *International Journal of Lifelong Education, 24*(3), 227－242.

Parekh, B. (2006) *Rethinking multiculturalism.* London: Palgrave.

Ponty, M. M. (1945). 류의근 역(2002). 지각의 현상학. 서울: 문학과 지성사.

Sbefer. T. & Samnuels. J. & Sardien. T. (1997). Race, Class, Gender and Culture. Walters. S(Eds). *Globalization, adult education and training.* London & New York: Zed books.

Selby. D. (1994). Kaleidoscopic mindset: New meaning within citizenship education.

Global Education 2, 20−31.

Sharon Lea Lamm (2000). *The connection between action reflection learning and transformative learning: An awakening of human qualities in leadership.* Degree of Doctor Columbia University.

Sparks. B. (2002). Epistemological and methodological considerations of doing cross cultural research in adult education. *International Journal of Lifelong Education, 21*(2).

Spivak. (2003). 태혜숙 역. 다른 세상에서. 한국여성문화이론연구소.

Standfield, J. H. (1994). Ethnic modeling in qualitative research. In N. Denzinn and Y.Lincoln(Eds) *Handbook of Qualitative Research.* San Francsico: Sage Publications, 175−188.

Taylor, E. W. (1994). Intercultural competency: A transformative learning process. *Adult Education Quarterly, 44*(3), 154−174.

Torres. C. A. (1998). *Democracy, education and multiculturalism: Dilemma of citizenship in a world.* Boston: Roman & Littlefield.

Usher, R. & Edwards. R. (1994). *Postmodernism and education.* London: Routledge.

Young. I. M. (1989). Policy and group difference: A critique of the ideal of universal citizenship. *Ethics*, 99, 250−274.

Yuval−Davis.N.(1997). *Citizenship and difference. gender and nation.* Thousand Oaks: Sage Publication.

참고 사이트

국방일보(2015년 10월 28일자)외국인 200만명 시대: 아름다운 공존
  http://kookbang.dema.mil.kr/kookbangWeb/view.do?parent_no=2&bbs_id=BBSM STR_000000001090&ntt_writ_date=20151029에서 2016년 3월 12일 인출

ILO (online, 2008)
  http://www.ilo.org/public/english/region/asro/colombo/index.htm.

UN(online, 2015) http://esa.un.org/migration

다문화사회, 변화하는 평생교육 정책과 실제

Part
O2

외국 출신 이주민을 포용하는 평생교육 정책과 쟁점

연구
개요

　본 연구는 이주와 평생교육의 개념적 관계를 이론적으로 고찰하고 외국 출신 이주민이라는 우리사회의 새로운 구성원이자, 비전통적 학습자를 위한 평생교육의 실제를 비판적으로 분석하였다. 또한 이 연구는 향후 우리나라 평생교육법의 개정 등 주요 변화들을 직면할 때, 이주민을 대상으로 평생교육의 실제에 필요한 이론적 근거와 정책적 제도화의 방향을 제시하였다.

　지금까지 평생교육 영역에서 다문화와 이주민이라는 변화에 대해서 관심이 발아하기 시작했으나, 다문화사회의 도래 앞에서 평생교육이 지향하는 비전과 관점이 정책과 단위사업에서 반영되지 못했다. 이 연구를 통해서 아직까지 공적 영역에서 전개되는 이주민 대상 교육지원 사업, 혹은 다문화 지원 사업이라고 명명되는 프로그램들이 교육대상의 한정성과 내용의 단편성, 그리고 이주민 통합 방식의 모호한 작동 방식으로 인해서 한계를 가지고 있음을 알 수 있었다. 이는 무엇보다도 현재 평생교육법에 제시된 '국민' 중심의 사고와 국민국가 중심의 담론의 경계선이 배타성의 원리로 구획화되어 있기 때문에 결국 구조적 문제와 맞물려 있다. 향후 평생교육법의 개정, 평생교육 국가 통계시스템 혁신 등 시대상에 조응하는 새로운 평생교육 시스템 구성이라는 변화 앞에서, 이주와 다문화, 그리고 새로운 참여자이자 학습자로서 이주민에 대한 적극적인 고려가 담긴 정책과 제도의 모색이 필히 뒤따라야 할 것이다.

I. 서론

평생교육학 분야의 권위 있는 국제학술지인 「International Journal of Lifelong Education」은 발행 33년을 맞은 2014년에 '평생교육과 초국적 이주(lifelong education and transnational migration)'라는 주제를 권두언(Vol 33, No. 4)에 올리면서 평생교육과 이주의 관계를 학술적 화두로 던졌다. 이는 그동안 닫힌 교육 체제를 비판하고, 사회적 약자와 다양한 배경을 가진 소수집단에 대한 특별한 관심을 가져온 평생교육이 문화적 차이와 다양성을 교육의 맥락 안으로 녹아들게 하는 데 실패했다는 반성에서 기인하고 있다. 소위 국제이주의 시대(age of global migration)에 평생교육이 역설적이게도 이주민들을 주류사회의 집단적 규범과 기술을 익히고 동화시키는 원동력이 된 현상에 대한 사회과학적 분석과 성찰이 필요하다는 문제의식과 맞물려 있다(김진희, 2014; Guo, 2013). 평생교육과 이주의 문제는 매우 복잡다단하다. 이는 현 체제의 평생교육 시스템의 재구조화라는 개혁적 관점에서부터, 이주민의 동와 적응을 지원하는 순응주의적 실천의 문제까지 포괄할 수 있다. 평생교육과 국제이주는 어떤 연관성을 가지는가? 국제이주는 학습자의 정체성과 사회변화에 어떠한 영향을 미치는가? 평생교육은 새로운 사회에서 이주민의 적응을 촉진하는 디딤돌인가? 이주민의 적응을 돕는 평생교육이 시대적 요구인가? 이처럼 다양한 질문이 제기되는 이유는 평생교육학이 그 어떤 학문분야보다 사회문화적 맥락이 살아 숨 쉬는 일상 생활세계와의 조응이 밀접한 분야이기 때문이다. 그런 점에서 국제이주와 다문화사회로의 전환이라는 사회적 변화는 곧 생활세계의 변화이며, 평생교육 영역에서 간과할 수 없는 중요한 영역이다.

이미 전지구화의 가속화에 따라 자신이 나고 자란 고향을 떠나 살아가는 사람들이 늘어나 전 세계 인구의 3.2%를 상회하게 되었다(IOM, 2014). 2억 4,400만 명 이상의 국제 이주자들과 함께 세계는 '전례 없는 인구이동의 시대'를 살고 있다고 볼 수 있다(IOM이민정책연구원, 2014). 이주란 특정한 정체성, 사상, 관습, 행위 양식을 가진 인간이 국경을 넘는 행위이므로 유입국 사회에 인구생태학적인 변화를 필연적으로 가져오게 된다. 한 주권국가 내에 과거와는 다르게 다양한 인종 및 문화가 유입되는 상황이 되면 이주민의 존재로 인해 사람 사이의 관계, 가정, 지역사회, 일터, 공동체, 시민사회의 변화의 물결을 피할 수 없다. 한마디로 사회 전반에 걸친 전면적인 변화가 점진적 혹은 급진적으로 뒤따르게 된다(Castles & Miller, 2003). 한국사회 역시 이주민의 증가가 가져온 사회의 변화를 실감하고 있다. 특히 지난 10년간 외국인의 국내 유입이 빠른 속도로 진행되면서 다문화사회로의 전환이 급격하게 이루어지고 있다. 국내 체류외국인은 2003년 68만 명에서 2014년 170만 명을 넘어섰다. 이처럼 불과 10년 만에 2배 이상으로 증가한 수치는 인구 100명당 3명 이상이 외국출신 거주민이라는 통계를 낳고 있다. 그 중에서 가장 큰 비중을 차지하는 외국인 근로자는 약 79만 명에 이르며, 뒤이어 결혼이민자 및 혼인귀화자(여성은 196,789명, 남성은 23,898명)는 22만 명에 육박하고 있다(IOM이민정책연구원, 2014). 이러한 최근의 상황은 우리 사회가 원하든, 원하지 않든 다양성을 포용해야 하는 사회로 나아가야 함을 보여준다. 또한 서구 선진국들이 오랜 시간에 걸쳐 진행된 다문화화(化)가 우리나라에서는 10여 년의 짧은 시간 동안 급속한 추이로 전개되어 온 만큼 이에 대해 더 많은 집중적인 연구와 정책적인 고민과 실천이 필요하다는 점을 시사하고 있다(윤인진, 2008; Marco, 2002).

특히 인간의 전 생애의 교육과 학습을 연구하고, 평생학습사회의 구성과 원리를 탐구하는 평생교육학은 갑작스럽게 도래한 다문화, 다인종적 사회 체제의 변화를 그저 관조할 수 없는 입장이다(김민호 외, 2011; 김진희, 2010; 정민승, 조지연, 2012). 그동안 한국 정부는 이주민을 위한 다양한 정책과 제도, 그리고 사업을 기획하고 추진해 왔다. 그에 관련한 일련의 대응과 정책의 상당수가 이주민을 대상으로 하는 '교육'의 형태로 제공되고 있다는 점은 바야흐로 글로벌 시대와 다문화사회에 어울리는 평생교육의 새로운 역할에 대한 논의가 활성화되어야 할 시점임을 보여준다. 평생교육학 영역에서도 이주민을 대상으로 실시하고 있는 다양한 교육 프로그램들에서 평생교육적 성격을 찾는 연구들이 이루어져 왔고(권미경, 2008; 최항석, 2010), 한국 사회의 새로운 학습주체로서 이주민을 중

심에 두고 평생교육 관점에서 분석한 연구(권정숙 2012; 김소정, 이창식, 2012; 김
진희, 2010; 나윤경 외, 2008)도 전개되었다. 그러나 거시적으로 보건대, 평생학습
원리를 통해서 이주민의 요구와 사회통합이라는 대의에 부합하는 교육 실천을
분석하고 비판적으로 성찰하는 논의는 아직 부족한 것이 사실이다. 이주민들을
대상으로 하는 정책과 제도, 그리고 교육 프로그램들이 급속히 늘어나고 있는
것과는 대조적으로 여전히 평생교육 분야의 대응은 그리 신속하거나 적극적이
지 않다고 볼 수 있다.

　이러한 문제의식에 터하여, 이 연구는 한국 사회에 유입된 이주민이라는 새
로운 평생교육의 대상자에게 평생교육이 제도적, 정책적으로 어떤 관심을 가져
야 할지에 대해서 제언하기 위해 최근 정부 주요 부처별로 이주민을 위한 평생
교육 차원의 사업 동향과 내용을 분석하고자 한다. 논의의 초점을 명료화하기
위해서 이 논문의 범주는 전 사회 구성원을 위한 평생학습 차원의 다문화교육이
아니라, 이주민을 외국 출신 성인의 평생교육에 한정하여 논하고자 한다. '이주'
라는 공통분모를 가지고 있다는 점에서 북한이탈주민도 이주민의 성격을 가지
나 다문화사회 담론과 별도로 진행되고 있는 점에 비추어 본고에서는 다루지 않
기로 한다. 이와 함께 이주와 평생교육의 이론적 관계를 밝히고, 현재 이주민 대
상 평생교육을 둘러싼 쟁점을 도출하겠다. 나아가 이 연구는 향후 평생교육법의
개정 등 주요 변화들을 직면할 때, 이민자를 대상으로 하는 평생교육의 실제에
필요한 이론적 근거와 정책적 제도화의 방향을 비판적으로 제시하고자 한다.

Ⅱ. 이주민 평생교육에 대한 개념적 이해와 동향 분석

1. 이주민 평생교육의 이념과 지향성에 대한 논의

　평생교육에 대한 이념지향적인 준거를 논할 때 국제사회의 평화와 협력을
강조해온 UN산하의 지적 국제기구인 UNESCO를 중심으로 한 학자들의 구상과

논의가 빠질 수 없다. 그 중 Lengrand(1970)이 제시한 평생교육 이념의 핵심은 널리 알려진 바와 같이 한 인간의 일생을 관통하는 수직적 차원의 교육과 수평적 차원의 교육의 통합으로 볼 수 있다. 또한 다베(Dave, 1976)는 평생교육이 평생 동안에 걸쳐 실시되는 모든 형태의 학습활동이며 그 결과는 개인의 삶뿐만 아니라 사회적 삶의 질을 향상시키는 것이라고 밝히면서 그동안 학교 중심, 교수자 중심의 교육담론을 도전하며 논의를 확장하였다. 특히 '모든 이를 위한 평생학습'은 UNESCO의 21세기 세계교육위원회가 제2의 평생교육 선언으로 제안한 Delors보고서 「Learning: The Treasure Within」에서 다시금 천명된 개념으로서 신자본주의적 학습경제 관점을 지양하고, 평생학습이 담보해야 하는 근본적 방향성을 설정하는 이정표가 되고 있다. 이러한 평생교육의 이념지향적인 준거에 비추어 볼 때 이주민에 대한 평생교육은 자국인, 이른바 정주민의 평생교육에 비해 결코 덜 중요하지 않으며, 오히려 더 중요한 역할을 부여받아야 한다. 즉 학습이 인간에게 '보물(treasure)'이라면(Delors, 1996), 이주로 인해 삶의 조건과 생태계가 급격하게 바뀐 사람들에게 학습은 존재를 증명하는 더욱 소중한 보물이라 할 수 있다. 낯선 환경과 어려운 적응의 과제 속에서도 일차적 적응과 개인적 성장을 이루어야 하는 이주민들은 새로운 땅을 딛고 살아가야 하며, 자신에게 새롭게 위치된 가정, 지역사회, 일터, 시민사회에서 제대로 살아가기 위해 방대하고 복합다층적인 평생교육을 필요로 한다. 따라서 평생교육은 이주민들을 새로운 사회에 적응시키는 역할뿐 아니라 이주민의 개인적, 집단적 성장을 추구하며 이를 통해 새로운 사회의 인적자원으로서 기능하는 역할을 담당하고, 결과적으로는 그들이 속한 사회의 성장을 함께 도모하는 기제라 할 수 있다.

전통적으로 평생교육은 이주민들의 새로운 사회 적응과 변환을 지원하는 데 중추적인 역할을 한다. 평생교육은 이주민의 삶의 질과 누구나 평등하게 권리를 향유할 수 있는 공정한 사회에 많은 관심을 두어 왔다. 그래서 평생교육은 동화주의적 접근과 민주주의를 가장한 인종주의 및 자유주의적 다문화주의를 던져버리는 데 중요한 사회적, 도덕적 역할을 부여받고 있다(Guo,

2013; 김진희, 2014: 47에서 재인용).

이 논의는 비판적 교육학의 전통과 맥을 같이 하면서, 평생교육이 사회적 불평등과 억압의 문제를 묵과하지 않고 민족, 인종, 국적, 성, 계층의 차별 없이 모든 사람들이 공정한 교육 기회를 누리고, 전 생애에 걸친 학습을 통해서 보다 나은 삶의 변화를 도모하는 이념적 기반이라는 점을 보여주고 있다.

한편 이주민 대상 혹은 이주민을 포용하는 평생교육에 대한 문제의식이 조금씩 발아하기 시작하면서, 다양한 관점이 나타나고 있다. 현재 이주민들을 대상으로 하는 교육이 단편적이고 일차적, 일방적 적응에 초점을 두고 있음을 비판하면서 최항석(2010)은 이주민을 대상으로 하는 평생교육을 '교육 자본화' 관점에서 바라볼 것을 제안하고 있다. 즉, 이주민을 우리 사회의 동력이 될 수 있는 양질의 인력자원 또는 그런 가능성을 가진 존재로 간주하면서 단순히 이들을 이 사회에 적응시키고 일을 부여하는 정도에 그치는 교육보다는 이들이 가지고 있는 능력을 극대화하고 능력을 적극적으로 인정하여 이 사회에 기여할 수 있는 인력자원이 되도록 '개조'시키는 작업이 이주민 평생교육이며 따라서 이주민을 대상으로 하는 평생교육의 활성화로 인해 진정한 의미의 다문화사회와 공존이 한층 빨리 다가올 수 있음을 주장하였다. 사회학자들을 중심으로 시도되고 있는 이주자 통합의 유형화에 의하면 우리 사회는 그다지 이주민들의 '자원화' 또는 '교육 자본화'에 적극적이지 않은 것으로 보인다. 캐슬과 밀러(Castles & Miller, 2003)는 이주자 통합의 유형화를 '차별적 포섭/배제,' '동화주의,' 그리고 '다원주의'로 유형화하며 한국 사회의 이주민 통합유형을 '차별적 포섭/배제'에 가까운 것으로 분류하고 있다. 이런 방식의 배제는 대체로 외국인 노동자들처럼 국적과 영주자격이 허용되지 않는 외국인 집단에게만 작동되는 것처럼 보이나, 사실 이런 기제는 국적과 영주자격 여부를 떠나 이주민 전체에 작용하여 이주민이 사회 활동 영역에 공평하게 참여하는 것을 은밀하게 저지하는 이데올로기라고 할 수 있다. 그 결과는 이주민의 '이류 시민화(second-class citizens)'로 귀착되는 경우가 많다(Kymlicka, 1995; Young, 1989).

다문화주의와 평생교육의 접점을 연구하는 학자들은 다문화주의가 추구하는 지향점과 평생교육의 사회참여적 성격 사이에 상당 부분 공유점이 있다는 점을 제시한다. 평생교육의 시민참여적 성격과 그로 인한 사회적 정의 실현이라는 요소들은 사회에 대한 비판적 기능을 강조해 온 평생교육이 실현해야 할 사회적 가치들로 보고 있기 때문이다(정민승 외, 2013; Guo, 2013; Welton, 1995). 다시 말해 다문화주의와 평생교육은 추구하는 기본적인 사회적 가치에 있어서 많은 부분을 공유하고 있으며 이에 대한 연구가 더 이루어져야 한다는 입장이다. 실제로 평생학습자로서의 이주민에 대한 연구들이(김진희, 2010; 나윤경 외, 2008) 속속 등장하고 있어 변화의 기운이 감지되고 있다. 예를 들어 정민승 외(2013)의 연구에서는 평생교육 세 가지 요소인 통합성, 연속성, 자기주도성 측면에서 다문화담론이 평생교육과 어떠한 관계를 맺는지 논의하기도 하였다.

　　이와 같이 평생교육학자들의 담론흐름을 인식할 때, 이주민의 평생교육에 대해서 많은 연구문제들이 도출될 수 있다. 예를 들어 삶의 단절을 불연속적으로 경험한 이주민들은 평생교육의 통합성과 연속성, 그리고 자기주도성의 원리를 어떻게 개입시키고 활용할 수 있는가? 이런 요소들이 어떻게 '이주'로 인해 장애물을 만나는가? 이주민들은 유입국의 어떠한 평생교육적 정책과 제도, 그리고 교육 프로그램의 제공을 통해서 변화하며, 이주민의 적극적인 학습을 통해 장애와 도전은 감소되거나 제거될 수 있는가? 또한 최근 평생교육계에 '사전학습경험 인정(recognition of prior learning experience)'에 관한 평생교육 정책과 제도가 활발히 논의되고 있는데 국제이주는 특히 밀접한 영향 관계를 가진다. 이주민의 경우 출신 국가에서 쌓은 사전 학습 또는 경험이 어떻게 유입국에서 활성화될 수 있으며 그가 한국에서 얻은 비형식 교육경력과 무형식 학습은 어떻게 새로운 삶에 공헌하며 가치를 평가받을 수 있는가는 중요한 주제이다. 전 세계 이주민 출신국의 압도적인 비율을 차지하는 인도와 중국뿐만 아니라, 최근 유럽에서도 동유럽의 해체 이후 밀려드는 폴란드와 루마니아 이주민의 문제는 새로운 이슈로 부각되고 있다. 이들 이주민의 사전 학습과 기술, 자격에 대해서 논의가 불가피해지면서 평생교육 영역에서 이주민 연구에 대한 보다 다각적인 논의와 대응이 필요하다는 비판적 목소리가 높아지고 있다(Guo, 2013; Morrice, 2007).

우리나라에서 살아가고 있는 대부분의 이주민들은 국제이주로 인해 연속적인 교육과 학습을 추구하기가 어렵다는 점에 더해, 현재 우리 사회에서 실시되고 있는 이주민 대상 교육과 학습은 평생교육의 통합성과 연속성 측면에서 낙제점을 면하기 힘들다. 즉, 기본적인 언어나 문화 등의 습득 등 일차적인 적용 단계 이후의 교육과 학습은 여전히 큰 공백으로 남아 있어 정책적인 고민이 요청된다. 평생교육 관련 정책의 핵심 중 하나인 사전학습 인정제도는 이주민 평생교육 논의와 무관하게 진행되고 있는 것에서도 이는 방증된다. 또한 최근 평생학습자는 다양한 지식과 정보가 폭발적으로 넘쳐나는 사회에서 능동적인 정보탐색자로서의 역할이 강조되고 있는 데 비해서, 이주민의 경우 이러한 논의와 실제에서 배제되고 있는 것이 사실이다. 이는 다문화라는 현상과 이질적인 배경을 가진 이주민을 낯선 경험으로 받아들이는 우리나라뿐만 아니라, 다문화주의를 국가 정책적으로 선언한 사회에서도 빈번하게 이루어지고 있다는 점에서 이주민 평생교육의 과제는 국경을 넘어서고 있다. 예를 들어 구오(Guo, 2013)는 영국과 캐나다에 유입된 이주민을 위한 정착 및 사회적응 프로그램이 중복적이며 기초 적응 단계에서 재생산된다고 비판했다(김진희, 2014). 또한 엔지와 샨(Ng & Shan, 2010)은 캐나다에 정착한 본국에서 쌓은 전문적 경력을 활용할 수 있는 각종 제도와 교육이 어느 정도 정비되어 있음에도 불구하고 실제 노동시장에서 거의 인정받지 못하고 있는 중국인 고학력 여성들의 사례를 지적하면서 성별, 연령, 그리고 인종 분화적인 노동시장에 대한 평생교육계의 개입을 적극적으로 요청하고 있다.

지금까지 살펴보았듯이, 다문화사회로의 전환에 대응하여 평생교육학 담론에서도 이주와 다문화맥락에 대한 관심은 고무적인 일이지만, 여전히 이주민 대상의 혹은 이주민을 위한 평생교육은 어떠한 방향을 지향하고 어떤 영역들을 다루어야 하는지 학술적 연구가 부족하다. 오늘날 평생교육계는 비전통적 참여자(non-traditional participants)의 출현을 여전히 낯설게 조우하고 있으며, 어느 특정 영역을 문제없도록 다루기 위해서 파편화된 '칸막이식'으로 단기적으로, 처방적으로 대응하고 있다는 점을 부인하지 않을 수 없다. 우리나라에서 평생교육과 이주의 문제는 음각과 양각이 제대로 드러나지 않는 상태에서 산발적인 연구와 임기응변식 정책 대응이 이루어지고 있기 때문에, 아직 우리나라 평생교육 전면 을 재구조화하는 시스템적 사고는 작동되지 못하고 있다. 이것은 역설적으로 민 족, 인종, 국적, 계층 이유로 주류사회에서 소외된 집단을 사회적으로 포용하고, 평생학습차원에서 교육적으로 역량강화를 해야 하는 평생교육 차원의 노력이 무엇인지에 대한 고민을 심화시키는 지점이다.

2. 이주민 평생교육의 법적 기반과 준거에 대한 비판적 고찰

평생교육의 이념지향적 준거는 현실 속에서 법적/정책적 실천이 뒤따르지 않으면 이념이 가진 본질이 제대로 구현되지 않고 그것의 파급효과도 미미할 것 이다. 실제로 한 사회에서 평생교육이 실시되는 데에는 법적·제도적 준거가 힘 을 발휘한다. 우리나라 평생교육의 법적 제도적 준거는 헌법에서부터 찾을 수 있 다. 헌법 제31조 5항은 '국가는 평생교육을 진흥하여야 한다'고 제시하고 있고 이 런 당위 아래 「평생교육법」이 제정되었다. 또한 「평생교육법」의 제1장, 제4조(평 생교육의 이념)에서는 "① 모든 국민은 평생교육의 기회를 균등하게 보장받는다" 라고 규정하고 있고, 제5조(국가 및 지방자치단체의 임무)에서는 "① 국가 및 지방 자치단체는 모든 국민에게 평생교육 기회가 부여될 수 있도록 평생교육진흥정책 을 수립·추진하여야 한다"라고 적시하고 있다(헌법재판소, 2014). 이는 국가의 평 생교육진흥의무를 규정하고 있는 것으로, 지식의 가용 주기가 짧고 복잡다단한 현대사회에 '국민들이' 적절히 대처하기 위한 평생교육의 필요와 역할을 법적으 로 제도화하고 있는 것이다. 이러한 논의에서 보건대, 평생교육의 대상과 수요자 는 '국민'으로 명확하게 제시되고 있다. 이 경우, 우리나라에서 이주민은 귀화를 통해서 법적 지위를 획득한 구성원이 아니면, 평생교육을 누릴 수 있는 '국민' 범 위에 포괄되지 않기 때문에 구조적인 걸림돌에 직면하게 된다. 이주민을 위한 국 가의 정책은 있지만, 이주민을 위한 평생교육 정책은 현재로서는 없는 것이다.

여기서 이주민을 위한 정책의 경우, 크게 외국인 정책과 다문화가족지원정책으로 양분된다. 외국인 정책은 이민자 사회적응 지원, 인권·다문화·민원편의 제공 등 다문화 시대에 부합하는 범정부적 추진 기반을 조성하는 데 기여해 왔다고 볼 수 있다. 반면 다문화가족지원정책은 일차적으로 지원해야 할 이주민을 다문화가족으로 규정하고 집중적인 지원을 하여 이들의 적응과 성장에 공헌한 측면이 있다. 그러나 현재 우리나라의 외국인 정책이 여러 외국인 집단을 포괄하기는 하나 신자유주의 프레임을 온전히 가지고 있다는 비판이 제시되고 있고(윤인진, 2008) 그 중요한 일부로 볼 수 있는 다문화가족지원정책은 '다문화'라는 단어가 신자유주의 질서의 주변부에 위치한 국가들에서 유입된 결혼이주민을 가리키는 데 중심적인 역할을 수행하고 있다. 이러한 맥락에서 외국인 정책의 대상을 축소하고 복지 차원의 시혜 위주로 바꾸어 결과적으로 '다문화'가 이주민의 삶에 족쇄가 되게 한다는 비판을 피할 수 없게 된다(강미옥, 2014). 각국의 평생교육 정책 역시 모잡과 고먼(Mojab & Gorman, 2001)이 비판하듯이 세계화에 따른 전면적인 신자유주의적 정치·경제적 변화가 근저에 자리하고 있다는 비판을 받고 있는 상황이다. 우리나라의 평생교육 역시 필요한 자원이 필요한 학습자에게 제대로 할당되고 배분되기보다는 자본이 요구하는 방식으로 '자신의 사고·신체·행실을 변화시키는' 교육 소비자를 양산한다는 사회학자의 비판도 제기되는 상황이다(서동진, 2009). 공공재로서의 교육은 점차 사라지고, 교육을 둘러싼 물신주의가 강화되고 있는 형국이다. 이렇듯 평생학습이 인간의 삶을 풍요롭게 하고 사회를 성장시키기보다는, 빠르게 변화하는 사회에 적응하기 위한 개인 학습자의 의무를 강조하고 지식기반사회에서 제 기능을 다해야 하는 학습자로 재정비되려 하는 수동적인 욕망을 추구할 때 평생학습은 곧 신자유주의 통치 기제의 일부분이 될 수 있다. 이러한 날카로운 지적은 현행 외국인 정책이 가진 신자유주의적 성격과 함께 고찰했을 때 이주민에 대한 계급적 시각의 고착을 염려할 수 있다. 즉 '평생교육이 필요하고 장려되는 외국인'과 그렇지 않은 외국인의 구분을 가져올 수 있는 위험을 경계해야 할 필요가 있다. 예컨대 2013년도에 발간된 「평생교육백서」(2011/2012)에서 '다문화교육 지원사업'과 '외국 이주민을 위한 평생교육 사업'이 수록되었으나, 평생교육 사업과 지원이 장려되는 외국 출신 이주민은 결혼이주민과 그 가족이 독점적이다(김진희, 2014). 실제로 「평생교육백서」에서 '평생교육의 기회 확대'라는 주제 영역에서 '다문화교육 지원사업'을 배치하고 있고, 그 대상은 주로 다문화가정 학부모 교육지원 사업에 초점을 맞추고 있는 실정이다. 이는 우리나라의 다문화교육 연구 영역에서도 이주 집단 내에서도 이주민들을 '국민'과 '비국민'으로 나누면서 '국민'으로 포섭되어야만 사회적 안정과 지원의 대상으로 간주되는 현상이 다문화 정책 담론에서 그대로 답습되고 있다는 비판을 보여주고 있다(이민경, 2013: 193). 유사 맥락에서, 이민자를 대상으로 한 특별법 등을 근거로 이주민의 국적 취득여부에 관계없이 평생교육적 성격을 가진 프로그램이 제공되고 있음에도 불구하고 '국민'만을 평생교육의 대상임을 규정하고 있는 평생교육법에 근거하고 있기에, 한국 국적이 아닌 외국인 근로자를 비롯한 이주민은 평생교육의 대상이 아닌 것으로 이해되고 있다. 이주민을 대상으로 하는 각종 교육 프로그램들은 대체로 시혜적이고 단편적인 교육의 성격이 짙어 이주민을 대상으로 하는 평생교육에 대한 논의가 무르익지 않았음을 보여준다.

이러한 우려를 씻어낼 수 있는 평생교육계의 행보는 아직 크게 나타나지 않고 있다. 우선 평생교육법은 국민을 평생교육의 대상으로 규정하고 있다는 면에서 상당수가 한국 국적을 갖고 있지 않은 이주민들을 대상으로 하는 평생교육 분야의 연구와 실천을 어렵게 하고 있다. 평생교육을 정의하는 다양한 개념과 이견이 존재함에도 불구하고, 평생교육을 추구하는 일을 인간이 가진 기본권의 하나로 인식하는 데 대다수의 평생교육학자들이 동의하고 있음에도 불구하고(한숭희, 2006), 평생교육의 대상이 '국민'이며 학습의 권리가 '국민의 배타적 권리'로 여겨지는 한 이주민은 단편적인 시혜적 조치에 의지할 수밖에 없게 된다. 이는 이주 배경을 가진 학습자들이 제대로 된 시민이자 인간으로서의 삶을 영위하기 어려운 처지에 놓이게 되어 이류 시민(second-class citizen)화를 촉진하고 있는 것이다. 이주민이 가정, 학교, 직장, 커뮤니티와 같은 다양한 삶의 영역을 아우르는 공간에서 추구하는 비형식 또는 무형식 학습 역시 이들을 주체적 주민이자,

시민으로 자리매김하는 데 절대적으로 필요하므로 이를 가능하게 하는 법적·제도
적 조건이 반드시 필요하다(김진희, 2010).

실제로 정책적, 제도적 한계는 연구 동향과도 맞물려 돌아가고 있다. 평생
교육 분야의 이주민에 대한 연구는 결혼이민자와 북한이탈주민에 집중되어 있
어서(권미경, 2008; 권정숙, 2012; 김소정, 이창식, 2012; 신미식, 2011) 아직까지 평생
교육 분야의 연구가 이주민에 있어서는 국민 담론에 묶여 있음을 짐작하게 한
다. 이는 평생교육법에 나타난 평생교육 대상의 국민에 대한 한정성, 그리고 평
생교육 정책 및 사업에 나타난 이주민에 대한 고르지 않은 관심과 무관하지 않
다. 물론 이주민의 증가를 반영하는 평생교육 정책적 움직임이 없는 것은 아니
다. 한 예로 국가평생교육진흥원은 중앙다문화교육센터를 통해서 이주민 증가로
인한 다문화사회로의 변화라는 사회 현실을 반영하여 이주민을 사업대상으로
고려하려는 움직임을 보이고 있다. 그러나 우리나라의 평생교육 '3대 정책영역'
과 '18개 주요 추진과제' 가운데, 이주민의 평생교육과 관련 있는 추진과제는
"다문화 가정, 새터민 등 신 소외계층을 위한 평생학습 안전망 구축 운영"이 주
를 이루고 있고 여기서 사용된 '신 소외계층'이라는 분류는 다양한 이주민 집단
을 한데 묶어 소외계층으로 간주하는 위험성을 내재하고 있다. 나아가 외국인
근로자, 유학생, 재외교포, 기타 노동자 등 정주 배경과 조건이 다른 이주민들을
배제하는 논리가 내포되어 있다.

제도적인 문제로서 가장 직접적인 이슈는 전술하였듯이 현재 우리나라의
외국인 정책과 다문화가족지원정책은 이주민에게 주류 문화적응과 한국 문화
이해를 위한 문화 체험 기회, 그리고 노동시장 진입 지원에 한정되어 있는 데에
기인한다. 이들 정책의 태반이 이주민을 대상으로 하는 교육기회의 제공을 통해
서 단기적으로 충족되는 상황이라는 점이며, 법적·정책적으로 이주민을 위한
평생교육은 전혀 논의되지 않고 있기 때문에 평생교육과 별개로 돌아가고 있다
는 점이다. 분명 평생교육법에서는 평생교육을 '학교의 정규교육과정을 제외한
학력보완교육, 성인 기초·문자해독교육, 직업능력향상교육, 인문교양교육, 문화
예술교육, 시민참여교육 등을 포함하는 모든 형태의 조직적인 교육활동'으로 규

정하고 있는데, 이주민이 참여하는 교육을 평생교육의 연구영역이자 실천영역으로 이해하려는 노력이 부족한 것은 평생교육계의 비판적 성찰을 요청한다. 예컨대 앤더슨과 페예시(Andersson & Fejes, 2010)의 연구는 이주가 스웨덴 사회의 평생교육에 끼친 영향에 대하여 지적하면서 평생교육이 법적으로나 정책적으로 이주민을 위한 제도를 적극적으로 마련해야 한다고 주장한다. 특히 이주민들이 본국에서의 사전학습 경험을 충분히 활용하지 못하는 이슈를 통해서 오늘날 평생교육 정책에 비판적 문제제기를 하고 있다. 스웨덴의 경우 이주민은 주로 난민 위주로 유입이 이루어지고 있기 때문에 캐나다와 호주와 같이 이주민에 대한 선별적 유입이 아니라는 점에서 우리나라의 정책과 유사한 상황이다. 바로 이는 이민자와의 공존을 모색하고 있는 국가들에서 이민자를 포용하는 평생교육은 평생교육학자들의 중요한 연구주제가 되어 왔음을 다시 한 번 확인시키고 있다. 그에 반해 우리나라의 평생교육계는 다문화사회로의 변화라는 당면한 현안에 몰두하지만, 그들의 삶을 변화시키는 평생교육의 법적, 제도적 기반에 대해서는 모종의 거리를 두고, 사회의 구성원으로서 평생교육을 추구하는 이주민에게 무관심을 유지하고 있다고 볼 수 있다.

Ⅲ. 주요 부처별 이주민 대상 평생교육의 실제

이 연구는 각 부처별로 실시하고 있는 이주민 대상 교육사업을 구체적으로 파악하기 위해서 교육의 대상, 교육 영역, 그리고 교육사업이 취하고 있는 이주민 통합방식을 분석틀로 설정하였다. 분석의 대상은 현재 정부의 주요 부처별로 진행되는 이주민 대상 '평생교육 사업 또는 유사 사업'과 '단위 프로그램'에 한정하고자 한다. 이주민 평생교육 사업 분석의 틀은 <표 1>로 정리된다. 다만 본 연구의 목적에 비추어 교육부의 다문화교육 사업은 학령기 학생을 대상으로 하거나, '다문화가정 자녀와 그 가정'에 초점을 두고 학교 내에서 주로 실시된다는 점을 고려하여 이 논문에서 수렴하지 않았음을 미리 밝힌다.

<표 1> 이주민 평생교육 사업 분석의 틀	
분석 영역	범주
교육의 대상	결혼이민자(여성, 남성), 외국인 근로자, 유학생, 교포, 혼인귀화자 이외 기타국적 취득자 등 다양한 이주민 집단
교육의 영역	학력보완교육, 성인 기초·문해교육, 직업능력향상교육, 인문교양교육, 문화예술교육, 시민참여교육 등 평생교육의 제 영역
교육사업 및 단위 프로그램이 취하는 이주민 통합방식	차별적 포섭과 배제(Differential Exclusionary model), 동화주의(Assimilationist model), 다원주의(Multicultural or Pluralist model) 등

1. 여성가족부의 추진 현황

　　여성가족부는 여러 부처 가운데 이주민여성 지원 사업에 적극적인 부처라 할 수 있다. 현재 여성가족부의 이주민 지원사업은 주로 다문화가족의 사회정착과 사회경제적 자립을 도모하는 데 목적을 두고 있다. 여성가족부는 시·도 및 시·군·구별로 다문화가족지원센터를 운영함으로써 부처의 다문화가족지원 사업이 지역 현장과 밀착된 사업으로 실행되는 구조를 가지고 있다. 즉, 다문화가족지원센터는 여성가족부의 정책을 실행하는 핵심 사업기구이자 이주민들의 핵심 교육기관으로 자리매김하고 있다. 다문화가족지원센터는 2006년에는 21개소가 설립된 것을 시작으로 2014년 현재 전국에 다문화가족지원센터는 총 214개로 가파른 증가를 보여 왔다. 현재 16개 광역시도별로 거점센터 1개소가 설치되어 센터 간 네트워크를 강화하고 지역맞춤형 서비스를 발굴하여 다문화가족센터의 지역 역량을 결집시키는 역할을 수행하고 있다.

　　다문화가족지원센터는 기본사업과 특성화사업을 두 축으로 사업을 추진하고 있다. 기본사업으로는 한국어교육, 다문화가족 통합교육, 다문화가족 취업연계 교육 지원, 개인·가족 상담을 진행하고, 특성화사업은 언어발달 지원사업, 통번역 서비스사업, 다문화가족 자조모임 등 다문화가족의 수요와 지역 특성에 따라 실시한다. 이 중 기본사업은 주로 새로운 언어, 새로운 문화와 제도, 그리고 새로운 역할에 대한 습득을 목적으로 하는 교육사업으로 진행되는 것이 특징이며 특성화사업 역시 상당량의 교육과 학습을 수반하고 있다.

<표 2> 다문화가족지원센터의 기본사업 중 교육사업 단위 프로그램

구분		공통필수	선택(예시)	비고
한국어교육		1단계, 2단계 방문한국어 교육서비스	3단계, 4단계 특별반	400시간 (방문교육별도)
다문화 가족 통합 교육	가족 통합 교육	가족의사소통프로그램, 배우자교육프로그램, 아버지교육, 방문 부모교육 및 자녀생활서비스	결혼과 가족의 이해 배우자이해 프로그램 부부관계향상 프로그램 자녀교육 프로그램 부모역할 프로그램, 자녀생활지도	30시간 (방문교육 별도)
	다문화 이해 교육	다문화 이해 및 인식 교육, 법률과 인권교육	한국사회적응교육, 소비자 경제 교육	50시간
다문화가족취업연계 및 교육지원		워크넷 등록 및 연계 취업기초소양교육	-	워크넷 3회 이상

출처: 여성가족부, 2012, p. 27.

　일부 취업교육의 경우 결혼이주여성들이 교육을 받고 지식과 기술을 습득하는 데 그치지 않고, 이주민들이 정주민 대상으로 교육과 서비스를 제공하는 인력으로 활동할 수 있도록 하는 프로그램도 간혹 있다. 이중언어 강사교육이 이런 성격을 띠고 있는데 한국어와 모국어 구사역량 및 직무수행계획에 따른 종합 평가 및 선발을 통해서 여성결혼이민자들이 학교, 병원, 지역센터 등에서 자기 나라의 언어와 문화를 가르치고 통역하는 인력으로 활동하도록 지원하는 교육과정이다. 현재 다문화가족지원센터의 프로그램을 통해서 전국에 배치된 이중언어 강사는 약 106명에 이른다(다누리, 2013).

　여성가족부의 경우 교육의 대상 측면에서 결혼이주민, 그 가운데서도 '여성'에 초점을 두고 있고, 교육의 내용 영역에서는 평생교육 측면에서 성인기초문해교육에 방점을 두고 있고, 최근에는 직업능력향상을 위한 단위 교육 프로그램이 발굴되고 있다. 최근 다문화가족지원법 개정('11.4.4개정, '11.10.5 시행)으로 인해서 2012년부터는 혼인귀화자 외에 기타사유 국적취득자(인지·귀화)도 다문화가족에 포함됨에 따라 여성가족부의 이주민 지원 정책은 대상 측면에서 보다 확장되고 있지만, 큰 틀에서 현재까지 여성가족부의 이주민을 위한 평생교육 성격의 지원 사업은 곧 '다문화가족지원사업'으로 등식화될 수 있다. 이는 여성가족부의 정책에 흐르는 기조가 동화주의 모델(Assimilationist model)을 전제하고 추진되고 있음을 보여주는 지점이다.

2. 고용노동부 추진 현황

우리나라의 외국 출신 거주민의 절반 이상을 차지하는 집단은 외국인 근로자들이며 이들은 고용노동부의 첫 번째 관심대상 이주민이라 할 수 있다. 통계청의 '2012년 외국인고용조사' 결과에 따르면 국내에서 일자리를 가진 외국인은 모두 79만 1천 명으로 이는 전체 국내 취업자의 3.2%를 차지한다. 한국계 중국인(35만 7천 명)이 전체의 41%를 차지하고, 그 다음으로는 베트남인(8만 2천 명), 북미인(4만 6천 명), 인도네시아인(3만 1천 명) 등 다양한 인종적 배경을 가진 근로자들이 주로 제조업, 도소매, 숙박, 음식업 등에서 일한다. 외국인 근로자를 포함한 전체 외국인 인구의 경제활동참가율은 74.0%, 고용률 71.0%, 실업률 4.0%로 우리나라의 전체 경제활동 참가율(62.4%)보다 높고, 고용률(60.4%), 그리고 실업률(3.2%)보다 0.8%포인트 각각 높은 것으로 나타나 외국인이 우리 경제에서 중추적인 역할을 담당하고 있음을 보여주고 있다. 더욱이 연령대별로는 20대(22만7천명), 30대(21만 8천명), 40대(17만 9천명) 순의 집중 분포를 보인다는 점에서 저출산·고령화의 선진국형 인구구조를 가진 우리나라의 노동시장에서 외국인 근로자가 하나의 동력이 된다는 것을 알 수 있다(연합뉴스, 2012년 11월 22일자). 그러나 외국인 근로자들에게는 최초 입국 시 소양교육과 안전교육 등 최소한의 교육이 제공되는 것이 전부인 경우가 많아 이들을 대상으로 하는 체계화된 교육에 대한 논의는 거의 전무한 실정이다. 한국계 중국인의 경우 이른바 '3D' 업종에서 일하면서 한국 경제의 한 축을 맡고 있다는 점이 인정되어 다른 국적 외국인 근로자에 비해 영주의 자격이 열려 있는 편이나 그 영주권의 핵심 조건 중 하나인 기술교육과 자격증 취득을 사교육 시장에 방치하고 있어 논란이 일고 있다.

고용노동부의 두 번째 관심대상 이주민은 여성결혼이민자이다. 일하는 여성결혼이민자의 비율은 전체 여성결혼이민자의 36.9% 정도로 이 수치는 앞으로 높아질 가능성이 크다. 그러나 여성 이민자의 대부분을 차지하는 이들의 임금이 일반 한국여성보다 20% 가량 낮고 일자리의 대부분 단순 노무직이라는 점은 정책적인 고민이 필요한 부분이다. 현재 고용노동부의 이주민 관련 정책은 외국인 근로자의 관리, 그리고 결혼이주민의 경제적 자립을 위한 취업지원으로 정리할 수 있다. 고용노동부가 게시하는 관련 보도자료를 분석해 보면, 그 구분의 준거로 영주/귀화 여부가 관건임을 알 수 있다. 외국인 근로자에게는 관리 시스템이, 결혼이주민에게는 지원 시스템이 작동하고 있는 셈이다. 한 예로 중앙 부처들은 많은 결혼이주민과 그 가정의 경제적 궁핍이 안정적인 사회 적응에 어려움을 가중시킬 수 있다는 점을 들어 2010년 5월「결혼이민자 취업지원 종합대책」을 마련하였다. 고용노동부를 중심으로 일자리 창출, 취업지원 서비스 강화, 직업훈련 실시, 다문화사회에 대한 이해증진의 4대 정책과제를 마련하고 이에 대한 세부 추진 과제를 발굴하였다.

여기서 세부 추진과제를 분석하면 전반적으로 취업을 희망하는 여성결혼이민자의 관리와 지원이 교육 프로그램의 핵심을 차지하고 있음을 확인할 수 있다. 예를 들어 '취업성공패키지'는 고용노동부의 대표적인 취약계층 취업지원 사업이다. 최근 취업성공패키지의 일환으로 고용센터를 통해 여성결혼이민자에게 특화된 기초적인 취업소양교육(WIND: Women Immigrant's New Direction)을 제공하고, 이후 개인의 상황과 이주민의 특성에 따라 다양한 취업교육을 제공하며 민간 고용시장에서도 다문화사회에 대한 이해를 증진시키기 위한 구심체 역할을 수행하고 있다. 같은 맥락에서 고용노동부가 주관하는 '내일배움카드제'도 직업훈련을 원하는 구직자에게 정부가 직업능력개발계좌를 발급해서 1년 동안 일정금액(200만원 한도)을 지원해주는 제도인데, 이 경우 훈련비의 80%는 정부가 지원하고 20%는 훈련생 본인이 부담한다. 그런데 최근 고용노동부는 결혼이민자의 경우, 결혼이민자 특화과정 수업 신청시 전액 무료로 교육을 받을 수 있도록 조치를 취하였다. 여기서 국적 미취득자나 고용보험 가입경력이 없는 외국인은 정부의 직업훈련 지원대상에서 배제되고 있음을 알 수 있다(고용노동부, 2012).

고용노동부가 관심을 가지고 있는 세 번째 이주민 집단은 이주배경 청소년이다. 고용노동부는 이주배경 청소년들을 위한 기술형 대안교육과정을 마련하여 다인종·다문화사회에서 한 축을 형성할 이주배경 청소년들의 고용가능성을 향상시키는 지원책을 마련하고 있다. 충북 제천에 문을 연 기술계 대안고등학교인 「한국폴리텍 다솜학교」가 그 예이다. 이 학교는 「근로자직업능력 개발법」과 「초중등교육법」에 근거하여 설립되어, 컴퓨터기계, 스마트전기, 플랜트설비 등 3개 학과를 운영하여 이주배경 청소년들이 산업 현장에 필요한 실용 능력을 함양할 수 있도록 실무 교육을 실시하고 있다.

이를 보건대, 사회구성원의 고용과 노동을 전담하는 고용노동부의 정책과 이주민 대상 단위 프로그램은 우선 대상 측면에서는 '국민'을 조건적 경계막으로 설정하는 차별적 포섭과 배제(Differential Exclusionary model) 모형을 취하고 있으며, 이들에게는 한국 사회의 구성원으로 포용하는 입장에서 고용가능성을 높이고 노동 기회를 확충하기 위한 다양한 사업을 시도하고 있음을 알 수 있다. 즉 우리사회에서 단순기능인력 양성을 넘어서, 외국 출신 이주민의 절반 이상을 차지하는 외국인 근로자를 위한 체계화된 역량 강화 교육이나 노동과 고용을 중심으로 하는 중장기적인 사회통합 프로그램은 거의 전무한 실정이다. 특히 남성 외국인 근로자와 남성 이주민은 상대적으로 공적 평생학습의 기회를 누리지 못하고 있는 실정을 보건대, 향후 정책 수혜의 성별, 국적별, 계층별 편중성이 해소되어야 할 것이다(교육부, 국가평생교육진흥원, 2013: 382).

3. 안전행정부 추진 현황

안전행정부는 한국에 정착하게 된 이주민들의 사회 적응과 사회통합을 도모하기 위해 다양한 행정적 지원방안을 마련하는 데 주력하고 있다. 2012년 3월에 마련된 「외국인 주민 지원관련 통합조례」 표준안이 그 대표적인 예이다. 또한 외국인 주민 밀집지역의 환경개선을 위해 2012년도에 32억원의 공적 자금을 집행함으로써, 다문화적 사회 환경이 질적으로 개선될 수 있는 정책적 구상을 펴기도 했다. 특히 최근 들어 결혼이민자를 위한 다양한 교육사업을 실시하고 있어 주목할 만하다. 여기서는 첫째, 다문화 가정을 대상으로 한 정보교육이 교육사업의 한 축을 차지한다. 이주민들을 대상으로 IT기초 교육, 실용교육, 자격증 취득과정 등을 실시하고 있다. 전국의 정보화마을 네트워크를 활용하여 마을 정보센터(364곳)에서 인근 지역을 연계하여 이주민에 IT기초·중급과정 및 모바일 활용교육 서비스를 제공하고 있다. 둘째, 2009년부터 실시해 온 '다문화정착 지도자 육성 교육' 등 이주민을 지역사회의 지도자로 육성하는 교육사업이 다른 한 축을 차지한다. '다문화정착 지도자 육성 교육'은 이주민의 사회정착을 돕기 위해서, 국제결혼 2년차 이상이 되는 여성결혼이민자들이 참여하고 이들이 일정한 교육을 통해서 다문화정착 지도자가 될 수 있도록 설계되었다(안전행정부, 2012). 이 교육은 크게 기본교육과 소양교육과정으로 이루어져 있는데 기본교육 과정에서는 한국 가족문화의 이해에 초점을 두고 있고, 소양교육에서는 이주여성들의 한국 생활 적응을 지원하는 생활밀착형 멘토링을 제공하여 지역사회에서의 공동체 의식을 제고하고 이주민의 멘토 역량 배양을 중시한다. 이러한 교육과정은 지역사회에서 이주민들이 책임 있는 구성원이 될 수 있도록 자긍심을 부여하고, 스스로 참여하고 나눌 수 있는 지도자가 되는 리더십의 단초를 키우는 역할을 수행하고 있다. '다문화가족 새마을운동 전문가 양성교육'도 비슷한 맥락에서 수행되고 있다.

또한 「2012년도 다문화가정 정보화지원 계획」에 따라 결혼이주민의 정보화능력 함양을 위해서 실시되는 '다문화 IT 방문지도사 사업' 역시 이주민의 지도자 역량을 함양한다. 이 프로그램은 한국어와 IT 기본 소양을 갖춘 결혼이민자를 선발하여 3개월간 70여 시간의 정보화 전문교육 과정을 통해서 수료자들이 다문화 IT 방문지도사로 활동할 수 있도록 양성하는 것이다. 교육을 마친 결혼이민자들은 가사·육아로 인해서 집합교육 기회를 누릴 수 없는 동일국가 출신 다문화 가정을 직접 방문(330곳)하고, 정보화 교육과 사회정착 멘토링을 제공한다. 이것은 결혼이주여성들이 정보 문해력을 획득하는 교육을 받은 후 자신의 경험과 노하우를 이주민에게 전수하고 공유할 수 있도록 한다.

<표 3> 안전행정부 이주민 대상 교육 프로그램				
다문화 가정 대상 일반 교육 과정				
담당부서	프로그램명	프로그램내용	대상	성과/비고
한국정보화진흥원	다문화가구 정보화지원	IT기초, 실용과정(30개 2,100명)/ 자격증 취득과정(10개 200명)	결혼이민자 2,300명 및 다문화가정 330가구	전국 40개 기관으로 확대
다문화 가정을 위한 전문가 양성 과정				
새마을운동 본부 중앙회(위탁)	다문화정착 지도자 육성교육	한국가족문화의 이해, 멘토의 역할과 리더십, 지역공동체의식제고	결혼 2년차 이상이주여성으로 한국어가능자 대상	전국 25개 시군구 실시: 2009년부터 시작해서 총 4,479명 배출

출처: 안전행정부, 2012; 교육부·국가평생교육진흥원, 2013, p. 378 재인용.

　　지금까지 살펴본 바에 의하면, 안전행정부는 외국인 주거지역 환경 개선과 이주민 지도자 양성 사업, 정보화교육 등 교육 대상과 영역 측면에서 다른 부처보다 포괄적 접근을 하고 있는 것을 알 수 있다. 사회 구성원의 안전과 행정편의는 이주민과 정주민을 포함한 삶의 전반적 영역을 포함하는 기본적 성격을 고려할 때, 이주민을 집단화하여 한쪽의 칸막이를 치고, 슬럼화될 경우 위험사회를 촉발할 수 있기 때문이기도 하다. 그러나 이주민 대상 프로그램은 주로 다문화가정을 대상화하고 있으며 동화주의적 접근(Assimilationist model)이 전제되면서 추진되고 있음을 알 수 있다. 우리사회에서 다양한 배경을 가진 구성원들의 삶의 기본적인 인프라와 직간접적인 연관을 가진 안전행정부의 정책은 보다 세심한 방안이 마련되어야 한다. 이주민을 포함하여 사회 구성원들이 구조적 불평등과 차별을 겪지 않고 주체적 성장과 사회적 통합을 제고할 수 있도록 하는 데 평생교육의 역할은 결코 적지 않다.

4. 문화체육관광부 추진 현황

　　문화체육관광부는 '문화'를 핵심키워드로 하는 부처로서, 다문화담론이 가진 복합다층성과 다양한 논쟁에서 상대적으로 자유로운 입지를 가지고 있고, 문

<표 4> 문화체육관광부의 이주민 및 다문화가족을 위한 문화 프로그램		
프로그램명	대상	프로그램내용
다문화, 일반청소년이 함께하는 1박 2일 미소(美笑)캠프	124명 중학생 (서울거주 다문화청소년 62명+ 일반청소년 62명)	체육활동과 캠프파이어 문화체험, 유적지탐방 저명인사 강연
다문화페스티벌 Rainbow Dreams	공개오디션으로 발탁된 25명 다문화청소년들의 무지개 빛 이야기	다문화 공연
전국 다문화어린이 합창대회	합창 9팀, 중창 7팀, 총 16팀 350명 (팀 구성원 중 다문화 자녀 50% 이상 참가자격)	(사)한국다문화센터공동주최
'어우름' 가족 독서 캠프	9개 작은 도서관 선정 120명 참가자 (지역주민+다문화가족)	세계 각국 동화듣기, 다른 나라 문화배우기, 지구촌 마을만들기

출처: 문화체육관광부, 2013. 6. 4.

화의 다양성을 오히려 조명하고 다양한 정책을 펼칠 수 있는 부처라 할 수 있다. 우리사회의 급속한 다문화적 전환에 따라, 문화체육관광부도 다문화사회로서의 한국과 문화정책에 대해서 여러 정책을 발굴하고 단위 프로그램을 내놓고 있다. 그런데 이주민에 초점을 둔 사업은 주로 「소외계층의 문화향유 확대 지원방안」과 큰 연관을 가진다(문화체육관광부, 2013). 이는 우리 사회의 주변부에 있는 소외 계층의 문화적 격차를 해소하고 문화예술, 스포츠 등 문화 복지 인프라를 확충하기 위한 정책을 담고 있다. 이주민이 구성원이 된 다문화가족을 문화 참여 기회가 빈약한 취약계층으로서 간주하고, 이들이 문화를 향유할 수 있는 프로그램을 기획하고 바우처를 발급하여 프로그램을 제공하는 사업이 핵심을 이룬다. '이주청소년 감성 증진 사업', '다문화가정 생활체육캠프' 등이 이에 해당한다.

이러한 교육 프로그램들이 이주민을 문화 복지사업의 수혜자이자 일방적 대상자로 위치 지우고 한국 문화에의 적응을 강조하는 성격을 갖는 것과는 달리, 이주민들이 다양한 문화 콘텐츠의 능동적 생산자이자 적극적 개발자가 될 수 있는 프로그램을 추진하고, 이주민과 정주민이 상호 교류하는 방식을 담고 있다. 일례로 2009년부터 3년 동안 추진되어 온 '지역 다문화 프로그램' 사업은 현재는 여성가족부로 이관되었으나 지역 사회에 맞는 우수한 다문화 프로그램을 지원하고, 이주민이 유입된 지역사회의 문화와 관련된 문화예술 생산주체를 양성하고 공연, 전시 등 콘텐츠를 개발한 대표적인 예로 볼 수 있다.

문화란 기본적으로 초국적 성질을 다른 어떤 영역보다 두드러지게 가지고 있으며, 한국 사회에서 살아가고 있는 이주민은 국경을 넘은 문화전달체이자 문화생산자로서 인식될 수 있다. 이를 볼 때, 문화관광부의 이주민 대상 프로그램은 다양한 사회 구성원의 정체성, 가치, 자원, 요구를 존중하는 다원주의적 접근(Multicultural/Pluralist model)을 취하기 위한 노력을 기울이고 있는 것을 알 수 있다. 그러나 분명한 것은 평생교육 관점에서 보건대, 이러한 접근 역시 '문화'의 탈정치성을 활용하여 자유주의적이고 단발적인 교육 프로그램만을 제공할 것이 아니라, 사회구조적인 문제를 간과하지 않고, 이주민의 생애적 학습경험을 전 사회적인 상호작용을 통해서 용해시켜 나가는 '변화를 향한 재구조화'가 필요하다.

IV. 이주민 대상의 평생교육 쟁점과 논의

지금까지 주요 부처에서 이주민을 대상으로 하는 교육사업과 단위 프로그램을 분석해 본 결과, 사업의 대상, 영역, 그리고 사업과 프로그램이 취하고 있는 이주민 통합방식에 대해 어느 정도 특징을 파악할 수 있다. 이를 쟁점별로 정리하여 논의하고자 한다.

1. 평생학습 관점의 누락과 칸막이 구획화

우리 정부는 글로벌 이주 시대의 새로운 사회적 흐름에 조응하기 위해서 2013년부터 5년 동안 추진할 제2차 '외국인정책 기본계획'(2013~2017)을 확정하여 새로운 마스터플랜을 수립한 바 있다. 여기서 이주 정책은 [통합]과 [인권] 영역에서 강조되고 있다. 이주민에게 사회 통합 프로그램을 제공하고, 인권을 강화하는 원칙이 제시되어 있는 것이다. 이주민들이 자신의 문화적, 인종적, 계층적 배경으로 인해서 차별받지 않도록 하는 것은 사회 통합을 넘어서, 이주민의 인간 권리를 향상시키는 기틀로 인식하고 있는 것이다. 그러나 여기에는 평생학습의 원리와 평생교육적 관점이 누락되어 있다. 2장에서 분석하였듯이, 현재 우리나라의 외국인 정책과 다문화가족지원정책은 이주민에게 주류 문화적응과 언어지원 서비스, 그리고 노동시장 진입 지원에 한정되어 있는 데에 기인한다. 이들 정책의 태반이 단기적인 교육기회의 제공을 목적으로 작동되기 때문에 법적 · 정책적으로 평생교육적 관점과 원리가 누락되어 있다. 실제로 유엔은 고령화 사회에 대응하여, 총인구 감소로 인한 생산연령인구 감소, 고령자 부양비 증가 등으로 인구의 자연증가를 대체하는 이민, 즉 '대체이민(replacement migration)'의 이슈를 지속적으로 제기해왔다(IOM, 2013). 전 지구적인 국제이주가 한 사회의 변화와 맞물릴 수밖에 없는 부분을 지적하는 것이며, 이주 혹은 다문화 현상이 단순히 '트렌드'로 조명 받고 사라질 사태가 아니라는 것을 함축적으로 시사하고 있다. 이는 우리나라에서도 이주민을 대상으로 하는 변방화된 이주민 교육지원정책이 보다 다층적이고 복합적인 평생교육적 관점을 반영하지 않으면 안 된다는 점을 역설한다. 국제이주는 탈분권적이며 덜 규격화된 다양한 생애사의 학습여정, 그리고 이질적이고 다층적인 학습자의 요구를 피할 수 없게 만든다(van der Veen & Wildemeersch, 2012).

이는 이주민을 바라보는 평생교육 영역에서도 반성적 성찰이 필요함을 보여준다. 민주주의적 태제를 이념형으로 전제하고 있는 평생교육이 민족, 인종, 국적, 성, 계층 등 모든 종류의 차별을 해소하고 학습자의 배경과 자본에 상관없이 전 생애에 걸친 학습을 지원할 수 있도록, 즉 평생교육 시스템의 재구조화라는 개혁적 관점을 취하고 있지 못하는 것도 한 몫을 하고 있다. 평생교육 영역에서도 이주민이 참여하는 교육을 평생교육의 연구영역이자 실천영역으로 적극적으로 이해하고 분석하려는 움직임은 주변부적 위치에 머물러 있다. 평생교육에서 이주란 무엇이며, 다문화주의가 무엇인가? 정민승과 조지연(2012)은 다문화교육에서 다문화를 '다문화 인간'으로 환원하는 인종결정주의적 시각이 문제라고 비판하였다. 이어 제도적 차원에서 다문화교육은 하층 외국인 교육으로 축소 왜곡되고, 순수 혈통주의적 정서―문화는 여전히 강고하게 유지되어 새로운 방식의 위계로 이어진다고 지적하면서 우리나라에서 다문화교육은 교육개혁으로 이어지지 못하고 있다고 주장하였다.

  2006년부터의 정부의 발 빠른 정책은 다문화교육의 일종의 주형틀이었던 셈이다. 그런데 정작 그 내용에 있어서 '다문화'는 특정 집단으로 축소해석되고 '다문화교육'은 이들에 대한 교육지원으로 축소되었으며, 이후 다양한 다문화교육개혁의 시도도 '다문화'란 '인종이다'라는 주형틀을 벗어나기 어렵게 되었다(정민승·조지연 2012: 219).

  이처럼 다문화교육 정책이 인종에 기인한 칸막이식 구획화로 주변부화되는 것은 이주민 대상의 평생교육 담론과 실제에도 그대로 이어지고 있다. 이때 평생교육은 관점이나 원리가 아니라, 특정 이주 배경을 가진 이주민에 대한 대상화로 축소되고 있다. 현재 추진되고 있는 이주민을 위한 평생교육 차원의 정책사업은 이주민의 사회적응을 위한 처방적 프로그램에 편중되어 있다(김진희, 2014). 이주민을 사회통합의 '대상'이나 복지사업의 수동적 '수혜자'로 인식하는 것을 넘어서, 우리사회의 평생교육체제에 참여하고 기여할 수 있는 학습주체로 정치하는 노력과 실천이 필요하며(교육부·평생교육진흥원, 2013; Guo, 2013) 이주민과 정주민을 포함하여 탈분권적이고 다층화된 사회구성체의 변화와 함께 평생교육은 능동적으로 그 변화의 양상에 비판적으로 대응해 나가야 한다. 이는 나아가 향후 평생학습체제의 방향과 성격을 재구조화하는 논의로 지속적으로 이어져야 한다.

2. 다문화의 딜레마와 평생교육 대상의 제약

  평생학습은 존재의 학습(learning to be)과 함께 살아가는 학습(learning to

live together)이라는 이념적 지향성을 배태하는 기제이기 때문에 이질성, 다양성, 차이와 함께 살아가는 사회적 경험에서 평생교육은 방관자가 될 수 없다 (Jackson, 2010; Welton, 1995). 그런 측면에서 본 연구에서 살펴본 이주민 대상의 평생교육 사업과 단위 프로그램은 엄밀한 의미에서 평생교육적이라 볼 수 없다. 물론 이주민을 받아들인 이주 수용국가는 낯선 사회적 행위체계, 사회적 책무성 약화, 다양한 정체성을 가진 구성원의 존재를 마냥 반길 수는 없다. 그 내부에 두려움과 우려가 흐르고 있는 것이 사실이다. 그러나 다문화가 가져다주는 새로운 사회 역동성과 질적인 변화는 국제이주라는 대세를 거스를 수 없는 상황에서 한 사회의 변동과 사회구성체의 발전을 기획하는 디딤돌이 되고 있다(Castles & Miller, 2003). 이처럼 다문화를 둘러싼 딜레마는 오늘날 평생교육 영역에서 제약의 한계에 모종의 정당성을 부여하고 있다고 볼 수 있다. 우리나라의 경우 다문화담론에 대한 치열한 논쟁이 부재한 가운데 정책적으로 다문화가 우선적 관심으로 떠오르면서 처방식 접근방식으로 접근하다보니, 딜레마에 대한 사회적 논의와 관심도 공론의 장에서 제대로 펼쳐지지 못했다. 그리하여 현재 우리나라 다문화정책의 딜레마와 맞물려 나타나고 있는 '대상과 영역의 제약성' 이슈가 평생교육에서도 유사한 명분으로 재현되고 있는 것이라고 볼 수 있다. 즉 우리나라에서 다문화교육연구와 다문화교육 정책은 대상의 한정성을 분명하게 구획화하고 있듯이, 교육학계가 다문화교육을 주체적으로, 비판적으로 견인하지 못하고 다문화사회의 구조적 문제에 눈을 감는 것이라는 지적은 타당하다(이민경, 2013). 이와 같은 비판적 입장에서 보건대 현재 우리나라의 이주민 대상 평생교육 지원 정책과 사업 내용도 대상의 한정성을 직면하고 있다. 모든 부처를 통괄하여 여성결혼이민자의 교육지원에 가장 큰 관심과 지원이 집중되고 있다. 물론 그 지원의 성격은 부처별로 특색을 보인다. 여성가족부는 다문화가족 구성원으로서의 여성결혼이민자의 지원에 집중되어 있으며, 고용노동부는 취업 예비자원으로서의 여성결혼이민자의 지원, 안전행정부는 이주민을 지역주민으로 자리매김하려는 과정에서 필요한 교육과 학습을 지원하고 있다. 우리나라에서 살아가고 있는 외국출신 이주민의 다양한 인종적, 국적, 계층적 배경과 사회적 요구는 총체적으로 반영되지 못하고 특정 대상 중심의 절름발이식 지원이 집중되고 있는 것은 고른 기회의 분배라는 측면을 넘어서 우리나라의 이주민 통합 방식이 한쪽으로 쏠려있음을 보여주는 지점이다. 또 부처별로 대상이나 프로그램에 약간의 차이는 있으나 여성결혼이민자의 교육과 학습에 가장 큰 초점이 맞추어져 있어 실제 프로그램이 이루어질 때 프로그램의 중복성이 문제가 될 수 있다. 지금까지 문제점으로 지적되어 온 이주민 정책에 대해서 관련 부처 간 정보 공유의 부족, 프로그램간 중복 및 연계 미흡, 정부 이민 정책의 비효율을 방지하기 위해서 앞으로 통합적인 고려가 요청된다.

3. 교육사업과 단위 프로그램의 내용적 한정

2000년 이후 EU와 OECD 문헌에서는 평생학습 정책이념으로서 경제적 경쟁력 제고와 함께 사회적 포용이 지속적으로 강조되고 있다. 평생학습의 가치는 사회적 안정망 기능이라는 관점이 들어가 있는 것이다(변종임 외, 2007: 19). 평생학습이 추구하는 포용적 사회는 모든 구성원이 사회적 출신 배경, 성, 민족, 인종에 관계없이 완전히 참여할 수 있고, 사회적 복지를 공유할 수 있는 사회를 말한다는 점에서 포용적 사회의 이념적, 실천적 토대로서 평생학습이 강조되고 있다. 그런데 지금까지 살펴본 우리나라의 이주민 대상 평생교육 정책과 단위 프로그램은 내용구성 측면에서 매우 한정적이며, 사회적 포용의 원리도 모호하게 작동되고 있다.

즉 교육사업과 단위 프로그램의 영역 측면에서 볼 때, 여성가족부는 문해교육, 문화적응교육, 취업교육, 가족통합교육 등 여성결혼이민자라는 단일 이주민 집단에 대한 가장 다양하고 넓은 영역의 교육을 지원하고 있다. 특히 이주민이 배우자이자 어머니라는 가족 구성원으로서의 사회적 역할을 제대로 수행할 수 있도록 지원하는 교육과 부수적이지만 이주여성들에게 노동시장 진입을 도와주는 취업교육이 주요 콘텐츠로 자리 잡고 있다. 이를 공급하고 교육서비스를 제공하는 채널은 다문화가족지원센터라 할 수 있다. 고용노동부는 외국인 근로자에게는 최소한의 교육을 지원하는 것과는 달리 여성결혼이민자에게는 맞춤 특화된 취업교육을 민간 교육기관까지 끌어들여 제공하기 시작하고 있다는 점을 주목할 수 있다. 안전행정부의 경우 지역사회에서 이주민이 제 몫을 수행하는 구성원으로, 특히 새로 유입되는 이주민을 이끌 수 있는 지도자 격의 이주민을 육성하는 데 초점을 두고 정보교육과 리더십 교육을 제공하고 있다. 그리고 문화체육관광부는 소외계층으로서의 이주민의 문화향유를 지원하고 정주민과 이주민의 상호 교류를 촉진하는 문화교육도 지원하고 있다. 그런데 문제는 여기서 대상의 중복성이 한 축의 문제라면, 다른 한 축의 문제는 교육 영역과 내용 구성이 기초 적응 단계에 머물러 있으며 중복되고 있다는 점이다. 이는 영국과 캐나다에도 이주 배경을 가진 성인학습자에게 제공되는 평생교육 콘텐츠의 한계를 지적한 구오(Guo, 2013)의 논의가 우리나라의 평생교육 실제에도 적용되는 대목이다. 더욱이 이주민이 출신국에서 가진 지식과 기술, 경험에 대한 사회적 인증이 제대로 이루어지지 않아서 이주민들의 생애 단절이 가속화되고 있는 것도 문제이다. 따라서 우리나라의 이주민 평생교육은 한국 국적을 가진, 혹은 다문화가정의 정식 구성원이 된 여성 결혼 이주민 중심으로 이루어지고 있다는 점에서 다른 상이한 이주배경을 가진 구성원은 배제되고 있는 것을 알 수 있다. 그렇다고 여성 결혼 이주민에 대한 콘텐츠가 다층적이고 포괄적인 것도 아니며, 기초 적응 단계 이상의 단계에서 필요한 문제해결력, 비판적 사고력, 의사소통력, 실천적 지식 등을 끌어 낼 수 있는 콘텐츠가 빈약한 상황이다. 여성결혼이민자들을 위해 제공되는 많은 교육 프로그램들은 앞으로 교육 내용과 수준을 다변화하고 양질의 평생학습 접근성을 강화할 필요가 있다.

가젠드라 버르마(Gajendra K. Verma, 2002)의 모형을 보건대, 우리나라의 이주민 대상 평생교육은 아직 사회적 포용의 원리를 반영하지 못하고 있다. 국적을 획득한 결혼이주민에 대한 사회적 포용을 지원하기 위한 정책과 프로그램은 어느 정도 기획되고 있으나, 이들을 문화적응의 대상자이자 복지사업의 수혜자로 집단화하면서 완전한 정치적 참여와 노동시장에서의 동등한 권리는 주어지지 못하고 있다. 더욱이 문제는 이주민 대상 교육프로그램들은 체류 신분에 따

<표 5> 사회적, 문화적 포용과 배제		
구분	포용	배제
사회적 측면	• 완전한 정치적 참여 • 노동시장에서의 동등한 권리 • 사회적 혜택과 권리 공유 • 민족간, 문화간, 사회적 상호작용 강화 • 계층, 성, 인종, 민족적 차별 없음 • 교육에 대한 동등한 기회	• 정치적 권리 부정 • 노동시장에서의 차별 • 신분에 따른 사회적 혜택 차별 • 민족간, 문화간, 사회적 상호작용 방해 • 계층, 성, 인종, 민족적 차별 • 학교에서의 적합한 공급 부족
문화적 측면	• 소수집단의 언어와 문화 존중 • 차이 인정 • 소수집단 문화상품소비(음식, 전통물건 등) • 종교적 차이 존중 • 문화간 역량과 이해를 발전시킴 • 학교에서 교육과정 인정	• 소수집단의 권리 부정 • 문화적 차이 부정 • 소수집단 생산물 소비 회피와 거부 • 소수집단의 종교의식 무시와 거부 • 문화간 역량과 이해 무시 • 교육적 집단중심주의

출처: Gajendra K. Verma, 2002; 변종임 외, 2007, p. 17 재인용.

라 교육기회 접근성을 차별화시키는 등 배제의 원리를 작동하고 있다. 문화적 측면에서는 소수 집단의 언어와 문화를 존중하기 위한 다양한 움직임이 전 사회적으로 나타나고 있으나 여전히 미미한 수준이다.

이는 현재 다문화사회로의 전환에 대응하여 이주민 평생교육의 지향성과 비전이 제대로 정립되지 않았기에 프로그램의 영역과 내용이 단편적이고 한정적이라고 볼 수 있다. 크게는 결혼이주민과 외국인 근로자의 차이처럼, 여성가족부와 고용노동부에서 전개한 교육사업에서 알 수 있듯이 이주민의 신분과 배경에 따라 사회적/문화적 포용과 배제의 원리는 이중 잣대를 가지는가 하면, 교육사업의 정책적 목표와 효과가 불명확한 가운데 단기 프로그램을 통해서 모호하게 작동되고 있다는 점에서 한계를 내포하고 있다.

4. 이주민 대상 평생교육 통합방식의 모호성과 상호작용 부재

앞서 분석한 주요 부처별 이주민 대상 교육사업을 살펴보면 이주 집단 내에서도 학습자를 '국민'과 '비국민'으로 구분하여 '국민'으로 포섭되어야만 공적인 평생교육의 기회를 제공받을 수 있다. 이민자를 대상으로 한 특별법 등을 근거로 이주민의 국적 취득여부에 관계없이 평생교육적 성격을 가진 프로그램이 제공되고 있음에도 불구하고 '국민'만을 평생교육의 대상임을 규정하고 있는 평생교육법에 근거하고 있기에, 한국 국적이 아닌 이주민은 평생교육의 대상이 되지 않는 것으로 간주된다.

이것은 이주민 대상의 교육사업과 단위 프로그램이 취하고 있는 이주민 통합 방식의 문제와 연결된다. 차별적 포섭과 배제는 외국인 근로자에게, 그리고 적극적 동화의 대상은 여성 결혼이주민로 집중적으로 수렴되고 있으며 그 외의 이주민 집단에 대해서는 거의 관심을 표명하고 있지 않음을 알 수 있다. 물론 전반적으로 이주민 대상 교육프로그램이 동화주의에 기반하고 있으나, 일부 단위 프로그램에서는 이주민을 교사, 강사, 지도자로 양성하는 교육과정을 운용함으로써 교육 – 노동 – 학습의 선순환 구조를 만들기 위한 기획도 제시되었다. 그러나 보다 적극적인 접근방식을 통해서 이주민들이 학습과 나눔을 통해 공적 역할을 부여받고 책임 의식을 가질 수 있으며 사회적 관계를 획득할 수 있는 상호주의적 통합방식이 구현되어야 한다. 평생교육은 그런 점에서 중요한 역할을 수행해야 한다. 일군의 평생교육학자들은(Guo, 2013; Jackson, 2010; Morrice, 2007) 이주민에게 필요한 사회적 공간과 사회적 관계 형성의 중요성을 주장하였다. 이주민이 새로운 사회에서 살아가고 자아를 실현하기 위해서는 적절한 기술을 습득하는 것도 중요하지만, 무형식학습을 통한 관계적 자본(relational capital)을 형성하는 것이 보다 근본적으로 필요하다는 것을 역설하고 있다. 그런 점에서 문화체육관광부에서 지역 주민과 이주민이 문화적 소통과 만남을 촉진할 수 있는 단위 프로그램은 이주민 통합방식의 하나로서, 사회적 관계망을 넓히고 다원주의 모형을 적용하기 위한 노력이라고 할 수 있다. 요컨대, 앞으로 지역 주민과 이주민이 함께 참여하고 화합할 수 있는 지역사회 기반의 생활 밀착형 학습공동체 프로그램의 개발과 제공이 평생교육의 주요한 관심사가 되어야 할 것이다(김진희, 2010). 이는 평생교육이 이주민 통합방식을 어떠한 비전과 전략을 통해서 구현하여 나갈 것인가를 비판적으로 되묻는 지점이다.

V. 결론 및 시사점

　　지금까지 이 연구는 이주와 평생교육의 개념적 관계를 비판적으로 고찰하고, 이주민이라는 우리사회의 새로운 구성원이자, 비전통적 학습자를 대상으로 한 평생교육 차원의 정책과 실제를 분석하였다. 특히 4장에서 밝힌 이주민 대상 평생교육을 둘러싼 쟁점은 앞으로 평생교육 영역에서 논의할 여러 의제를 보여주고 있다. 그러나 본 연구는 기존의 선행연구에서 이주민 통합 정책의 한계로 지적된 '차별적 포섭과 배제 논리'가 평생교육 영역에서도 반영되는 것을 확인하였으나, 그것의 작동 원리를 평생교육 관점에서 보다 치밀하게 분석할 필요가 있다. 따라서 본 연구에서 쟁점으로 도출된 내용을 비판적으로 발전시키기 위한 추가 연구가 요청된다.

　　실로, 세계의 많은 나라들은 전 지구적 이주의 물결에서 사회통합에 대한 관심이 고조되고 있으며, 우리사회는 이와 연동성을 가지는 다문화라는 새로운 현상을 맞이하고 있다. 이 흐름 앞에서 평생교육학은 새로운 사회적 변화의 움직임을 어떻게 풀어나가야 하는지 진지한 고민과 대응을 미룰 수 없게 되었다. 본 연구를 통해서 이주민을 위한 평생교육의 대상과, 그 내용, 그리고 이주민 통합방식을 준거로 살펴본 결과, 단순히 이주민을 위한 평생교육 정책 및 사업의 발전 방향을 정책적으로 제안하는 것이 아니라, 오히려 이주와 다문화 맥락에서 평생교육의 어떠한 지향성을 가지는가를 이론적으로, 실천적으로 되묻는 비판적 성찰을 불러일으킨다.

　　수십 년 동안 시행착오를 겪으며 다문화사회를 만든 캐나다, 호주, 미국, 영국 등과 달리 우리사회의 다문화의 속도는 매우 빠르기 때문에 오히려 평생교육의 정책적 실천은 여러 나라의 시행착오를 타산지석으로 삼는 신중한 접근이 필요하다. 비록 우리 사회에서 다문화 배경을 가진 인구가 점증하면서 정부 부처는 능동적으로 관련 정책을 마련하고 세부 사업을 실행하기 시작하였으나, 본 연구에서는 아직까지 공적 영역에서 전개되는 이주민 대상 교육지원 사업, 혹은 다문화 지원 사업이라고 명명되는 프로그램들은 대상의 한정성과 내용의 단편성, 그리고 이주민 통합 방식의 모호한 작동 방식으로 인해서 한계를 가지고 있음을 밝혔다. 이는 무엇보다도 현재 평생교육법에 제시된 '국민' 중심의 사고와 국민국가 중심의 담론의 경계선이 배타성의 원리로 구획화되어 있기 때문에 결국 구조적인 문제와 맞물려 있다. 향후 평생교육법의 개정 등 시대상에 조응하는 새로운 평생교육 시스템 구성이라는 변화 앞에서, 이주와 다문화, 그리고 새로운 참여자이자 학습자로서 이주민에 대한 적극적인 고려가 담긴 정책과 제도의 모색이 필히 뒤따라야 할 것이다.

그동안 평생교육은 사회 불평등을 완화하고 주체의 전 생애적 경험을 통한 성장을 지원하는 주요 역할을 수행해야 한다는 점을 강조해 왔으며(Delors, 1996), 그런 점에서 평생교육 담론은 사회통합, 즉 보다 폭넓은 사람들의 참여를 특별히 강조해 왔다(변종임 외, 2007). 그런 점에서 평생교육이 새로운 사회로 내던져진 사회적으로 주변화된 존재이자, 다양성을 가진 존재인 이주민에 대한 적극적인 교육 기회를 보장하고 그들의 삶의 설계를 지원할 수 있는 영역이 되어야 할 것이다. 이는 평생교육이 언제, 어디서, 누구나 교육 받을 수 있는 권리를 천명하고, 소수자의 역량을 개발할 수 있는 이념적 원류를 복원함으로써, 다문화적 구성체와 문화적 다양성이 작동되는 원리를 다각적으로 분석하는 데 참여해야 한다는 점을 역설한다. 그렇기 때문에 평생교육은 이주민의 사회적 참여와 소속감을 방점에 두고, 지역사회에서 관계망을 확충할 수 있는 열린 채널이 되어야 한다(김태준, 장근영, 2010; Jackson, 2010). 여기서 중요한 것은 형식적인 공공교육 프로그램뿐만 아니라, 보다 무형식적인, 사회적 학습기회(informal and social learning opportunities)들이 다각적인 채널을 통해서 생활세계에서 제공되어야 한다는 점이다(Morrice, 2007). 다양한 배경을 가진 사회적 존재들이 거대한 체제의 장벽을 극복하면서 일상의 경험과 앎, 그리고 실천을 통해서 내재적 변화를 이끌 수 있는 지원 통로가 될 수 있다. 따라서 이제 평생교육은 새로운 사회구성체에 대한 비전과 방향에 대한 비판적인 공론의 장을 필요로 한다. 동시에 그동안 칸막이식으로 '이주민 내(內)'에서도 신분과 배경에 따라 구별하고, '이주민과 정주민 간(間)'의 소통과 상호작용이 미미한 현실을 극복할 수 있는 지혜를

모아, 평생교육은 사회적 변화 앞에 놓인 개인과 사회의 주체적 성장을 지원할
수 있는 실천적 기제가 되어야 할 것이다.

참고문헌

강미옥(2014). 보수는 왜 다문화를 선택했는가. 서울: 상상너머.

고용노동부(2013.10.15). 여성결혼이민자가족 사회통합 지원 세부 추진계획. 보도자료 게시

교육부·국가평생교육진흥원(2013). 평생교육백서(2011/2012).

권미경(2008). 다문화주의 실현과 평생교육의 역할: 여성결혼이민자 교육에 관한 비교문화
   적 고찰. 부산교육학연구, 21, 1−15.

권정숙(2012). 농촌지역 여성결혼이민자의 평생학습 방향탐색. 교육연구논총, 33(1).
   49−72.

김민호·염미경·변종헌·최 헌·김은석(2011). 지역사회와 다문화교육. 서울: 학지사.

김소정·이창식(2012). 여성결혼이민자의 평생교육 요구에 관한 연구. 한국산학기술학회논
   문지, 13(3), 1084−1090.

김진희(2010). 이주노동자 지원센터와 지역사회의 다문화적 학습 탐색. 평생교육학연구,
   16(3), 151−182.

김진희(2014). 이주민의 정착 지원을 위한 캐나다의 교육사례와 평생교육에의 시사점.
   Andragogy Today, 17(3), 45−65.

김태준·장근영(2010). 다문화 사회에서의 시민교육과 사회적 자본. Andragogy Today,
   13(3), 61−79.

나윤경·강미연·장인자·허수연(2008). 결혼 이주 여성들의 행위자성과 평생교육의 지향점
   모색. 평생교육학연구, 14(4), 185−213.

다누리(2013). 2013 다문화 통계자료.
   http://www.liveinkorea.kr/kr/contents/contents_view.asp? idx=10. 2014년 7월 5일
   접속.

헌법재판소 (2014). 대한민국헌법,
   www.ccourt.go.kr/library/document/23_1.htm 2015년 1월 29일 접속.

문화체육관광부(2013. 6. 4). 다문화가족 적응지원 강화, 보도자료 게시

변종임 외(2007). 사회통합을 위한 학습·노동·복지 연계방안 연구. 서울: 한국교육개발원.

서동진(2009). 자유의 의지 자기계발의 의지: 신자유주의 한국사회에서 자기계발하는 주체
   의 탄생. 서울: 돌베게.

신미식(2011). 새터민의 민주시민교육과 평생교육의 역할. 서석사회과학논총, 4(2),

79 – 107.

안전행정부 보도자료(2012.4.26) 행안부, 다문화사회 대비 지도자육성 및 정착 적극 지원 키로. 보도 자료 게시

여성가족부(2012). 다문화가족지원 사업안내 자료집. 서울: 여성가족부.

윤인진(2008). 한국적 다문화주의의 전개와 특성: 국가와 시민사회의 관계를 중심으로. 한국사회학, 42(2), 72~103.

이민경(2013). '다문화교육' 연구동향과 쟁점: 교육사회학 연구에의 시사점을 중심으로. 교육사회학연구, 23(3), 177 – 205

정민승·조지연(2012). 한국다문화교육의 이데올로기적 재생산 기제 비판. 교육사회학연구, 22(2) 211 – 232.

정민승·이해주·모경환·차윤경(2013). 다문화교육론. 서울: 한국방송통신대학교출판부

최항석(2010). 평생교육으로서의 다문화주의: 평생학습사회에서의 다문화교육을 위한 교육자본화 논고. 시민인문학, 18, 9 – 32.

한숭 (2006). 평생교육론: 평생학습사회의 교육학. 서울: 학지사

Andersson, P. & Fejes, A. (2010). Mobility of knowledge as a recognition challenge: experiences from Sweden, *International Journal of Lifelong Education, 29*(2), 201 – 218,

Castles, S. & Miller, M. J. (2003). *The Age of Migration: International Population Movements in the Modern World*(3rd Ed). New York: The Guilford Press.

Dave, R. H. (1976). *Foundation of Lifelong Education*. Paris: UNESCO.

Delors, J. (1996). *Learning: The treasure within*. Report to UNESCO of the International Commission on Education for the 21st Centry. Paris: UNESCO.

Guo, S. (Ed.). (2013). *Transnational migration and lifelong learning, global issues and perspectives*. London: Routledge.

International Organization for Migration (2014). *Global Migration Trends: an overview*. IOM Press

IOM 이민정책연구원 (2014). 이민정책 창간호. 서울: IOM 이민정책연구원.

Jackson, S. (2010). Learning through social spaces: migrant women and lifelong learning in post-colonial London. *International Journal of Lifelong Education, 29*(2), 237 – 253.

Kymlicka, W. (1995). *Multicultural citizenship: A Liberal Theory of Minority Rights*.

Oxford: Oxford University Press.

Lengrand, P. (1970). *An Introduction to Lifelong Education*. London: The UNESCO Press.

Marco, M. (2002). 윤진 역. 현대사회와 다문화주의. 서울: 한울

Morrice, L. (2007). Lifelong learning and the social integration of refugees in the UK: the significance of social capital. *International Journal of Lifelong Education*, *26*(2), 155−172.

Ng, R. & Shan, H. (2010). Lifelong learning as ideological practice: an analysis from the perspective of immigrant women in Canada, *International Journal of Lifelong Education*, *29*(2), 169−184.

Van der Veen, R., & Wildemeersch, D. (2012). Diverse cities: Learning to live together. *International Journal of Lifelong Education*, *31*(1), 5−12.

Welton, M. R. (1995). *In the defense of the lifeworld*. New York: SUNY Press.

Young, I. M. (1989). Polity and group difference: A critique of the ideal of universal citizenship, *Ethics*, 99, 250−274.

신문기사

연합뉴스(2012.11.22). 외국인 취업자 79만명…½가 월급 200만원 미만 http:// www.yonhapnews.co.kr/economy/2012/11/22/0325000000AKR20121122122500002.HTML 2014년 6월 22일 접속.

국제결혼이주여성과 이주여성노동자의 교육 참여 현실

연구
개요

　본 연구는 그동안 우리나라 평생교육학의 영역에서 본격적으로 논의되지 않았던 이주여성의 교육과 평생학습의 문제를 고찰하고, 다문화시대 평생교육이 나아갈 방향성을 탐색하기 위하여 출발하였다. 구체적으로 첫째, 이주여성들의 교육 참여의 현실과 도전이 무엇인지를 분석했고, 둘째, 이주여성들을 위한 평생교육의 역할과 개입은 어떤 방향에서 전개되어야하는지를 고찰하였다. 이를 위해 국제이주결혼여성 3인과 이주여성노동자 3인이 면담자로 참여하는 질적연구방법을 채택하였고, 다양한 심층면담 자료 및 성찰 일지 등을 종합적으로 분석하면서 다각적인 코딩 분석 작업과 삼각 점증(triangulation)을 실시하였다. 연구 결과, 이주여성들의 교육 참여는 가부장적이고 성차별적인 사회적 모순과 구속(교육 외적 문제)과 동화 및 전달 위주의 제한적인 교육내용과 취약한 교육인프라(교육 내적 문제)로 인해 제약을 받는 것으로 드러났다. 본 연구는 평생교육 영역에서 이를 극복하기 위하여 이주여성의 평생교육 실천을 위한 4대 과제를 도출했으며, 이들의 자기 변혁과 시민적 역량을 제고하기 위한 새로운 평생교육 기획과 전개 방법론을 구안하였다.

I. 서론

다문화사회와 이주여성의 평생교육

인구통계학상 다문화국가는 외국 태생 인구 비율이 전 인구의 5% 이상을 차지하고 인종적, 민족적, 문화적 배경을 달리하는 구성원이 그 사회를 채우는 것이다. 2015년 현재 우리사회에는 187만 명의 외국인이 살아가고 있고 그 가운데 한국인과 결혼한 외국인 배우자는 약 15만 명을 육박하고 있다. 국제결혼이 전체 혼인의 12%를 상회하면서 약 25만 명의 다문화가족이 터를 잡고 살아가고 있다. 우리사회가 급속하게 다문화사회로 재배치되고 있는 것이 분명하다.

이 같은 사회 환경의 변화는 평생교육의 내용, 대상, 방법, 과정 그리고 정책의 재구조화를 불러일으키고 있다. 현재의 평생교육학은 인종, 언어, 종교, 국적, 성 등 문화다원주의에 터한 평생교육 프로그램과 정책을 포괄적으로 개발하지 못했다(나윤경 외, 2008; 김진희, 2010b). 특히 평생교육은 기존의 내용과 경험을 달리하는 이질적이고 새로운 유형의 학습자를 만나고 새로운 구조의 학습현상을 조우하게 된 것이다. 이주노동자, 결혼이주자, 귀화외국인, 국제난민 등이 우리 사회의 신소외계층이 되면서, 국경을 넘어 불연속적이고 전환적인 생애 학습경험을 가진 이들의 학습권을 어떻게 보장하고, 주체적 역량을 강화할 수 있는지, 나아가 어떤 방식으로 새로운 시민사회의 소통과 연대를 향상시킬 것인가에 대해 평생교육의 역할과 과제를 숙고하기에 이르렀다. 이에 특별히 이 연구는 인종적, 문화적, 성적, 계층적 소외집단인 국제결혼이주여성과 이주여성노동자를 새롭게 주목해야 할 성인학습자로 인식하고, 이들의 평생교육 기회를 확충하기 위한 방향성을 모색하고자 한다.

오늘날 다문화사회를 추동하는 주요 실체 중 하나인 국제결혼가정의 외국인 배우자의 87% 이상이 여성(117,850명)이며, 이주여성노동자의 비율은 전체 이주노동자의 약 35% 이상(171,000명 이상 추정)을 차지하고 있어 결코 적지 않은 규모이다(출입국외국인정책본부, 2010). 특히 여성을 중심으로 한 국제결혼이주

<표1> 외국인 출신 배우자 성별 현황 (2010년 4월 현재)			(단위 :명)
성별(sex)	여자(female)	남자(male)	총계(total)
총계(total)	117,850	17,572	135,422
비율(ratio)	87.0%	13.0%	100%

출처: 출입국외국인정책본부(2010)

민이 꾸준히 증가하고 하면서 2050년에는 216만 명에 육박할 것으로 예상된다 (이삼식·최효진·박성재, 2009). 이들이 가시적인 소수집단(visible minorities)을 형성하면서 우리사회에서 많은 주목을 받기 시작한 것이다.

이러한 인구학적 변화는 많은 여성들이 '결혼'과 '임노동'이 요인이 되어 고향을 떠나 국경을 넘어 한국사회에 이주했다는 사실을 보여주며, 동시에 그들이 가진 다양한 정체성, 관습, 가치, 행위, 삶의 양식이 우리 사회에 새롭게 유입되고 있음을 보여준다. 새로운 성인학습자인 이주여성을 위한 다양한 프로그램이 정부와 민간에서 펼쳐지고 있으나, 실제로 여기에 참여하거나 교육적 혜택을 받는 사람은 매우 극소수에 불과하다. 대부분의 국제결혼이주여성들은 친구도 없이, 육아와 가사의 부담으로 가정 안에 갇혀 지내는 경우가 일반적이며(한국이주여성인권센터, 2008), 이주여성노동자들은 장시간의 임노동과 성차별적 사회 환경으로 인해 지극히 사인화(私人化, privatization)되어 있다(김영화, 2009; Kim, 2010; 한건수, 2010). 실제로 다양한 평생교육 프로그램들이 실시되더라도 여기에 참여할 수 있는 교육 수혜자는 여건이 상당히 좋은 편이라 할 수 있다(장혜실, 2010). 대다수의 이주여성들은 사회적으로는 문화·관습의 차이, 의사소통 장벽, 인종차별적 편견에 부딪히고 있고, 정서적으로는 단절, 외로움, 박탈감, 소외감을 안고 살아가고 있다. 그런데 유감스럽게도 기존의 국가 주도의 다문화정책과 교육담론들이 가부장제도와 폐쇄적 민족주의 틀 안에서 여성들을 오히려 '타자화'하거나 사회통합의 '대상'이나, 복지사업의 수동적 '수혜자'로 규정한다는 점에서 이 연구의 문제의식은 출발한다(한국염, 2010; 한건수, 2010; 나윤경 외 2008). 평생교육 영토에서도 기존의 결혼이주여성을 위한 평생교육적 기획이 그들을 '수동적인 소수자'로 인식함으로써 무엇을 어떻게 '가르쳐야' 할지만을 모색했다는 나윤경 외(2008)의 비판적 연구는 주목할 만하다.

전통적 평생교육학은 소수파에 대한 열린 연대와 비판적 자기 성찰과 시민 의식을 전 생애에 걸쳐 학습하도록 기획하는 것이기 때문에(Gudtavsson and Osman, 1997), 인종적·민족적·문화적·성적 소수자인 이주여성의 평생교육 권리를 포괄적으로 보장하는 데 모종의 소명을 가지고 있다. 평생교육은 단순히 이주여성의 존재론적 '결핍'을 보완하고 사회통합을 지원하는 교육이 아니라, 이들이 다원화된 사회에서 정치사회적인 목소리를 얻고 참여적 민주시민으로 주체화하는 전 생애에 걸친 교육 기제가 되어야 하기 때문이다(김진희, 2010a).

따라서 본 연구는 '소외 중의 소외'를 겪고 있는 이주여성들이 엄연히 한국 사회의 새로운 구성원으로 살아가고 있다는 점을 인식할 때, 평생교육체제는 어떤 지향성을 가져야 하는지를 고민하면서 시작한다. 이주여성들이 주체적으로 자신의 삶을 성찰하고, 새롭게 기획하고, 다양한 경험을 재구성하도록 지원하기 위한 평생교육계의 진지한 고민이 요청된다. 구체적으로 이주여성들의 평생교육 진입 장벽을 해소하기 위한 방안을 찾기 위해, 국제결혼이주여성과 이주여성노동자의 교육 참여 현실을 분석하고, 평생교육적 개입을 도모하기 위한 정책적 제언을 도출하고자 한다. 따라서 본 연구는 첫째, 이주여성들의 교육 기회 참여의 현실과 도전이 무엇인지 파악하고자 한다. 둘째, 이들을 위한 평생교육의 가능성과 역할은 무엇인지 탐색한다. 이는 궁극적으로 결혼이주여성과 이주여성노동자를 위한 평생교육 연구와 현장의 실천은 어떻게 기획되어야 하는가에 대한 하나의 해답을 찾아가는 것이다.

II. 이론적 배경

1. 이주의 여성화와 이주여성문제에 대한 비판적 이해

근현대사에서 국제 이주노동을 해석하는 다양한 이론과 논의가 전개되어 왔다. 캐슬과 밀러(Castles and Miller, 2003)는 현대적 이주의 특징을 5가지로 정리했다. ① 이주의 세계화(Globalization of migration), ② 이주의 가속화(Acceleration of migration), ③ 이주형태의 다원화(differentiation of migration), ④ 이주의 정치화(Politization of migration), ⑤ 이주의 여성화(Feminization of migration)가 그것이다. 이런 담론들은 궁극적으로 인간의 '국경 넘기'가 송출국과 수원국의 다양한 정책과 자본의 흐름, 사회문화적 역학 관계에서 복합다층적으로 일어나고 있음을 보여준다. 특히 본 연구에서 분석하는 이주의 여성화는 1960년대 이후부터 여성 이주노동자가 전 세계적으로 급속하게 큰 비중을 차지하면서, 이주노동사에서 젠더(gender)의 문제가 부각되는 것을 시사한다. 핵심부와 주변부의 국제 노동 분업체제의 종속성을 설명한 이매뉴엘 월러스타인(Immanuel Wallerstein)의 세계체제이론처럼 세계 각국의 불평등한 발전 경로는 1세계와 3세계의 자본, 권력, 자원 활용의 상호 연관성을 보여주고, 이주의 여성화도 이 맥락에서 이해될 수 있다. 유사한 흐름에서 나윤경 외(2008)는 이주의 여성화 현상을 선진국 여성들의 활발한 사회 참여로 인해, 가사 노동의 공백과 지속적인 수요를 경제적으로 빈곤한 나라의 여성들이 채우게 되면서 이주여성들이 끊임없이 재생산되고 있다고 설명하였다. 즉, 이주의 여성화는 송출국과 수원국의 복합적인 압력 − 견인 이론(Push − Pull theory)을 보여주는 구체적인 현상인 것이다.

아시아에서 여성이주는 90년대 이후부터 다양한 형태로 광범위하게 전개되는데, 결혼과 노동이 큰 축을 형성한다. 한국에서 이주여성의 유입 형태는 크게 3가지로 구분된다. 첫째, 결혼알선업체, 종교단체 등을 통해 국제결혼의 형태로 들어오는 여성, 둘째, 산업 연수나 개인적 인맥 등을 통하여 들어와서 정규직, 비정규직종에 종사하는 이주여성, 셋째, 연예인 비자(E − 6)를 통해 입국하여 성산업에 종사하게 되는 여성이다(한국이주여성인권센터, 2008).

첫째 유형의 경우, 이미 1990년대 초부터 이주여성과 한국남성의 혼인문제는 상업화된 매매혼, 급속한 결혼과정, 여성 인권의 논쟁을 촉발시켰다. 1990년대 초반부터는 '국제결혼'의 형식으로 조선족들이 유입되는데 이들은 한국말을 어느 정도 구사할 수 있었기 때문에 피부색에 따른 인종주의나 의사소통의 문제가 크게 부각되지 않았다. 점차 국제결혼의 수요가 늘어나면서 국제결혼의 대상은 조선족에서 필리핀, 베트남, 우즈베키스탄 등 한국어를 하지 못하는 외국 여성들에까지 확대되었다. '베트남 처녀와 결혼하세요'라는 현수막은 읍면단위에서 하나씩 걸리기 시작하였고, 그 결과 중 하나로 현재 25만 명의 다문화가정이 우리 사회에서 자리를 잡고 있다(정세형, 2010). 아직까지 국제결혼이주여성에 대해 '가난한 나라에서 온 상품화된 여성'이라는 오리엔탈리즘적 시각이 팽배하고, 이들을 존엄성을 가진 독립적인 주체로 보기보다는 가부장적 가정에 종속된 아내이자, 며느리, 어머니로만 보는 관점이 농후하다고 해도 과언이 아니다. 이 관점은 결혼이주민의 문화적 다양성을 무시한 채 일방적으로 한국 문화만을 배우고 동화하도록 강요하는 데 일조한다. 특히 2000년 이후부터 본격적으로 확산되기 시작한 고령화·저출산 담론의 해결책으로 급부상한 국제결혼지원책과 결혼이주자에게만 영주권을 허용하는 배타적인 이민정책(나윤경 외, 2008; 한건수, 2010)은 이주의 여성화가 단순히 노동력의 국제 이동이 아니라, 세계적인 성별분업을 재생산한다는 비판을 피하기 어렵다. 한국의 배타적인 단일민족주의와 가부장적 통념은 이주여성들에게 이중고로 작용한다. 따라서 국제결혼중개업 관리, 국적부여, 이주민과 그 가정에 대한 처우, 직업진출, 의료 서비스 등 법제 구축을 통해 신분적 불안정성을 해소하고 사회안정망을 확충할 필요가 있다. 국제결혼이주여성은 한국 국적취득 전까지는 '외국인'의 신분으로 체류하고, 국적 취득 전에 이혼을 하면 귀국해야 하거나 불법 체류자로 전락할 불안정한 상태에 있다. 합법적인 국내체류 여부가 한국인 배우자에게 달려있는 현실에서 가정폭력 등이 발생하여도 이를 감내할 수밖에 없는 실정이다.

둘째 유형인 이주여성노동자의 경우, 최근의 다문화정책에서도 상대적으로 더욱 소외되어 있기에 이들의 평생교육 문제를 고민해야 한다. 이주여성노동자는 인권의 사각지대에 놓여 있다. 우리나라에서 이주여성노동자를 중심으로 발생하는 노동권·생활상의 인권침해와 성폭력의 문제, 성차별적 노동조건과 환경, 성산업에 유입된 이주여성노동자들의 성 착취와 인신매매 문제가 UN에 보고되면서 우리 사회에 경종을 울린 바 있다. 가장 큰 문제점들은 ① 10시간 이상의 장시간의 노동, ② 감금 노동, ③ 건강과 의료(임신)문제, ④ 성폭력에 노출된 작업 및 주거환경, ⑤ 성차별적 임금 문제(동일 노동이라도 이주여성노동자들은 대개 이주남성노동자의 80% 급여 수준)이다(한국여성인권센터, 2008; ILO, 2009).

이처럼 이주여성노동자들은 '이주노동자'와 '여성노동자'라는 이중적 굴레로 차별을 겪고 있다. 따라서 모성보호와 남녀고용평등법, 직장 내 성희롱금지법이 포괄적인 법제적 인프라로 지원되어야 한다. 아울러 여성노동자들은 남성이주노동자들보다 교육 훈련의 기회에서도 후순위로 밀리거나 소외되는 경우가 빈번하다는 점을 보건대(미셸, 2009), 이주여성노동자의 역량 강화를 위한 다양한 교육프로그램이 개발되어야 하고, 직업 능력 개발과 직업전환 지원을 위한 여성친화적 취업정보센터 등이 통합적 지원체계로 구축될 필요가 있다.

국제결혼이주여성과 이주여성노동자는 그동안 한국사회의 혈연 기반의 단일민족주의와 가부장적 통념으로 인해 지속적으로 '타자화'(othering)되고 물화(物化)되어 왔다. 경제적으로 빈곤한 개발도상국에서 온 이주여성들은 이중 구속을 받아 온 것이라 할 수 있다. 이러한 비판적 이해를 바탕으로 평생교육계의 새로운 도전 과제와 역할을 상기하게 된다.

2. 이주여성의 교육과 사회 적응에 대한 논의와 실천

이주여성의 평생교육을 진작하기 위해 기존에 논의된 이주여성의 사회 적응과 교육을 둘러싼 제 담론과 관련 정책을 살펴볼 필요가 있다. 우선 한국 남성과 외국인 여성과의 국제결혼이 36,204건으로 전체 혼인 건수 327,715의 11%를 차지하고 있으며, 최근 15년 사이에 50배 급증한 수치이다(통계청, 2009). 이 중에 농림 어업에 종사하며 혼인한 남자 6,500명 중 38.3%는 외국인 여자와 결혼하고 있고, 국제결혼 부부의 나이차가 20세 이상인 경우도 전체 15.8%를 차지했다(이삼식·최효진·박성재, 2009). 다문화사회로의 급속한 변화와 국제결혼의 사회적 영향력과 파급효과를 자각하기 시작하면서, 정부는 결혼이주여성 및 그 가족 문제를 본격적인 정책 의제로 다루기 시작했다. 2006년 참여정부는 국내 체류 외국인의 사회통합을 통한 국익과 인권보장의 균형을 강조한 정책을 발표하였으며, 이명박 정부 또한 '다문화 가족 포용'이나 '외국인과 함께하는 지역공동체 구현' 등을 정책 과제에 포함시키고 있다. 2010년 3월에는 결혼이민자 관련 주관부처가 보건복지부에서 여성가족부로 이관되면서 결혼이주여성 정책은 다문화가족 정책으로 수렴된다(한국염, 2009). 이 정책에서 다문화가족의 의미는 한국남성과 외국인 여성의 결혼으로 이루어진 가정이라는 제한된 의미로 사용된다는 점을 주목할 필요가 있다. 국제결혼이주여성이 한 인간으로서, 여성으로서 존재감보다 다문화가족을 구성하는 구성원일 때만 존재 의미를 획득한다는 점에서 현재의 다문화정책이 가부장적 가족제의 유지를 위한 도구적 기제로 작용한다는 비판을 받고 있다(김영화, 2009; 차미경, 2009).

실제로 1990년대 후반부터 국제결혼을 통한 이주여성의 급증으로 그들의 사회적 적응과 다문화가족의 사회적 통합에 대한 관심이 커져왔다. 정부 각 부처와 지방자치단체가 경쟁적으로 다(多)문화 행정서비스와 관련 교육사업을 앞다투어 내놓고 있지만, 과연 현재의 논의와 실천들이 다양한 인종적, 민족적, 문화적 배경을 가진 이주여성들을 근본적으로 존중하며 진행되고 있는지, 이들이 시민사회에서 대등한 사회적 몫을 수행하고 참여할 수 있도록 착실한 교육적 개입을 통해 총체적으로 지원하고 있는지에 대해서는 의구심이 생긴다. 여전히 대다수의 결혼이주여성은 부부간의 의사소통 곤란과 시부모 및 친인척 문제, 국제결혼에 대한 한국 사회의 편견 및 신분상의 불안문제 등을 겪고 있고 이주여성 노동자들은 경제적 빈곤과 힘겨운 노동, 혼자 고향을 떠나 낯선 땅의 노동자로 살아가는 고독감, 인종적, 성적 차별로 인해 원만한 사회 적응에 어려움을 겪고 있다. 이들 이주민들에 대한 국가 및 민간 영역의 각종 사회통합 정책 및 교육 프로그램들이 전개되고 있지만, 한국사회 적응 교육, 문화 제도의 이해 습득, 동화 및 일방적 순응을 위한 교육 내용이 지배적이었다(강순원, 2010; 박진영, 2009). 교육이야말로 이질적으로 타자화되어 온 이주여성들을 사회에 적응시키는 데 핵심적 역할을 수행하는 기제이므로, '한국어 습득 및 한국문화이해'가 주요 골격을 이루어 온 것이다(한국염, 2010; 박성혁 외, 2008). 이러한 흐름에 대해서 박진영(2009)은 이주여성들의 사회문화 적응과 관련한 선행 연구들이 점차 축적되어 감에도 불구하고, 실제로 이들을 위한 교육적 개입과 교육의 영향력에 대한 심층 연구가 부족하다는 사실을 지적하였다. 또한 강순원(2010)은 현재 정부의 『다문화가정지원법』을 포함한 대부분의 다문화정책과 교육 사업이 이주민에 대한 한국사회로의 동화주의에 기초해 있음을 비판했다. 따라서 다민족사회에서 일반시민과 이주민 모두를 위해 다원적 시민성(plural citizenship)을 개발하고, 사회적 포용을 진작할 수 있도록 현재의 학교교육 중심의 다문화교육과 세계시민교육을 평생교육차원에서 전개해야 한다는 주장이 제기된다(강순원, 2010; 김진희, 2010b). 유사한 맥락에서 김태준과 장근영(2010)은 다문화사회에서의 시민교육 프로그램은 다문화에 대한 핵심역량을 학습자들이 내면화하고, 학교, 정부, 대학 및 산업체, 사회단체, 지역주민들이 모두 이해당사자가 되어 공동체의 다양성에 대한 신뢰와 소통을 증진하는 방향으로 전개되어야 한다고 강조했다.

　　최근 평생교육 현장에서 다민족, 다문화사회에 대비하기 위한 다양한 교육 사업들이 추진되기 시작했다. 예를 들어 서울시에서는 매년 점증하는 다문화가정, 외국인 근로자, 새터민 등에 대한 능력 함양 및 사회적 다양성을 통합하기 위하여 『신소외계층 평생교육프로그램 운영지원사업』을 추진하면서 57개 지자체, 평생교육원, 시민사회단체 등이 참여하는 57개 프로그램을 선정하여 지원하고 있다. 거의 대부분의 교육과정은 국제결혼 이주여성을 대상으로 실시되고 있다. 그 중에 일부 프로그램은 다음과 같다.

- ▶ 다문화이주여성의 직업능력 향상 네일 아티스트 양성
- ▶ 결혼 이민자 가족을 위한 통합지원 서비스: 레인보우 브릿지
- ▶ 다문화가족 부모들의 우리가족 세계시민으로 성장하기
- ▶ 월드 엄마 직업능력 개발 프로젝트: 월드맘 수공예 아카데미
- ▶ 국제결혼 이주여성 소리 프로젝트: 내 아이에게 들려주는 엄마나라 이야기

　　그러나 대다수의 종합복지관이나 평생교육원에서 이루어지는 교육은 큰 틀에서는 한국어교육, 한국어문화이해, 멘토링 프로그램을 통한 한국문화적응 프로그램이 주류를 차지하고 있다. 일례로 ○○대학 평생교육원의 "한국문화체험교육" 프로그램을 개괄하면 다음과 같다.

교육목표	국제결혼 여성들에게 교육을 통해 한국문화의 이해와 문화적 차이에서 오는 이질감을 해소하여 행복이 가득한 가정으로 거듭나도록 한다.
기　간	9월 4일(화)~10월 23일(목), 42시간, 매주 화·목요일 (14:00~17:00)
교육과정	1) 한글교육(28시간): 한국어 읽기, 쓰기, 노래 (14:00~16:00) 2) 컴퓨터교실(14시간): 인터넷 정보검색, 문서작성, IT 기초(16:00~17:00)

　　지방의 ○○평생교육원의 경우, 『한국문화 교육 센터』에서 한 달간 여름캠프 형식으로 국제결혼가정 자녀와 학부모를 대상으로 총 133시간 교육을 실시했다. 이 프로그램은 자녀들이 겪는 문화적 차이로 인한 행동 장애와 학습 부진, 정서적 위화감과 사회적 편견을 해소하기 위해 개설되었다. 그런데 문제는 이러한 프로그램들이 단기적 체험 위주로 이루어지고, 일반 주민들과의 상호작용이 결여된, 분리형 교육이라는 점이다. 또 교육 프로그램들이 이주여성들에게 비판적 자아 성찰의 계기를 유도하거나, 그들의 역량을 개발하고, 사회구성원으로서 변화와 성장에 초점을 두지 못한다는 점은 우려스러운 대목이다. 궁극적으로 교육 프로그램 '몇 시간 이수'라는 양적 지표가 아니라, 보다 장기적으로 시민사회의 다양한 구성원을 수용하고 상호작용하고 함께 성장하는 평생교육 영토의 질적 변혁이 요청된다. 다문화된 생활세계를 사는 현대인에게 이질적인 학습주체간의 소통과 개입이 없는 평생교육은 구호에 불과하다는 자비스(Jarvis, 2007)의 지적은, 아직 이주민과 시민들의 본격적인 상호작용이 없는 우리의 교육현실을 둘러보더라도 따끔한 지적이다. 더불어 기존 논의들에서 이주여성노동자들이 철저히 배제된 점을 눈여겨 볼 필요가 있다. 이는 이주여성을 위한 사회통합과 교육담론이 지극히 국가중심적 시민권(nation-state centred citizenship)에 종속되어 있다는 사실을 환기시켜준다.

　　궁극적으로 다민족, 다문화사회에서 전개되는 이주여성을 위한 평생교육은 이주를 통해 새로운 생활세계에 자발적·비자발적으로 편입된 여성학습자의 학습 경험과 학습 요구를 정확하게 이해하는 데서 출발해야 할 것이다. 이에 따라 평생교육은 문화다원주의에 기반을 두어 이들이 다양한 교육기회에 접근하고 사회적으로 참여하면서 자신의 경험을 성찰하고 그 경험의 변화를 통해 주도적으로 권력화하고, 지속가능한 자활을 모색하도록 기획되어야 할 것이다. 특히 한국 사회에서 국제결혼이주여성과 여성이주노동자들이 이주남성들 중심으로 형성되어 있는 기존의 물적·인적 네트워크에 자발적·비자발적으로 참여하지 못하는 이중 소외를 극복해야 한다. 이주여성들이 좁은 연대망 안에서 사인화될 것이 아니라, 다양한 이주민간·지역사회 주민간의 공적 연대를 포괄적으로 형성하고 능동적으로 참여할 수 있는 평생학습지원체제가 구축되어야 한다. 따라서 이를 위한 선결 작업으로 평생교육 참여에 대한 이주여성들의 현실적 한계와 도전 요인을 분석할 필요가 있다.

Ⅲ. 연구방법

본 연구는 2010년 6월부터 10월까지 약 4개월간 진행되었다. 연구에 참여한 사람들은 국제결혼을 통해 한국에 이주한 여성들과 고용허가제(EPS)를 통해 외국인 근로자로 살고 있는 이주여성노동자들이다. 이들 이주여성들의 교육 참여 현실과 평생교육의 방향성을 탐색하기 위하여 연구자는 질적 연구 방법을 사용하였다. 이주여성의 교육 참여를 일상생활과 연계된 사회문화적 현상으로 이해하고, 그것의 상황, 맥락, 그리고 과정적 의미를 분석하고 해석하는 데 질적 연구는 유효하기 때문이다.

이 연구에는 다양한 국적을 가진 6명의 여성들이 참여했는데, 베트남 2명, 몽골 1명, 인도네시아 1명, 필리핀 1명, 태국 1명으로, 대부분 경제적으로 저개발국에서 이주해서 경기도에 거주하는 여성들이다. 이들은 3~9년간 한국에 살고 있고, 연령대는 22~35세이다. 국제결혼이주여성들은 남편이 농업과 운수업

성명	국적 및 신분	체류	교육참여	비고 (남편직업, 체류상황 등)
<표 2> 면담 참여자				
팜핑	태국, 결혼이주민	9년	2회	농업, 자녀 3명
국화	베트남, 결혼이주민	3년	없음	농업, 자녀 2명
파라	필리핀, 결혼이주민	8년	1회	택시기사, 자녀 3명
쟈스민	인도네시아, 이주노동자	7년	2회	미등록체류, 봉제공장 고용
뭉크추	몽골, 이주노동자	8년	없음	합법체류, 가구공장 고용
레이첼	베트남, 이주노동자	4년	3회	합법체류, 약품공장 고용

에 종사하고 자녀는 2명 이상인 전업주부들이다. 여성노동자들은 주로 '안산'과 '마석' 일대의 공장에서 4년 이상 일하고 있고, 이들 중 1명은 합법적인 체류 기간을 넘겨, 미등록 체류 상태로 살고 있다. 서울 청량리에 거주하고 있는 '쟈스민'을 제외하고는 5명 모두 안산, 안성, 강화도, 인천 등 수도권에 거주한다. 참여자들 중의 일부는 경기도 ○○사회복지관에서 한글교육이나 컴퓨터 강좌를 들어 본 경험이 있고 서울의 ○○외국인근로자센터에서 교육프로그램에 참여한 경험이 있지만, 2명은 교육 관련 기회에 참여한 경험이 없다. 대다수는 3회 이상 교육 기회에 참여하지 못하거나 중도 탈락한 경험이 있다. 보통 1~2회 정도 교육 기회에 참여해 본 이주여성들은 정기적으로 참여하기보다는 가사 노동과 육체노동에서 간혹 '시간이 날' 경우, 비정기적으로 한두 번 참여해 본 경험을 가지고 있다.

이들의 교육 기회에 대한 인식 및 현실을 파악하기 위해 본 연구의 자료 수집 및 분석 방법은 주로 개별 면담과 그룹 면담 그리고 성찰 일지 공유를 통해 이루어졌다. 1차적으로 연구자는 연구 주제에 부합하는 문헌 자료를 수집하여 심층적으로 검토하였고, 면담을 통하여 다양한 문헌자료들을 1,2차에 걸쳐 종합적으로 비교분석하였다. 반구조화된 심층 면담(semi-structured in-depth interview)을 실시하면서 미리 준비해 간 질문지의 큰 틀을 참고하되, 주로 대화의 자연스러운 맥락과 돌발적으로 나타나는 이야기의 흐름을 따르면서, 참여자들의 표정, 감정, 비언어적 제스처와 뉘앙스를 포착하기 위해 노력했다.

본 연구의 면담의 주요 언어는 한국어였고 6명의 면담자들은 비교적 능숙한 한국어를 구사했다. 필리핀이나 인도네시아 출신 여성들은 자신들의 답변을 명확하게 표현하기 위해 종종 영어를 혼용하였다. 면담자들에게 심리적 압박이나 부담이 없는 면담 환경을 조성하기 위해 면담은 이들이 주로 선호하는 장소(집 근처 패스트푸드점, 커피숍, 복지관의 빈 회의실)에서 진행되었고 최대한 편안한 분위기에서 진행되었다(Marshall and Rossman, 2006). 주로 면담은 2~3시간 가량이 소요되었고, 2회 이상 실시되었다. 1차 녹취와 분석 이후, 필요한 경우에는 1회 정도의 추가 개별 면담을 실시하였다. 개별 면담과 집단 면담에서 질문의 내용과 방법 형식들을 번갈아 가면서 질문하고 심층적 질문은 추가 면담에서 실시하였다. 집단면담에서는 개별 면담에서 나타나지 않은 이야기(narrative)가 집단의 분위기를 통해 도출되거나, 새롭게 발견된 의미를 해석하는 데 유용했다. 면담 후 연구자는 이주여성들이 자신들의 생각을 자유롭게 글이나 그림으로 표현하는 성찰 일지를 요청하였다. 6명의 참여자들은 간단한 쪽지 형태의 글과 그림으로 자신의 생각과 단상을 표현했고, 2명의 여성노동자들은 수기(手記)보다는 컴퓨터로 타이핑한 글을 보여주었다.

　자료 분석과 해석은 이주여성의 교육적 상황에 대한 대주제, 중주제, 소주제의 분류 체계를 따르는 동시에, 개방형 코딩을 병행하면서 구체적인 주제들을 체계화했다. 면담에서 도출된 주요 내용을 중심으로 서술적 코딩을 실시하면서 하위 개념에 따라 주제별 코딩을 부여하고 분석자료를 순환적으로 해석하였다. 연구자는 분석 결과의 신뢰도와 타당도를 제고하기 위해 면담내용과 연구주제를 끊임없이 다각 검증하면서(Denzin and Lincoln, 2000), 분석결과를 면담자들과 다시 공유하고, 그들의 생각과 목소리가 왜곡되지 않고 반영되었는지 확인받는 보완작업을 실시하였다. 연구자는 이러한 과정을 거쳐 종합적인 분석 결과를 도출하였다.

Ⅳ. 분석결과 및 논의

1. 교육 참여의 현실과 한계

연구 자료를 분석한 결과, 우리사회에 살고 있는 국제결혼이주여성과 이주여성노동자는 개개인의 상이한 경험과 생활세계의 여건에 따라 차이는 있지만, 이들의 교육 참여는 사회 구조적 모순과 억압(교육외적 문제)과 제한적 교육 내용 및 교육인프라 부재(교육내적 문제)로 인해 제약을 받는 것으로 드러났다.

(1) 이주여성에 가해진 사회 구조적 모순과 억압: '교육은 그림의 떡'

1) 가부장적 억압과 순종적인 주부의 삶

> 한국에서는 남자가 너무 중요하고 높아요. 남자=하늘, 여자=땅, 이렇게 오자마자 배웠어요. 시어머니는 여자는 살림만 해야 한다고 하는데, 저는 친정집에 돈도 보내주고 싶고, 친구도 만들고 싶어요. 그런데 밖에 거의 못나가요. 교육이든 뭐든 남편이 그냥 애나 보고 집에 있으래요. 그림의 떡이죠 뭐…(파라)

결혼이주여성들에게는 좋은 며느리로서 좋은 아내로서의 '한국사람 되기'가 다른 어느 가치보다 우선시되고 있다. 이른바 가부장적 가족주의에 순응한 현모양처상이 각 정부 부처의 다양한 복지사업의 형태로 강화되고 있다(한국염, 2009). 농촌 남성과 저개발국에서 온 국제결혼 부부의 나이 차이는 보통 10~14세로, 이주여성들이 한국에 오면서부터 배우게 되는 '남자＝하늘, 여자＝땅'이라는 가부장적 규범이 강요되는 측면이 강하다. 평등한 가족 문화가 아니라 주로 시어머니가 가정의 대소사에 대한 의사결정을 하고 시어머니 위주의 살림살이를 꾸리면서, 가사노동이 오롯이 그녀들에게 전가되는 관습이 이주여성의 교육권을 억압하고 있는 것이다. 결혼이주여성의 위치는 가사 노동 전담자이자 가족 생계의 보조자로서의 자리매김할 뿐이다. 김영화(2009)의 연구는 한국 주부들에

게도 굴레로 작동하는 유교적 가부장주의가 국제결혼이주여성들에게는 더욱 심
각하게 다가온다고 분석했다. 베트남, 필리핀, 캄보디아 등 성역할이 보다 평등
한 아시아권에서, 가부장적 위계질서와 가사 부담이 여성에게 전담되는 한국의
농촌으로 이주해 온 여성들은 집단적인 좌절을 경험하게 된다. 이들은 새롭게
이주한 사회에서 인종적, 문화적 차이를 이해하고 극복하기도 전에, 아내로서의
가사노동과 며느리로서 노부모 봉양, 엄마로서 육아를 담당하는 이중, 삼중의
부담을 가지고 있다.

  동반자로서의 부부관계보다, 여자가 무조건 남자를 섬겨야 한다는 부부관
계의 일방적 가족 규범이 고착화되고 있는 현실은 국제결혼 부부의 늘어가는 이
혼율을 짚어보게 한다. 2007년 통계청에 따르면 한국남성과 외국인 여성 배우자
의 이혼은 5,794건으로 2006년보다 44.5%가 늘어났다(경향신문, 2008.7.7). 또한
이혼 상담 비율도 40% 이상 상승한 것이 분석되었다(연합뉴스, 2010.7.16). 특히
문화 및 생활환경이 상대적으로 낙후된 농촌 지역에 거주할 경우 시부모를 모시
는 부담, 어려운 경제 상황, 의사소통 문제 등으로 인해 이주여성들의 사회 적응
이 어려운 것으로 나타났다(이삼식·최효진·박성재, 2009). 이러한 구조적 모순 앞
에서, 이주여성들의 교육 기회 참여는 그야말로 난항을 겪을 수밖에 없다.

  2) 여성이자 노동자: 이중 굴레와 차별

  친구들한테 같이 센터에 가서 한국어 수업도 듣고 같이 교육 받으러 가자고 제가 아무리
말해도 개들은 맨날 바쁘대요. 그 이유가 보통 일요일마다 자기 남자친구들(대부분 같은 나라
출신의 이주노동자 남성) 밥 해주고, 설거지해주고, 대신에 그 시간에 남자들은 컴퓨터 수업
들으러 가거나 돌아다니고, 여자친구들은 집 지키기 때문이에요. 인도네시아 남자들이 한국에 일
하러 와서 한국 아저씨들을 따라하는 것 같아요. 우습지요?(쟈스민)

  쟈스민의 이야기는 이주여성노동자들의 일부도 남녀 관계에서 가부장적 역
할 모형이 적용되어 다양한 교육 활동에 접근하지 못하고 있다는 점을 시사하고
있다. 실제로 이주여성노동자 가운데 약 20%가 미등록노동자로 한국사회에 장

기 체류를 하면서 사실혼 관계가 늘어가고 있고, 여성이주노동자의 임신과 출산이 증가하고 있다(한국이주여성인권센터, 2008; 정혜실, 2009). 이러한 현실에서 결혼이주여성과 마찬가지로 여성노동자들도 교육 기회에 접근하는 장벽이 높은 것이라고 볼 수 있다.

> 2년 전에 제가 일하는 공장에서 베트남 여자가 정신병원에 실려 갔어요. 한국말 잘해서, 베트남 아줌마들한테 한국어 가르쳐주는 아르바이트하러 저녁에 다니고 했는데, 그 공장 사장이 기숙사 문을 잠근 거예요. 밤마다 찾아와서 협박하고… 다 같이 일해도 우리는 한국 사람보다 돈도 적게 받고 다른 외국 남자들(이주노동자)보다 월급 안 줘요. 심지어 공장에서 안전교육 같은 것도 남자들 먼저 받고, 나중에 물량 다 채우면 여자들이 갈 수 있어요. 한국은 왜 이렇게 남녀 차별이 심한 거예요?(몽크쑤)

　우리 사회에서 이주노동자의 3분의 1을 차지하는 여성 이주노동자들은 언어적 모욕, 인종적 조롱, 성차별과 폭력을 자주 경험한다(한국염, 2010). 이들은 가난하고, 교육받지 못하고, 곧 한국을 떠날 결핍된 존재로 인식된다. 무엇보다 '노동자'이자 '여성'이라는 계층적, 성적 이중 굴레 속에서 다양한 차별에 노출되어 있다. 임금은 적고 노동시간은 긴 이주여성들이 겪는 불평등은 오래전부터 야기되어 왔다. 대개 이들은 중소사업장에서 이주남성노동자의 급여의 80% 정도인 80~100만원 정도를 받고 있다(미셸, 2009). 법적 지위가 취약할수록 이주여성들의 일자리 선택의 폭이 좁고, 노동착취에 가까운 근무조건에서 벗어나기 힘든 것이 사실이다. 현재 우리나라의 직업기술교육과 국비 훈련프로그램이 한국의 잠재구직·실업 여성들에게도 큰 파급효과가 없이 전개되는 현실을 고려할 때, 이중적 차별과 구속을 받고 있는 이주여성노동자들의 교육 접근 경로가 사회구조적으로 차단된 측면이 있다고 볼 수 있다.

3) 가족의 부정적 제어와 정보 접근의 장벽

아시아의 많은 이주여성들이 공적 영역에서 활동하기보다 지극히 사인화되어 있다(Rex, 2004). 한국에서 국제결혼이주여성들의 교육 참여는 물론 사회진출이 높지 못한 까닭은 사회적 장벽에 앞서, 우선 가족의 장벽이 더 높기 때문일 것이다. 남편이나 시집에서 허용하지 않고 부정적으로 제어하는 경향이 강하다. 면담자들도 공통적으로 이를 지적하고 공감했다.

> 교육받으러 가고 싶다고 다 갈 수 있는 게 아니에요. 나 발전하고 싶지만 방법을 몰라요. 시간도 없어요. 제일 큰 이유는 시어머니나 남편도 밖에 나가는 거 싫어하고, 복지관 한국어 수업에 가려고 해도 말리는데… 다른 여자들이 이혼하거나 도망간다는 뉴스보고 더 그러나봐… (중략) … 나도 사람들이 피부색 다르다고 자꾸 쳐다보는 것도 부담스러워서 집에 있어요… (중략) … 그런데 어디 가서 배울 수 있어요? 아무도 나한테 그런 거 알려주는 사람 없어요.(팜핑)

이들은 가족 안에서 가사 노동과 육아노동을 제공하는 의무와 '숙명'을 안고 이주해 왔기 때문에, 남편의 결정과 판단에 수동적으로 의존하는 존재로 인식되어졌다. 현모양처가 되어야 하는 순종적 이주여성들은 많은 경우 집에서 갇혀서 반복적으로 생활하기 때문에 배우자와의 대화단절, 다른 인맥을 형성하거나 정보를 듣는 채널이 차단되어 있다. 이주 전에 자신들의 나라에서 살았던 독립성과 자율성이 저해될 수밖에 없는 일상을 살고 있는 것이다. 결혼이주여성들은 남편들은 부인이 외출을 하거나, 같은 나라 출신의 다른 결혼이주여성을 만나서 서로 정보를 공유하고 '몰려' 다니는 행위 자체를 부정적으로 생각하는 경향이 있다(한국이주여성인권센터, 2008; 레티마이투, 2009). 모종의 정보 공유의 의식화를 통한 가출의 위험성을 우려하는 모습이 투영된 것이라 볼 수 있다.

의사소통의 장애라는 장벽도 있지만, 우리 사회에서 다수의 이주여성들은 다양한 정보를 접할 수 있는 통로가 매우 제한적이다. 어디에 가면 교육서비스를 제대로 받을 수 있고, 어떻게 자신들이 필요한 정보를 얻을 수 있는지, 실질

적인 정보 접근의 어려움에 봉착하게 된다. 본 연구의 참여자들은 집단 면담에
서도 '정보의 접근 권리'의 필요성을 공감하고 강조하였다.

> 이렇게 오래 살았는데도 남편에게서 몇 천원씩, 몇 만원씩 받으면서 눈치보고, 친정
> 에 돈도 송금하지 못한 내 처지가 한탄스러워서 부업을 소개 받거나 직업교육도 받고 싶은데,
> 대체 어디 가서 그런 정보를 얻느냐고요? 지난번에 텔레비전 보니까 아파트에 전단지 뿌리
> 는 일도 한국 아줌마한테는 1만원 주면, 우리 같은 외국 아줌마는 하루 종일 걸어도 5천원 밖
> 에 안 준다는데, 진짜예요?(국화)

이처럼 이주여성들은 가정 안팎에서 존엄성을 가진 주체적 인간으로 존중
되기보다는, 대상화된 수동적 존재이므로 이들의 교육 기회는 불평등한 구조 속
에서 제약을 받고 있기 때문에 교육 참여 현실이 열악하다는 점을 알 수 있다.

(2) 제한적 교육 내용 및 교육 인프라의 부재

평생교육백서(2009)에 의하면 올해 우리나라 성인의 평생학습 참여율이
28%로 OECD(38%)나 EU 평균(37.9%)에 비해서 아직 낮은 수준이다. 성인들이
일상에서 평생학습기회에 참여하지 못하는 주요 장애요인으로는 '시간부족'
(85.5%), '교육·훈련비용이 비싸서'(31.2%), '근무시간과 겹쳐서'(19.1%) 등으로
조사되었다. 그런데 특히, 농어촌지역에서는 '근처에 교육기관이 없어서', '원하
는 교육프로그램이 개설되지 않아서' 등과 같은 평생교육 인프라 부족을 가장
큰 교육 참여 장애 요인으로 꼽았다. 이 대목에서 하물며 인종적, 문화적, 계층
적, 성별 소외계층인 이주여성의 교육 문제를 연동하여 생각하지 않을 수 없다.
평생교육프로그램은 13만 6,123개로 작년 대비 2만 8,774개(26.8%)나 증가하는
등 평생교육 인프라가 확대되었지만, 다민족·다문화사회를 대비하는 평생교육
체제는 아직 걸음마를 뗀 상태라 할 수 있다. 본 연구의 문헌 분석과 면담 자료
를 종합하면서 연구자는 국제결혼이주여성과 이주여성노동자들을 위한 현재의
교육 내용과 구성이 매우 제한적이고 단기적인 처방 위주로 전개되고 있음을 발

견할 수 있었다. 경제적 이유뿐만 아니라 많은 이주여성들이 기회가 되면 자신의 제한적 생활 세계를 벗어나 '숨을 쉴 수 있는' 사회활동을 원하며(레티마이투, 2009), 여기서 교육 참여는 그들이 가진 자기 변혁과 성장에 대한 가능성을 나타내는 기제가 되고 있다.

1) 교육 기회 접근성 제약과 구속

> 하루 종일 집에 매여 있어서 아무리 좋은 수업이나 교육 기회가 있더라도 밥 굶는 걱정 안 하고, 시간이 있어야 가는 현실이죠. 옛날에 우리 딸 학교에서 하는 부모교실에 가고 싶다고 말했는데, 남편이 사람들이 동남에서 왔다고 이상하게 쳐다본는데 어딜 여자가 싸돌아 다니냐고… 똑같이 국제결혼했는데 서양에서 온 여자들은 대우를 받는데, 우리 같은 사람은 바로 무시해요. 그럴수록 우울하게 한탄만 할 게 아니라, 내 스스로 발전해야 하는데…(팔팡)

> 한국에 오래 살면서 원래 배우고 싶은 거 많았어요. 근데 문제는 제가 불법(미등록체류자) 사람이잖아요. 그래서 늘 들키지 않아야 하니까, 잡히면 어떡해요? 제 친구도 마음 놓고 외국인센터에 한번 놀러 갔다고 경찰한테 잡히고 나서는 절대 못가요. 조마조마하잖아.(쟈스민)

다문화가족의 약 53%가 최저 생계비(4인 가족 120만원) 이하의 수준으로 살아가고 있다(한국이주여성인권센터, 2008). 특히 경제적 자립을 못하는 가사 노동자로서 결혼이주여성들은 한국 사회의 억압과 소외로 갇힌 삶을 살고 있다. 이 연구의 참여자들도 다른 연구(김영화, 2009; 나윤경 외, 2008)에서 나타났듯이, 비록 이중 구속으로 인해 제한적 생활 세계를 가지지만, 주체적 행위자로서 이주를 결심하고, 자신의 생애에서 새로운 터를 잡은 사회에서도 지속적인 자기 개발 욕구를 가지고 있었다. 이에 반해 자신들의 필요와 요구에 따라 교육 기회에 참여하는 것은 요원한 과제였다. 특히 경제적 이유로 임금노동자로서 고향을 떠나 혼자 살아가는 이주여성노동자의 경우는 교육에 참여하는 것이 신분의 안전을 위협하는 모순적 현실을 보여주었다.

2) 일방향식 사회동화·문화적응 프로그램 산재

처음에 한국 와서 계속 속으로 울었어요. 왜 나만 틀리고, 나만 고쳐야 하나요? 먹는 거, 말하는 거, 행동하는 거, 전부 나한테 고치라고만 하지 말고 문화가 달라서 그렇다고 이해해 주면 안 되는지 속상했어요. 무조건 한국게 정답이니까 따라해야 하고, 한국어, 한국문화를 나 혼자 배워서 아는 척 해야 하니까 너무 어려웠어요. 몰라도 예, 알아도 예라고 시키니 그냥 내가 맞춰야죠…(중략) … 한번은 교회에서 한국문화교육이라는 행사에 갔는데, 역시 마찬가지더라고요. 나만 잘하면 된다는 그런 식…(국화)

작금의 다문화정책에 대한 많은 비판들은 현재 관(官) 주도로 이루어지는 사업들이 동화주의를 기조로 전개되어, 이주민들의 한국문화적응을 일방적으로 강조하고, 이주민들을 사회적응의 수동적인 객체로 전락시킨다는 점을 지적하고 있다. 특히 이주여성의 문제로 귀결될 때는 젠더 차별과 인종 차별의 이중성이 제기되어 왔다. 이러한 지적들은 본 연구의 참여자들의 목소리를 통해 다시금 확인되었다. '넌 한국에 시집왔으니까 한국 문화를 따라야 한다'는 이야기를 가장 빈번하게 들었다는 이주여성들은 그들이 가정 밖에서 접하게 되는 교육 프로그램들도 이러한 동화주의적 규범을 담고 있다고 보았다. 실제로 정부, 지자체 등 공공 영역에서 이루어지는 다문화가족 및 이주민 교육사업의 내용과 실천들은 전달식, 처방적, 단기적 형태가 주류를 이루고 있다(강순원, 2010; 한건수, 2010). 인종적, 민족적, 문화적 차이와 다름이 교육의 내용과 자원을 풍부하게 하기보다는, '교정'과 '시혜적 복지'의 대상이 되는 사태는 절름발이식 다문화교육이 될 우려가 있다.

3) 남성 이주노동자 위주의 교육 환경과 좁은 네트워크

한국 사회에 살고 있는 80만 명의 이주노동자들은 인종적, 민족적, 문화적 차별과 편견을 겪은 소외 경험(alienated experience)을 공통적으로 가지고 있을 것이다. 그런데 본 연구의 참여자들을 통하여 여성 이주노동자들이 겪고 있는 이중 소외를 읽어 낼 수 있었다.

가끔 혼자 이렇게 사는 게 고독하고 허무할 때가 많아요. 고향에 돈 보내주고는 건 뿌듯하고 좋지만, 나 스스로 행복한지, 발전하고 있는지 멍하게 고민할 때가 많아요... (중략) ... 그럴수록 뭔가 배우고, 다른 사람도 만나고 해야 해서 외국인 지원 센터 같은 데 가보기도 했어요. 그런데 가도 내가 필요한 수업을 하는 곳은 별로 없는 것 같아요. 거의 다 교육받는 사람들은 남자고... 물론 컴퓨터 교육이나 산업교육이 중요하지만 나같이 여자들도 듣고 싶은 프로그램이 많으면 좋겠어요. 그래서 센터에 남자보다 여자들이 없는 거 아닐까요? (레이첼)

솔직히 외국노동자가 거리 데모를 하거나 서명운동을 하더라도 여자보다 남자들이 훨씬 더 많이 참석해요. 일단 나 같은 여자들은 숫자도 작지만, 기존에 남자들끼리 너무 잘 뭉치니까 우리가 교육을 같이 듣든 뭘 하든 끼어들 데가 별로 없는 것 같아요. 그래서 여자라는 게 불편할 것 같아서 왕따 당할 것 같고... (웃음) ... 근데 선생님도 알다시피 여자들이 한번 뭉치면 정말 인정도 많고 같이 도와줄 수 있는 의리도 많잖아요. 우리 동네 자원봉사도 해 보고 싶고 비슷한 처지의 사람들을 서로 끌어주고 연결해 주는 교육이 있으면 좋겠어요. (뭉크추)

한국에서 대부분의 결혼 이주여성들이 가정 안에서 갇힌 삶을 영위하고 있는 것과 마찬가지로, 이주여성노동자의 권익과 사회 참여를 위한 여성 중심의 네트워크나 협의기구, 소규모 공동체는 사실상 전무하다(Asia Center for Human Rights, 2009). 본 연구의 면담자들도 자신들의 열악한 교육 기회를 토로하였다. 남성 위주의 교육 내용 및 프로그램의 편재, 그리고 여성이주노동자간의 좁은 네트워크는 이주여성들의 활발한 교육 참여를 현실에서 제약하고 있었다. 분명히 이러한 분석 결과는 이주여성노동자 개인이 성격적으로 소심하거나, 학습 능력이 열등하거나, 교육 열망이 낮은 것이 아니라, 기존의 다문화정책 및 이주노동자 교육훈련 정책의 면면이 주로 이주남성들을 중심으로 전개된 측면이 강하기 때문일 것이다. '레이첼'과 '뭉크추'의 목소리는 이를 비판적으로 성찰하도록 도와주었다.

이상의 분석 결과에서 이주여성들이 교육 기회에 참여하는 현실을 파악하고, 그들의 주체적인 학습권과 교육접근성이 교육내적 요인과 교육 외적 요인의 상호복합성으로 인해 제약당하고 있음을 발견할 수 있었다. 따라서 이를 극복하기 위하여 '모든 이를 위한 교육'이념을 태생적으로 잉태해 온 평생교육은 새로운 역할과 과제를 진지하게 성찰하고 해법을 찾을 필요가 있다. 평생교육학이야말로 다민족·다문화사회로 급속하게 전환되는 한국사회에서 폐쇄적 단일민족주의를 해체하는 교육 담론과 실천을 적극적으로 펼치고, 다양한 구성원의 역량을 계발하여 시민사회 통합의 견인차가 될 수 있는 전 생애적 교육 기획으로 거듭날 시점이다. 다음절에서는 이러한 인식과 지향성을 구체적으로 제시하겠다.

2. 평생교육의 역할과 과제

(1) 새로운 평생교육 기획과 다양한 방법론 탐색

본 연구의 자료를 분석하면서 한국 사회에 존재하는 이주여성에 가해진 사회 구조적 모순과 그들을 위한 교육 내용 및 환경이 매우 열악하다는 사실을 발견할 수 있었다. 이주여성들을 이질적인 객체로 대상화하는 가부장적 억압과 교육 접근성에 있어서의 이중적 굴레를 극복하기 위하여 평생교육은 새로운 기획과 방법론을 모색할 과제를 안고 있다. 무엇보다 현재의 다문화교육이 다문화를 가진 소수자를 일방적으로 교육시키고, 분리하는 '소수자교육'이 아니라, 소수자의 권리까지도 범사회적으로 존중받는 시민사회 전체를 아우르는 '다수자교육'으로 전환되어야 한다(정혜실, 2009). 유사한 맥락에서 그 실천을 비판적으로 성찰하기 위해 다문화가족지원센터를 중심으로 살펴보겠다. 다문화가족지원센터는 결혼이주민 가정과 새로운 사회 구성원인 이주여성들의 안정적인 정착을 지원하기 위하여 정부가 설립한 지역 기반 센터이다. 2006년 21개소가 문을 열었고 2010년 현재는 전국적으로 157개소가 역할을 수행하고 있다. 이는 이주여성들에게 다양한 정보를 제공하고, 언어 및 문화 적응 지원하는 사회통합 프로그램을 실시함으로써 다문화가족들이 건강한 이웃으로 살아가도록 지원하는 데 목적을 두고 있다. 일례로 2007년도에 설립된 순천시 다문화가족센터는 지역 내

<표3> 순천시 다문화가족지원센터 교육 사업	
주요 프로그램	세부 활동
한국어 교육	초중급 수준별 한국어 교육
다문화사회 이해교육	사전배우자교육, 배우자교실, 시부모교육, 생활요리교실 등
취업창업지원교육	정보화교육, 운전면허취득과정
지역사회네트워크	세계인의 날, 지역봉사단체 연계, 로타리클럽 등
자조모임	국적별 자조모임 운영 지원
가족상담	문제해결, 의사소통, 가족교육 연계
이중언어교실	다문화가족 자녀 교육, 자녀 정체성 향상

출처: http://www.scfamily.or.kr/

베트남 출신 226명, 중국 205명, 필리핀 50명 등 567명의 외국 출신 여성 배우자를 고려하여 운영되고 있다.

이 센터는 한국어 교육에서부터 경제력향상을 위한 직종개발 프로그램, 그리고 7개국의 국가별 자조집단 운영 지원에 이르는 다양한 프로그램을 개발하고 있다. 기실 이러한 교육 사업이 제대로 실시된다면 본 연구에서 주목한 이주여성들의 교육 기회 접근성을 높이고 그들의 학습 열망이 충족될 수 있는 가능성이 있다. 그런데 문제는 프로그램들의 내용을 들여다보면 여전히 이주여성들을 가부장제도의 유지체로서 인식하고 교육하는 것이 아닌지 의구심이 든다. 예컨대 '다문화이해교육'의 경우, 이주여성 당사자뿐만 아니라, 배우자, 시부모 등 모든 다문화가족 구성원을 위한 교육 프로그램을 마련한 것은 바람직하나, 이것이 학습주체(learning agency)로서 이주여성 권력화하고, 지역사회에서 다문화가족의 장기적인 변화와 성장을 이끌어내기에는 한계가 분명하기 때문이다. 여전히 관(官) 주도의 다문화정책이 풀뿌리 시민사회의 신뢰 구축으로 이어지지 못하는 것이다. 바로 이러한 이유로 당사자인 다문화가족들만이 교육의 대상이자 수혜자가 될 것이 아니라, 지역 공동체를 중심으로 일반 시민들이 문화다원주의의 현 주소를 다각적으로 이해하고, 다양한 인종적, 민족적 소수자를 대등한 이웃으로 존중하는 '함께 살아가기 위한 비판적 시민교육'이 평생교육차원에서 요청된다.

다행스럽게도 평생교육 현장에서 새로운 방법론들이 시도되고 있다. 지속적인 자기 개발과 독립적인 경제력 향상을 희망하는 다수의 이주여성들의 열망을 실현하기 위해, 학습-취업-사회봉사의 다양한 기획을 전개하기 시작했다. 예컨대 서울시 은평 종합사회복지관은 이주노동자 및 결혼이민자들을 중심으로 한 '학습동아리 등록제'를 시행하고 모니터링을 통한 우수한 학습동아리들 자발적으로 배양될 수 있도록 지원하고 있다. 또한 평생학습 봉사단인 '나누미'와 연계하여 그동안 타자화되고 시혜적 복지의 대상으로 여겨져 온 이주여성들을 지역사회를 조력하는 시민 구성원으로 치환하고 있는 것이다. 유사한 교육 실제로 포항시 다문화가족지원센터는 '희망근로프로젝트'와 '보육교사 양성' 교육 사업을 통해 이중언어(모국어와 한국어)가 가능한 이주여성들의 직업 역량을 개발하여 이들이 지역 내 시설(병원, 어린이집, 학교)에 취업하는 등 교육을 통한 이주여성 본인의 성장과 지역의 다문화적 자원 및 네트워크의 재조직화를 도모한다는 점에서 주목된다. 이러한 움직임은 본 연구의 결과에서 드러났듯이, 기존의 일방향식 사회동화·문화적응 프로그램이 이주여성의 교육적 성장을 제약하는 것을 극복할 수 있는 하나의 실천이라 할 수 있다. 평생교육은 우리사회의 이주여성들이 시민적 자아 정체성을 성찰하고, 지역공동체는 '전달' 위주의 교육프로그램을 지양하고 원주민과 이주민이 쌍방향적으로 상호작용하는 교육적 개입을 기획해야 한다. 이러한 관점에서 평생교육차원에서 개발되고 실천될 수 있는 주요 프로그램과 사업의 방향을 제안해 보면 다음과 같다. 이는 큰 틀에서 성 평등을 기초로 하는 이주여성역량 제고라고 이해할 수 있을 것이다.

1) 진로개발 생애컨설팅 프로그램
- 국경을 넘은 여성들의 불연속적 생애 경험의 비판적 성찰과 자기 변혁적 성장 도모
- 취업, 자원봉사, 자기 개발 등 다양한 진로 탐색 기회 제공
- 생애사적 발달을 고려한 참여적 시민 역량 제고

2) 문화다원주의에 입각한 비판적 세계시민교육

- 다문화사회에 대한 전 지구적 관점의 이해
- 자기정체성과 사회공동체의 가치 학습
- 원주민과 이주민의 쌍방향 소통과 연대 모색

3) 자율적 학습공동체 활성화를 통해 이주여성의 사회참여 여건 개선

-자기주도적 학습문화 창출 및 학습 실천의 공공화
- 지역사회의 다문화 메신저 역할과 사회적 자본 확충
- 학습공동체 활동 과정과 결과물 공유를 통한 다문화 인식 저변 확산

4) 이주여성리더의 생활정치 교육 프로그램

- 결혼이주 및 이주여성노동자의 정치 의식화와 리더십 향상
- 지역공동체 기반의 생활정치학교 운영 및 시민 정치 연대 강화
- 시민사회단체와 연계한 장기적 정치 리더 배출(인턴십, 예비 활동가 연수 등)

지금까지 구안한 평생교육의 새로운 기획과 방법론은 이주여성노동자들에게 가해진 사회적 억압을 점진적으로 해소하고 남성 이주노동자 중심의 교육 인프라를 재구조화하는 데 큰 역할을 담당할 수 있을 것이다. 다문화시대의 평생교육은 우리 사회의 다양한 소수자에 대한 참여적 시민권(participatory citizenship)을 포괄적으로 보장하고, 개별 주체의 변혁적 성장을 지원하여, 시민사회의 통합을 도모하는 데 방점을 두기 때문이다. 이는 복합문화체제를 가진 유럽연합(EU)에서 매년 발간하는 평생학습의제(Agenda for Lifelong Learning)의 핵심어가 '시민성(citizenship)'과 '성장(development)' 그리고 '사회적 포용(social inclusion)'으로 귀결되는 지점과 인식론을 같이 한다고 볼 수 있다.

(2) 평생교육 연구와 실천 방향성:
    이주여성을 위한 평생교육 4대 영역 과제

1) 다문화 평생교육에 관한 정책 기조의 변화와 사회적 인식 개선: 철학

현재 다문화 교육정책들이 수요자 중심의 맞춤형교육이라는 명목으로 이주여성에 대해 '분리' 위주의 외발이식 사회통합정책을 전개하는 것을 진지하게 반성해야 한다. 마치 장애아동과 비장애아동을 분리해서 보는 관점에서 벗어나, 다문화 평생교육은 인종, 계층, 성적 차별 없이 특별한 교육 요구(special educational needs)를 가진 이들의 주체적 역량을 강화하고, 참여와 소통에 기초한 시민적 통합(civic integration)을 견인하는 생애에 걸친 교육지원체제로서 확고한 기틀을 마련해야 한다. '분리'에서 '통합'으로의 정책 철학의 변화는 다문화가족 및 이주여성에 대한 가정, 학교, 지방정부, 사회단체 등 전 사회적 인식을 개선하여 평생교육체제에서 다문화사회의 구조를 비판적으로 성찰하고, 저변을 확대하는 기틀이 될 수 있다.

2) 이주여성의 참여적 시민성 고취와 직업 능력 향상: 내용

다문화사회에서 평생교육은 새로운 환경의 변화로 인해 새로운 패러다임을 맞이하고 있다. 국경을 넘어 새로운 사회의 학습 집단으로 가시화되고 있는 이주여성들의 분절적 생애경험을 다각적으로 이해하고, 그들이 잠재 역량을 발휘하여 참여적 시민으로 성장할 수 있도록 지속적으로 지원하는 교육적 개입이 절실하다. 본 연구의 참여자들의 잠재된 학습 욕구와 사회적 참여 의지가 보여 주듯이, 대다수의 이주여성들이 사회 진출 및 직업 능력 개발·전환(transition) 지원 체제를 필요로 한다(차미경, 2009). 따라서 평생교육은 이러한 시대적 요청을 수렴하여 그동안 이중 소외를 겪어 온 이주여성의 시민적 성장과 자기 변혁을 진작하는 실천 과제를 다각적으로 발굴해야 할 것이다.

3) 평생교육 기회 확충을 위한 지역기반의 시민사회 연대: 방법

다양한 인종적, 민족적, 성적 배경을 가진 이주민들에게 실질적인 평생교육의 기회와 접근성이 제고되어야 한다. 우리나라보다 앞서 다문화정책을 구축하고, 시민사회의 갈등과 통합의 논쟁을 거친 나라들을 보더라도, 건강한 다문화사회로의 전환은 관료 주도가 아니라, 지역기반 시민사회의 연대와 참여형 거버넌스(participatory governance)로 작동되는 방향이 맞다. 현재 외국인 지원기구는 총 564개(시군구별 평균 2.3개)가 있고(통계청, 2010), 우리나라 평생교육기관은 총 2,807개이다(평생교육백서, 2009). 이처럼 다양한 기구들을 연대하여 이주민들을 위한 평생교육 지역 네트워크를 활성화하고, 평생교육 기회 증대를 위한 시민적 조직화를 마련해야 한다. 이러한 방법론을 활용할 때 다문화 평생교육사업을 고도화할 수 있는 지식정보 네트워크 및 인적자원 네트워크가 효율적으로 연동될 수 있을 것이다.

4) 문화다원주의를 반영한 평생학습 종합지원시스템: 인프라

다문화시대의 평생교육 연구과 실천의 실효성을 거두고 이를 정교화하기 위해서는 이론과 현장의 체계화가 필요하다. 현재의 다문화 교육사업이 시류적 접근으로 예산을 집중 투여하고, 추후 효과를 보자는 단방약식 접근이 아니라, 구조화된 시스템과 지속적 모니터링이 필수불가결하다. 세계적 이주노동의 흐름과 마찬가지로 한국 사회의 다민족·다문화적 전환은 막을 수 없는 대세이기 때문에 보다 장기적인 안목과 체계화된 인프라가 요청된다. 우선적으로 다양한 생애사적 배경을 가진 이주민들의 평생교육을 지원하기 위해 그동안 평생교육 기회에서 소외되어 온 이들을 위한 학습 요구도를 전면적으로 조사하는 작업이 선행되어야 한다. 또한 이주여성을 위한 '평생교육 Start Up 프로그램' 같은 사업을 발굴하여, 평생교육 참여의 진입 장벽을 최소화하고, 요구를 반영하여 교육－취업－양육－자기개발－공적 사회 참여－자아 성장으로 이어지는 변화를 체계적으로 지원하는 환경이 마련될 필요가 있다. 더불어 문화다원주의를 수렴한 다국어 서비스를 확충하여 취업, 사회참여, 취미활동, 봉사, 생활정치 운동 등의

포괄적인 콘텐츠가 담긴 다문화 평생교육프로그램을 개발하는 것도 유의미하다. 따라서 평생교육적 개입을 통해 이주여성의 자기주도적 변화와 성장, 나아가 시민사회의 다문화적 저변을 내실화하는 평생학습 종합지원시스템을 작동하는 과제가 우리 앞에 놓여있다.

V. 결론 및 시사점

　　본 연구는 그동안 평생교육학의 주류 담론에서도 소외되고 사인화 되어온 이주여성의 교육과 평생학습 문제를 고민하고, 이를 다문화시대 평생교육의 방향성 탐색이라는 거시적인 안목에서 조명했다는 점에서 의의를 가진다. 지금까지 본고에서 밝혀낸 국제결혼이주여성과 이주여성노동자의 교육 참여 현실과 평생교육의 방향성은 분명 평생학습사회의 구성 원리와 양태가 변화하고 있음을 시사한다. 이주여성들은 식민화된 생활세계의 제 구속과 억압에 직면해 있었고, 이들의 교육 참여는 가부장적이고 성차별적 사회적 모순과 동화·전달 위주의 제한적인 교육내용과 취약한 교육인프라로 인해 제약을 받는 것으로 드러났다. 본 연구는 이를 극복하고자 이주여성들이 수동적 교육 객체가 아니라, 자신의 삶을 주체적으로 디자인하고, 다양한 생애 경험을 비판적으로 재구성할 수 있는 새로운 평생교육적 개입을 탐색하였다.

　　다문화시대 평생교육은 혈연에 뿌리를 둔 단일민족주의 편견을 해체하고, 다문화의 당사자들이 받는 소수자 교육이 아니라, 인종, 민족, 언어, 성, 계층 등 이질성(heterogeneity)을 가진 구성원들의 끊임없는 상호교섭을 지원하는 시민 대중 교육으로 나아가야 한다. 시민사회가 다문화주의를 비판적으로 성찰하고 내면화하여, 차이와 다름을 통한 변증법적 소통을 이룰 수 있는 교육적 개입과 능동적 지원이 그것이다. 이를 위해 첫째, 이주여성의 평생학습권을 확충하기 위한 체계적인 이론화 작업이 요청된다. 둘째, 이주여성들의 다각적 요구를 충족시키기 위한 평생교육 콘텐츠와 종합적인 지원시스템이 구축되어야 한다. 더불어 다문화가족의 구성원 예컨대, 시어머니, 남편 등에 대한 평생교육 기회의 확충 및 개입이 유기적으로 구현되어야 할 것이다. 셋째, 다문화교육사업이야말로 지역 공동체의 네트워크를 활용하여 풀뿌리 시민사회 안에서 파트너십을 구축하여 전개되어야 한다. 넷째, 기존의 사회통합교육의 한계를 벗어나, 수동적으로 '받는' 교육에서 '참여하는' 교육으로 패러다임이 전환될 필요가 있다. 이주여성과 일반 시민들이 함께 상호작용할 수 있는 비형식, 무형식 평생학습기회가 포괄적으로 확충됨으로써 비로소 양자는 모두 참여적 시민성을 함양할 수 있기 때문이다.

결론적으로, 이주여성 중심의 평생교육은 현재의 '한국문화적응'류의 즉시적 요구를 채우는 데 급급할 것이라, 국경을 넘어 새로운 삶터에서 살아가고 있는 이들이 참여하는 시민으로서 자신의 몫을 수행하고, 성별 평등에 기초한 미래지향적 학습요구를 개발하는 방향으로 나아가야 할 것이다. 인간 주체의 능동적 자율성을 강조하는 동시에 소수자의 적극적 역할 부여를 통해 사회변화의 가능성을 낙관한 하버마스(Habermas)의 의사소통담론처럼, 이주여성의 잠재적 역량을 개발하고, 이들이 시민사회의 연대망에 참여하고 공적 역할을 강화할 수 있도록 지원해야 한다. 그야말로 한국사회가 다인종·다문화 국가로 재배치를 되는 급속한 움직임과 발맞추어 다문화적 자원을 가진 학습주체들이 시민사회의 새로운 리더로서 변화와 성장을 도모할 수 있도록 기존의 평생교육시스템을 재구조화할 시점이다. 이에, 나아가 한국의 평생교육학은 우리 사회에서 신소외계층으로 주변부화 되고 있는 다민족·다인종 소수자들의 교육 기회와 권리를 광범위하게 구안하는 '공존'의 기제로 거듭날 수 있도록 이론적·실천적 가능성을 적극적으로 구안해야 할 것이다. 유사한 맥락에서 2009년 제6차 세계성인교육회의가 채택한 벨렘 선언문도 다문화적 사회 전환에서 평생교육의 중대한 역할과 가능성을 강조하였다. 평생교육을 통한 공정한 기회 제공과 다양한 이주민을 위한 평생교육체제의 정교화는 지속가능한 학습사회를 구축하는 데 기여한다는 믿음을 다시금 확인해 주고 있다.

참고문헌

강순원(2010). 다문화사회 세계시민교육의 평생교육적 전망. 평생교육학연구 16(2). 한국
　　평생교육학회. 69－91.

교육과학기술부·평생교육진흥원. 2009 평생교육백서.

김영화(2009). 다문화이해의 다섯 빛깔: 아시아이해를 위한 국제이해교육. 서울: 한울아카
　　데미.

김진희(2010a). 평생학습담론에서의 다문화적 학습 맥락에 대한 비판적 이해, ANDRAGOGY
　　TODAY, 13(3), 33－59.

김진희(2010b). 이주노동자 지원센터와 지역사회의 다문화적 학습 탐색, 평생교육학연구,
　　16(3), 151－182.

김태준, 장근영(2010). 다문화사회에서의 시민교육과 사회적 자본, ANDRAGOGY
　　TODAY, 13(3), 61－79.

나윤경(2010). 평생교육과 여성. 한국여성평생교육회 공동체 모임 발표 자료집

나윤경 외(2008). 결혼이주여성들의 행위자성과 평생교육의 지향점 모색, 평생교육학연구,
　　14(4).89－121.

레티마이투(2009). 결혼이주자들이 본 한국사회의 성·인종차별. 성·인종차별 대책위원회.

미셸(2009). 이주노동자들이 경험한 한국 사회의 성·인종차별. 성·인종차별 대책위원회.

박성혁 외(2008). 우리나라 다문화교육정책 추진 현황, 과제 및 성과분석 연구, 교육인적
　　자원부 연구자료집.

박진영(2009). 이주여성들의 문화적응 어려움과 교육참여 겸험, 평생교육학연구, 15(2),
　　77－104.

성낙돈(2009). 다문화사회, 평생교육의 역할과 과제, 제 2차 평생교육정책포럼: 다문화사
　　회로의 이행, 평생교육의 새로운 정책 패러다임, 평생교육진흥원.

이삼식·최효진·박성재(2009). 다문화가족의 증가가 인구의 양적, 질적 수준에 미치는 영
　　향. 서울: 한국보건사회연구원.

이진우(1996). 하버마스의 비판적 사회이론. 서울: 문예출판사.

정세형(2010). 이주여성의 보호방안. http://cafe.naver.com/lawsong2010/1468

정혜실(2009). 다문화정책에 가려진 젠더차별과 인종주의의 관계. 성·인종차별 대책위원회.

차미경(2009). 결혼이민자 사회권 실태. 성·인종차별 대책위원회.

출입국·외국인정책본부(2010). 국내 체류 외국인 통계 자료.

한건수(2010). 다문화사회, 글로벌시대의 경쟁력. 공감코리아 메타블로그.
http://blog.korea.kr/

한국염(2010). 이명박정부의 결혼이주여성 정책과 과제.
http://cafe.naver.com/peacehope.cafe?iframe_url=/ArticleRead.nhn%3Farticleid=545

한국염(2009). 한국 이주여성 현실에서 본 인신매매 피해 이주여성의 귀환과 재통합, IOM 정책토론회 발표 자료집.

한국이주여성인권센터(2008). 이주여성 삶 이야기.

통계청(2007, 2009, 2010) http://www.kostat.go.kr

Asia Center for Human Rights (2009). *Asian Consultation on Global Forum on Migration and Development*, Seoul: Life and Human Right Press.

Castles, S and Miller, M.J.(2003). *The Age of Migration*(3rd edn), London: Palgrave.

Denzin, N.K. and Lincoln, Y.S.(eds.)(2000). *Handbook of Qualitative Research*(2nd edn), London: Sage.

Gudtavsson. B. & Osman. A.(1997). Multicultural Education and Life – Long Learning. alters. S(eds). *Globalization, adult education and training*. London & New York : Zed books.

IOM(2009). *World Migration 2008: Managing labour mobility in the evolving global economy*, International Organization for Migration publisher.

ILO(online,2008). http://www.ilo.org/public/english/region/asro/colombo/index.htm.

Jarvis Peter(2010). Adult education and lifelong learning.London: Routledge.

Jarvis, P.(2007). *Globalisation, Lifelong Learning and The Learning Society*, London: Routledge.

Jordan, B. and Duvell, F. (2003). *Migration*, London: Polity.

Kim, Jin–Hee.(2010). A changed context of lifelong learning under the influence of migration. *International Journal of Lifelong Education, 29*(2).255–272.

Martiniello, M.(2002). Multicultural Policies and the State, Utrecht: ERCOMER.

Rex Varona (2004). Mobility, Migration and Trafficking: Concepts, 'Grey Areas' and discourses. Proceedings of the 9th Regional Conference on Migration, Seoul 13–19 September, pp. 56–79.

신문기사

경향신문(2008.7.7) 이주여성파경급증 "비싼 돈 주고 사왔으니 내 맘대로"

연합뉴스(2010.7.16) 이주여성 상반기 이혼상담 작년比 40%↑

    http://news.naver.com/main/read.nhn?mode=LSD&mid=sec&sid1=102&oid=001

    &aid=0003383686

지역사회 이주노동자 지원센터와 다문화학습

**연구
개요**

한국 평생교육학 분야에서 인종, 종족, 계층, 성의 배경에서 기인한 다문화주의 담론과 다문화 학습에 대한 논의는 시작단계이다. 본 연구는 문화적 다원주의에 기반을 두어 여러 민족과 인종이 함께 모여 사는 사회의 평생교육체제는 어떠한 이론과 실제를 구성하는가에 대한 문제제기에서 출발하면서 실제로 평생교육 현장 사례를 분석하였다. 연구의 주요 내용으로 첫째, 평생교육담론에서 전개되는 다문화적 학습 맥락을 이론적 측면에서 고찰하였다. 둘째, 다문화적 사태를 둘러싼 지역사회 중심의 현장의 사례를 참여관찰과 면담조사에 기반을 둔 질적 연구방법론을 통하여 구체적으로 분석하였다. 그리하여 본 연구는 이주노동자 지원센터를 중심으로 이루어지는 이주노동자와 지역주민간의 다문화적 학습 양태, 맥락, 내용 등을 시론적으로 분석하였다. 연구 결과로서 첫째, 이주노동자 지원센터를 매개로 한 상호작용을 통하여 타자화와 갈등을 극복한 학습 역동이 나타났으며, 둘째, 이주노동자와 지역주민들은 문화 다원성을 통한 학습 양식의 재구조화를 경험하였다. 셋째, 지역사회에서 참여와 소통을 통한 다문화적 학습 경험은 인종, 민족, 국적, 언어 등 이질적인 배경과 상이한 경험을 가진 학습자들의 자아와 세계에 대한 비판적 성찰을 수반했다. 요컨대 본 연구는 한국사회가 다문화사회로 재배치되는 과정에서 요구되는 평생교육학의 방향과 다각적인 현장 연구의 필요성을 시사하였다.

I. 서론

1. 연구의 필요성 및 목적: 문제 제기

인간의 학습은 기존에 자신이 경험적으로 전제한 선 이해와 익숙한 행위 양식이 더 이상 자연스럽게 작동하지 않아 분절 혹은 균열(disjuncture)을 경험하는 과정에서 전개된다(Jarvis, 2007). 학습은 단순히 개인의 인지적·심리적 변화뿐만 아니라, 지식, 사상, 태도, 가치관, 정서, 감정 등 총체적 변화를 내포하는 것이다. 오늘날 전 지구적인 이주노동의 가속화와 함께 확산되고 있는 다문화적 생활 세계는 기존의 평생학습이 전제한 내용과 양식, 방법, 과정, 관계의 틀에 균열을 일으키며 재구조화를 요청한다(Kim, 2010). 한 사회에서 이주 노동은 단순히 '노동'만 들어오는 것이 아니라 자신만의 독특한 정체성, 사상, 관습, 행위 양식을 가진 '인간'이 국경을 넘어 다른 사회 속으로 들어가는 것이기 때문에 인구생태학적인 외형의 변화뿐만 아니라, 다양한 인종, 언어, 국적, 계층적 배경을 가지고 국경을 넘는 이주노동자들로 인해 노동 수용국은 점차 문화 다양성에 기반 한 다인종·다문화사회로의 변화라는 대세를 거스를 수가 없게 된다(Marco, 2002). 언제, 어디서나, 다양한 학습 양식이 전 생애에 걸쳐서 이루어지는 것을 통찰하는 평생학습담론에서 이러한 다문화적 맥락은 개인의 경험뿐만 아니라 기존의 사회의 집단적 경험의 틀과 내용을 재구조화하는 기제로 작동한다. 왜냐하면 평생학습에서 다문화적 상황은 인종적, 민족적, 문화적 다양성을 가진 다양한 학습자의 유입으로 인한 인구학적 변화는 물론 구성원들의 사회문화적인 정체성과 상호작용, 그리고 행위자간의 소통방식을 통해 집단의 경험과 역사를 재고하도록 요청하기 때문에 변화를 불러일으키기 때문이다(Gustavsson and Osman, 1997; Parekh, 2006).

이렇듯 평생교육을 둘러싼 다문화적 담론 지형의 변화뿐만 아니라, 평생교육학이 터한 현장의 변화가 두드러진다. 오늘날 국내에 체류하는 외국인이 인구의 3.6%를 차지한다는 점은 한국 사회가 다문화사회로 재배치되고 있음을 보여주는 현장의 주요 지표이다. 또한 사회문화적 측면에서 2014년 현재 214개의 다문화가족지원센터, 200여 개의 이상의 이주노동자 지원 시민사회단체(NGOs), 몽골, 우즈베키스탄, 스리랑카 등 10개 다국어로 매주 방송하는 이주민 인터넷 뉴스(MNTV.Net) 서비스의 성장, 중국, 동남아, 중동지역 외국인들을 고객으로 둔 안산 일대의 300개 이상의 국제상점은 우리 사회의 다문화적 실체를 지역의 생활세계에서 보여주는 엄연한 현실이다. 정치적 측면에서 2010년 5월 최초로 다문화유권자연대가 발족되었으며, 19대 국회에 필리핀 이주여성인 이지민 씨가 국회의원으로 당선되는 변화가 나타났다.

분명 급속하게 변화하는 사회 환경의 변화는 교육의 내용, 대상, 방법 그리고 인프라의 균열을 가져오고 있다. 마치 기존의 지배적인 평생교육학 담론은 학습자들을 성별로 구분하지 않았거나, 여성과 남성이 갖고 있는 생애주기적 특성에 대해 주목해오지 않았듯이(나윤경, 2010), 현재의 평생교육학은 인종, 언어, 종교, 국적, 성 등 문화다원주의에 기반을 둔 평생교육 이론과 정책을 포괄적으로 개발하지 못했던 것이 사실이다. 기존 학습자를 한국에서 태어나 한국 국적을 가지고 한국어를 사용하며 지속적으로 한국 사회에 존재해 온 단일문화의 담지자로 연속적으로 이해해 왔기 때문에, 국경을 넘어 이주를 하는 외국 태생 구성원들이 겪는 불연속적이고 단절적인 경험 구조와 학습 양식을 이해하는 인식의 틀이 체계적으로 개념화되거나 실천적으로 작동되지 못했다. 따라서 이러한 교육 담론의 괴리와 균열은 다문화적 생활세계의 도래로 인해 새로운 논의와 실천을 잉태하지 않을 수 없게 되었다. 국제이해, 다문화이해에 입각한 비판적 교육 철학의 재정립, 다양한 민족적, 언어적, 문화적 배경을 가진 교육 대상 및 주체의 확장, 문화다원주의에 입각한 교육 내용의 재구성, 그리고 다양한 학습자를 위한 다국어 인프라 및 교수학습 방법의 다각화는 이제는 필수 불가결하다.

종합하자면 현재 우리 사회에서 일상적으로 접하는 이주노동자, 다문화가정, 국제난민 이슈 등은 정치, 사회, 경제적 조건에 의해 발현될 수밖에 없는 외재적 환경을 구성하게 되었고, 여기서 다양한 영역에서 일어나는 인간의 전 생애에 걸친 교육을 담당하는 평생교육은 다문화적 맥락과 융합한다. 다문화적 사태는 학습사회의 거대 서사를 끊임없이 재구성해 나가는 다양한 학습 집단의 소통 양식과 경험의 양식에 질적 변환을 예고한다. 실제로 인종적, 민족적, 문화적 다양성의 확대는 기존 평생교육학 논의에 도전이 되고 있다(Johnston, 1999). 다문화사회에서 평생교육론은 기존 평생교육의 내용과 방법, 과정, 결과에 이르는 일련의 구조를 복잡다기하게 재구성하게 된다. 따라서 다문화 사회에서 생애에 걸쳐서 이루어지는 평생교육의 거시적인 틀과 방향에 대한 진지한 고민이 요청되는 것이다. 미시적으로는 지역사회의 인구생태학적 변화와 다문화적 경험의 확산에 따라 지역주민들의 다문화적 인식전환을 위하여 평생교육의 필요성이 더욱 커진다(강순원, 2010).

이상에서 살펴본 이론적, 실천적 필요로 인하여 연구자는 평생학습체제에서 도출되는 다문화적 학습 맥락을 지역사회 단위에서 고찰하고자 한다. 성인학습자들이 인종적, 문화적 차이와 다름의 상호작용을 통해 소통하고 개입하면서 그들의 학습 맥락과 양식이 문화 다원주의를 체득하면서 어떻게 달라지는지를 분석하고자 한다. 특히 이주노동자들이 평생교육체제에서 소외되거나 격리될 것이 아니라, 이들이 지역사회에서 이주노동자 지원센터를 매개로 지역주민들과 어떻게 모종의 관계 맺기를 형성하는가를 탐색하는 데 연구의 목적을 둔다. 본 연구는 지역 생활세계에서 새롭게 구성되고 있는 다문화적 학습사회를 보여주는 구체적 사례라는 의의에서 출발한다.

2. 연구 문제 및 연구 방법

본 절에서는 하나의 유형학(typology)으로서 이주노동자 지원센터를 중심으로 이루어지는 지역사회의 다문화적 학습 양태를 분석하기 위한 구체적인 연구 문제와 방법론을 제시한다. 우선 평생학습의 다문화적 맥락을 들어다보는 실제로서 왜 이주노동자 지원센터와 지역사회를 핵심어로 상정했는지 설명할 필요가 있다. 네 가지 측면에서 정리하면 다음과 같다.

첫째, 현상학적으로 '이주노동'이라는 현상과 '이주노동자'라는 정체성은 물리적인 '이주'를 통해 이주 이전에 전제한 문화와 이후에 접촉하는 문화의 간극이 자연발생적으로 생성될 수밖에 없는 이질적(異質的) 문화를 담지한 결정체다(Castles and Miller, 2003). 그렇기 때문에 평생교육론에서 탈일원주의적 문화 접촉 현상을 분석하는 유의미한 기제가 될 수 있다.

둘째, 평생학습은 기본적으로 인간이 생애에 걸친 경험의 재구성과 성장의 변증법을 단순히 개인적 활동이 아닌 학습자가 맺고 있는 사회적 관계 속에서 맥락화한다(김신일 외, 2005). 여기서 볼 때, 학습사회를 구성하는 다층적인 제도와 다중복합 문화, 그리고 상이한 개인, 조직, 사회의 성장을 보여주는 데 있어 이주노동과 이주노동자라는 지점은 의미 있다. 이주노동자 지원센터와 그들의 소모임은 사회적 주변부에 위치한 소수집단이 존재론적 학습 의지를 가지고 자기 조직화를 통해 스스로 지식과 경험을 창출하고, 해방과 소통을 지향한다는 점에서 모종의 민주적 변환을 엿볼 수 있다.

셋째, 평생학습의 다문화적 맥락은 유연하게 문화다양성을 보장하자는 자유주의적 관점을 차용하기보다는, 권력과 헤게모니가 배태한 소외와 차별의 경계를 뛰어넘는, 유기체의 변증법적 관계와 소통을 탐색한다는 점에 모종의 적극적 시민성을 담보한다(Schugurensky, 2006). 이런 연유에서 보건대, 소외집단, 탈중심적 주변부에 합법적 참여와 목소리를 부여하기 때문에, 이주노동자라는 주변부적 정체성은 다양한 유기체가 '함께 살아가는' 평생학습의 다문화적 맥락을 보여주는 데 적실한 사례 중 하나라고 볼 수 있다.

넷째, 지역사회는 평생학습사회의 미시적 렌즈가 펼쳐지는 현장이다(Jarvis, 2007). 지역은 더 이상 거대 국가의 종속물이 아니라, 시장과 국가 시스템에 대한 비판과 견제, 자생적 기능을 담보하는 공간이자 의미체로서, 시민사회의 살아 있는 구성원들이 생활세계 단위에서 직간접적으로 상호작용하며 일상을 영위하는 프락시스(praxis)의 단위이다. 따라서 평생학습의 다문화적 교차와 융합을 선명하게 보여주기 위해서는 풀뿌리 차원의 참여적 시민성(participatory citizenship)이 발아하는 지역 생활세계는 유의미하다.

이상의 논리를 연구의 개념적 골격으로 삼아 이주노동자 지원센터를 사례로 이루어지는 다문화 평생교육론을 시론적으로 탐색하고자 한다. 이미 오늘날 학습사회의 생태계는 혼종과 교배가 점차 가속화되고 있고(한숭희, 2005), 다양한 인종, 민족, 종족, 성, 계층의 요인으로 진행되는 다문화적 사태는 보다 선명하게 포착되고 있다. 1970년대부터 활발하게 전개된 미국, 캐나다, 호주 등에서 진행된 다문화주의 담론(discourses on multiculturalism)이 결국은 이민자집단, 원주민, 국제 난민 등 소수 집단의 이질적인 문화 소외와 게토화로 이어졌다는 점을 반성의 출발점으로 삼아야 한다. 이를 극복하기 위해 한국 평생교육학은 비판적인 틀과 새로운 방법론을 도모해야 한다. 향후 평생교육체제에서 인종의 다양성, 민족의 다양성, 문화의 다양성을 비판적으로 통찰하고, 이에 대한 개입과 참여를 통하여 그동안 조명 받지 못하던, 다중문화복합적 경험 양식을 가진 새로운 학습자들이 어떻게 자신을 인식하고, 타자와 세계를 이해하고 재구성하는지를 밝히는 것이야말로 평생학습의 다문화적 맥락의 실제에 핵심적으로 접근하는 길이다. 이를 탐색하기 위해 세부 연구 질문을 정리하면 다음과 같다.

첫째, 학습사회의 다중복합적 환경이 전개됨에 따라 이주노동자 지원센터와 지역사회의 만남은 어떻게, 어떤 방식으로 이루어지는가? 즉 이주노동자는 센터에 참여하고 공동체를 구성하면서 이질적인 지역사회와 어떠한 과정을 거쳐서 만나며, 어떻게 학습하는가?

둘째, 다문화주의적 학습이 이루어지는 맥락은 무엇이며, 다문화 학습의 내용은 무엇인가? 즉, 지역사회 안에서 다문화주의적 학습이 발생하고 기존의 경험 구조가 지속적으로 재구성되면서 변화한 것은 무엇인가?

셋째, 학습사회 안에서 상호작용하는 다문화 학습은 존재간 관계와 소통 구조를 어떻게 재구성하게 되는가? 즉 정체성의 재인과 세계와의 상호교섭은 어떻게 이루어지는가?

정리하자면, 본 연구는 이주노동자 센터를 중심으로 지역민과 이주노동자들이 상호교섭하면서 서로의 학습 경험 구조가 서서히 재구성되는 변증법적 과정을 분석한다. 즉 이주노동자 지원센터라는 공적 기관에 자발적으로 참여하는 이주노동자, 그리고 그 장이 공공의 목소리를 획득하도록 상호작용하는 지역민의 학습활동을 고찰한다.

　구체적인 연구의 범주로서 첫째, 본 연구는 서울특별시의 지방자치기금에서 공적 재원을 지원 받아 운영되고 있는 서울시 성동구의 '외국인근로자센터'를 대상으로 한다. 실제로 1998년 서울시 성동구는 여타의 자치구와의 특성화를 선포하면서 그 일환으로서 외국인근로자에 대한 복지사업을 실시하는 등 외국인근로자 종합대책을 수립했다. 준비 단계를 거쳐 2000년 '성동구 외국인근로자의 날'이 선포되고 이듬해 센터는 개관하게 된다. 4층 구조의 독립 건물에서 이주노동자들을 위한 한국어교실, 컴퓨터교실, 소모임 동아리 지원, 문화행사, 무료진료, 산모도우미 사업, 의료보험증 발급, 체력단련실 개방 등의 무료서비스를 실시하면서 서울은 물론 경기도에 거주하는 많은 이주노동자들을 흡수해 왔다. 성동구가 서울의 타 지역에 비해 이주노동자 비율이 높다기보다는, 지리적 접근성(accessibility)으로 인해 동대문, 왕십리, 청량리 일대에서 일하는 서울 일대 노동자들의 수요를 흡수하고, 점차 경기도 남양주에서 일하는 이주노동자들이 교통접근성으로 인해 모여들게 된 것이다.

　둘째, 센터를 이용하는 이주노동자의 국적은 파키스탄, 방글라데시, 스리랑카, 미얀마, 태국, 몽골, 베트남, 우즈베키스탄, 이란, 나이지리아 등 36개국에 달하고 있다. 서울시와 성동구청이 주요 재원을 지원하지만 미등록 장기 체류 노동자에 대해서도 인도주의 관점에서 수용하는 분위기이다. 이주노동자들이 주축이 된 소모임이나 센터 공식 프로그램에 참여하는 노동자들의 약 50% 이상은 노동 비자 만료로 인한 미등록 장기 체류자들이 차지한다. 본 연구는 이들 가운데 다양한 형식적, 비형식적 센터 활동에 자발적으로 참여하고 지역민과 직간접적으로 소통하는 사람들을 제보자들로 설정한다. <표 1>을 통해 알 수 있듯이 지역주민들은 성동구에 거주하면서 자원봉사를 하지만, 이주노동자들은 경기도에 거주함에도 불구하고 성동 센터의 친화적 분위기와 프로그램에 대해 입소문을 듣고 찾아온 경우가 대부분이다.

　셋째, 지역 주민의 참여양태를 통해 다문화적 학습 맥락을 살펴보기 위해 성동구에 거주하고 있는 주부, 대학생, 노인, 영세 사업주 등이 자원 활동을 하면서 이주노동자들과 상호작용하는 사람들을 고찰한다. 현재 본 센터에는 주로 주부와 대학생이 주축이 되어 약 180여 명의 자원봉사자들이 등록·활동하고 있으며, 이주노동자들을 위한 교육활동 및 상담활동을 통해 임금체불, 심리적 불안, 미등록 체류자의 자녀교육 등 삶터의 문제를 이주노동자의 가공되지 않은 언어를 통해 인식한다. 동시에 지역민들은 지배담론이 된 서구 선진국의 문화를 벗어나, 다양한 세계문화를 배우기 위하여 이주노동자 지원센터의 구성원이 되기도 한다.

　　연구수행을 위한 방법론으로서 다음과 같은 절차와 자료를 취하였다. 참여 관찰에 터한 질적 연구(Eisner, 2001)를 수행하기 위해 연구자는 매주 일요일마다 상담활동가와 학습소모임의 구성원이 되어 참여 관찰을 시도했다. 참여 관찰과 면담은 기본적으로 한국어로 진행되고, 2006년 3월부터 2007년 2월까지 매달 최소 4회씩 소모임장, 수료식장, 뉴스레터 만들기 프로젝트, 인권연대 집회 현장, 이주노동자 축제장, 자원봉사 현장, 여름 MT 등 다양한 장에서 수행되었다. 면담은 개별 면담(face to face individual interviews)과 포커스 그룹 단체 면담(focus group collective interview)을 병행하면서 참여자의 언어, 비언어적 의사소통(non verbal communication), 상호 반응, 뉘앙스를 종합적으로 파악하고자

<표 1> 면담 참여자					
성명(성)	국적 및 신분	종교	모국어	면담 횟수	비고(현 주거지 등)
알리(남)	방글라데시, 이주노동자	이슬람	벵골어	3회	한국 체류 11년 (미등록 상태), 경기도 마석
캄티우(남)	스리랑카, 이주노동자	불교	타밀어	1회	한국 체류 7년 (미등록 상태), 경기도 안산
뚬띠앙(남)	미얀마, 이주노동자	불교	버마어	3회	한국 체류 9년 (미등록 상태), 서울 왕십리
구엔(남)	베트남, 이주노동자	기독교	베트남어	2회	한국 체류 3년 (합법 체류), 서울 청량리
윤순희(여)	한국, 자원활동가	무교	한국어	2회	자원봉사 11개월, 서울 성동구
이현주(여)	한국, 자원활동가	천주교	한국어	1회	자원봉사 2년 8개월, 서울 성동구
서주영(남)	한국, 상근 직원	기독교	한국어	3회	상근활동경력 4년, 서울 강동구

노력하였다. 대개 1~2시간 동안 진행된 면담에서는 참여자들이 그들의 목소리를 비억압적 상황에서 감정, 지식, 생각을 자유롭게 표현하도록 편안한 분위기에서 진행되었다(Marshall and Rossman, 2006). 연구자는 면담 성찰 일지(reflection diary)를 통해 면담 내용과 연구 주제를 끊임없이 순환적으로 교차하면서 자료를 분석하고 해석하였다.

동시에 거시 맥락을 이해하는 공적 자료로서 이주노동자지원 센터의 공식적인 통계 및 홍보 자료를 참조하면서, 센터에서 만나고 소통하는 이주노동자와 지역 주민간의 일상적 담화를 통해 그들의 만남과 소통행위를 분석하고자 하였다. 또한 본 연구의 보조제보자로서 센터 상근 활동가(서주영 팀장)와의 반구조화된 면담을 통해 이주노동자 공동체와 지역 거주민, 지역사회의 경험 구조의 재구성이 다원적으로 이루어지는 것을 탐색하였다.

또한 본 연구의 주요 분석 자료로서 면담 참여자가 스스로 메모와 일기 형태로 작성한 자기 성찰 노트(self reflection note)를 분석에 활용하였다. 연구자는 소그룹 모임 이후에 자유로운 형태로 짧은 느낌과 단상을 기록하도록 요청하였다. 한국어 기술에 서툰 '구엔'과 '캄티우'를 제외하고는 모두 간략한 성찰 리포트를 기술하고 상황에 따라 공유하였다. 질적 연구방법론에 터한 이러한 자료들은 학습이 일어나는 맥락과 상황, 의미 구조의 도출을 이끌어내는 감식안의 도구로 활용되었기 때문에, 학습행위에 대한 처방적·환원주의적 해석을 경계하는 데 유용했다(Marshall and Rossman, 2006). 따라서 연구자는 이처럼 다양한 텍스트 분석 자료를 분리하여 1차적으로 개방형 코딩(open coding)을 수행하고, 주제와 개념에 따라 2차적인 기술적 코딩(descriptive coding), 그리고 3차적인 주제별 코딩(thematic coding)을 교차적으로 진행하였다. 이러한 방법은 연구 질문과 연구 결과를 지속적인 선순환 프레임에서 분석하고 해석하는 데 효과적이었으며, 연구목적과 분석 내용, 결과 해석 과정상의 신뢰도와 타당도를 제고하는 질적 다각 검증방법론(qualitative triangulation method)으로 활용되었다.

종합적으로, 본 연구는 다각적인 질적 자료 분석틀을 활용하여 참여 관찰록, 면담지 기록, 성찰 일지 분석, 그리고 면담 녹음 및 전사를 병행하고 1차적

<표 2> 분석 자료 예시		
원자료(Raw data)	기술적 코딩 (descriptive coding)	주제별 학리적 코딩 (theoretic coding)
한국에 10년 넘게 살았어도 여전히 한국 사람들이 나처럼 피부가 까만 동남아 사람 무시하고 깔보는 거 알아요. 백인은 좋아해도 우린 늘 왕따잖아요.	사회적 소외와 배제의 박탈감	이주노동자가 생활 세계에서 직면하는 타자화(othering)와 각인된 소외 의식
매일매일 기계처럼 일하고 기계 소음 앞에서 벙어리가 돼야 하지만, 어… 여기서 벗어나고 싶고 뭔가 배워서 더 발전하고 싶은 마음이 얼마나 큰지 선생님은 모를 거에요. 그래서 이 소모임에 오는 거죠. 아무리 피곤해도…	학습에 대한 갈망과 학습동기	학습주체(learning agency)로서 이주노동자의 학습 열망과 목소리 내기(making a voice)

해석 자료는 참여 관찰과 제보자 면담을 통해 분석하고 코딩을 통해 재구조화하였다. 여기서 도출된 2차적, 3차적 분석 자료를 재검토하여 순환적 의미 교차 작업을 통해(조용환, 2004) 지속적인 해석 망을 보완했다.

II. 평생교육담론과 다문화주의 논의: 이론적 고찰

오늘날 성인학습자를 둘러싼 생활세계는 다문화적이다(Jarvis, 2007: 6). 평생교육의 변화한 환경으로서 다인종·다문화 사회는 노동, 결혼, 교육 등 복합적 동인으로 수반된 국제이주를 통해 인적 구성에 변화가 일어나는 사회이며, 이는 기존의 단일문화중심의 사회적 관례, 언어, 행위 양식, 상호작용, 가치관에 이질성(heterogeneity)이 확대되면서 균열을 불러일으키는 외적 환경을 제공하고 있다. 북미를 중심으로 문화적으로 다양한 집합체에 대한 교육 분야의 논의는 주로 교육사회학에서 다문화교육과 반인종교육(anti-racist education)이 양대 진영을 이루며 전개되어 왔다. 다문화교육은 인종, 종족, 계급, 성 등 다양한 배경을 가진 학생들이 성공을 경험하고 사회적 이동을 평등하게 촉진하는 데 초점을 두어왔다면, 반인종교육은 주로 체제의 불균형과 힘의 문제에 귀착하고 있다(허영식, 2000). 중요한 것은 두 진영 모두 헤게모니를 가진 지배 문화를 준거로 문화적 자원이 빈약한 집단을 소수(minority)로 규정하면서 소수집단에게 동등한 교육적 기회와 사회적 권리를 제공하는 것을 강조한다는 점이다.

성인교육학계에서는 이러한 논의를 1990년대부터 본격적으로 전개하기 시작했다. 지구화의 가속화에 따라 평생학습체제는 새로운 형태의 세계시민적 민주주의를 요청하고 이에 터한 성인교육의 문제는 논하는가 하면(Sbefer and Samnuels and Sardien, 1997; Schugurensky, 2006; Jarvis, 2007), 지구화에 따라 심화되는 성인학습 영역의 문화 권력과 소외, 차별의 문제가 조명되기도 했다(Welton, 1995; Gustavsson and Osman, 1997). 특히 구스타브슨과 오스만(Gustavsson and Osman, 1997)은 다문화적 배경으로 인해 구조적인 불평등을 겪는 유색인종, 이민자 등 소외집단이 된 성인학습자들이 자신들이 처한 억압적 사회 상황을 변혁하기 위하여 성인교육을 통해 자유의지와 창의성을 계발할 것을 주장하였다. 스파크 (Sparks, 2002)는 지금까지 성인교육 영역의 다문화연구가 처방주의적으로 전개되었고, 인종적 소수자에 대한 불평등한 현상유지에 급급했다고 비판하면서 흑인, 히스패닉, 아시안 등 인종적 범주에서 구획되는 연구 담론들에 대한 다양한 경험과학적 연구가 전개되어야 한다는 점을 지적했다.

한편 평생교육론에서 지구화로 인한 다문화적 사태는 새로운 형태의 초국적 시민연대를 가능케 하는 긍정적인 기제라고 말한 코스가드(Korsgaard, 1997)는 성인학습의 물신화(物神化)를 경계하기 위해 다문화주의 학습과 간문화적 성인교육학(intercultural adult education)의 중요성을 역설하였다. 평생학습의 참여와 수혜 양태가 인종, 민족, 성, 계층, 종교 등에 따라 차별적으로 진행되는 것을 극복하고, 성인학습자에 대한 차별과 배제가 재생산되지 않기 위한 비판주의적 성인교육론이 중요하다. 따라서 평생학습에서 자본의 영향력 확대, 세계간 상호연관성의 증대, 시민사회 중심의 새로운 민주주의 대두 등 거시적인 측면뿐만 아니라 성인학습자를 둘러싼 다문화적 문화 확산은 평생학습체제에 새로운 전환을 가져오는 것이라고 본 것이다.

그러나 아직 평생교육학 담론에서 다문화주의를 해석하는 이론적 프레임이 명쾌하지 못한 것이 사실이다. 평생학습의 다문화적 논의는 이미 다문화사회를 구성하고 있는 유럽과 북미를 중심으로 산발적으로 전개되어 왔으나 선명하게 규명된 바가 없다(Schugurensky, 2006). 다문화주의의 개념을 사전적 의미에서 풀이한다면 여러 유형의 이질적인 문화를 세계시민주의(cosmopolitanism)나 다원주의(pluralism)의 입장에서 유연하게 수용하자는 것으로서, 복잡다단하게 구성된 세계 안에 특정 개체를 소외시키거나 차별하는 것이 아니라 포용하는 것을 강조한다(Diamond, 1994). 이런 맥락에서 성인교육 담론에서는 백인 남성 위주의 특정한 이해 기반으로 재생산하는 것이 아니라 유색인, 이민자, 여성, 동성애자 등 주변부화된 사회 소수집단을 교육체제 안에 포용하는 것을 강조한다(Torres, 1998; Pai, 1990). 즉 전통적으로 성인교육에서 다문화주의 담론은 인종, 계층, 성, 종족의 배경에서 기인하여 사회주변부로 위치한 소수자의 문제를 천착하면서 다문화적 사태에서 배태되는 불평등과 차별, 그리고 소외를 뛰어넘기 위한 성인교육의 과제와 성인교육자의 역할 강조한 것이다.

다문화주의에 대한 비판적 성인교육론을 전개한 스파크(Sparks, 2002)는 성인학습자는 기존에 자신이 전제한 지적이고 감성적인 이념형으로서 다문화의 개념을 해체할 것을 요청했다. 지배 담론에서 소외된 다문화적 배경을 가진 성인학습자들이 현전에 대한 비판적 사고능력을 재무장함으로써 학습주체로서 자신을 복원하고 사회구조에 대한 새로운 이해와 실천을 전개해야 함을 강조한 것이다. 이는 곧 세계와 상호 교섭하는 주체가 종전의 경험을 끊임없이 재구성하는 과정이며, 문화적 배경에 배태된 불평등한 힘의 관계와 소외를 뛰어넘는 이념적 기제로서 다문화적 평생교육론의 윤곽을 읽을 수 있는 대목이다. 이를 볼 때 평생교육론에서 다문화 학습 맥락을 다룰 때 가장 중요한 것은 소수집단 구성원들이 지배문화의 도그마에 종속되지 않고 자신의 고유의 경험을 사회적 개입과 참여를 통하여 비판적으로 자각하고 이해하는 통찰을 이룰 수 있도록 재배치하는 것이라 할 수 있다(Standfield, 1994).

이상의 논의를 종합적으로 살펴볼 때, 현재의 평생교육담론과 교차하는 다문화주의 맥락은 모종의 공통된 이데올로기적 입장을 선명하게 윤곽화하지 않지만, 그것은 단순히 자유주의적 다원주의나 세계주의의 연장이라고 하거나 인종·성별·성적 취향에 따르는 급진적 분리주의를 정치하는 것도 아니다. 오히려 평생학습담론의 다문화주의는 성인교육 논의의 전통을 승계하여 인종적, 문화적 소수파 또는 탈주체화된 집단에 대한 평등한 참여와 소통의 기회를 보장하고, 이들이 하나의 학습사회 안에서 끊임없이 상호작용하도록 진작하는 좌표계(frame of reference)라 할 수 있다. 그렇기에 평생교육담론에서 다문화주의는 이국 문화에 대한 단순한 이해나 문화적 취향으로서의 사인화(私人化)가 아니라, 학습사회의 다양한 유기체들이 차별과 소외에 따른 물신화를 극복하고, 자기와 세계를 둘러싼 경험 양식을 비판적으로 성찰하여 공공의 장에서 상호 교섭하는 다원주의적 관계망의 확장을 요청한다(Schugurensky, 2006). 이는 하나의 문화체로부터 또 다른 문화체가 가진 문화적 신념과 기반을 가로 지르는 생애에 걸친 경계 넘기 학습이라고 해석할 수 있다(Giroux, 1993).

궁극적으로 평생학습에서 다문화적 맥락은 차이와 다양성을 평행선상에서 동화하고 수용하기보다는, 지속적인 사회적 참여와 소통을 통해 복합다중적인 개별 주체의 목소리와 경험을 현현시킨다는 점에서 특수한 임무를 갖는다(Sparks, 2002). 따라서 소수집단이 자신의 경험을 재구성하고 해석하여 일상에서 자신의 목소리와 이해를 발현하는 상호 과정을 정치시킨다. 예컨대 한 사회의 주변부에 위치되어 온 이주노동자가 그들 스스로 인식하고 말하는 일상의 경험 구조와 해석, 자기 인식과 의미 구조가 어떻게 형성되고 어떤 맥락에서 전개되는지는 밝혀낸다는 것은 다중복합적 문화체들이 다양한 경계선을 넘나드는 방식을 이해하는 데 매우 중요한 문제이다. 지배문화 담론이나 중심부가 기획하는 헤게모니가 아닌 주변부나 소수파가 스스로 인식하는 토대를 제공하는 다문화적 맥락(Sparks, 2002)은 좁게는 다양한 민족적·문화적 배경을 가진 학습자간의 관계와 소통의 다원성, 넓게는 국가주의 시민성(national state centred citizenship)을 넘어 전 지구적인 참여 민주주의적 시민사회 구성으로 이어지는 경향을 보이기 때문이다(Falk, 1994).

이에 다문화 평생교육론은 문화복합체의 양식으로서 인종, 성, 종족 등 다중문화를 접하면서 학습자가 자신이 전제하던 경험을 생애에 걸쳐 재구성하는 과정이며, 다문화적 삶의 전역을 지속적으로 기획하는 변증법적 진행형이다. 따라서 평생학습에서 다문화적 맥락은 그것의 수준, 준거, 작동 메커니즘에 따라 달라지겠지만, 학습내용, 학습환경, 학습관계 등 단일문화중심담론에서 조명하지 못하던 평생학습의 다층적 경험 양식을 밝힐 수 있다. 이에 평생교육의 기본 원리에 입각하여 다양한 인종적, 민족적, 문화적 소수자에 대한 동등한 평생교육 기회를 제공하고, 지역공동체를 기반을 한 시민사회가 함께 살아가기 위한 평생학습 현장을 주목하는 것은 바로 이런 제 담론에 대한 실천적 응답일 것이다.

Ⅲ. 평생학습의 다문화주의 맥락: 실제 탐색

1. 학습의 맥락: 타자화, 갈등 그리고 다문화적 학습 역동

현재 전 세계에는 약 2억 1천 명의 이주민들이 고향을 떠나서 살아가고 있으며(UN, 2008), 이 가운데 1억 8천만 명 이상은 세계 각국의 3D(dangerous, dirty, difficult) 업종에서 일하는 이주노동자와 그 가족들로 분류되고 있다(ILO, 2008). 오늘날 선진국을 중심으로 볼 때 범사회적으로 이주노동은 한 국가의 경제력이 일정 수준에 이르면서 나타나는 출산율 저하, 산업구조의 재편, 3D 업종에 대한 취업 기피현상 등 단순기능 인력 부족 현상이 공통적으로 발생한다. 선진국의 경우 단순 기능 인력을 메우는 역할을 이주노동자가 담당을 하면서 이들이 저개발국가에서 대거 유입되는 것이다. 이주노동자 수가 급증함에 따라 유입국에서는 국내 노동시장과의 충돌, 인권침해, 사회보장 문제 등이 여기저기서 부각된다(Eytan, 2004). "우리가 필요로 한 것은 노동력이었는데, 우리 속에 들어온 것은 '사람'이었네"라고 말한 막스 프리쉬(Marx Frisch)의 통찰은 많은 것을 시사한다. 이주노동자를 단지 공장에서 일하는 값싼 노동 자체로 대상화하는 것이 아니라, 이주를 통해 삶을 지속적으로 영위하는 '사람'이자 구성원으로 재정치 되어야 함을 역설하고 있다.

전 지구적 흐름과 함께 우리나라의 경우 1980년 후반부터 급속한 산업화의 물결이 진행되면서 국내 노동시장에 필리핀 이주노동자를 중심으로 외국인 산업연수생들이 대거 유입되기 시작했다. 한국은 일본, 독일, 미국 등 선진국에 노동 인력을 공급하는 송출국에서, 베트남, 필리핀, 방글라데시 등 개발도상국가에서 유입되는 아시아 이주노동의 허브(hub)로 지칭되는 이주노동 수용국으로 변모하기 시작하면서 새로운 다인종, 다문화사회로의 체질 변화를 경험하고 있다. 그렇다면 우리사회에서 이주노동자들의 사회적 위치는 어떻게 정의하고 있는가? 이주노동자를 사회문화적 집단으로 규정한다면 범사회적으로 어두운 시선이 드리워진다. 토끼몰이식 단속과 강제출국, 주민들이 기피하는 혐오 사업장 등 한국인의 멸시와 폭력, 문화간 차이와 갈등, 음침한 공장의 기계 앞에서 땀 흘리는 피부색이 다른 노동인력, 잠재적 범죄 집단(potential criminal group) 등 이들에 대한 타자화된 인식은 아직 견고하다.

미셸 푸코(Michel Foucault)는 인간은 자신들과 대비하여 다른 집단을 정의내린다고 말하며 이 과정을 타자화(othering) 과정이라고 설명했다. 특히 열등하고 비정상적이고 이상하다고 간주하는 타인들에 반대하여 스스로의 정체감을 강화하는 타자화의 틀에서, 경제적으로 빈곤한 개발도상국에서 온 이주노동자들은 속박되었다. 더욱이 그동안 굳건하게 자리 잡아 온 한국의 특수한 단일민족주의 관념은 '타자화'(othering)를 통해 우리 사회에서 살고 있는 다양한 인종적·문화적 소수자들에게 끊임없이 소외와 차별을 재생산해 왔다. 이들은 단일민족 관념, 단일문화 중심주의에 익숙한 한국 사회에서 '우리'라는 테두리에 의해서 지속적으로 대상화(對象化)되고 물화(物化)되면서, 문화다양성을 담지한 주체라기보다는 타자화되는 대상으로서 규정된 것이다. 지금까지 우리 사회에서 소위 제3세계에서 온 이주노동자들은 이름 없는 존재들로 위치해 왔기 때문에 이들을 고령화된 한국사회를 떠받치는 젊은 노동인력으로 인식하고, 지역사회에서 다양한 삶터를 꾸려가는 다문화적 공존을 이루는 구성원이자 '이웃'으로 바라보는 어울림의 시각은 여전히 결여되어 있다. 이주노동자를 '인간'이 아닌 '노동'으로 규범화하는 경향이 우세한 것이 우리의 지배문화의 시선이라는 점을 부정할 수 없다(석원정, 2003). 이주노동자를 둘러싼 우리 사회의 갈등과 소외의 정치학이 배태된 지점이다.

> 벌써 한국에 산지 거의 10년이 넘는데, 처음에는 더 힘들었어요. 죽고 싶을 만큼… 무슨 우리가 애니멀(animal)도 아니고… 우리나라 힘도 없고, 못산다고 무시하고, 우리가 공장에서 일한다고 또 무시하고 그냥 그렇게 한국 사람들하고 마주치는 거 없이 거의 숨어서 살았던 것 같아요. 어디에도 끼일 수 없이…(캄티우)

이주노동자를 둘러싼 외연은 지역 사회에서 또 한 번 굴절되고 소외되어 온 것이 사실이다. 안산, 시흥, 남양주, 마석 등 이주노동자가 노동을 하는 공장이 밀집한 지역은 우범 지역으로 인식되는가 하면, '이상한 동네'로 인식되는 경향이 크다.

> 우리 센터가 거의 5년이 넘어가죠. 근데 처음에는 지역주민들이 여기를 무슨 이상한 소굴처럼 보는 것 같았어요. 어떤 분은 구청에 전화해서 위험한 외국인들을 집합시키는 센터 때문에 동네 아파트 가격 떨어진다고 민원을 넣었더라고요. 그때 참 답답했는데, 저희도 그 덕분에 많이 깨지고 또 제대로 개선하려고 노력했죠.(서주영)

지역 주민들은 되도록 이주노동자들을 피해서 지나가며, 이름 없는 타자로 인식한다. 이는 우리나라만의 특수한 현상은 아니다. 선진국가들 역시 이주민과 이주노동자는 명시적 혹은 암묵적으로 주변부화 되면서, 전 사회적 맥락에서 고립과 소통 단절을 종종 직면한다. 모종의 게토(ghetto)가 자발적이든 비자발적이든 만들어지는 것이다(Marco, 2001). 이 점에서 보건대, 평생교육학계에서 주목하기 시작한 다문화주의, 다문화적 학습은 기존의 연성적이고 낭만적인 국제이해교육, 자유주의적 세계시민교육과는 이념망을 달리하게 된다. 평생학습담론에서 다문화적 학습 맥락은 다양한 종족, 인종, 민족적, 국적, 계층적 배경을 가진 이질적인 유기체들이 학습사회에서 만나고 소통하고 갈등하고 선 이해를 재구성하는 지속적인 상호작용의 과정을 말하기 때문이다. 혈연에 기반을 둔 단일민족주의 관념(blood tided nationalism)이 고착화되어 온 한국사회에서 인종적, 문화적, 정치적 소수집단인 이주노동자들이 평생학습사회의 일 주체로 자리 잡는 과정에서 타자화로 인한 소외, 갈등, 소통의 변증법을 학습역동 안에서 분석해야 한다. 센터에 참여하는 이주노동자들은 생활세계에서 부딪혀 온 타자화와 갈등 경험에 대해 자발적, 비자발적으로 개입하면서 지역주민과 지역사회에 대한 모종의 관계성을 획득하게 된다. 이러한 다양한 문화적 발산과 수렴적 소통 행위를 통해 지역주민들 역시 자신이 기반한 경험을 반성하고 재정립하는 변증법적인 인식의 과정을 거치게 된다.

> 재밌는 건, 처음에는 내가 이 모임을 즐길 거라고 상상도 못했거든요. 솔직히 어눌하게 한국말 하는 이 사람들하고, 나랑 생김새도 다르고 공통점도 없는데 어떻게 같이 공부하고 토론하고 말이 통할까 싶었죠. 그런데 만날수록 안 그렇더라고요. 오히려 이 사람들이 나한테 '선생님 선생님'하면서 호칭만 불러주지, 제가 오히려 배우는 것 같아요. 그동안 얼마나 무식했는지 그냥 어디 텔레비전에서, 책에서 전하는 정보들로 전체를 파악했지, 별로 아는 게 없었잖아요. 이제는 이 사람들 입을 통해서 나오고, 일상에서 부딪히면서 알아가니까 점점 문화이해 지수가 높아지는 것 같아요.(웃음)…(이현주)

우리나라의 경우 200여 개가 넘는 비영리 시민사회단체들이 사회의 소수자인 이주노동자의 인권을 보장하고 삶의 건강성을 복원할 수 있도록 다양한 지원적 노력을 기울이고 있다. 이들 시민사회단체는 이주노동자가 합법적으로 노동행위를 하건, 미등록상태로 불법적으로 노동을 하건 간에 인도주의적 입장에서 광범위한 자원을 지원하고 있다(석원정, 2003). 현재 시민사회의 지원적 외부환경은 이주노동자들에게 물적 지원을 단방약 차원에서 제공하는 단계에서 한 단계 나아가 이주노동자 자신들이 자생력을 담지하고 그들이 스스로 구성하고 이끌어가는 자주적 문화를 장려하는 '주체의 자생화' 단계를 지향한다. 최근 들어 광명시, 안산시 등을 중심으로 이주노동자 지원센터를 지역사회의 주요 파트너로

서 인식하고 이주노동자와 지역민의 교류와 융합을 모색하는 새로운 형태의 참
여문화의 중요성이 부각되고 있는 것도 주목할 대목이다(김준식, 2010). 이주노동
자의 개인적인 삶의 조건 개선을 넘어, 이들이 전 사회적인 맥락에서 참여하고
시민성을 부여받아 그것이 하나의 지역사회에서 다양한 문화 자원을 뿜어내는
현상은 다인종, 다문화 시민사회의 변화를 시사한다.

> 지역 사회에서 자연스럽게 융합되기 위해서는 새로운 방향이 필요하더라고요. 시행착오
> 끝에 성동구청 홈페이지에 지역 자원봉사를 홍보하는 광고도 넣고, 여기 주변에 있는 한양대하
> 고 교류하면서 이미지도 높이려고 했고, 그렇게 하다 보니 점차 지역에 계신 좋은 분들이 한
> 분 두 분 모이시더라고요. 한양대 의대생도 무료진료 봉사를 해주고, 주변도 오셔서 한국말도 가
> 르치고 상담도 하시고, 은퇴한 노인 분들도 시간이 많이 남으시니까 같이 소모임에서 얘기도 하시
> 고, 빵집 아줌마 아저씨들이 뚜두 빵크도 참여해 주시니, 저야 모두 감사하죠. 이분들이 일요
> 일에는 아기를 데려와서 같이 외국 노래도 배우고 어울리기 시작하는 등 암튼 점차 지역에서
> 자리를 잡아가는 것 같아요. 피부색이 달라도, 언어가 달라도, 민족이 달라도 다 같이 어울
> 릴 수 있는 그런 곳이 되는 게 제일 큰 기쁨이죠. 다문화를 통해 서로 배우는 거…(서주영)

이러한 시민사회의 인식론적, 존재론적 참여와 소통행위 지원을 통해 이주
노동자 지원센터는 지역성(locality)을 부여받게 되고, 지역주민들은 다양한 문화
유전자를 생활세계에서 만나면서 결국, 지역의 평생학습은 다문화적 차원에서
풍성하게 재구성하는 모종의 기제를 획득한다. 이주노동자들은 자주적으로 생활
세계의 문제를 생각하며, 고민을 토로하고, 지역 주민간의 상호작용을 통해 서
로의 상이한 문화적 자원을 공유한다. 생활세계에 기반을 둔 지역공동체의 다문
화적 경험이 새롭게 구성되는 전초를 보여준다는 점에서 '일상의 경험으로부터
의 학습'이 일어나고 있는 것이다(Boud and Walker, 1991). 이 속에서는 이주노
동자와 지역 주민의 다문화적 학습활동이 사인화(privatization)되는 것이 아니라,
공적 영역(public sphere)에서 기존의 타자화와 갈등이 재구성되는 학습 역동이
전개된다. 이를 볼 때 성동구에 터한 이주노동자 지원센터는 다양한 문화 주체

들이 교류하고, 상호이해를 시도하며, 궁극적으로 존재론적 변화를 모색하는 행위자들의 만남과 소통이 이루어지는 장이다.

인종, 계층, 종족 등의 상이한 배경으로 인해 '섞일 수 없는' 이질적인 소수집단, 그리고 사회적 목소리가 억압된 종속적 노동자로 일변되던 이주노동자들을 향한 전제가 비판적으로 재구조화된다. 이들은 단일 문화중심적 관점에서 획득될 수 없는 다양한 삶의 자원을 축적해 오면서 한국이라는 낯선 문화를 접하고, 지원센터와 그 속의 자발적인 학습소모임 활동에 참여하고 자문화의 정체성을 반추할 수 있는 지역주민과의 소통행위를 통해 정보를 생산하고, 경험과 지식을 공유하는 담론의 생산자로 변환(transform)되는 경험을 하게 된다.

> 공장에서는 제대로 입도 뻥긋 못해요. 수다 떨면 사장님이 발로 차요. 저 원래 사람들이 내 얘기 들으면 막 혼자서 열심히 말하거든요(웃음). 아무래도 내 얘기를 누군가 들어주고 나도 그 사람들하고 어울릴 수 있는 그런 걸 내가 참 좋아하나봐요. 말하는 입이 있으니까 힘이 난다고 해야 하나… (중략) … 내가 스스로 우리나라 문화도 얘기해 줄 수 있고, 사람들이 미얀마 잘 모르잖아. 우리 수지(아웅산 수지 여사) 말고도 좋은 역사 많거든요. 이 센터에서는 내가 미얀마 문화에 메신저(messanger)가 되니까 기분 좋고, 나도 다른 베트남, 파키스탄, 스리랑카 같이 다른 나라 친구들하고 서로 공부도 하고 노래도 같이 하다보면 많이 배우고 힘들어도 살맛도 나죠.(뚬띠양)

대개 일일 13시간여의 육체노동으로 대부분의 일상을 공장이라는 닫힌 공간에서 보내는 이주노동자들에게 있어 지역사회에 자리 잡은 이주노동자 지원센터는 학습세계의 열린 장이다. 하버마스(Habermas)와 그람시(Gramsci)의 언설을 빌리자면 이주노동자들은 지원센터에 참여하면서 자신들의 물신화된 생활세계를 복원하고 의사소통의 합리성을 획득하고자 노력하는 것이며, 프롤레타리아로서 이주노동자의 헤게모니(hegemony)를 변환하는 움직임을 꾀하고 있다. 또한 이주노동자를 향한 타자화된 시선과 사인화된 관조적 태도를 견지하던 지역사회의 주민들은 센터를 통해 다양한 문화복합체를 담지한 노동자들과 비형식적 장에서 상호교섭하면서 자신의 기존 경험과 선 이해를 재구성하는 인식 변환의 계기를 맞는다.

그런 점에서 지금까지 살펴본 이주노동자 지원센터와 지역사회의 다문화주의 학습맥락의 문제는 지역의 생활세계가 다문화적 주체들의 소통의 장, 즉 스스로 말을 걸고 말이 소통의 공공성을 획득을 하는 −스피박(Spivak, 2003)이 역설한 '목소리가 오고가는'− 사회적 공간으로 재구조화 되는 것을 엿볼 수 있다. 이는 이주노동자들의 다문화적 배경이 타자화의 굴레에서 개인의 소외와 사인화로 속박되는 발생학적 낙인찍기가 아닌, 그러한 다양성이 오히려 공적 자원과 경험을 네트워크화하는 소통의 사회학을 보여주는 것이다(Young, 1989). 지역사회에서 다문화적 구성원들의 목소리와 그들의 존재에 조금씩 개입하기 시작한 지역주민들에게 이주노동자 지원센터는 아직 완벽한 형태를 아닐 지라도 흡사 교학상장(敎學相長)의 상호교섭을 변증적으로 거치는 다문화주의 학습 현장이 된다.

2. 학습의 구성 양식과 학습 내용: 다원성을 통한 경험의 재구조화

문화란 정신적 소프트웨어를 담은 하나의 프로그램이라고 규정한 호프스테드(Hofstede, 1995)의 관점에서 보자면 평생학습에서 다문화적 사태는 다중복합적 정신적 소프트웨어들이 새로운 학습 방식과 양식으로 프로그래밍되는 것이라 할 수 있다. 이는 다양한 학습관계가 구성되는 학습생태계의 외형적 체질은 물론 학습자의 존재론적 경험이 구성되는 방식과 조건을 변화시키는 것이다. 위에서 살펴본 다문화적 학습 맥락은 이주노동자들이 매주 정례적으로 참여하는 센터의 비형식적 소모임을 통해 지역사회의 기존의 자원이 재구조화되며, 지역주민과 이주노동자의 소통망 형성을 통해 다문화적 학습행위가 이루어지는 새로운 윤곽을 보여준다. 지역사회는 이처럼 다중복합적인 정신 소프트웨어들이 익숙함과 낯섦을 날실과 씨실로 교차하는 모종의 네트워크를 직조하는 중이다.

다문화의 발산체인 이주노동자 지원센터는 사람과 사람을 매개로 지역사회의 다원성을 확산하는 계기를 제공한다. 다문화적 의사소통 역량(multi‒cultural communication competency)은 필수적인 학습 영역이 될 수밖에 없다. 우선, 이주노동자 지원센터에 처음 발을 딛는 사람들은 적어도 두 가지 질문을 주고받게 된다. '어디서 왔어요?' '이름이 뭐예요?'가 그것이다. 이를 화두로 자신을 소개하고 서로를 인식하며, 기존에 자신이 알고 있던 지식과 정보를 재구조화하면서 친교의 다리를 놓게 된다. 단일문화중심 공동체라면 '국가'와 '민족' 혹은 '인종'이라는 항목이 무의미할 테지만, 30개 이상의 다국적 출신의 이주노동자들이 모이는 지원센터에서는 이것이 타자에 대한 이해를 돕는 지표가 되는 것이다.

지역 주민들은 상담활동가로서, 한글교실의 자원봉사자로서, 세계문화교실의 토론 모임의 동료로서, 성동구의 고아원과 양로원에서 함께 자원 봉사하는 친구로서 이주노동자들을 만나게 된다. 방송과 잡지 등 미디어 대중매체가 일방향적으로 소개하는 특정 나라, 특정 문화에 대한 단편적 지식이 아니라, 지역사회의 생활세계에서 교차하면서 소통하는 이주노동자들의 살아있는 관점과 지식, 그들 자신의 문화적 해석을 ‒굴절된 제3의 눈이 아닌‒ 그들의 언어로부터 접하게 되는 것이다. 지역주민들은 노동자들과 상호 교섭하면서 세계의 문화를 재인하고 자기 속에 화석화된 지식과 경험의 선 구조(pre‒structure)에 생생한 입김을 부여받는다. 기존의 지식, 태도, 관점의 변화가 일어나는 지점이다.

이주노동자 지원센터에서 상담활동가로 1년 동안 자원봉사를 하고 있는 윤순희 씨의 경우, 지금까지의 인식의 편리를 위해 일반화된 고정관념들, 경험 양식들이 이주노동자 센터에서 오고가는 이주노동자들을 만나면서 해체되고 재구성되었다는 점을 다음과 같이 술회한다.

사실 저는 다문화주의라는 말은 좀 그렇더라구요. 뭐랄까 굉장히 집합적이잖아요. 한국 사람, 미국사람, 일본사람, 동남아사람 등등 정말 총 천연색의 개성을 국가라는 이름 안에서 한꺼번에 다 묶어버리잖아요. 사람이 저마다 얼마나 각양각색인데… 여기 센터에서 만나는 외국인들도 말 그대로 다문화 일색이죠. 한번에 '파키스탄 사람은 다 이래!'라고 단연할 수 없다는 걸 이 사람들과 어울릴수록 깨닫게 되요. 책에서 배운 거랑 다른… (중략) … 또 우리나라 사람들이 가진 미국 사대주의처럼 너무 백인 중심으로 생각하는 경향 때문에 이 친구들을 더 멸시하고 차별해 온 건 아닌지, 반성한다고 해야 할까. 인사하고 친구가 되고, 오해를 풀고, 제 무식함을 덜어낼 수 있어서 많이 배우죠.(윤순희)

지역 사회에 이러한 문화 다원성이 발아하고 있고 그 속에서 다양한 참여 활동을 하는 것이 그에게는 이주노동자와의 상호작용이 책에서 지식으로 습득한 다문화주의 담론 자체에 대한 균열(disjuncture)을 불러일으킨 것이다. 이는 자비스(Jarvis, 2007)가 논의했듯이 기존의 선 이해와 익숙한 행위양식이 자연스럽게 작동되지 않아 생기는 간극이 발생하여 학습자의 경험 구조가 재구성되는 대목이다. 다양한 문화적 배경을 가진 이주노동자들이 국제이주노동을 통해 생활세계의 전환을 가지고 되고, 이들이 자문화로 인식되는 제1문화와 새롭게 직면하게 되는 제2문화 간의 적응과 동화 혹은 저항의 역동, 소외의 문제들이 발생한다. 이주노동자와 지역주민은 서로를 마주하면서 다문화적 학습세계의 소통을 재구성한다. 그것은 넓게는 평생학습의 다원성은 투영하는 것이며, 좁게는 지역의 문화적 잠재력을 새로운 방정식으로 규정하는 가능성이라 할 수 있다. 평생학습담론에서 타자를 알고 이해한다는 것은 학습의 새로운 지평을 여는 작은 국면이다. 그것은 마치 딜타이(Dilthey)의 언어를 차용하면 타자의 삶은 자신의 삶의 이해로부터 이해되어야 한다는 점에서 성찰 학습을 동반하는 것이다. 지역 주민들은 이주노동자에 이해를 통해 '이주'라 주제에 대해 다양한 방식으로 인식하기 시작했으며 범사회적 반응을 보이기 시작했다. 이는 이주노동자를 이름 없는 대상이나 개인이 아니라 소통하는 이웃으로 재위치시키는 움직임의 단초라 할 것이다.

실제로 이주노동자에 대한 부정적 시선이 강했던 성동구는 2003년부터 성동외국인근로자 센터의 프로그램의 우수성과 다각적인 사업들이 알려지면서 성동구청을 통해 많은 주민들의 참여 문의가 이어지게 되었다. 이에 따라 이주노동자 지원센터는 정보화에 소외된 주부, 영세사업주들에게도 컴퓨터 교육을 실시하고 또 이들이 이주노동자를 위한 한국어 교실, 상담활동의 자원봉사 교사가 되도록 다양한 기회를 열어주게 된다. 지역주민이 바로 자원교사가 되기도 하고 다문화를 학습을 하는 친구가 되는 것이다. 주부들을 중심으로 진행되는 푸드뱅크(food bank) 서비스를 통해 지역의 음식 자원을 효율적으로 활용하고, 이주노동자들이 센터에 모여드는 일요일에는 성동구의 지역 현안에 대한 연대활동을 벌이기도 한다. 특히 생활 나눔과 바자회(holding bazaar)는 의류 및 생활용품을 수집하여 이를 필요로 하는 외국인근로자에게 제공한다. 지역주민이 함께 나누고 참여하면서 가정에 매몰된 주부들에게 다른 문화를 접하게 하고 컴퓨터 등의 교육 프로그램을 통해 자기계발의 기회를 제공한다. 지역주민과 이주노동자와의 병렬적 만남에 그치는 것이 아니라 상호작용을 통한 소통이 이루어지는 것이다.

> 예전에는 이 센터 앞을 그냥 스쳐 지나가면서, 이상하게 생긴 시꺼먼 다른 나라 사람들이 왔다 갔다 하길래(웃음) 거부감도 있었고 그랬거든요. 근데 지금 이렇게 그런을 함께 하다 보니 제가 더 커진 느낌이 들어요. 무식하게 동남아 문화는 다 같은 줄 알고 있었지만 여기 친구들하고 이야기하고 토론하다보니 이것저것 제가 알던 상식이 깨지기도 하고… 집에 우리 아이가 미얀마하고 베트남이 같은 나라냐고 물어보면 지도에서 같이 찾아보면서 공부도 하고… 소모임의 뚬띠앙한테 미얀마 음식을 배우기도 하고… 암튼 우리 동네 이 센터가 있어서 더 재미있는 것 같아요. 나를 돌아보는 계기인 것 같기도 하고… 이 사람들도 우리와 비슷한 고민하고 꿈을 꾸는 인간이구나…(이현주)

이주노동자 지원센터에는 일요일마다 좁은 로비에서 몸이 부딪힐 만큼 여러 사람들이 오고가며 마주친다. 어슬렁거리며 말 걸기를 하기도 하고 눈빛도 교환해 본다. 억양이 특이하지만 의사소통을 가능하게 하는 한국어들이 센터 곳곳에 오가고 있다. 센터 로비의 가장 큰 테이블에는 종종 각종 나라에서 온 '다국적 간식'들이 봉지채로 올라와 있다. 몽골에서 부모님이 보내줬다는 호박씨가 그득 담긴 테이블에 앉아 이주노동자들과 상담활동을 하는 주민들이 농담을 주고받는다. 일상을 나누면서 그들은 한숨도 토로하기도 하고 현실적 애환을 담은 일상의 이야기가 오고간다. 테이블 위에 놓인 '호박씨'라는 먹거리가 밑알이 되어, 베트남 하노이 외곽지역의 한국 공장이 연상되기도 하고, 육체노동의 고달픔을 논했으며, 더 나은 돈벌이를 위해 미등록 체류상태로 전락한 이주노동자들의 공감대가 형성된다. 지역민들은 이들을 낯선 이방인이 아닌 공감의 정체성을 가진 '관계'로 서서히 인식하기 시작한다.

> 처음에는 굉장히 낯설었죠. 솔직히 말하면 생긴 게 우리랑 다르니까 무섭기도 하고… 그런데 이곳 센터에 와서 자원봉사 한답시고 같이 얘기도 하고, 상담도 하면서 내가 더 많이 배우는 것 같아요. 특히 지난번에 쓰나미 사태 났을 때 우리가 캄티우를 통해 스리랑카에 물품도 보내고, 캄티우가 스리랑카말로 현지에 전화하면서 전체적인 상황도 설명해주고… 작지만 그렇게 나누면서 제 인식도 바뀌는 것 같아요. 우리가 차이가 없는 동등하게 어울리는 사람으로 말이죠. 다양한 문화를 접하다보니 제 공감대도 더 두둑해지는 것 같아요. 일단 글로벌 의사소통 능력이 생긴 것 같은 느낌이 들죠. (윤순희)

이주노동자들이 자발적으로 꾸리는 '세계문화교실' 학습소모임에 자원봉사를 하는 지역주민이 참여하기도 한다. 매주 인도네시아 노래를 따라 부르기도 하고, 미얀마의 소수민족 문제에 대해 미얀마 출신 친구에게 발표를 부탁하기도 한다. 한 사람씩 일부러 자신의 국적을 교차해서 방글라데시인, 미얀마인, 인도네시아인이 된 것처럼 역할극(role play)을 해서 다른 나라의 노래를 자기 나라의 노래처럼 억양을 넣어 부르기도 하고, 작은 공연을 해보기도 한다. 이처럼 탈형식적인 상호작용을 통해 '다른 사람 되어보기'를 통해, 즉 일종의 작은 역할극을 시도해서 문화의 경계를 넘고, 서로를 인식하며 경험을 재구성하는 변증법적 과정을 거친다. 슈그렌스키(Schugurensky, 2006)는 이와 같은 학습자간의 무형식적 상호작용이야말로 평생학습의 영역과 경험 양식을 구성하는 중추적인 과정이라고 강조했다.

소모임의 주제가 음식문화로 결정된 날, 소모임에 온 이주노동자들과 상담

활동을 하는 주부는 각자 음식문화에 대해 이야기를 나누고 조리법도 물어 보면서 자신의 음식 문화와 비교하면서 이질감과 공감 사이를 오고간다. 외우기도 힘든 전통 음식의 이름을 받아쓰고 읽어보며 관심을 보이는 주부 윤순희 씨, 열정적으로 칠판에 방글라데시 음식을 그리며 설명하는 방글라데시 청년 알리, 조리법을 꼼꼼하게 적어 와서 메모 형태로 나눠주는 베트남의 구엔 등 모두 다양한 문화에 대한 학습활동에 적극적으로 참여한다.

물론 문화를 이해하는 맥락들이 충돌하고 갈등을 일으키면서 개별 학습자들이 가진 경험적 기반이 위태롭게 상호 교섭하는 과정도 나타난다. 이는 이주노동자건, 지역주민이건, 학습유기체가 각기 가진 경험과 의미구조가 상이한 준거들로 작동되기 때문에 균열이 생기는 것이다. 학습자들 간의 선 이해와 경험구조들이 서로 만날 수 없는 평행선을 긋는 경우가 그러하다. 예컨대 '베트남 남자들은 다 이렇다. 한국 여자들은 이렇다. 무슬림들은 이렇다' 등 개인의 경험에 기반을 둔 일반론적 전제나 편견을 일방적으로 적용하게 될 경우 발생한다.

> 항상 답답할 때가 있어요. 사실 우리 방글라(데시) 사람들, 방글라타임 있어요. 꼭 약속 시간보다 두 시간 이상 늦게 나와요. 그런데 나 그거(약속 시간에 늦기) 안 해. 사람들이 나를 통해 방글라데시를 이해할거니까. 그리고 무슬림에 대한 오해도 많은데 다 똑같지는 않거든요. 여자 차별 안 해요. 우리 테러리스트 아니에요. 나는 모임에서 그걸 풀고 싶어요. 오해와 편견! 그게 커뮤니케이션이 필요하다니까요. 그렇게 서로 조금씩 다른 사람들을 만나다 보면 편견도 바뀔 거고 변할 것 같아요. (알리)

센터는 복잡다단한 다문화적 문제를 삶터에서 직면하는 현장이 되고, 참여자들은 문화적 교류와 동화, 충돌, 이해, 융합의 과정을 거치면서 자기 이해와 상대에 대한 인식을 재구성하는 변증법적 학습활동을 한다. 간헐적으로 소모임에 참여하는 한국인 자원 활동가들은 이주노동자들과 사적인 일주일간의 대소사를 풀어내면서 일상의 정경을 나누고 이를 공적인 담화로 발전시키기도 한다. 공장에서의 불합리한 대우, 고향에 대한 그리움, 한국 사회에서 불안정한 신분,

이질적인 문화를 일상에서 부딪치는 이주노동자들은 자신이 가진 소외와 고독, 불안 심리 등을 이곳에서 발산하고 수렴한다. 관계를 맺은 학습세계에서 소통은 또 다른 관계망을 증식시키며 그 자체가 변증법적인 나와 너, 즉 '나'가 투영된 '너', '너'가 투영된 '나'와 만나는 장으로 변환된다(Finger and Asn, 2001). 여기서 다문화적 맥락의 학습이 구성되는 양식과 그 내용 구조를 단초적으로 읽을 수 있다. 이주노동이 수반한 불안감, 고독감, 피로감, 고향에의 향수를 해소할 창구로서 센터를 통해 구성원들은 존재감을 획득한다. 그들은 더 이상 게토화된 이방인이 아니라 자신이 처한 사회적 맥락을 돌아보고 자신의 목소리를 들어주는 지역주민과의 부단한 소통의 과정을 거쳐서 학습주체로 정치된다.

> 여기 선생님이나 친구들이 우리 얘기 다 들어주니까, 우리 고향에 있는 누나도 생각나고… 일주일 내내 공장에서 말 한마디도 안 하다가 여기서는 사람들과 이야기도 하고 같이 어울리고 나를 인정해 주는 것 같아서 힘이 나죠. 어둠의 자식이었다가 나한테 말을 걸어주고 친구가 되는 분들을 통해서 성격도 좀 바뀌는 것 같고, 아… 한국 사람들에 대한 오해도 풀리고… 몰랐던 내 모습도 다시 보면서 좀 좋게 변하는 것 같아요.(캄티우)

고단한 육체노동으로 점철된 일주일 동안 이주노동자들은 존재론적 소통이 닫힌 공장(일터) 안에 결박되었지만, 매주 휴일마다 파주, 마석, 안산 등에 둥지를 튼 이주노동자들이 두어 시간이 넘는 왕복 거리를 마다하지 않고 성동구까지 찾아오는 이유의 근저에는 존재의 소통을 가능케 하는 배움을 통한 만남이 있기 때문이다. 평생교육적 관점에서 다문화적 학습은 단순히 다양한 세계 문화를 배우는 것이 아니라, 문화다원주의를 체득한 학습자들이 참여와 소통의 변증법으로 인종적, 민족적, 문화적 차이를 이해하고 기존의 일원주의적 경험 양식을 비판적으로 성찰하는 것이다. 때로는 정규적인 한국어 교실에서, 컴퓨터 교실에서, 때로는 학습소모임과 지역사회 자원봉사활동, 생활바자회에서 서로를 마주하는 이주노동자와 지역주민은 교수자의 위치와 학습자의 위치를 넘나드는 유기적인 관계를 통해 나눔의 연대를 모색한다. 이주노동자들은 제2외국어로 습득한 한국어를 비록 어눌하더라도 소통의 공용어로 사용하고, 자국 문화를 보여주고 대표자가 되어 주민들을 만난다. 그렇기에 노동에서 해방된 일요일은 이주노동자들에게는 생활세계가 새로운 형태로 복원되는 시간이다. 반면 소모임에 참여하는 지역사회의 주민들은 가족들을 데려와서 이국 문화에 대해 함께 이야기를 나누기도 하고 프로그램에 참여하면서 문화다원성을 재인식하고 상호 공감도를 점차 높여가게 된다. 타문화를 학습하고 자문화의 정체성에 대해 반추하는 역동적 현상이 그 속에서 작동하는 것이다(Selby, 1994). 특히 이주노동자들에게 성동구에 위치한 센터는 노동과 기계가 아닌, 사람과 사람의 만남을 매개해주고 존재감을 충족시키는 성장의 장이 된다.

> 정말이지, 일요일은 그 전날까지 공장에서 야근하고 너무 힘들어서 쉬고 싶고, 일어나기도 힘든데 이런 활동 안 하면 외롭죠… (중략) … 그냥 집에 있는 것보다 이렇게 사람 만나고 공부하면 좋잖아요. 내가 우리나라 문화에 대해 자신 있게, 대표로 말할 수도 있고, 이해하고 들어주니까요. 어디나 사람 관계가 제일 중요하잖아요. 한국인은 아니라할지라도 지금은 한국에 속해 있잖아요. (구인)

어떤 동인으로, 어떤 계기를 통해 참여자들이 센터에서 만나는가는 개인마다 상이할 수 있다. 예컨대 한국 대학생들이 영어를 자유롭게 구사하기 위해 영어카페를 찾거나 영어학원의 'free talking' 수업을 찾듯이, 어떤 이주노동자들은 일차적으로 한국어 구사력을 증진과 같은 즉시적이고 기능주의적 욕구(functional need)를 획득하기 위해 센터의 교육 프로그램에 참여한다. 또한 어떤 이들은 공장에서 고립된 개인이 아니라 "한국 친구라도 있었으면 좋겠다"와 같은 소박한 소망, 즉 사회화에 대한 욕구(social need)로 문화행사와 생활바자회에 합류하기도 한다. 한편 어떤 이주노동자들은 자신을 억압하고 구속하는 외부적인 상황구속성에서 모종의 해방을 시도하기 위한 정치적 요구(political need)를 충족하기 위해 지역사회 주민들과 소통한다. 예컨대 미얀마 민주화운동을 지원하는 뚬띠앙은 미얀마 사람뿐만 아니라 다양한 '의식적 동지'를 만나고 싶다는

욕구에서 센터를 찾는다. 상담 자원봉사를 하고 있는 주부 이현주 씨의 경우는 80년대 학번이 가진 운동의 경험을 통해 사회 소수자들과 함께 하고 싶다는 경험에서 지역사회에 자리한 센터를 찾아서 이주노동자들을 만나게 되었다.

> 학교 다닐 때 공부보다는 열심히 운동만 했는데(웃음)… 살아가면서 뭔가 허전하다는 느낌이 점점 더 커지는 것 같더라고요. 사회 그늘진 곳에 사는 사람도 살맛나는 세상, 차별 없이 누구나 존중받고 행복할 수 있는 그런 게 뭐가 있을까를 생각하다가 이렇게 발걸음을 옮겼어요. 정말이지, 일요일은 일상에서 정신없이 살면서 닫혀가던 나의 의식이 이렇게 다양한 나라 사람들을 만나고 그 사람들과 친구가 되면서 열려간다고 표현해야 하나… 새로운 다문화적 의식화라고 말할 수도 있지 않을까요?(이현주)

이주는 미시적으로는 특정 단위의 문화, 이를 매개로 한 인간의 경험, 지식, 정보, 사상, 태도의 변환을 가져오는 것이며, 거시적으로는 한 사회의 토양을 바꾸는 계기로 작동한다. 분명 이주노동자의 유입으로 지역의 생활세계는 다양한 문화적 바탕에서 재구성되고 있다. 정체성의 변화, 구성원의 경험틀의 전환은 다문화학습의 구성 양식이자 학습의 내용이 된다.

앞서 이론적 고찰에서 살펴보았듯이 오늘날 평생학습담론에서 소수집단의 문화, 즉 마이노리티 관점(minority perspective)에서 성인학습의 의미를 분석하는 연구들은 다문화주의적 만남과 충돌, 그리고 지평의 융합을 시민성(citizenship)의 범주에서 재해석하면서 개인 내적으로, 세계 외적으로 그 의미를 규명하고 있다. 이주노동자들은 지역사회의 지원센터를 통해 이주노동으로 인한 삶터의 전환과 존재론적 의미 변환을 대면하면서 이주한 사회의 일구성원으로서 인식되고 행위 주체로서의 '인간'으로 인식되기 시작했다. 존스톤(Jonhston, 1999)이 주장했듯이 다원적 시민성(pluralistic citizenship)의 관점에서 이주노동자들은 엄연히 존재하는 구성원들이며 이들은 상황구속성을 극복하기 위해 학습한다. 그런 점에서 볼 때 이주노동자 지원센터가 자리 잡고 있는 지역의 생활세계는 다양한 배경을 가진 문화 담지체들이 자각과 반성을 통해 존재의 변환을 지속적으로 모색하면서 그들이 가진 경험세계를 재구성하는 학습 역동의 장이다. 이 속에서 이루어지는 상호작용과 경험의 재구조화가 학습 내용의 골격을 유지한다. 다문화 학습을 통해 차이와 '낯섦'은 자기 이해를 추동할 뿐만 아니라, 타인과의 상호 교섭 관계망을 재구조화하는 촉매가 된다.

3. 현상학적 해석: 존재, 관계, 그리고 다문화적 경험을 통한 성장

가다머(Gadamer)의 언설을 차용한다면, 어떤 사태를 이해하거나 해석한다는 것은 텍스트가 이야기하고자 하는 바에 대해 해석자와 텍스트가 변증법적으로 상호 결합하는 것이라고 했다(로이보인, 1998). 이러한 맥락에서 오늘날 다인종·다문화사회의 흐름에 따라 변화하는 지역의 생활세계는 체계적으로 정립되거나 고정된 텍스트가 아니라 현재진행형의 구성주의적 텍스트에 대한 맥락적 해석이 시도되는 변증법적 공간이다. 그것은 또한 다문화적 경험의 내용, 구조, 방법을 통해 변화하는 이념의 현장이기도 하다. 다양한 문화적 배경을 가진 '사람'들이 개입과 상호작용을 하면서 단일문화중심적 경험과 의미구조는 점차 이질적인 인종, 종족, 국가, 언어, 종교적 변인을 가진 행위자간의 다문화적 교차의 경험을 통해 성찰과 변화를 직면하게 된다. 이주노동자센터를 중심으로 이주노동자와 지역주민은 상호 관심 있는 주제에 대해 공부하고 토론하며, 종교, 환경, 인권, 문화 양식에 관해 반구조화된 토의를 하면서 다양한 학습활동에 참여한다. 예컨대 구성원 간 자원봉사활동, 단체 문화 체험을 공유하는가 하면 '파키스탄 대지진 피해 돕기 캠페인', '쓰나미 모금 운동' 등 현안에 대해 지역사회인 성동구가 할 수 있는 일, 이 지역 주민들과 나누면서 더 큰 힘을 모을 수 있는 일을 모색한다. 궁극적으로 그 장은 사람과 사람의 만남이 물꼬를 터는 공간이며, 이를 통해 이주노동자와 지역주민들은 고립된 자아가 아니라 상호작용하는 자아를 체험하고 존재론적 의미를 확장한다.

이주노동자 지원센터가 지역사회에 자리 잡고, 지역의 주민의 참여를 흡수하는 것은 기존의 지역 생활세계의 구성 양식과 소통 방식이 해체되고 재구성되고 있음을 보여준다. 그것은 마치 변화의 지점을 부정하거나, 무관심하게 보는 지역 사람들이 '우리 동네는 껄끄러운 이주노동자들이 항상 우글거려요'라는 단선적인 말이 해체되는 사태기도 하다. 지역사회는 지금까지의 현상학적 세계가 전제한 기존의 문화적 통일성, 균형성, 일상성을 의도적·탈의도적이건 간에 재구조화되는 변화를 경험하게 된다. 따라서 새로운 형태의 다문화적 자원이 하나의 지역사회에 편재되고 구성원의 개입과 상호작용을 통해 경험의 내용과 방법, 의미 구조가 새롭게 직조된다. 진리는 '거기'에 존재하는 것이 아니라 내부와 외부의 역동으로 '여기' 주체 안에서 구성되듯이(Dominic, 2000), 지역사회도 다문화적 자원을 재구성한다.

이상에서 지역 생활세계의 다문화적 평생학습의 가능성을 탐색한 본 연구는 이주노동자 지원센터와 지역사회의 융합을 실험적으로 고찰한 것이다. 거기에는 공간적·물적 자원으로서의 지역사회와 이주노동자 지원센터가 존재하며, 인식론적·존재론적 자원으로서 지역사회 주민과 이주노동자 등의 미시적인 개인이 있다. 그러나 행위 주체들이 지역이라는 공간에서 총체적 행위를 전개한다는 점에서 물적 인프라는 단순히 대상화가 아니라 사람이 재구성하는 존재론적 무대로 위치한다는 점을 발견할 수 있다. 이주노동자들은 자발적으로 센터에 참여하고, 공장이 아닌 생활세계에서 지역 주민을 만나게 되면서 그동안 한국 사회의 물화된 객체가 아닌, 관계를 형성하는 주체로 활약하는 초기적 모습을 읽을 수 있다.

> 누군가 여기서는 내 말에 귀를 기울이고, 눈을 마주치고, 그런 것들이 일단 좋아요. 내가 작게라도 도울 수 있는 사람이 있으면, 나도 돈도 없지만(웃음) 지난번 인도네시아 지진 사태처럼 그렇게 도움도 주고 싶고, 장애인 센터에서 목욕 봉사도 하고 좋은 일도 하면서 한국 사람들하고 자주 어울리는 기회들이 저한테는 좋아해요. 몸은 힘들어도 내가 좀 더 발전하는 느낌, 살맛나는 그런 게 좋은 거죠.(뚬띠앙)

본 연구는 다문화적 경험을 통해 지역 생활세계에서 이루어지는 학습행위를 실험적으로 살펴보고, 이주노동자라는 소수자의 학습을 지역사회에서 조명했다는 점에서 평생학습의 주요 테제인 '함께 살아가는 학습'(learning to live together)을 풀어내는 모종의 지점을 발견한다. 이렇게 학습사회의 체질 변화와 현상학적 해석의 지평 확장은 다문화적 맥락에서 존재와 관계, 그리고 경험을 통한 학습자의 변화를 가져왔다는 점을 방증한다.

    탈식민주의 담론에서 해석하자면 이주노동자가 지역사회의 한 구성원으로 재정치되는 것은 '하위체(subaltern)'의 시민성에 대한 하나의 혁신이다. 스피박(Spivak, 2003)은 하위체에게 목소리를 '부여'하는 것이 아니라, 중요한 것은 그들 스스로 목소리를 낼 수 있는 '공간'을 터놓는 것이라고 강조했다. 그 공간에서 하위체가 스스로 자아를 성찰하고 타자와의 상호작용과 개입을 통해 존재를 증명하는 것이며 나아가 참여적 시민성(participatory citizenship)을 획득하는 것이다. 이주노동자들의 학습행위는 그들만의 섬에서 이루어지는 게토가 아니라 사회적인 것이다. 소수 문화에 속박된 이름 없는 존재들로 재현된 이주노동자들이 이처럼 공적 영역(public sphere)에 참여하는 것은 기존에 국가주의적 시민성(nation-state centred)에서 강조하던 국가시스템에 결박된 권리, 역할, 소속감, 자질에 새로운 도전으로 작용한다. 왜냐하면 초국적 관점에서 이주노동자의 참여는 인종, 국적, 민족적, 문화적 경계선을 넘어, 지역 생활세계의 다양한 행위자의 자유의지가 발현되는 것이므로 전 지구적인 이주노동 시대에서 열린 시민성의 가능성을 보여주는 단초이기 때문이다.

        물론 우리는 한국사람 아니에요. 그래도 우리도 여기서 살아가는 사람이에요. 국적은 달라도, 우리 얼굴이 까매도 사람은 다 소중한 거잖아요. 한국 사람들도 말로는 그렇게 하지만 실제로 우리를 그렇게 대해주는 사람은 별로 없어요. 게다가 불법(체류) 상태라 늘 불안하고… 그래도 이렇게 내가 지역의 동네 아줌마, 아저씨들을 평범하게 만나면서 같이 어울릴 수 있고, 봉답도 하고 지난번처럼 노인들 자원봉사도 하고 같이 좋은 일에 참여할 수 있는 게 보람된 것 같아요. 그분들이 우리한테 관심을 가지고 우리나라 문화를 이해해 주고 받아주는 것 같아서 좋아요. (알리)

'알리'의 진술에서 알 수 있듯이 다문화적 맥락에서 이루어지는 학습행위는 관계와 존재의 변환을 가져온다. 한국이라는 지배문화에서 삶의 정주 공간을 전환시킨 육체노동자로, 합법적인 체류 기간이 만료된 불법 체류자로서 억압적 위치에 놓여 있던 이주노동자들은 지역사회의 새로운 문화 변이를 창조하는 촉매적 존재가 된다. 공장에서 사인화되어 오던 그들이 지역사회에 자리 잡은 센터에 자발적으로 참여함으로써 다양한 문화적 배경을 가진 새로운 이웃으로 재위치되기 시작한다. 지역사회의 주민들에게는 동일한 민족, 언어, 정체감, 소속감을 가지던 기존의 전형적인 구성원이 아니라 다원적 시민성(plural citizenship)을 인지하는 학습활동이다. 이렇게 다양한 문화를 가진 주체들이 역동하는 이주노동자 지원센터에서는 사람과 사람이 만나고, 배움과 가르침을 나누고, 어울리며 소통한다. 어떤 것을 배우고, 누구를 만나고, 어떻게 어울릴 것인가는 고정적으로 정형화된 무엇이 아니라 각 행위 주체들이 자발적으로 경험을 재구성해 가는 상호교섭 과정을 거친다.

> 여기 우리 센터를 둘러보세요. 말 그대로 '글로벌' 하잖아요. 이주노동자들이 공장에만 갇혀 있다가 센터에서 평범하게 한국 사람들과 어울리고, 피부색, 언어, 종교 등이 다 달라도 그렇게 다양성 아래서 함께 어울리면서 뭔가를 같이 배우는 모습이 제일 인상적인 것 같아요. 누가 시킨 것도 아닌데…(서주영)

한국 사회에서 이른바 3D 업종의 노동력을 메우고 있는 '이름 없는 아무개'로 탈주체적 대상으로 정치되던 이주노동자들은 육체노동에서 유일하게 해방되는 일요일에 휴식과 유흥을 즐기기 보다는 자신의 문화를 표현하고 타문화를 배우며, 사람을 만나면서 '더 나은 자신'이 되기 위해 센터를 찾아 왔다는 점은 주목할 대목이다. 또 사회적 소통에서 암묵적으로 배제되어 오던 지역의 주부들은 자원 활동을 통해 모종의 사회적 '몫'을 수행하며, 다양한 문화에 개입하는 존재(engaging self)로 학습활동에 참여한다. 이는 존재와 존재간의 변증법적 이해와 새로운 변화를 동반하는 다원적 경험을 통한 성장이라 할 것이다(조용환, 2004).

이러한 맥락에서 볼 때 본 연구의 이주노동자들은 이주노동의 상황구속성을 극복하고 새로운 변화를 지향하기 위해 학습행위에 참여하고 자기주도적인 경험 구조의 변환을 모색한다. 노동에 예속되어 사회적 목소리와 언어가 억압된 생활세계를 살아가는 이주노동자들이 자발적으로 삼삼오오 모여 활동을 꾸려가고, 이 과정에서 모국 문화의 뿌리 의식을 가지고 정보를 생산하고, 경험과 지식을 공유하고 유통하는 새로운 관계 맺기를 시도하는 것이다. 마찬가지로 이주노동자의 학습 동료이자 촉진자이자 파트너인 지역 주민들은 다양한 문화적 행위자와의 소통을 통해 다문화적 학습 환경에 노출되면서 기존에 전제한 '한국적인' 경험 양식, 태도, 소통방식, 관점을 해체하고 새로운 다문화적 학습 과정에 참여하게 된다.

　이로써 오늘날 평생교육 현장의 변화와 맞물린 지역사회의 다문화적 경험은 다양한 배경을 가진 학습자들이 서로의 상이한 경험을 재구성하고 존재론적 관계를 성장시키는 부단한 과정이라는 점을 알 수 있다. 즉 참여자들은 다문화적 경험의 재구조화를 통해 다름과 차이에 대한 이해의 지평을 넓히고, 소통과 개입이라는 실천을 통해 문화다양성을 지역 사회에서 인식하기 시작한다. 결론적으로 다문화적 학습 실제를 살펴본 본 사례는 오늘날 다문화적 생활세계를 살아가는 우리에게 평생학습 메커니즘이 질적으로 변화하고 있음을 시사한다.

Ⅳ. 결론 및 시사점

　본 연구는 문화적 다원주의에 기반을 두어 여러 민족과 인종이 함께 모여 사는 사회의 평생교육체제는 과연 어떠한 양식을 갖추어야 하는가에 대한 고민에서 출발하였다. 지금까지 평생교육담론에서 전개되는 다문화적 학습 맥락을 이론적 측면에서 탐색하고, 그 실제를 지역사회의 이주노동자 지원센터를 단위로 분석하면서 학습의 맥락, 양식, 내용 등을 해석하였다. 평생교육을 둘러싼 환경 변화가 다문화적 학습 프레임을 도출한 맥락을 살펴보고, 그 속에서 이질적인 인종적, 문화적 배경과 상이한 경험 양식을 가진 학습자들이 지역사회에서 상호작용하기 시작했다는 점을 발견하였다. 이에 본고에서 규명한 다문화적 학습행위는 새로운 평생학습시스템을 기획하는 하나의 사례라 할 수 있다. 이주노동자 지원센터를 매개로 한 다문화적 학습은 단순히 개별 학습자의 학습 내용의 확장이 아니라 지역사회의 소통구조와 경험 양식에 이질적 변화가 일어나고 있음을 보여주었기 때문이다.

평생교육적 관점에서 시도한 다문화적 학습 맥락 분석은 일련의 정교화된 텍스트가 정립된 것도 아니며 다문화주의가 내포하는 개념적 혼재로 인해 이론적 틀도 체계적으로 구조화되지 않아 일정한 한계를 노정한다. 개념적 탈고가 아직 끝나지 않은 미완의 이념형이기에 부단한 도전과 해체 그리고 융합의 과정을 거칠 수밖에 없다. 따라서 본고의 연구 주제는 학습사회에서 존재하는 지역의 생활세계가 어떠한 방식과 맥락으로 다문화적 경험 자원을 재구조화 하는가라는 미지의 광야를 탐색한 것과 같았다. 본 연구의 제약을 보완하기 위하여 앞으로 평생교육학계에서 현장의 변화를 선명하게 읽어내고 분석할 수 있는 다각적인 이론화 작업이 요청되는 것도 바로 이 지점이다. 다만 그 가운데 평생학습의 다문화주의적 렌즈를 관통하는 작은 시도로서 지역 현장의 변화를 분석한 본 연구는 다문화 평생교육론을 전개하는 단초를 제공했다는 점에서 의의를 가진다.

종합적으로 보건대, 평생교육학 원리에 기반을 둔 다문화 학습 담론은 구체적인 실재와 이론화 작업이 진행 중이지만, 다문화사회로의 전환에 따라 생애에 걸친 다문화학습역량(multi-cultural learning competency)은 평생교육의 주요 내용으로 자리 잡을 수밖에 없다. 다문화사회에서 평생학습은 이러한 역량을 계발하기 위한 구성원의 변화와 성장을 촉진시키는 과정이자 기제이다. 이미 미국, 영국, 호주, 캐나다 등 다문화주의를 하나의 국가 모델로서 상정한 사회에서는 다문화학습역량을 사회교육의 주요 주제로 설정하면서 이를 생활세계의 전 영역에서 자연스럽게 주지하고 있다. 비록 전통적인 다문화 국가들의 역사와 경험은 다르지만, 이에 한국 사회는 다문화적 구성체의 골격을 갖추어 가고 있다. 관례적 의미의 한국인과 다른 외양과 언어적·종교적·인종적 배경을 가진 외국인들이 가시적인 학습 집단으로 등장한 현재의 다문화적 사태는 기존의 평생학습 체제가 상정한 학습자의 유형, 평생교육프로그램, 성인교육 방법론 등의 변화를 촉매하게 된 것이다. 여전히 개념적 혼재가 상존하지만 다문화사회로 전환되어 가는 오늘날, 다양한 인종적, 문화적 배경을 가진 구성원이 유입됨에 따라 상이한 학습 양상을 비판적으로 이해하고 성인학습의 이질적인 맥락을 문화다원성 안에서 분석하는 과정이 무엇보다 요구된다.

이상의 맥락에서 궁극적으로 본 연구는 그동안 '떠돌이 일하는 기계(guest working machine)'로 열등하게 타자화되어 오던 이주노동자들이 지역주민들과의 상호작용을 통하여 생활 세계의 물신화를 극복하고 평생학습 기회에 참여하기 시작했다는 점을 발견하였다. 다문화정책을 주도하는 관(官) 중심의 사회통합의 '대상'이나 복지사업의 수동적 '수혜자'로 지칭되어온 이주노동자들이 자기 목소리를 내고, 학습주체(learning agency)로서 재정치되는(Pamela, 2005) 단초를 읽었다는 점은 학습행위를 통해 이들이 국적을 넘어서 참여적 시민성(participatory citizenship)을 발현하고 있다는 사실을 보여주었다. 동시에 지역주민들의 다문화적 학습 역량이 무형식적 상호작용을 통하여 새로운 경험 양식으로 형성되는 것을 포착하였다. 이는 다문화적 상황에서 지역 사회의 평생학습체제의 방향과 성격을 고민하는 지점이 될 수 있다.

이상에서 정리하자면 평생교육담론에서 다문화 학습은 다문화적 사태에서 기인한 이질적인 존재의 차별, 소외를 학습사회에서 해방시키는 기제로서, 차이와 다름에 대한 변증법적 이해를 통해 공존의 학습을 전 생애에 걸쳐 도모하는 것이라 하겠다. 이는 넓게는 한국 사회가 다인종·다문화사회로 급격하게 전환되는 과정에서 발생하는 소외와 갈등을 평생교육 프레임을 통하여 극복하여 열린 시민사회를 구현하는 일이며, 좁게는 인종적·민족적·문화적·성적 소수자로 위치된 이주노동자를 포함한 이주민의 권리를 포괄적으로 보장하고 이들의 역량 강화를 평생교육차원에서 도모하는 작업이다. 따라서 앞으로 평생학습체제에서 다문화주의는 다양한 인종적, 민족적, 계층적 소수자인 이주민이 우리사회에서 문화다양성을 증진하는 주체로 자리 잡고, 이들의 평생학습권을 지역사회에 기반을 둔 상호작용을 통하여 포괄적으로 보장하는 이념형이 되어야 할 것이다. 다문화사회에서 다양한 소수 집단과 행위자 간의 상호작용과 참여가 결여된 평생교육은 진공 상태의 선전(propaganda)에 머무를 우려가 있다는 다니엘 슈그렌스키(Daniel Schugurensky)의 비판은 여전히 유효하기 때문이다. 이에 우리 앞에 많은 연구 과제가 놓여 있으며 새로운 평생학습 사회에 걸맞은 유의미한 실천이 필요하다.

참고문헌

강순원(2010). 다문화사회 세계시민교육의 평생교육적 전망. 평생교육학연구 16(2). 한국
　　평생교육학회. 69－91. 교육과학기술부·평생교육진흥원. 2009 평생교육백서.

김신일 외 (2005). 학습사회의 교육학. 서울: 학지사.

김준식(2010). 새로운 차원의 다문화, 다인종 정책을. 아시안프렌즈 수요 학습 포럼 자료집.

나윤경(2010). 평생교육과 여성. 한국여성평생교육회 공동체 모임 발표 자료집.

로이보인(1998). 홍원표 역. 데리다와 푸꼬: 동일성과 차이. 서울: 인간사랑.

석원정(2003). 이주노동자 문제와 한국사회의 과제. 이주노동자인권을 위한 모임 발표 자
　　료집.

외국인노동자대책협의회(2001). 외국인 이주노동자 인권백서. 서울: 다산글방.

이삼식, 최효진, 박성재(2009). 다문화가족의 증가가 인구의 양적, 질적 수준에 미치는 영
　　향. 서울: 한국보건사회연구원.

이진우(1996) 하버마스의 비판적 사회이론. 서울: 문예출판사.

조용환(2004). 질적 연구와 질적 교육. 교육인류학연구. 7(2).

출입국·외국인정책본부(2009). 국내 체류 외국인 통계 자료.

한건수(2010). 다문화사회, 글로벌시대의 경쟁력. 공감코리아 메타블로그.
　　http://blog.korea.kr/

한숭희(2005). 포스트모던 시대의 평생교육학. 서울: 집문당.

허영식(2000). 지구촌 시대의 시민교육. 서울: 학문사.

Boud, D., & Walker, D. (1991). Experience and learning. Geelong, Victoria: Deakin
　　University press.

Castles, S. and Miller, M, J. (2003) The age of migration (3rd ed). London: Palgrave.

Diamond, L.(1994). Rethinking civil society. *Journal of Democracy*, 5(3), 4－17.

Dilthey. W.(2002). 이한우 역. 체험·표현·이해. 서울: 책세상.

Dominic, P. (2000). Learning from our lives. San Francisco: Jossey－Base.

Eliot W. Eisner(2001). 박병기 외 역. 질적연구와 교육. 서울: 학이당.

Eytan, M.(2004). International Immigration Policy. London: Palgrave.

Finger, M., & Asn, J. M. (2001). Adult education at the crossroads. London: Zed
　　Books.

Falk, R.(1994). The making of global citizenship. Van Steenbergen. B.(Ed). The condition of citizenship. London:. Sage.

Hofstede,G.(1995). 차재호·나은영 역(2000). 세계의 문화와 조직. 서울: 학지사.

Giroux, H.A.(1993) Border crossing. New York and London: Routledge.

IIZ/DVV.(1998).Intercultural learning. *Adult Education and Development.* 51.69－130.

ILO(online,2008) http://www.ilo.org/public/english/region/asro/colombo/index.htm.

IOM(2009) World Migration 2008: Managing labour mobility in the evolving global economy.

Jarvis, P.(2007) Globalisation, lifelong learning and the learning society. London: Routledge.

Kim, J.H.(2010). A changed context of lifelong learning under the influence of migration. *International Journal of Lifelong Education, 29*(2) 255－272.

Jogia,W. 이한우 역(1999). 가다머 : 해석학 전통 그리고 이성. 서울: 민음사.

Johnston, R.(1999). Adult learning for citizenship: Towards a reconstruction of the social purpose tradition. *International Journal of Lifelong Education, 18*(3), 175－190.

Marco, M.(2002). 윤진 역. 현대사회와 다문화주의. 서울: 한울

Marshall, C, and Rossman, G.(2006) Designing Qualitative Research.(4nd edn). London: Sage.

Pai,Y.(1990). Cultural pluralism, democracy and multiculturl education. Cassara, B.B.(Ed).(1990). Adult education in a multicultural Society. London: Routledge.

Pamela, C.(2005). Blank slates or hidden treasure? Assessing and building on the experiential learning of migrant and refugee women in European countries. *International Journal of Lifelong Education, 24*(3), 227－242.

Parekh, B.(2006) Rethinking multiculturalism. London: Palgrave.

Ponty, M. M.(1945). 류의근 역(2002). 지각의 현상학. 서울: 문학과 지성사.

Sbefer, T. & Samnuels, J. & Sardien, T.(1997). Race, Class, Gender and Culture. Walters. S(Eds). Globalization, adult education and training. London & New York: Zed books.

Schugurensky, D. (2006) The tango of citizenship learning and participatory democracy. In K.Mundel and D. Schugurensky (eds.) Lifelong Citizenship

Learning, Participatory Democracy and Social Change. Toronto: Transformative Learning Centre Press.

Selby, D.(1994). Kaleidoscopic mindset: New meaning within citizenship education. Global Education 2, 20－31.

Sparks,B.(2002). Epistemological and methodological considerations of doing cross cultural research in adult education. *International Journal of Lifelong Education*, 21(2).

Spivak.(2003). 태혜숙 역. 다른 세상에서. 한국여성문화이론연구소.

Standfield, J.H.(1994). Ethnic modeling in qualitative research. In N. Denzinn and Y.Lincoln(Eds)Handbook of Qualitative Research. San Francsico: Sage, 175－188.

Torres, C.A.(1998). Democracy, education and multiculturalism: Boston: Roman & Littlefield.

UN(online, 2008) http://esa.un.org/migration

Usher, R. & Edwards. R. (1994). Postmodernism and education. London: Routledge.

Young. I. M.(1989). Policy and group difference. *Ethics*, 99, 250－274.

성인학습자 대상 다문화교육의 실제와 쟁점

연구
개요

　다문화사회로의 전환이 가속화되고 있는 한국사회에서 아동 및 청소년을 주축으로 하는 학령기의 정규 교육과정에서 전개되는 다문화교육을 넘어, 평생학습 차원에서 시민사회 내부에서 다문화교육을 실천하는 방향에 대한 고민이 깊어지고 있다. 이 연구의 목적은 평생교육적 차원에서 다문화교육의 제 측면과 주요 담론을 고찰하고 특히 성인학습자가 참여하는 다문화교육 실제 분석을 통하여 그것의 쟁점 및 방향을 탐색하는 것이다. 성인대상 다문화교육은 이주민과 정주민 모두가 다문화사회에서 지녀야 할 지식, 태도, 기능 등 총괄적인 맥락의 다문화 시민성 함양을 지향한다.

　본 연구는 선행연구 고찰을 통하여 다문화교육의 평생교육적 접근을 살펴보고, 성인대상 다문화교육의 중요한 이슈를 목적, 대상 및 주체, 내용과 방법으로 나누어 도출하고 사례분석을 하였다. 그리고 성인대상 다문화교육의 한계 및 방향을 논의하였다. 이연구의 결론은 다음과 같다. 첫째, 한국사회의 성인대상 다문화교육은 목적상 표면적으로는 상호 다양성 인정과 다문화공동체 만들기를 강조하고 있었다. 그러나 궁극적으로 다문화 시민성 함양에 대한 강조는 미흡하였다. 둘째, 성인대상 다문화교육은 이주민과 정주민 모두를 위한 교육으로 대상이 확대되고 있다. 셋째, 성인대상 다문화교육은 문화의 다양성 존중과 이해에 대한 피상적 내용이 대부분을 차지하였다. 그동안 평생교육학이 고민해 온 비판적이고 참여적인 시민성 함양에 대한 논의가 다각적으로 필요하며, 지구공동체에서 차별을 반대하고 연대와 협력을 통해 더불어 살아가는 가치를 키우는 세계시민성에 대한 내용도 미흡하였다. 넷째, 앞으로 지역사회중심 시민주도적 다문화시민교육의 확대가 요구된다.

I. 서론

2000년 이후 한국사회는 다양한 인종적, 민족적, 문화적 배경을 지닌 이주민의 유입으로 인구 구성이 다양화되면서 다문화사회로 빠르게 진입하고 있다. 법무부에 따르면 '2017년은 출입국자·체류외국인 수가 역대 최대치'라고 밝히며, 체류외국인이 218만 명인 것으로 드러났다. 이로써 총인구 대비 4%를 국내 체류외국인이 차지하고 있는 것이다. 이러한 계량적 수치는 외국인이 진공 상태의 상자 속에 갇혀 있는 대상과 객체가 아니라, 공동체 지역을 기반으로 하는 사람들의 생활세계가 이질적으로 변화하고 있음을 시사한다. 특히 서울 지역 기초자치단체별 외국인 현황에 따르면, 주민등록인구 중에서 외국인 주민수가 차지하는 비중이 영등포구 17.5%, 금천구 13.8% 등에 이르고 있다(국회입법조사처, 2016). 이제 결혼, 노동, 유학 등 다양한 이유로 한국사회에 자리 잡은 이주민은 학교, 가정, 직장, 지역사회 등 우리 삶의 현장에서 쉽게 만날 수 있는 구성원이자 이웃이되고 있다. 이처럼 지역사회의 변화는 인간의 생애에 걸친 경험의 재구성 과정을 역동적으로 반영하는 평생교육의 실제와 양태에도 영향을 끼칠 수밖에 없다.

한국사회가 점차 다인종, 다문화사회로 전환되는 과정에서 다문화교육에 대한 다양한 논의도 양적으로 확산되고 질적으로 확장되어 가고 있다. 주로 학교교육에서의 소수 인종에 대한 반(反)차별, 반(反)편견을 위한 다문화 평등권과 교수법을 강조해 온 Banks(2008: 37)는 다문화교육의 목표를 다문화사회에서 주류 학생을 포함한 모든 학생이 다양한 종족, 인종, 문화 집단 출신의 사람들과 적극적으로 상호작용하고, 그들의 공동체, 국가, 세계를 도덕적이고 민주적이며, 동등한 기회가 보장되도록 만드는 데 필요한 지식, 가치, 기능, 즉 '다문화 소양(multicultural literacy)'을 습득하는 것으로 보았다. 한편 아동과 청소년을 위한 대상중심적 다문화교육이 아니라 한 사회의 구성원이 특정 시기나 공간의 틀을 벗어나서 지속적으로 다문화를 둘러싼 차이와 다양성, 갈등과 충돌, 소통과 상호작용을 통한 공존의 시민의식을 키우는 것이 필요하기 때문에 다문화교육은 평생교육 차원의 접근과 방향이 필수적이다. 그런 점에서 다문화교육이란 모든 사람의 시민성 발전에 필요한 교육이라는 Campbell(2012)의 주장을 주목하는 것이며, 학교는 물론 시민사회에서 인종, 계층, 소득, 민족, 종교 등에 상관없이 적극적이고 참여적인 시민성을 함양시키는 다문화교육이 중요하다. 소수민족과 소수집단의 권리를 강조한 Kymlicka(2015: 12)는 이주민이 사회 구성원으로 자신의 문화와 정체성을 인식하고 표출함으로써 다문화사회 건설에 참여하고 기여할 수 있는 형태의 다문화주의가 완성되어야 한다고 강조하였다. 다문화사회에서는 정주민과 이주민 모두가 자기 고유의 문화와 언어를 유지할 권리와 새롭게 정착한 국가의 시민 문화활동에 참여할 권리를 가지게 되는데, 이러한 개념을 Kymlicka(1995)는 '다문화 시민성(multicultural citizenship)'으로 읽어 낸 것이다. 이는 문화의 다양성이나 상대주의적 인식을 뛰어넘어, 다양한 개인의 문화와 자유를 인정하면서 문화 간의 불평등한 관계를 인식할 수 있는 '다문화 시민성' 함양을 다문화교육의 핵심 요소로 본 것이다(구정화·박선웅, 2011; 이민경, 2013).

이와 같이 다문화교육은 다양한 문화적 배경을 가진 사람들이 문화적 다양성을 인정하는 데서 출발했으며, 이주민과 정주민 모두를 대상으로 하는 교육이다. 그것은 다문화사회에서 차이와 다양성을 둘러싼 계층과 권리의 문제를 비판적으로 인식하게 하는 교육이며, 다양한 문화를 포용하고 적극적이고 참여적인 시민으로 살아가는 데 필요한 지식, 가치, 기술을 함양하는 다문화 시민성 교육이라고 할 수 있다(김진희, 2013).

그런데 이질적인 배경을 가진 이주민의 유입과 그로 인한 정치, 문화, 경제, 사회 등 제 변화가 역동적으로 일어나고 있는 한국사회에서 다문화정책과 교육은 어떠한 형태로 이루어져 왔는가? 한국에서 다문화정책이 사회 전면에 등장한 것은 2006년 행정자치부에서 한국사회가 급속히 다인종, 다문화사회로 변모하고 있다는 판단 아래 여러 부서의 행정 목표를 다문화주의로 설정한 이후로 볼 수 있다(한승준, 2008). 한국정부의 다문화정책 목표는 '다문화의 보장', '주류사회와 비주류사회 간의 상호이해 촉진', '소수집단 간의 교류', '사회전반적인 평등수준 향상', '구조적 차별의 극복' 등과 같이 다양한 문화의 공존과 문화적 권리를 인정해 주는 방향으로 설정되었다(윤창국, 2009). 그러나 지금까지 한국사회의 다문화교육은 다문화 포용 및 다문화사회로의 전환이라는 목표와 방향과는 달리 다문화가족의 한국사회에서 동화에 집중되었다. 그리고 다문화가족을 위한 시민역량강화, 다문화교류 혹은 다문화공동체 문화보호와 같은 다양한 문화의 공존을 위한 노력이 미흡하였다. 여전히 지역사회 전반에 다문화이해와 인식을 높이고 포용과 소통을 위한 교육 프로그램은 거의 없는 것이 현실이다(김미숙 외, 2009).

그러나 최근 다문화정책에 변화의 조짐이 나타나고 있다. 한국의 다문화정책을 주도하는 여성가족부에서 지금까지 외국인의 한국사회 적응과 지원을 초점으로 해 왔다면, 이제는 다문화사회에서 이주민을 향한 반차별을 근절하기 위한 사회구조와 인식 변화에 일반시민이 동참하는 모형으로 초점이 변하고 있다. 2011년부터 다문화 관련 각계 관계자의 네트워크 구축과 다문화정책 저변 확대를 위해서 운영해 온 다문화가족포럼이 2016년 6월 21일에 열렸다. 이 포럼에서는 한국사회가 다문화사회로서 국가공동체의 미래를 준비하기 위해서는 학교 교육과정 개편과 차별금지법 제정 등의 근본적인 정책 개혁이 필요하다고 강조하였다. 구체적으로 ▲반(反)차별·반(反)편견 관점에서 학교 교육과정 개편 ▲다문화가족을 구별된 대상이 아닌 주류로 편입 ▲차별금지법 제정 ▲중요 정책 입안과 법률 제정 시 반차별·반편견 영향 분석 평가 ▲다문화 정책대상을 전체 이주민으로 확대 ▲사회적 약자 보호 시스템 구축 등이 제안되었다(여성가족부, 2016). 이는 다문화정책이 기존에 동화주의 또는 문화적 상대주의 입장을 뛰어넘어 이주민을 둘러싼 차별과 편견의 근본적인 구조를 개혁하기 위한 제도화 및 의식 전환의 필요성을 보여 주고 있는 것이다.

한국사회의 다문화교육은 초창기 이주민과 다문화가족을 대상으로 이루어졌으며, 최근에는 정주민을 대상으로 유아 및 청소년, 교사와 관련 공무원으로 점차로 확장되는 추세이다. 다문화의식 제고를 위한 다문화이해교육, 교사와 관련 공무원에 대한 다문화교육 역량강화, 다문화교육 강사 및 인력 양성 프로그램, 공익광고 등의 대중매체를 통한 대국민 다문화이해도 제고 등이 추진되고 있다. 또한 일반 및 이주배경 청소년 통합캠프를 실시하는 등 정주민과 다문화가족이 함께 어울릴 수 있는 기회 확대를 추진하고 있다. 그러나 학부모의 의식 변화와 지역사회를 위한 다문화적 역량육성을 위한 정책이 필요하지만, 학부모나 일반성인에 대한 다문화교육은 찾아볼 수 없다(최우인, 2012; 황정미, 2010). 또한 이주민과 정주민 모두가 참여하는 성인대상 다문화교육의 필요성이 지속적으로 제기되어 왔다(배영주, 2009). 이렇게 성인대상 다문화교육의 필요성에 대한 언설과 주장이 넘쳐나고 있지만, 아직 초기 단계에 머물러 있고, 구체적인 실제 사례에 대한 분석과 관련 연구도 본격적으로 다루어지지 않고 있다. 이러한 필요성에 따라 본 연구는 한국사회의 성인대상 다문화교육 제 이슈들을 도출하고 실제 분석을 통하여 성인대상 다문화교육의 한계와 방향을 제시하려고 한다.

전통적으로 성인교육학과 평생학습 이론에서 다문화주의 담론은 인종, 계층, 민족, 종족의 배경으로 인해 사회 주변부에 위치한 소수자의 권리와 불평등의 문제를 고민해 왔다는 점에서 오늘날 다문화교육은 현재 양태와 향후 과제를 비판적으로 분석하는 것은 중요한 과제이다. 그러므로 본 연구는 평생교육적 관점에서 다문화교육의 이론적 쟁점을 살펴보고, 성인대상 다문화교육을 고찰하는데 중요한 제 이슈를 도출할 것이다. 또한 도출된 기준에 근거하여 성인대상 다문화교육의 실제를 목적, 대상 및 주체, 내용과 방법으로 나누어 분석할 것이며 마지막으로, 이러한 분석을 토대로 성인대상 다문화교육의 쟁점과 방향을 논의하고자 한다. 이를 연구문제로 정리하여 구조화하면 다음과 같다.

첫째, 평생교육 맥락에서 논의하는 다문화교육의 개념과 이론적 쟁점은 무엇인가?

둘째, 성인대상 다문화교육의 목적, 교육 대상 및 주체, 내용과 방법은 무엇이며, 실제 사례는 어떠한 특성이 있는가?

셋째, 성인대상 다문화교육의 한계와 향후 방향은 무엇인가?

II. 이론적 배경

1. 평생교육과 다문화교육: 맥락과 접근

다문화교육은 다양한 문화적 배경을 가진 사람들이 공존하는 사회에서 문화적 다양성이 존중될 수 있는 사회를 만들기 위하여 사람들이 어떻게 변화되어야 하는지를 핵심질문으로 하는 교육활동이라고 할 수 있다(배영주, 2009). 이는 문화의 다양성이나 상대주의적 인식을 뛰어넘어, 다문화사회에서 차이와 다양성을 둘러싼 계층과 권리의 문제를 비판적으로 인식하는 교육이며, 다문화시민으로 살아가는 데 필요한 지식, 가치, 기술을 함양하는 다문화 시민성 교육이라고 할 수 있다(구정화·박선웅, 2011; 김진희, 2013; 이민경, 2013).

다문화사회에서 학습은 인종, 성, 종족, 계층 등 다중문화를 접하면서 자신이 전제하던 경험세계를 전 생애에 걸쳐 재구성하는 과정이라고 할 수 있다. 이는 생활세계에서 다문화성을 끊임없이 인식하고 해체하고 재정립하면서 다문화 학습능력(multicultural learning compentency)을 함양하는 것이다(김진희, 2016). 최근 전통적 교육 패러다임에서 이루어진 다문화교육의 한계를 극복하기 위하여 평생교육적 맥락에서 다문화교육을 논의하는 시도가 이루어지고 있다. 지금까지 선행연구에서 다문화교육의 평생교육적 접근을 통하여 확인할 수 있는 이론적 쟁점은 다음과 같다.

첫째, 다문화교육의 평생교육적 접근은 기존의 다문화교육의 목적을 확장한다. 윤창국(2009)은 다문화교육의 이론적 체계화와 평생교육의 실천적 차원에서 다문화교육 프로그램 개발의 필요성을 주장하였다. 기존 다문화교육은 이주민의 한국사회의 '적응'과 '동화'가 주요한 목적이었다. 그러나 평생교육의 비판적 관점에서 다문화교육의 목적은 다양한 소수문화집단의 권리 확대와 다문화 가치 인정을 기반으로 적극적인 사회참여 활동을 유도하는 데 있다. 또한 다문화교육은 다문화가족을 위한 언어와 문화 적응 프로그램뿐만 아니라 정주민에게 다양한 문화 공존에 대한 이해와 편견 감소를 목적으로 하는 인식교육, 다문화가족의 직

업능력 향상을 위한 직업교육, 다문화가정과 일반시민이 함께 다문화사회 구축의
주체로 성장할 수 있도록 도와주는 시민참여교육 등으로 확대되어야 한다(윤창국,
2009). 그리고 다양한 민족, 인종, 문화, 종교를 가진 모든 시민이 더불어 살아가
는 데 필수적인 지식, 태도, 기능, 즉 다문화 시민성을 함양하는 것이라고 할 수
있다.

둘째, 지금까지 다문화교육은 이주민과 다문화 가족을 '시혜'의 대상으로 간
주하고, 그들만을 대상으로 한정하였다. 그러나 다문화교육의 평생교육적 접근은
대상을 일반시민, '성인' 대상으로 확대한다(김이선 외, 2011; 배영주, 2009). 배영주
(2009)는 '문화적 다양성' 구현이라는 궁극적 목적을 달성하기 위하여 다문화교
육을 평생교육의 관점에서 새롭게 조망해야 한다고 하였다. 평생교육은 교육의
전 생애적, 전 사회적 확장과 통합을 강조함으로써 기존 다문화교육의 대상과
영역을 확장한다. 다문화교육의 평생학습적 접근의 특징을 채재은·허준(2012)은
다음의 네 가지로 제시하였다. ① 평생학습적 접근은 이주민을 다양한 학습 요
구와 생애 과업을 수행하는 능동적 학습자로 바라본다(김진희, 2011; 배영주,
2009). ② 교육대상으로 '가족' 단위의 중요성과 다양한 교육적 해법을 제시한다.
③ 다문화가족과 함께 살아가는 일반시민으로 교육 대상을 확장한다. ④ 기존의
한국인 위주에서 다문화적 가치를 포괄하는 방향으로 재구조화를 요청한다. 다
문화교육의 대상의 확장은 사회구성원의 전 생애적 학습의 문제를 포괄하는 평
생학습의 우산 아래서 실현될 수 있다. 이주민과 다문화가족뿐만 아니라 정주민
과 함께 학습공동체가 구성되어 '상호이해'와 '소통'에 입각한 다문화교육이 이루
어질 수 있다(채재은·허준, 2012).

셋째, 다문화교육의 평생교육적 접근은 교육 내용과 방법에도 변화를 요구한
다. 지금까지 전통적인 교수 방식은 추상적인 요소들을 교육의 내용으로 삼아 일
방적으로 학습자에게 전달하는 방식이었다. 그러나 평생교육적 맥락에서 이주민과
정주민을 능동적 학습자로 간주한다면, 주체적이고 자기주도적 학습을 격려하게
된다(윤창국, 2009). 또한 인간 삶에 편재해 있는 다양한 문화를 학습자 스스로 참
여하고, 경험하고, 설명하고, 해석하고, 반응하며 진정한 '문화 체험'을 통해 자신

의 문화적 정체성을 확립하고 다른 문화를 이해하고 수용하게 된다(배영주, 2009).

김진희(2013)는 다문화사회로 전환되어 가고 있는 한국사회에서 학교 울타리를 넘어서 다양한 구성원이 더불어 살아가는 가치를 인식하고 함께 살아가기 위하여 끊임없는 배움의 과정으로서 다문화 평생교육을 제시하였다. 평생교육적 관점에서 다문화교육에 접근한다는 것은 새로운 다문화교육의 개념이나 방법을 제시하는 것이 아니다. 오히려 기존의 다문화교육의 특성을 평생교육과 연결하고, 기존 다문화교육의 한계와 문제점을 극복할 수 있는 방안으로 제시하는 것이다. 또한 이전에 강조되지 않았던 부분을 부각하고, 다문화교육의 발전에 새로운 전기를 마련하는 것이다(배영주, 2009; 윤창국, 2009).

이와 같이 다문화교육의 평생학습적 접근은 기존의 이주민에 대한 '적응'과 '동화' 위주의 다문화교육의 목적과 대상을 비판적으로 이해하고, 새로운 틀과 인식론을 요청하고 있다. 또한 이주민과 정주민 모두를 능동적 학습자로 생각하고, 전 생애적 학습 경험을 주체적이고 자기주도적으로 새롭게 재구성하는 과정에서 지속적으로 개입하는 것이라고 할 수 있다. 그런 측면에서 다문화사회에서 모든 구성원이 방관자나 관망하는 타자가 아니라, 주체적 시민으로 성장할 수 있는 이론적 기반을 고민하고 있는 것이라고 할 수 있다.

2. 성인대상 다문화교육:
　　목적, 대상 및 주체, 내용과 방법을 중심으로

평생교육적 관점에서 성인대상 다문화교육의 필요성이 지속적으로 제기되어 왔다(김진희, 2016; 배영주, 2009). 그러나 실제로 성인대상 다문화교육은 아직 초기 단계에 머물러 있고, 실제 사례에 대한 분석과 관련 연구도 본격적으로 이루어지지 않고 있다. 「다문화교육 프로그램의 연구 동향」에 관한 연구에서 채영란·유승우(2014)는 1999년부터 2014년까지 다문화교육 프로그램에 관한 학위논문과 학술지 게재논문 311편을 연구유형, 연구대상, 연구방법, 연구주제(내용)로 나누어 분석하였다. 이 중 연구대상에 따른 분류를 보면 학생 52%, 이론

26.5%, 일반성인(다문화가족 포함) 12.9%, 교사 8.6%인데, 이 중에서 일반성인과 학부모를 대상으로 한 논문은 총 8편으로 2.4%에 해당하는 미미한 수치였다.

황정미(2010)는 한국의 다문화교육의 아젠다를 다문화정책에서 국가와 시민사회의 관계, 문화와 문화적 권리의 의미, 소수자 정책과 다문화정책의 연관성에 초점을 맞추어 다문화교육사례를 분석하였다. 이 연구는 학교교육에 제한하지 않고 내국인 및 이주민 대상의 다양한 다문화교육 프로그램 사례를 고찰했다는 데 의의가 있다. 그러나 다양한 사례와 유형을 제시할 뿐, 구체적인 성인대상 프로그램을 분석하지 못했다는 한계가 있다.

배영주(2013)는 이주민과 정주민으로 대상을 구분하는 기존 다문화교육이 21세기 사회변화를 반영하지 못한다는 문제의식에서 출발하여 문화 주체의 역동적인 문화 행위를 위한 '소통' 지향 다문화교육을 제안하였다. 이 연구는 문화를 매개로 이주민과 정주민이 함께 참여하는 다문화성인교육의 새로운 패러다임을 제시하였다. 그러나 실제 사례 분석보다는 이론적 제시에 머물렀다.

그러므로 본 연구에서는 평생교육 맥락에서 다문화교육에 대한 이론적 쟁점에 근거하여 성인대상 다문화교육을 고찰하는 데 중요한 제 이슈를 도출하였다. 그리고 도출된 분석 기준에 따라 한국사회의 성인대상 다문화교육의 실제를 분석하였다.

이병준·박정현(2014)은 다문화교육 정책프로그램의 개선방향을 다음과 같이 제시하였다. 첫째, 교육목적: 다문화주의보다 동화주의에 집중된 방향성을 바꾸는 것이다. 둘째, 교육내용: 다양한 다문화 학습콘텐츠 제공이 필요하다. 셋째, 교육대상: 지역사회로 확장이 요구된다. 넷째, 교육프로그램의 기획: 공급자 중심에서 수요자 중심으로의 전환이다. 다섯째, 교육프로그램에 대한 평가: 확일화된 평가기준의 개선이 요청된다. 여섯째, 교육기관 간 파트너십 및 네트워킹: 기관 간 소통부족의 해소가 필요하다.

배영주(2009)는 평생교육적 관점에서 다문화교육을 '다문화평생교육'으로 명명하고 다음과 같이 세 영역으로 구분하였다. 첫째, 목표 측면에서 '다문화 다양성의 구현'이라는 궁극적 목적을 따라 학습자의 필요와 형편에 따라 구체화하도록 하고 둘째, 대상과 영역 측면에서 이주민과 학생 중심에서 일반성인으로 대상을 확장하며, 셋째, 내용과 방법 측면에서 추상적인 내용을 일방적으로 학습자에게 전달하기보다는 학습자가 주도적으로 참여하는 '문화체험'을 강조하였다.

평생교육과 다문화교육의 이론적 맥락과 실제는 단선적이기보다는 복합적이고 교차적 측면이 강하다. 그러나 본 연구에서는 논의의 구조를 명료화하기 위해서, 평생교육 맥락에서 제기된 다문화교육의 이론적 쟁점에 근거하여 성인 대상 다문화교육의 분석틀을 목적, 대상과 주체, 내용과 방법으로 분류하고 주요 논의를 제시하였다.

(1) 성인대상 다문화교육의 목적

최근 출근된 논문에서 Kymlicka(2015)는 다문화사회에서의 연대라는 측면에서 다문화주의 유형을 네 가지로 구분하여 제시하고 있다. 첫째, 신자유주의 다문화주의는 이주민에 대한 연대 없는 포용을 강조하는 것이고, 둘째, 복지 애국주의는 포용 없는 연대를 강조하는 것이며, 셋째, 신자유주의 국가주의는 이주민에 대한 연대 없는 배제를 주장하는 것이며, 넷째, 다문화국가주의 연대는 포용적 연대를 강조하는 유형이라고 할 수 있다. 이러한 모형을 통해서 그는 궁극

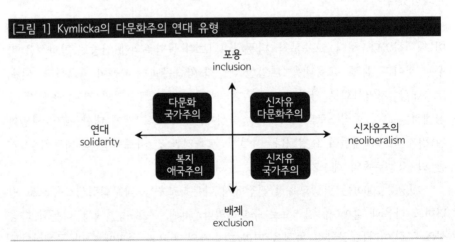

[그림 1] Kymlicka의 다문화주의 연대 유형

출처: Kriesi(2015), p. 3.

적으로 다문화적 시민성에 근거하여 모든 구성원이 다문화국가에 참여하고 기여하는 다문화국가적 연대를 가장 이상적인 대안으로 주장한다. Kymlicka(2015)의 다문화주의 연대 유형은 [그림 1]로 정리된다.

Castles & Miller(2003)는 다문화교육의 유형화를 '차별적 포섭/배제', '동화주의', '다원주의'로 분류하는데, 2000년대 중반부터 현재까지 한국사회의 다문화교육은 '차별적 포섭/배제'에 가까웠지만 점차 다원주의로 전향되어 가는 모습을 보여 주고 있다(김진희, 2016). 다문화교육이 지향하는 방향과 구체적으로 무엇을 어떠한 방법으로 실행해야 하는지와 관련하여 학자들 간에 여전히 이견이 많다. 그러나 다양한 논의 중에서 몇 가지 공통된 지향점을 발견할 수 있다.

배영주(2009)는 다문화교육의 목표를 '차이'를 '다양성'으로 인정하고 삶의 변혁을 수반하는 민주주의 활동과, 일방적인 '동화주의'가 아니라 '문화적 다원주의'를 지향하는 활동으로 보았다. 윤창국(2009)은 주요 논의를 근거로 다문화를 구성하는 핵심 요소를 '정체성(identity)', '시민참여(civic participation)', '사회정의(social justice)'로 보았다. 진정한 의미에서 다문화주의 실현은 소수자의 정체성을 인정하고, 권리보장을 통하여 주류사회에서 소외받지 않고, 참여적 시민성(participatory citizenship)을 발휘하게 하는 것이다. 이와 같이 다문화교육은 다양한 문화적 배경을 가진 사람들의 상호 다양성을 존중하고 소수자를 배려하며 비판적이고 참여적인 시민을 양성하는 운동으로 볼 수 있다.

다문화사회는 다양한 인종과 민족적 배경을 지닌 사람들이 함께 존재하는 현상적 의미를 넘어 다양한 사회적, 문화적 배경과 관계없이 더불어 살아가는 가치지향적 개념을 담고 있다. 그러므로 다문화교육은 이주민이나 소수자를 위한 '특별한 교육'이거나 '문화 접촉을 통한 타문화 이해' 수준을 넘어 다문화사회에서 지녀야 할 지식, 태도, 기능, 즉 다문화 시민성을 함양하는 것이다. 다문화교육은 단순히 문화적 다양성을 지지하는 것을 넘어 다양한 배경을 가진 사람들이 평등하고 정의로운 사회를 구현하기 위한 가치와 태도를 기르고 실천하는 다문화 시민성 교육을 지향하게 된다(이민경 2013; 이해주, 2015).

이와 같이 다문화교육의 목적은 동화주의, 문화 상대주의적 다원주의, 비판주의적 '다문화 시민성 함양'으로 구분할 수 있다. 그러나 성인대상 다문화 시민 교육은 궁극적으로 다문화사회에서 다양한 민족, 인종, 문화, 종교를 가진 모든 시민이 더불어 살아가는 데 필수적인 지식, 태도, 기능, 즉 다문화 시민성의 핵심을 함양하는 것이다.

(2) 성인대상 다문화교육의 대상 및 주체

다문화교육은 대상에 따라 소수자(이주민) 교육과 다수자(정주민) 교육으로 분류하기도 한다. 소수자교육은 이주민을 대상으로 하는 교육적 지원을 포함한다. 다수자교육은 다문화사회에서 지녀야 할 가치와 태도를 배우는 것이다(이민경, 2013). Jarvis(2007)는 다문화적 평생교육을 논의하면서 시혜적 관점에서 '그들을 위해서'가 아니라 참여복지적 공생의 차원에서 '모두를 위한 교육'으로 관점이 변화해야 한다고 주장하였다(이해주, 2015 재인용).

평생교육학 관점에서 다문화교육의 대상은 이주민과 정주민을 능동적 학습자로 생각하고 모두를 포함한다. 다문화사회에서 타문화에 대한 편견과 고정관념을 해소하고 진정한 다문화공동체 형성을 위하여 지역사회에 거주하는 정주민과 이주민을 대상으로 한 적극적인 다문화교육이 필요하다. 또한 다문화교육은 학교교육 차원을 넘어서 시민 모두를 위한 평생교육으로 확대할 필요가 있다. 이러한 노력은 다문화가족에 대한 사회적 편견과 차별 완화 그리고 정서적 안정감과 사회적 수용감을 높이는 데 기여할 것이다(염미경, 2013). 다문화교육에 대한 요구도 조사 결과에 따르면 이주민은 그들만 분리된 교육보다는 정주민과 함께하는 교육프로그램을 선호하였다. 다문화교육이 시혜가 아니라 상호학습을 전제로 한다면 정주민과 함께하는 프로그램을 통하여 이주민도 지역사회의 일원으로 소속감을 느끼며 상호이해와 소통을 경험하게 된다(이해주, 2015).

이와 같이 다문화교육은 이주민과 정주민 모두를 대상으로 다문화사회라는 하나의 울타리 아래서 더불어 살아가는 시민 모두를 포함한다. 또한 학교교육을 넘어서 지역사회에 거주하는 시민 모두를 대상으로 하는 평생교육으로 확장되어야 한다. 이에 한국사회의 평생교육 정책을 총망라하는 『평생교육 백서』에서도 외국이주민에 대한 평생교육 방향을 제안한 내용이 등장하기 시작하였다(김진희, 2013).

이미 다문화사회에 진입한 대부분의 나라에서 다문화주의정책은 이주민 또는 소수자에 대한 차별과 불평등을 완화하고, 그들의 권익 신장을 위한 점진적인 사회-시민운동의 결과로 나타나는 경향을 보였다. 그러나 그동안 한국은 중앙정부가 다문화정책을 주도하였고, 각 부처별 협의나 조정이 없이 이루어지다 보니 업적에 치우쳐 일회성 행사로 진행되거나 학습효과가 거의 없었던 것이 사실이다(이해주, 2015; 조대훈, 2015).

이제 한국사회도 지역사회의 맥락에 적합한 다문화교육을 실시하려는 노력이 필요하다. 이주민과 정주민의 지역사회 내 구체적 삶을 토대로 지역사회의 특수한 맥락을 반영하고, 다양한 자원의 연계를 통한 '지역사회기반 다문화교육'에 대한 필요성이 대두하고 있다(김민호 외, 2011). 중장기적 개입이 필요하지만 지역사회에서 지역주민의 다문화적 인식 전환과 실천은 다문화 시민성을 고취하고 지역의 다문화적 역량을 제고할 수 있게 된다.

이와 같이 성인대상 다문화교육의 대상은 소수자(이주민) 또는 다수자(정주민)를 대상으로 하는 분리교육보다는 이주민과 정주민이 함께 참여하는 교육을 지향한다. 또한 중앙정부의 주도보다는 지역사회 내 삶의 현장에서 지역사회의 특수성을 반영할 수 있도록 지방자치단체나 시민단체의 주도로 진행되어야 하고 지역사회중심 다문화교육은 생활세계에서 다문화 시민성 함양과 실천을 극대화해야 할 것이다.

(3) 성인대상 다문화교육의 내용과 방법

성인대상 다문화교육의 내용은 '다문화 시민성' 함양이라는 목적에 부합하여 구성할 수 있다. 그러나 다문화 시민성의 성격과 범위 등을 정립할 때 이는 다양한 관점에 따라 강조점이 달라질 수 있다.

Gudtavsson & Osman(1997)은 다문화주의 교육을 인종, 종족, 계급, 성 등 차이로 발생하는 불평등과 차별에 대한 비판적 시각과 억압받는 소수자에게 자율성과 공정한 권리를 보장하는 교육적 기회를 제공하는 것으로 보았다(김진희·허영식, 2013 재인용).

정용교(2011)는 다문화교육을 문화와 인종이 다른 사람들이 차이점을 인정하고, 가치를 존중하며 의사소통을 할 수 있도록 타인에 대해 개방적, 반편견적 태도를 가지도록 하는 교육으로 보았다. 나아가 소수자, 장애자, 젠더 등의 문제에 대한 관심과 포용적 시각으로 주변화된 타자와 집단의 문화와 사고를 수용하는 보편적 열린 교육을 지향한다고 하였다.

구정화·박선웅(2011)은 다문화 시민성의 내용과 인지적, 가치적, 기능적 측면에서 교육 내용을 다음과 같이 제시하였다. 다문화 시민성의 내용은 첫째, 인간적인 삶을 위하여 필요한 인권 등의 가치를 이해하고 실행한다. 둘째, 사회 내에 존재하는 불평등을 인식하고 사회구조적 원인을 파악하며, 개선을 위한 참여와 연대를 행한다. 셋째, 집단 간 차이와 다양성을 인정하고 자신의 문화 정체성을 이해하고 다른 문화에 대하여 관용한다. 다문화 시민성 교육의 인지적 측면은 다문화사회의 형성 과정과 현상 이해, 시민권과 인권의 의미와 내용, 문화의 의미와 특징 이해이다. 가치적 측면은 차이인정, 인권존중, 연대감과 참여의식이다. 기능적 측면은 간문화적 소통 능력, 고등 사고력, 시민 참여 기능이다.

이민경(2013)은 다문화 시민성 교육의 핵심요소로 '세계 시민성'과 '환대'를 제시하였다. '세계시민성'은 사회 구조를 변화시키는 실천적 행동을 포함하는 적극적 시민성을 의미하며, 지구촌 차원의 불평등 문제를 해소하려는 능동적이고 적극적인 시민적 윤리의 개념이다. 환대를 구성하는 핵심요소는 고통받는 타자에 대한 관용, 공존을 모색하는 타자에 대한 책임, 공동체의 일원으로 타자의 권리 보장, 상호 인정 등이다(Derrida, 2004).

본 연구에서는 문화의 다양성을 존중하고 차이에 대한 이해와 소통에 대한 '간문화적 역량'(Bennett, 2009)과 '상호문화주의'(Abdallah-Pretceille, 2010)를 강조하는 문화적 상대주의 관점과, 문화 간의 불평등한 관계를 인식하고 차별과 불평등의 완화를 위한 사회적 연대와 참여, 제도적 장치를 주장하는 비판적 다문화주의 관점을 성인대상 다문화교육의 지향점으로 삼고자 한다(구정화·박선웅, 2011).

그러므로 성인대상 다문화교육의 내용은 '다문화 시민성' 함양이라는 목적 아래 다음과 같은 내용으로 구성할 수 있다. 첫째, 문화의 다양성 존중과 차이에 대한 이해와 소통이다. 이를 위하여 상호문화교육, 다문화이해교육, 의사소통 교육이 필요하다. 둘째, 사회적 약자에 대한 관심과 사회적 불평등 해소이다. 이를 위하여 인권교육과 시민참여교육이 필요하다. 셋째, 세계시민성 함양이다. 세계시민성은 국적과 인종, 문화의 경계를 넘어서 사회적 구조를 변화시키는 실천적 행동과 지구촌 문제를 해결하려는 능동적이고 적극적인 시민성이다. 이러한 맥락에서 다문화교육을 통하여 이주민과 정주민 모두는 국적과 태생의 경계선을 넘어서, 더불어 살아가기 위한 가치를 고민하고 다문화사회에서 비판적이고 참여적인 다문화 시민성을 함양하게 된다.

　　또한 성인대상 다문화교육의 방법으로 기존의 학교중심의 일방적이고 주입식 교육방법을 지향하고, 학습자가 자기주도적으로 참여하고, 설명하고, 해석하고, 반응하도록 한다. '경험'을 중시하는 성인학습자의 특성을 고려하고 삶의 현장에서 다양한 '문화 체험'을 통하여 학습하도록 한다. 문화를 소재로 하는 다문화교육은 다양한 사람과의 상호작용을 중심에 두는 것이어야 한다(배영주, 2009).

　　이와 같이 성인대상 다문화교육을 고찰하는 데 중요한 제 측면과 주요 담론을 목적, 대상과 주체, 내용과 방법을 중심으로 도출하였다. 이러한 분석을 토대로 성인대상 다문화교육의 실제 분석을 위한 분석틀은 <표 1>로 정리된다.

<표 1> 성인대상 다문화교육의 실제 분석틀

분석 영역	범주/ 내용
다문화교육 목적	- '동화주의', '다문화주의', '문화다원주의' - 다문화이해교육, 다문화 시민성 함양
다문화교육 대상 및 주체	- 대상: 소수자(이주민)교육, 다수자(정주민)교육, 이주민-정주민 공통 - 주체: 중앙정부 주도, 지역사회 중심, 기타(시민단체, 기업 등)
다문화교육 내용과 방법	- 문화상대주의: 문화의 다양성 존중과 차이에 대한 이해와 소통 - 비판주의: 사회적 약자에 대한 관심과 사회적 불평등 해소 - 보편적 세계시민주의: 세계시민성 함양 방법: '일방적 주입식', '자기주도적, 경험 및 문화 체험'

III. 성인대상 다문화교육의 실제 분석

이 장에서는 한국사회의 성인대상 다문화교육의 실제를 구체적으로 이해하기 위하여 위에서 제시된 분석틀에 따라서 목적, 대상 및 주체, 내용과 방법으로 분석하였다. 연구의 초점을 명료화하기 위해서 분석의 대상을 다음과 같이 선정하였다. 첫째, 정부의 주요 부처별로 지역사회와 연계되어 진행되는 성인대상 다문화교육의 '단위 프로그램'에 한정하였다. 이와 같이 분석대상을 한정한 이유는 한국사회의 다문화교육 프로그램의 대부분이 중앙정부 주도로 예산을 지원하여 운영되는 현실을 반영한 것이다(윤창국, 2009; 조대훈, 2015). 또한 프로그램 자료의 일반 공개 여부 등 자료수집의 용이성도 고려하였다. 또한 정부의 예산 지원을 받지만 지역사회가 주도하는 프로그램을 선정하였다. 둘째, 이주민과 정주민이 함께 참여하는 성인대상 다문화교육 프로그램을 선정하였다. 다문화교육의 가장 이상적인 모형은 이주민과 정주민 모두를 대상으로 한다.

위의 기준에 의거하여, 본 연구에서는 여성가족부, 문화체육관광부, 교육부가 지원하는 다문화교육 프로그램 중에서 연구의 목적에 부합하는 프로그램을 각 부처별로 1개씩 선정하여 최신 사례를 중심으로 분석하였다. 지역다문화프로그램 사업과 다문화교육센터 사업은 2015년, 무지개다리 지원사업은 자료의 제한이 있어 2014년 사례를 선정하였다.

1. 성인대상 다문화교육의 목적

성인대상 다문화교육의 목적은 일방적인 '동화주의'가 아니라 '문화적 다원주의'를 지향하며, 소수자의 정체성을 인정하고, 권리보장을 하는 것이다. 또한 단순히 문화적 접촉을 통한 다문화이해 수준을 넘어서 다문화사회에서 지식, 태도, 기능 등 '다문화 시민성' 함양을 목표로 한다(이민경 2013; 이해주, 2015).

(1) 여성가족부의 지역다문화프로그램 사업

여성가족부와 한국건강가정진흥원은 2012년부터 다문화가족 지원사업의 일환으로 지역다문화프로그램 공모사업을 실시하고 있다. 지역다문화프로그램 사업은 차별 및 편견 예방과 문화적 다양성에 대한 이해와 존중을 위한 다문화이해교육의 일환으로 2012년부터 매년 지역사회에서 활동하는 40개 기관을 선정하여 1년 단위로 프로그램을 운영하고 사례집을 발간하고 있다(여성가족부, 2015).

'(사)국경없는마을'은 국내 최대 이주민 거주지인 안산 지역에서 다양한 문화 주체가 함께하는 다문화공동체 만들기를 목표로 2006년 6월에 설립되었다. (사)국경없는마을이 2015년에 실시한 '지역사회 상호다문화 공동체 형성' 프로그램은 이주민과 정주민이 함께하는 상호다문화 동아리활동을 통하여 지역사회 공동체를 형성하고, 사회통합 디딤돌 형성과 지역사회 다문화 리더십 형성을 목적으로 하였다(여성가족부, 2015).

(2) 문화체육관광부의 무지개다리 지원사업

'무지개다리 지원사업'은 문화체육관광부가 주최하고 한국문화예술위원회가 주관하는 문화다양성 증진 정책의 대표 사업이다. '무지개다리 지원사업'은 '문화다양성 증진'을 목표로 이주민의 문화예술활동 주체화, 정책대상의 다양화(정주민 포함), 수요자중심의 프로그램 운영체계 구축, 문화활동 범주 및 프로그램의 다양화라는 차별적 측면을 시도했다는 점에서 의의가 있다. 그러나 '문화다양성정책'에 대한 협의가 부재하고, 2014년 기준으로 시행 연수가 3년 정도로 여전히 정책 현장에서 혼란이 존재한다. 또한 효과적인 문화다양성 정책 추진모형이 정립되지 않아 실무자들의 어려움을 겪고 있다(송보란, 2014).

부산문화재단은 2012년부터 4년 연속 최우수 무지개다리 지원사업 사업수행기관으로 선정되었다. 2014년 부산문화재단은 '다섯 손가락'이라는 사업명으로 9개 프로그램을 시행하였다. 주요 프로그램으로 이주민 문화공간 활성화(라운드 테이블, 이주민 문화공간 지원, 세계문화 특강), 거점 문화공간 활성화(지구촌 여행자 학교, 문화이음, 지구인 동아리) 등이 있다. 본 연구에서는 연구의 구체화와 타 프로그램과의 비교 분석을 위하여 우수사례로 선정된 '문화이음'과 '지구촌 여행자 학교'를 대상으로 분석하였다. '다섯 손가락' 프로그램은 문화적 다양성 증진을 위하여 이주민과 정주민 교류, 정주민 인식개선, 이주민의 자기 주체성 확보 및 적극적 의견 개진을 목적으로 한다(한국문화예술위원회, 2014).

(3) 교육부의 다문화교육센터

국가평생교육진흥원 소속 중앙다문화교육센터는 국가다문화교육 정책연구 및 정책사업을 추진하고 있다. '맞춤형 다문화교육을 통한 기회 평등 실현 및 다문화인 재 양성'을 목표로 시도 교육청의 지역다문화교육센터와 초·중·고교 그리고 평생 교육기관과 연계하여 사업을 추진하고 있다(중앙다문화센터, http://www.nime.or.kr).

대전서부 다문화교육센터는 2015년 다문화교육 우수사례 공모전에서 다문 화교육지원 부분 최우수상을 수상하였다. 기관의 특성상 다문화학생 지원이 주요 사업이지만, 2009년부터 이주민 강사가 진행하는 '찾아가는 다문화이해교육'을 실시하고 있다. 교육대상을 일반 초등학생부터 중·고등학생, 더 나아가 대학생과 일반인으로 넓히고 있다. '다문화이해교육'은 정주민의 다문화가정 이해와 편견 해소 그리고 이주민의 적극적인 사회 참여를 목적으로 하였다(교육부, 2015).

한국사회의 성인대상 다문화교육 사업과 단위 프로그램 사례의 목적을 분 석한 결과 몇 가지 중요한 지점을 발견하였다. 첫째, 기존의 일방적인 '동화주의' 보다는 '문화적 다원주의'를 지향하는 상호 다양성 인정에 대한 강조이다. 대부 분의 사업과 프로그램이 '다문화 수용성', '다문화 공동체', '다양성 증진', '다문 화 가정 이해' 등 상호 다양성 인정을 주요 목적으로 제시하고 있다. 둘째, 이주 민의 정체성과 권리에 대한 인정과 참여적 시민성 발휘이다. 상호다문화 공동체 를 통한 다문화 리더십 형성과 이주민의 자기주체성 확보 및 의견 개진, 다문화 이해교육 이주민의 적극적 사회 참여를 위한 시도가 이루어졌다. 셋째, 다문화 시민성 함양에 대한 강조는 미흡하였다. 그러나 한국사회의 성인대상 다문화교육 에는 다문화 시민성 함양에 대한 구체적이고 체계적인 목표 제시가 결여되어 있

사업/기관	목적	프로그램	목적
<표 2> 사업 및 프로그램의 목적			
지역다문화 프로그램 사업	다문화이해 및 사회통합 증진 다문화 수용성 강화	(사) 국경없는마을 '지역사회 상호다문화 공동체 형성'	지역사회 공동체 형성 사회통합 디딤돌 형성 다문화 리더십 형성
무지개다리 지원 사업	문화 다양성 증진 문화소통 및 교류 확대, 네트워크	부산문화재단 '다섯 손가락'	이주민과 정주민 교류 정주민 인식개선 이주민 자기주체성 확보 및 적극적 의견 개진
다문화 교육센터	교육기회평등 실현 다문화인재 양성	대전서부 다문화교육센터 '다문화이해교육'	다문화가정 이해 이주민의 적극적 사회 참여

출처: 교육부(2015), pp. 18-19; 여성가족부(2015,) p. 13, 16; 한국문화예술위원회(2014), p. 15.

음을 알 수 있다. 성인대상 다문화교육 사업/기관과 프로그램의 목적은 <표 2>로 정리된다.

2. 성인대상 다문화교육의 대상 및 주체

평생교육 차원에서 다문화교육에 누가 참여하고 누가 주체가 되고 있는가를 파악하는 것은 중요한 이슈이다. 거대 정책이나 단위 프로그램에 참여하는 대상과 수혜 집단이 누구인가는 정책과 프로그램의 목적 및 효과성과 직접적으로 연결된 사항이기 때문이다.

2014년 무지개다리 지원사업 컨설팅평가 연구에서 다문화교육의 대상에 대한 평가의 틀을 두 가지로 제시하였다. 첫째, 참여대상의 다양성이다. 이주민과 정주민에 대한 구분의 틀을 벗어나 이주민과 정주민을 얼마나 포함하였는가? 둘째, 참여자의 주체성이다. 참여자가 주체적으로 참여함으로써 다양한 문화를 인식하고 공감하게 된다(한국문화예술위원회, 2014). 참여자의 주체성 측면에서 성인대상 다문화교육은 다음과 같이 분류할 수 있다. 첫째, 이주민+정주민 주도형이다. 둘째, 이주민 주도, 정주민 참여형이다. 셋째, 정주민 주도, 이주민 참여형이다. 넷째, 이주민+정주민 참여형이다.

(사)국경없는마을의 '지역사회 상호다문화공동체 형성' 프로그램은 '이주민

+정주민 주도형'으로 네 가지 형태의 다문화 동아리활동으로 구성되어 있다. 부산문화재단의 '문화이음' 프로그램은 선호하는 문화예술 장르별 동아리활동을 통하여 이주민과 정주민이 함께 참여하여 소통하고 이해하는 기회를 제공하였다. '지구촌 여행자 학교'는 이주민이 스스로 기획하여 자국의 문화를 소개하고, 정주민이 참여함으로써 다문화이해와 인식개선 효과가 있었다(한국문화예술위원회, 2014). '문화이음'은 '이주민＋정주민 주도형', '지구촌 여행자 학교'는 '이주민 주도＋정주민 참여형'으로 분류할 수 있다.

대전서부 다문화교육센터의 '다문화이해교육'은 이주민 학부모가 강사가 되어 프로그램을 기획하고 진행한다. 그리고 중·고등학생 그리고 대학생과 일반인을 대상으로 실시하였다(교육부, 2015). 이 프로그램은 '이주민 주도＋정주민 참여형'이라고 할 수 있다.

한국사회의 성인대상 다문화교육의 대상을 분석한 결과 다음과 같은 사실을 확인하였다. 이주민과 다문화가족을 대상으로 하는 소수자 교육에서 다수자를 위한 다문화이해교육으로, 이주민과 정주민 모두를 위한 교육으로 대상이 확대되고 있다. 본 연구는 사례분석 대상과 주체를 이주민과 정주민 모두와 중앙정부와 지역사회 연계 프로그램으로 선정하였으므로 대상과 주체가 동일하다고

＜표 3＞ 대상과 참여자 주체성

프로그램	대상	참여자 주체성
(사)국경없는마을 '지역사회 상호다문화 공동체 형성'	① 댄스 동아리: 이주민과 정주민 성인 24명/이주민과 정주민 고등학생 15명 ② 스포츠 동아리: 이주민과 정주민 성인 28명 ③ 음악 악기 동아리: 다문화 어린이집 교사와 학부모 16명 ④ 사진 동아리: 이주민과 정주민 22명	이주민＋정주민 주도형
부산문화재단 '다섯 손가락'	① 문화이음: 문화예술 동아리활동 이주민과 정주민 성인 참여 ② 지구촌 여행자 학교: 이주민 강사, 정주민 참여 및 역할 바꾸기	① 이주민＋정주민 주도형 ② 이주민 주도, 정주민 참여형
대전서부 다문화교육센터 '다문화이해교육'	이주민 강사(9개국, 48명, 2015년) 중·고등학생 그리고 대학생과 일반인 대상 실시	이주민 주도, 정주민 참여형

출처: 교육부(2015), pp. 18-19; 여성가족부(2015), pp. 15-19; 한국문화예술위원회(2014), pp. 60-62.

할 수 있다. 다만 참여자의 주체성 측면에서 자세히 들여다보면 이주민＋정주민 주도형과 이주민 주도, 정주민 참여형이 주를 이룬다. 성인대상 다문화교육의 대상과 참여자 주체성은 <표 3>으로 정리된다.

3. 성인대상 다문화교육의 내용과 방법

다문화사회에서 교육적 노력은 사회적, 교육적 환경과 구조를 다문화 친화적으로 만드는 하드웨어적인 측면과 교육을 통해 인식의 개선과 공감이라는 사회적 합의를 이루는 소프트웨어적인 측면을 모두 포함한다. 교육의 하드웨어적 측면은 이주민의 학습권을 보장하고 소외 혹은 배제되지 않게 하려는 적극적 의미의 평등을 지향하는 학습환경 구축을 의미한다. 그리고 소프트웨어적 측면은 평등한 공존을 위한 가치와 태도의 형성, 그리고 정의로운 사회를 위한 방법을 모색하는 실천을 의미한다(이민경, 2013).

(사)국경없는마을의 '지역사회 상호다문화 공동체 형성' 프로그램은 4개의 다문화 동아리활동으로 진행되었다. 이 프로그램은 지역사회 동아리와 이주민 동아리의 멘토 결연식을 통하여 음악, 댄스, 스포츠, 사진 등을 통한 지역사회의 소통 방법과 삶의 이야기를 공유하였다. 또한 이주민과 정주민이 공동 작품활동을 통하여 공감대를 형성하였다. 이러한 취미 동아리활동을 통한 공동체 실천으로 자연스럽게 다문화 인식개선과 지속적인 연대감을 가져오는 효과를 거두었다. 특별히 처음에는 "우리가 할 수 있을까?"라는 의문을 가지고 시작하였으나 선입견을 버리고 서로의 이야기를 들어주고 공감되는 이야기를 통하여 서로를 위로하는 큰 의미가 있었다. 그러나 다양한 공동체를 제한된 기간에 운영함으로써 여러 가지 아쉬움이 있었고, 자발적 공동체 형성에는 공간적, 시간적 제약 등 다양한 아쉬움이 있었다(여성가족부, 2015).

부산문화재단의 '문화이음' 프로그램은 같은 분야의 정주민 동아리와 이주민 동아리를 연계하여 정주민과 이주민 교류를 확대하였다. 정주민과 이주민은 일상적인 생활과 개인이 선호하는 문화예술 장르별 동아리 활동을 통해 서로 소통하고 이해하는 교류의 장을 만들고 지역의 문화다양성 가치 확산과 공감대 형성, 지역민의 소통과 이해를 위한 생활문화로 정착하였다(한국문화예술위원회, 2014). 2012년부터 운영한 '지구촌 여행자 학교'는 이주민과 정주민이 서로에 대해 배우고 알아 가는 것을 목표로 한다. 강연 형식으로 결혼, 출생, 축제 관련 풍습을 소개하기도 하고, 사진전시회, 전통의상 입어 보기, 전통음식 먹어 보기 등 문화체험 행사로 진행된다(무지개다리 사업으로 다문화 인종편견 없앤다, 2014. 4. 15; 한국문화예술위원회, 2014). 2014년도 '지구촌 여행자 학교'는 7월부터 11월까지 사상인디스테이션에서 매주 토요일 또는 일요일에 진행되었다. 인도네시아를 시작으로 베트남, 아프리카, 사우디아라비아, 캄보디아, 힌두 문화권 등 6회에 걸쳐 진행되었다. 부산에 거주하는 이주민이 안내자로 활동하고, 춤과 음식 등 문화체험, 문화공유 순서로 진행되었다(부산문화재단, 2014. 7. 3).

대전서부 다문화교육센터의 '다문화이해교육'은 다문화가정 학부모를 대상으로 한국어 교육을 체계적으로 실시하는 것에서 출발하였다. 그리고 한국어능력시험 4급을 통과한 사람을 대상으로 다문화이해교육 양성과정을 진행하였다. 2015년 현재 9개국 48명의 이주민 강사가 학생 또는 성인을 대상으로 하는 다문화이해교육에서 활동하고 있다. 이러한 활동을 통하여 정주민은 다문화가정을 이해하고 이주민 강사는 한국사회에 한발 더 가까이 갈 수 있는 교류의 장이 되었다. 다문화이해교육은 남을 이해하고 받아들이는 노력이 아니라, 다양성을 자연스럽게 느끼는 과정이라고 할 수 있다. 우리는 모두 다르고 같을 필요가 없기 때문에 더욱 다양한 것을 나누고 함께 성장하는 계기를 마련하는 것이다(교육부, 2015). 초등학생과 중학생을 대상으로 하는 찾아가는 다문화이해교육은 1단계에서는 여러 나라의 전통놀이 부스 운영을 통한 문화이해 체험교육, 2단계에서는 다문화 인식개선 및 나라별 문화소개 교육, 3단계에서는 집단 프로그램으로 진행되는 다문화 인식개선 교육을 실시하고 있다(유순상, 2015. 7. 9).

성인대상 다문화교육 실제의 내용분석을 통하여 발견한 특징은 다음과 같다. 첫째, 대부분 프로그램은 문화적 상대주의 관점에서 내용이 구성되어 있다. 다문화 동아리활동과 문화체험활동을 통하여 이주민과 정주민이 생활세계에서 어울리면서 서로를 이해하고 소통함으로써 문화의 다양성을 존중하는 학습이 일어난다. 특히 문화예술 동아리활동은 이주민과 정주민이 생활세계에서 자연스럽게 소통하고 교류하며 주도적으로 프로그램에 참여하게 된다. 이러한 활동은 지역주민 간의 공감대 형성과 이주민의 소속감을 강화하고, 생활문화로 정착 가능성을 높인다(한국문화예술위원회, 2014). 둘째, 다문화 인식개선이다. 다문화를 자연스럽게 느끼고 서로 다양성을 함께 나눔으로써 함께 성장하는 기회로 인식하는 노력이다. 이는 사회적 약자에 대한 관심과 사회적 불평등 해소에 관심을 기울이는 비판적 사고와 실천으로 이어질 것이다. 셋째, 이주민과 정주민에 대한 이분법적 사고의 프레임을 더 큰 틀에서 인식하는 것이 필요하다. 이러한 논의를 승화시켜서 세계시민성에 대한 강조가 필요하다. 다양한 이질적 배경을 가진 이주민의 유입과 사회 변동은 글로벌 시대에 새로운 시민교육을 요구한다. 소수자, 주변부에 있는 소외 집단이 놓인 불평등한 사회 구조를 변화시키는 실천적 행동과 지구촌 문제에 관심을 가지고 직간접적으로 개입하는 세계시민성에 대한 강조가 요구된다. 성인대상 다문화교육의 내용과 방법은 <표 4>로 정리된다.

<표 4> 프로그램의 내용과 방법

프로그램	내용	기간
(사)국경없는마을 '지역사회 상호다문화 공동체 형성'	① 댄스 동아리: 무용을 통한 상호이해/종합발표회 ② 스포츠 동아리: 친선경기 준비/실시 ③ 음악악기 동아리: 노래, 기타, 우크렐레라/종합발표회 ④ 사진 동아리: 7회 수업과 3회 출사/사진전시회	10주(주1회)
부산문화재단 '다섯 손가락'	① 문화이음: 개인이 선호하는 문화예술 동아리활동 ② 지구촌 여행자 학교: 인도네시아, 베트남, 아프리카, 사우디아라비아, 캄보디아, 힌두 문화권 춤과 음식 등 문화체험 및 문화공유	② 7~11월 (토 또는 일)
대전서부 다문화교육센터 '다문화이해교육'	① 다문화이해 체험교육(전통놀이 부스 운영) ② 다문화인식개선 및 문화소개 교육 ③ 다문화인식개선교육(집단 프로그램)	1회

출처: 교육부(2015), pp. 18−19; 무지개다리 사업으로 다문화 인종편견 없앤다(2014. 4. 15); 부산문화재단(2014. 7. 3); 여성가족부(2015), pp. 15−19; 한국문화예술위원회(2014), pp. 60−62.

IV. 성인대상 다문화교육의 쟁점, 한계, 그리고 방향

평생교육과 다문화교육은 두 영역 모두 광범위한 이론적 지평과 실제를 가지고 있기에 다층적 논의가 필요하다. 지금까지 이 연구는 다문화교육의 평생교육적 접근을 살펴보고 성인대상 다문화교육의 실제를 고찰하기 위해서 주요 쟁점과 문제점을 도출하였다. 또한 논의 구조를 명료화하기 위해서 한국사회의 성인대상 다문화교육의 사례를 목적, 교육 대상 및 주체, 내용과 방법으로 나누어 분석하였다. 성인대상 다문화교육은 이주민이나 소수자를 대상으로 하는 교육이거나 타문화에 대한 얕은 층위의 이해 수준을 넘어서 다문화사회에서 요구되는 지식, 태도, 기능, 즉 다문화 시민성 함양을 지향한다(이민경 2013; 이해주, 2015; Banks, 2008; Kymlicka, 1995). 그러므로 성인대상 다문화교육은 이주민과 정주민 모두가 다문화사회에서 차이와 다양성의 근원적인 지점을 분석하고, 모든 사회 구성원이 국적과 인종, 민족의 구분과 경계로 인한 차별과 편견에 노출되지 않도록 비판적으로 사고하고 행동하는 참여적 시민성을 발휘할 수 있도록 하는 것이다.

성인대상 다문화교육은 문화적 상대주의 관점과 비판적 다문화주의 관점에서 다문화 시민성 함양을 목적으로 하며, 문화의 다양성과 차이에 대한 이해와 소통, 사회적 약자에 대한 관심과 사회적 불평등 해소, 세계시민성에 대한 내용으로 구성할 수 있다. 한국사회의 성인대상 다문화교육 실제 분석을 통하여 파악된 한계와 방향을 쟁점별로 정리하면 다음과 같다.

첫째, 성인대상 다문화교육은 그 목적상 표면적으로는 다문화사회에서 상호 다양성 인정과 다문화공동체 만들기를 강조한다. 또한 이주민을 수동적인 복지의 수혜자가 아니라 지식과 경험을 가진 강사로 참여시킴으로써 이주민의 정체성과 권리에 대한 인정과 참여적 시민성을 발휘하도록 하는 시도가 조금씩 이루어지고 있다. 그러나 다문화사회에서 지녀야 할 지식, 태도, 기능 등 다문화 시민성 함양에 대한 접근은 미흡하였다. 그러므로 향후 성인대상 다문화교육의 목적을 다문화 시민성 함양이라는 큰 틀로 제시하고 세부 목표를 설정할 필요가 있다.

둘째, 지금까지 성인대상 다문화교육은 이주민과 다문화 가족을 대상으로 하는 소수자 교육에서 다수자를 위한 다문화이해교육으로, 나아가 이주민과 정주민 모두를 위한 교육으로 대상을 확대하고 있다. 특히 이주민과 정주민이 함께 주도하는 문화예술동아리 프로그램은 생활세계에서 지역주민과의 공감대 형성과 생활문화로 정착의 가능성을 제시하였다. 생활세계에서 체험을 중시하는 지역사회 중심의 다문화교육은 다문화 시민성 고취와 다문화적 역량 강화에 긍정적 영향을 미칠 것이다. 참여자의 주체성 차원에서 수동적으로 참여하기보다는 이주민과 정주민이 함께 기획하고 주도하는 프로그램의 확대가 요구된다.

셋째, 성인대상 다문화교육은 문화상대주의적 관점에서 문화의 다양성 존중과 이해에 대한 내용이 대부분을 차지하였다. 다문화 동아리활동과 문화체험 활동은 이주민과 정주민이 생활세계에서 자연스럽게 어울리며 서로 이해하고 소통함으로써 다문화 시민성을 함양하게 된다. 그러나 문화적 소통과 상호작용은 접촉의 빈도가 아니라, 접촉의 질(quality)이 중요한 이슈이다. 현재 성인대상 다문화교육으로 명명될 수 있는 프로그램은 사회 제도나 구조에 대한 근본적인 문제 제기와 세계시민성에 대한 내용이 미흡하였다. 구체적으로, 향후 소수자에 대한 차별과 불평등 완화를 위한 사회적 연대와 참여, 제도적 장치를 통해서 억압과 소외의 구조를 해소하기 위한 비판적 성찰이 누락되어 있다. 또한 한국사회 내부의 문제와 밀접하게 연결되어 있는 전 지구적 문제와 소수자를 포용하는 연대성에 대한 시민사회의 관심을 큰 틀에서 이어가기 위해서 세계시민성에 대한 교육적 강조가 요구된다. 즉, 다문화에 대한 일방향적인 관용적 이해가 아니라, 평생교육학이 오랫동안 고민해 온 비판적이고 참여적인 시민성 함양에 대한 논의가 다각적으로 필요하며, 국적을 넘어서 더불어 살아가는 가치를 논의하는 세계시민성 함양을 어떤 방식으로 구현할 것인지 그 내용과 방법론을 고민해야 한다.

넷째, 지역사회중심 시민주도적 성인대상 다문화교육의 확대가 요구된다. 최근 정부주도 다문화교육에서 지역사회중심 다문화교육으로 방향이 전환되고 있다. 중앙집권적이고 행사 위주인 세계에서 지역사회중심 시민주도적 다문화교육은 생활세계에서 다문화 시민성 함양과 실천을 극대화할 것이다.

이 연구는 일반성인이 참여하는 다문화교육의 실제를 분석하고 앞으로 평생교육 측면의 방향성을 제시한다는 점에서 의의가 있다. 그럼에도 이 연구는 일부 사례에 대한 분석이라는 점에서 한계가 있으며, 평생학습사회에서 다문화 시민교육론을 완성하기 위해서는 더욱 심층적이고 분석적인 논의가 필요하다는 점에서 후속 과제를 남긴다. 한 걸음 더 나가서, 한국사회의 다문화교육 활동과 내용에 대한 전수 조사와 체계적인 분석이 필요할 것이며, 사회구성원의 내밀한 목소리를 담아낼 수 있도록 구체적 사례에 대한 중장기적 호흡을 가진 질적 연구 역시 요구된다.

요컨대 다문화사회에서 다양한 사회구성원이 차별과 소외의 구조에 놓이지 않도록, 더불어 살아가는 가치에 대한 깊은 고민과 성찰이 수반되어야 한다. 그런 맥락에서 정주민과 이주민 모두가 비판적이고 참여적인 시민성을 전 생애에 걸쳐서 함양하기 위해서 보다 심층적인 연구와 방법론을 활발하게 전개하고 구안하여야 할 것이다.

참고문헌

구정화·박선웅(2011). 다문화 시민성 함양을 위한 다문화교육의 목표 체계 구성. 시민교육연구, 43(3), 1－27.

교육부(2015). 2015 다문화교육 우수사례 공모전 수상 사례집.

국회입법조사처(2016). 지방자치단체 외국인주민 현황과 시사점. 지표로 보는 이슈 52호.

김미숙·이주연·김유경·양현화(2009). 지역사회 다문화가족 교육지원 인프라 현황과 과제. 한국교육개발원

김민호·염미경·변종헌·최현·김은석·황석규·장승심·오고운·홍주희·김종우·손명철·류현종(2011). 지역사회와 다문화교육. 서울: 학지사.

김이선·민무숙·홍기원·주유선(2011). 다민족, 다문화사회로의 이행을 위한 정책패러다임 구축(V): 다문화사회 정책의 성과와 미래 과제. 한국여성정책연구원.

김진희(2011). 국제결혼이주여성과 이주여성노동자의 교육 참여 현실과 평생교육의 방향성 모색. 평생교육학연구, 17(1), 25－51.

김진희(2013). 외국 이주민을 위한 평생교육사업. 평생교육백서(pp. 367－385). 교육부·국가평생교육진흥원.

김진희·허영식(2013). 다문화교육과 세계시민교육의 담론과 함의 고찰. 한국교육, 40(3), 155－181).

무지개다리 사업으로 다문화 인종편견 없앤다(2014. 4. 15).
위클리 공감. http://koreablog.korea.kr/329

유순상(2015. 7. 9). 대전교육청 '찾아가는 다문화이해교육'. 중앙일보.

배영주(2009). 평생교육의 관점에서 본 다문화교육의 새 구상. 평생학습사회, 5(1), 177－197.

법무부(2016). 출입국·외국인정책 통계월보 2016년 4월호.

부산문화재단(2014). 문화다양성 확산을 위한 무지개다리 <지구촌 여행자 학교> 개최 보도자료. 2014. 7. 3.

송보란(2014). 수요자 참여형 문화다양성정책모형 개발 연구: 부산문화재단 무지개 다리 사업 사례 분석을 중심으로. 석사학위논문. 가카톨릭대학교.

여성가족부(2015). 2015지역사회다문화프로그램 사례집. 한국건강가정진흥원.

여성가족부(2016) 2016년도 다문화가족포럼 자료집.

염미경(2013). 다문화가족의 한국생활 적응과 지역사회 다문화교육의 방향. 교육과학연구,

15(2), 23-47.

윤창국(2009). 다문화사회 담론 및 정책 분석을 통해 본 평생교육의 과제. 평생교육학연구, 15(4), 245-274.

이민경(2013). 다문화사회에서의 시민성 교육: 세계시민성과 환대의 개념을 중심으로. 교육문제연구, 26(2), 115-136.

이병준·박정현(2014). 다문화교육 정책프로그램의 분석과 평생교육적 대응방안 연구. 문화예술교육연구, 9(4), 147-172.

이해주(2015). 실태 및 요구조사를 통한 다문화교육의 개선방안 모색. 평생학습사회, 11(2), 109-132.

정용교(2011). 다문화시민교육의 실태와 실천적 적용탐색. 한국교육논단, 10(3), 87-111.

조대훈(2015). 글로벌, 다문화 한국의 '시민'과 '시민교육': 새로운 쟁점과 과제. 교육과학연구, 17(1), 1-18.

중앙다문화센터. 다문화교육 지원정책 현황. http://www.nime.or.kr (검색일: 2016. 6. 2)

채영란·유승우(2014). 다문화교육 프로그램의 연구 동향: 1999년 이후의 학위논문 및 학술지를 중심으로. 유아교육학논집, 18(6), 551-571.

채재은·허준(2012). 평생학습시대의 다문화교육의 방향 탐색: 미국, 영국, 스웨덴 사례를 중심으로. 비교교육연구, 22(1), 1-23.

최우인(2012). 다문화교육의 현황 분석 및 개선 방안. 석사학위논문. 동덕여자대학교.

한국문화예술위원회(2014). 2014년 무지개다리 사업 컨설팅평가 연구.

한승준(2008). 우리나라 다문화정책의 거버넌스구축에 관한 연구. 제4차 다문화사회 정책포럼. 2008. 11. 21. 발표자료. 한국여성정책연구원.

황정미(2010). 다문화시민 없는 다문화교육: 한국의 다문화교육 아젠다에 대한 고찰. 담론 201, 13(2), 93-123.

Abdallah-Pretceille, M. (2010). 유럽의 상호문화교육: 다문화사회의 새로운 교육적 대안(장헌업 역). 서울: 한울. (원저 1999년 출간).

Banks, A. J. (2008). 다문화시민교육론(김용신·김형기 공역). 파주: 교육과학사. (원저 2007년 출판).

Bennett, C. I. (2009). 다문화교육 이론과 실제(김옥순 외 공역). 서울: 학지사. (원저 2007년 출판)

Campbell, D. E. (2012). 민주주의와 다문화교육(김영순 외 공역). 서울: 학지사. (원저 2010년 출판).

Castles, S., & Miller, M. J. (2003). *The Age of migration: international population movements in the modern world* (3rd ed.). New York: The Guilford Press.

Derrida, J. (2004). 환대에 대하여(남수인 역). 서울: 동문선. (원저 1997년 출판).

Gudtavsson, B., & Osman, A. (1997). Multicultural education and lifelong learning. In S., Walters (Eds.), *Globalization, adult education and training* (pp. 179−187). London & New York: Zed books.

Jarvis, P. (2007). *Globalisation, lifelong learning and the learning society*. London & New York: Routledge.

Kriesi, H. (2015). Enlightened understanding, empowerment and leadership− three ways to enhance multiculturalism: Comment on Will Kymlicka's article: "Solidarity in Diverse Society". *Comparative Migration Studies*, 3(18), 1−4.

Kymlicka, W. (1995). Multicultural citizenship: *A liberal theory of minority rights*. Oxford: Oxford University Press.

Kymlicka, W. (2015). Solidarity in diverse societies: Beyond neoliberal multiculturalism and welfare chauvinism. *Comparative Migration Studies*, 3(17), 1−19.

한국 기업의 다문화교육 프로그램 전개 양상과 특성

연구
개요

　그동안 급격한 속도로 한국사회가 다문화사회로 전환되는 과정에서 정부 및 시민사회와는 달리 기업이 다문화사회에서 어떤 역할을 하는지, 기업의 존립과 생산활동이 다문화사회에서 어떤 주체로 투영되며 영향을 미치는가에 대한 논의는 상대적으로 미진했다. 이에 본 연구에서는 한국의 주요 기업들이 사회적 책임(CSR) 차원에서 시행한 다문화교육 프로그램의 실제를 분석하였다. 5대 기업을 분석한 결과, 대체적으로 다문화사회 변화 단계의 특성에 맞추어 기업 역시 다문화교육 프로그램의 특성과 기조에 변화를 주었다. 특히 2012년 이후부터는 조사 대상 기업이 다양성 관리와 글로벌인재 양성을 중요하게 고려하면서 임직원 대상의 다문화교육 프로그램을 진행하였다. 그러나 시대적 요구에 수동적으로 따라가는 비체계적인 다문화교육 프로그램 내용, 다양성 관리와 유리된 프로그램의 산발적 운영, 그리고 비포장적인 프로그램 참여 대상과 낮은 효과성은 한계로 나타났다. 그리하여 본 연구에서는 기업 내부에서 다문화를 고려하고 다양성을 관리하는 지원 조직이 구축되어 체계성을 높이고 평생교육 차원에서 다문화사회를 선도하는 주체로 발돋움할 필요가 있다는 점을 강조하였고, 마지막으로 기업이 세계시민주의를 반영한 다양한 콘텐츠와 방법론을 발전시키면서 다문화 관련 프로그램을 개선할 필요가 있음을 역설하였다.

Ⅰ. 서론: 문제제기

2015년 법무부의 <체류외국인통계>에 따르면, 한국의 국내체류 외국인은 1,899,519명으로 전체 인구의 약 4%에 육박하며 최근 5년간 매년 8.6%의 증가율을 보이고 있다. 이에 한국사회내 외국인의 증가는 점진적으로 사회 구성체가 인종적, 문화적, 종교적으로 다변화하고 있음을 보여준다. 한국은 다문화사회로의 전환에 대비하여 1980년대부터 노동 및 인권 운동을 추진해 온 일군의 시민사회를 중심으로 사회적 약자이자 소수자인 이주노동자의 생존권과 노동권을 지지하는 활동이 전개됐으며, 2000년대 중반부터는 정부 주도의 다문화 대응 정책과 프로그램이 본격적으로 시작되었다.

근대사회의 형성과 함께 자본주의 사회구성체가 국가, 시장, 그리고 시민사회로 구분되면서 각 영역이 수행하는 역할론이 이론적 차원에서는 물론, 실제적 측면에서도 조명되어 왔다(조대엽 외, 2004: 7). 자본주의 고도화와 경제적 세계화의 가속화에 따라 기업에 대한 사회적 기대와 요구가 커지고 있음에도(구정우 외, 2014) 시장을 대표하는 기업이 다문화사회에서 수행하는 역할과 실제가 무엇인가에 대해서는 치열한 논의가 부족했다. 전통적인 개념의 기업은 시장경제 체제에서 이윤 획득을 목적으로 재화와 용역을 생산하는 독립 경제 단위로만 인식되어 왔으나, 국가와 소비의 주체인 사회 없이는 기업의 존립기반이 위태로울 수 있으므로 기업이 가지는 사회적 책임이 분명히 존재한다는 '기업의 사회적 책임'이 공감대를 얻게 되었다. 이는 기업이 경제 성장과 고용 창출의 주체라는 기본적 관점을 넘어서, 사회 구성원들에 대해 갖는 책임을 말하며 인권, 환경보호, 법적 책임 이행, 약자 보호 등 포괄적인 윤리체계를 지칭하는 것이다(구정우 외, 2014: 185). 그러나 한국사회에서 기업에 대한 이미지는 이윤 창출의 약탈자, 재벌 세습, 정경유착, 약육강식 등 부정적 이미지가 상존하며, 기업의 사회적 책임에 대한 논의도 학계에서 활발하게 진행되지 못했다. 더욱이 이 논문에서 쟁점으로 포착하고 있는 것은 기업이 다문화사회에서 어떤 역할을 하는지, 기업의 생산 활동과 존립 활동이 다문화사회에서 어떤 주체로 투영되며 영향을 미치는

가에 대한 논의는 미진했다는 지점이다.

본 연구는 그동안의 다문화연구에서 기업의 다문화 관련 활동에 대한 논의가 거의 다루어지지 않았다는 점에서 문제의식이 출발했다. 한 사회의 경제조직 단위인 기업은 일상적인 영역에서 사람들의 경제 활동과 삶의 반경에서 중요한 영향을 주고받는 구성체이며, 다문화교육의 주요 대상인 성인 대다수는 민간기업에 직간접적으로 연관되어 있으므로 기업의 다문화교육은 다문화교육의 한 축을 이루는 데 있어서 중요하다. 그러나 지금까지 한국 기업의 다문화교육 관련 프로그램에 대한 연구는 기업전략 차원의 다문화교육방향 모색(최동주, 2008), 이주노동자 고용과 한국 기업의 다문화교육에 관한 연구(정지현 외, 2012) 등 일부 분야에 제한된 연구가 진행되었으며, 기업의 다문화교육을 구조적으로 분석한 연구는 찾아보기 어려웠다. 따라서 본 연구는 다문화사회로의 전환에서 기업이 다양성 증진과 사회통합을 위해서 어떤 역할을 담당해야 하는가를 큰 틀에서 고민하면서, 세부적으로는 한국에서 주요 기업들이 시행한 다문화교육 프로그램의 실제를 분석하고자 한다.

첫째, 우리나라 주요 기업의 다문화교육 프로그램의 목적과 기조는 무엇인가?

둘째, 주요 기업의 다문화교육 프로그램의 특성과 내용은 무엇인가?

셋째, 주요 기업의 다문화교육 프로그램의 참여 대상은 누구인가? 이를 밝히면서 향후 기업의 다문화교육 방향모색에 시사점을 제시하는 데 본 연구의 목적이 있다.

II. 이론적 배경

1. 다문화주의와 기업에 대한 이해

1980년대와 1990년대 초반에 부상한 다문화주의에 대해서 서구의 신자유주의자들은 다국적주의, 다인종주의를 전략적으로 활용하여 다문화주의가 폭넓은 세계 시장에서 구매력으로 활용될 수 있다는 입장을 취하였다. 구체적으로 세계적인 의류업체 베네통은 다국적주의를 세계 시장에서 이질적인 색채를 가진 '나'를 위해서 거리낌 없이 소비하고 이용할 수 있는 구매력으로 활용하였다(김진희·이로미, 2016). 다시 말해, 다문화사회에서 기업은 '다양성'을 활용하여 전략적으로 이익을 추구할 수 있다. 조대엽과 김상준(2004: 14)은 시민사회의 자율적 공공성이 기업에 수혈되는 것이 필요하며 공공성의 재구성이라는 측면에서 기업이 이윤 추구 목적을 넘어서 공공성을 적극적으로 확장하는 '공동체 모델' 혹은 '정당성 모델'이 대안이 될 수 있다고 주장했다. 이는 다문화사회에서 기업 중심적 시각이 아니라 사회구성적 시각이 필요하며 기업 활동이 공존을 위한 사회활동의 일부로서 다문화사회에서 공익을 확장하는 데 일조해야 한다는 논의이자 기업 시민주의와 맞닿는 지점이다. 이를 볼 때 기업은 다문화적 사회현상과 다문화주의 논의에서 한 걸음 물러선 존재가 아니라 적극적인 참여자가 될 필요가 있다.

　　그러나 현재까지 시행되는 민간기업의 다문화교육의 대부분은 한국사회에서 소외계층으로 분류되는 다문화가정의 한국사회 적응을 위한 사회적 책임 프로그램의 일환으로만 시행되고 있는 제약이 있다. 진정한 다문화사회를 구축하기 위해서는 한 사회의 구성원들이 지속적으로 공존의 시민의식을 키우는 것이 필요하므로, 평생교육 차원의 접근과 방향이 필수적이다(김진희·이로미, 2016). 기업이 사회구성적 공동체 모델을 기반으로 다문화교육 프로그램을 시행하는 것이 중요하다.

2. 기업의 사회적 책임(CSR)과 다문화를 둘러싼 논의

　　전 세계적으로 경제적 불안정성과 불확실성이 높아지는 가운데 기업의 지속가능성(Sustainability)이 화두로 거론되며, 종래의 생산단위에 국한된 활동에서 벗어나 기업이 적극적으로 사회적 책임을 다해야 한다는 기업의 사회적 책임(Corporate Social Responsibility, 이하 CSR) 활동이 경영이념으로 자리 잡게 되었다. 다문화사회에서 기업은 단순한 이익창출기관이 아니라 일반 시민과 같은

'기업 시민'으로 그에 따른 책임과 의무를 가져야 하며, CSR활동을 통해 기업은 다양한 이해관계자와 경제적 혜택을 공유함으로써 궁극적으로는 기업의 수익과 경쟁력을 제고할 수 있다(Carroll, 1999; Porter 외, 2011). CSR은 고용인의 바람직한 도덕적 태도와 회사에 대한 헌신을 불러일으키며 능력 있는 인재들이 회사에 관심을 가지고 일에 대한 동기를 높이며(Godfrey, 2005), 금융 위기의 상황에서 CSR 수준이 높은 기업은 CSR 수준이 낮은 기업보다 이익과 성장, 임직원 생산력을 높게 유지하였으므로(Lins 외, 2015) 불확실한 위험 요소가 산재한 현대 사회에서 기업을 경영하는 경영자에게 시사하는 바가 크다. 이러한 흐름에서 한국의 주요 기업들도 CSR의 중요성을 인지하고 관련 예산을 할당하여 다양한 프로그램을 운용하기 시작했다.

　기업이 추진한 CSR 활동 가운데 다문화관련 프로그램의 개발과 운용에 더욱 주목해야 하는 이유는 기업이 기업 시민으로써 단순히 다문화사회에서 사회적 책임을 다하기 위한 하나의 수단이 아니라, 다문화를 기업의 무형적 자원으로 활용하면서 지속가능한 경영 방향으로 승화시킬 수 있기 때문이다. UN(국제연합)도 이러한 사회적 변화를 고려하여 2011년 기업의 사회적 책임을 명시한 Global Compact를 발표하였다. 외국인 노동자 증가에 대한 지지도와 외국인에 대한 관용 수준이 높을수록 CSR 항목을 택할 가능성이 높다는 연구가 진행된 바와 같이(구정우 외, 2014), CSR을 통해 다문화사회에서의 기업의 역할을 비판적으로 살펴볼 수 있다.

3. 다문화맥락에서 기업의 다양성 관리와 사회 통합 논의

　기업경영활동의 글로벌화가 진전되면서 외국 기업들과의 인수합병이나 합작투자, 외부 구성원의 증가 등으로 앞으로의 기업들은 지금보다 훨씬 복잡한 인력구성을 보유하게 될 것이다(허영식 외, 2014). 게다가 한국은 고령화와 저출산율로 인한 노동력 부족에 대비하여, 고용차별 해소와 평등고용 촉진을 통한 외국인 근로자와 여성 인력 증가를 유도하기 위해서 2006년부터 적극적 고용개선 정책을 추진하고 있다. 다문화사회의 사회통합문제를 논의할 때 '다양성'과 '경제성'은 대치구도를 이루고 있으나, 인사관리정책 추진에 긍정적 영향을 미치는 '다양성 관리'를 통하면 다양성이 기업의 혁신 능력과 경제 효율성 제고에 기여할 수 있다(허영식 외, 2014: 283). 단일 문화로 이루어진 그룹보다 다양한 문화가 그룹 내부에 균형을 이룬 그룹이 더 긍정적인 상호작용을 하는 것으로 나타났으며(Hoffman 외, 1961), 고용인의 다양한 문화적 특성은 고용인의 삶의 질, 직업 만족도, 그리고 기업 헌신에 영향을 미치므로(Findler, 2007) 인재의 다양성을 활용하는 것은 기업의 경쟁력을 높인다. 더불어 다양성 관리 이론에 기반한 다국적 조직화는 세계적인 지역시장의 상이한 요구에 부합할 수 있도록 기업 경영 이념과 전략을 담는 틀이 된다(최지희 외, 2014). 다문화사회에서 인종적, 문화적, 민족적, 언어적 차이를 생산적으로 이용하지 못하는 조직은 우수한 조직이나 기업이 될 수 없으며 지속가능한 경영을 하는데 한계가 노정될 수밖에 없다.

그러나 아직까지 다양성 관리 개념이 대부분의 한국 기업 내부에 안착하지 못했고 체계적인 정책과 충분한 교육이 기업 내부에서 뒷받침되고 있지 않다. 다양성 관리를 통해 임직원의 다양성을 유지하여 기업의 이익 창출에 도움이 되게 하려면 이윤 추구라는 생산 경제 영역을 담당하는 기업이 개별적으로 다문화교육 프로그램을 시행하는 것은 한계가 있다. 따라서 CSR활동을 통한 다문화교육 프로그램 발전과 다양성 관리 교육을 체계화하여(최무현 외, 2015) 기업 시민으로서의 책임 수행과 기업의 경제적 이윤 창출을 동시에 고려할 수 있을 것이다.

Ⅲ. 연구대상 및 분석틀

1. 문헌분석

본 연구는 그동안 우리나라 주요 기업들의 다문화교육 프로그램의 현황 및 실태를 파악하는 데 목적이 있다. 또한, 특정 기업이 특정 단계에 어떠한 프로그

램을 운용했으며 그 특성과 의미가 무엇인지를 밝혀내고자 한다. 따라서 기존의
문헌 자료를 다각적으로 분석하여 거시적인 흐름을 구조적으로 밝히는 문헌연
구 방법을 주요 연구방법으로 선정하였다.

2. 자료선정과정

문헌연구에서 핵심은 자료 수집과 분석 과정이다. 본 연구의 분석 자료는
2006년부터 2016년까지의 기업에서 발간한 CSR활동보고서이다. 기업의 사회공
헌활동은 언론 매체 혹은 기업에서 발간하는 사회공헌보고서[1]를 통해서 대중에
서 공개되므로 이를 가용한 분석 자원이자 다문화교육 프로그램을 보여주는 문
헌적 자료로 채택하였다.

조사 기업 채택 과정은 다음의 논리에서 추진되었다. 첫째, 코스닥에 등재
된 기업은 등재되지 않은 기업에 비해서 정보 접근성이 높으므로 한국거래소의
2015년 코스닥 상장 기업 1,922개 사를 1차적으로 선정하였다. 둘째, 현재 한국
사회에서 대부분의 기업 다문화교육 프로그램은 CSR의 일환으로 진행되며 사회
공헌 보고서를 5년 이상 발간하고 있다는 것은 기업이 사회공헌활동을 지속적
으로 고려하고 있다는 것을 뜻하므로, 최근 5년 이상 사회공헌 보고서를 통해
사회에 보고하고 있는 기업 255개를 2차 대상으로 선정하였다. 셋째, 한국 정부
가 최초로 만든 외국인을 위한 정책은 2003년의 산업연수생 제도며, 한국의 체
류 외국인 중 비율이 가장 높은 구성원은 '이주노동자'이므로 제조업 분야 기업
을 우선적으로 고려하였다. 제조업 분야의 사회공헌금액 상위 10대 기업 중 광
고 등 대중 매체를 통해 지속적으로 다문화에 대한 관심을 표현한 기업은 삼성
전자, LG전자, 현대자동차그룹이었으므로 세 기업을 최종 분석 기업으로 선정하
였다. 넷째, 우리나라의 다문화 정책은 대부분 다문화가정 및 결혼이주 여성과

---

1 CSR보고서는 지속가능성보고서, 지속가능경영보고서, 환경보고서, 사회책임경영보고서 등 다양한 명칭을
  사용하고 있으므로, 중간에 명칭이 변경되더라도 같은 보고서로 간주하였으며, 가장 최근까지 발행한 보
  고서를 분석 대상으로 설정하였다.

그 자녀에 초점을 맞추고 있으므로(김진희·이로미, 2016) 제조업 분야의 사회공
헌금액 상위 10대 기업 중 여성 친화적인 재화 생산을 하는 기업인 아모레퍼시
픽그룹을 선정하였다. 다섯째, 앞서 선정된 기업이 제조업에 치중되어 있으므로,
생활서비스업 분야의 상위 10대 기업을 재검토하였다. 이 중 금융 기업 가운데
가장 오랜 기간 다문화가정을 지원하고 있으며 최초로 CSR보고서를 발간한 국
민은행을 선정하였다.

<표 1> 조사 기업과 보고서 목록

기업	보고서	조사기간	비고
삼성전자	지속가능경영보고서	2008~2015	2008년부터 보고서명 변경
	환경 및 사회 보고서	2006~2007	
현대자동차그룹	현대자동차그룹 사회공헌 백서(팩트북)	2006~ 2007, 2009~2015	
LG 전자	지속가능경영 보고서	2006~2015	
국민은행	KB사회공헌이야기	2006~2015	
아모레퍼시픽그룹	지속가능성보고서	2008~2015	2008년부터 보고서명 변경
	사회공헌 보고서	2006~2007	

3. 자료분석과정

본 연구는 다문화사회로의 진입의 전망을 진입단계-전환단계-정책단계
라는 3단계로 제시한 한승준(2008)의 논의를 참조하여, 각 기업의 CSR 사업 목
적과 기업 경영 윤리를 종합적으로 파악하면서 그 속에서 운용되는 다문화교육
프로그램의 기조와 내용을 분석하고자 한다.

진입단계는 전체 인구구성에서 이주민이 차지하는 비율이 증가하면서 다문
화사회로 진입하는 단계로, 외국인 등록인구와 국제결혼 인구가 급격히 상승하
는 2000년대 초반부터 중반까지이다. 본 연구에서는 기업 보고서의 출판 연도
2006년, 2007년에 해당한다. 진입단계에 해당하는 분석 범주는 동일하게 한국
사회적응을 목적으로 설정하고 있지만, 접근 방식과 관점에서 차이가 있는 동화
주의와 다문화주의이다. 전환단계는 이주민들이 정착하기 시작하면서 점차 다문

화사회로 전환되는 단계이다. 우리나라에서는 외국인 등록비율이 1~2%로 높아지고, 국제결혼의 비율이 10%를 넘어선 시기인 2000년대 중반 이후로 볼 수 있다. 보고서 발간시기 2008년부터 2010년에 해당한다. 이 단계에서는 정주민과 이주민의 상호문화이해를 추구하는 간문화주의(허영식 외, 2014)와 세계시민 논의가 본격적으로 시작되며, 기업 내부에서도 '글로벌인재 육성'이라는 화두로 다문화교육이 결합되거나 연계된다. 마지막으로 제3단계인 정착단계에서는 인구학적, 사회문화적, 정책적으로 다문화사회가 정착되는 시기이다. 일부 선도적 기업에서는 다양성 관리와 기업시민/세계기업시민/세계시민 육성 등의 논의가 중점을 이루게 되고, 기업의 사회적 책무를 다문화교육과 긴밀하게 연계시키는 단계로 볼 수 있다.

한국사회의 다문화사회 단계별 변화 추이 분석 및 기업의 다문화교육 실제를 고찰하기 위해서 다문화교육 정책의 기조, 다문화교육의 내용, 그리고 다문화교육의 참여 대상을 다시 구분하여 구체적인 분석틀로 구성하였다. 각 주제와 쟁점, 그리고 특성을 보여줄 수 있는 대분류의 키워드를 검색의 상위 수준에 넣었고, 해당 기업에서 운용한 프로그램에서 나타나는 특징들을 단계별로, 주제별로, 쟁점별로 구조화하였다.

Ⅳ. 분석결과: 단계별 흐름 분석과 내용 쟁점

1. 한국 주요 기업의 다문화교육 프로그램의 정책과 기조

(1) 다문화사회 진입단계: 2006년부터 2007년

진입단계는 한국사회에서 다문화정책이 시작되는 시기이다. 이주민과 다문화사회에 대한 기업과 기업 내부 구성원들의 수용태도와 여건이 조성되지 않은 단계이므로 기업이 다문화교육을 주도적으로 기획하거나 문화다양성을 기업 상품과 브랜드 이미지로 연결하는 움직임은 두드러지지 않는다.

진입단계의 다문화교육 프로그램을 기업별로 살펴보면, <아모레퍼시픽그룹>은 다문화교육 프로그램의 목적을 '이주민의 한국사회 적응을 위해서'라고 정확히 명시하였으며, 주요 고객인 여성을 위주로 동화주의적 프로그램을 진행하였다.[2] <현대자동차>는 동화주의와 다문화주의를 혼용하여 다문화교육 프로그램의 정책으로 사용하였다.[3] 그 중 외국인 근로자 서적 지원 프로그램, 무지개 축제 지원 사업 등 다문화주의 정책 다문화교육 프로그램은 이후에도 꾸준히 지속되었으나, 이주민이 한국사회의 문화에 적응하고 순응해야 하는 동화주의 성격을 가진 프로그램은 2008년부터 보고서에서 언급이 사라지거나, 멘토링 프로그램이나 소외계층 지원 사업(외국인 근로자 자녀보육 지원)으로 진행되었다. <KB국민은행>은 '아시아 금융을 선도하는 글로벌 뱅크를 이루기 위한 경영비전 및 핵심가치'에 '개인의 차이를 인정하고 존중하여 차원 높은 팀워크를 추구'하기 위한 '다양성 존중'을 언급하였다.[4] 흥미로운 것은 다문화교육의 진입단계에서도 국민은행은 '다문화주의'라는 용어를 프로그램 목적에서 강조하였고 이주민의 한국사회 적응을 추구하고 있으나, 정주민의 다문화 인식 제고를 언급하는 대목은 찾기 힘들다는 것이다. <LG전자>와 <삼성전자>는 전술한 3개의 기업들이 나타낸 진입단계의 다문화교육 프로그램의 특징과 동질적 성격을 가지지 않는다. <LG전자>는 '다문화가정', '외국인 노동자'라는 용어를 사용하기보다 '글로벌 저소득층' 혹은 '현지채용인'이라는 용어를 사용하였으며, 파견 주재원을 위한 다문화교육 프로그램 등을 진행하였다.[5] <삼성전자>는 다양한 차별방지 제도를 마련하여 다문화 배경의 직원이 받을 차별을 미연에 예방하고자 하였으며, 해외 파견 직원의 현지 적응을 위한 교육 프로그램을 진행하였다.[6]

---

2 <아모레퍼시픽그룹>의 2006-2007년 사회공헌보고서 33쪽 참고.

3 <현대자동차그룹>의 2007 사회공헌백서 44-47쪽 참고.

4 <KB국민은행>의 2006-2007 사회공헌보고서 18~19쪽 참고.

5 <LG전자>의 2006-2007 사회공헌보고서 43~44, 46, 50쪽 참고.

6 <삼성전자>의 2006-2007 환경 및 사회보고서 80, 90~91쪽 참고.

단, <삼성전자>의 경우 '삼성사회봉사단'을, <LG전자>는 'LG연암문화재단'을 통해 사회공헌활동을 진행하고 있기 때문에 상기 세 기업의 유형과 같은 다문화교육 프로그램을 CSR보고서에서 확인하기 어려웠다.

대부분 진입단계에서 주요 기업들은 주로 '다문화교육=이주민의 한국 적응'이라는 프레임 아래 동화주의적 지원 프로그램을 발굴하고 추진한 것을 알 수 있었다.

(2) 다문화사회 전환단계: 2008년부터 2011년

이 시기의 국가 수준 이주민 정책 사업은 『재한외국인 처우 기본법』에 따라 확정된 '제1차 외국 정책 기본계획'(2008~2012)을 준거로 이민주의 사회적응 지원, 다문화 배경을 가진 거주민의 민원 편의 제공 등 다문화사회의 전환기에 필요한 기본 환경을 조성하였다. 이를 통해 한국사회에 정착한 노동이주자들의 공동체가 형성되고 다문화 관련 정책 시행 또한 수도권 중심을 벗어나 전국적으로 확산되었다. 이러한 시대적 상황에 맞추어 기업도 기업별로 특색 있는 다문화교육 프로그램을 기획하고 추진하기 시작했다. 분석 보고서에서 '세계', '글로벌' '기업시민'이라는 단어 출현 빈도수가 가시적으로 늘었으며, 세계화 시대에 기업 시민으로 책임을 다하는 기업이라는 이미지를 공통적으로 강조하기 시작하였다.[7] 문화의 다양성을 권장하는 인재상이 정책 및 교육 목표를 통해 제시되었으며 CSR의 일환으로 진행되는 다문화교육 프로그램과 임직원 교육을 위한 다문화교육 프로그램을 병행하기 시작하였다.[8]

기업별로 살펴보면, <현대자동차그룹>은 기존 프로그램을 계속적으로 진

---

[7] <아모레퍼시픽그룹>의 2008 지속가능성 보고서 6~7, 17, 25쪽, <현대자동차그룹>의 2009 사회공헌활동 백서 12~13,18~19, 16, 30, 40, 50쪽, <KB국민은행>의 2012 사회공헌 이야기 7~9, 24, 53, 86쪽, <LG전자>의 2008 지속가능경영보고서 12~13쪽, <삼성전자>의 2008 지속가능성 보고서 2쪽, 2009 지속가능성 보고서 4, 13~14쪽 참고.

[8] <KB국민은행>과 <현대자동차그룹>의 경우, 지속가능보고서에 CSR 사업 외의 기업 교육 정보가 상세하게 나와 있지 않아 홈페이지와 소식지에 나온 인재상 및 경영이념을 참고.

행하는 동시에 추가적으로 다문화주의 다문화교육 프로그램을 지원하였다. <KB국민은행>도 미술, 체육, 멘토링 프로그램 등 다양한 다문화교육 프로그램을 다문화가정을 대상으로 추진하였다. 이주여성 지원사업을 중요하게 생각했던 <아모레퍼시픽그룹>은 2010년부터 '다문화' 혹은 '결혼이주여성'이라는 단어 대신 '소외계층 여성'이라는 포괄적인 단어를 사용하기 시작하였으며 글로벌 경쟁력을 기르기 위한 교육 프로그램인 '혜초 프로젝트'를 2011년부터 시작하였다. <LG전자>와 <삼성전자>의 다문화교육 프로그램을 조사 대상 보고에서 찾는 것은 여전히 어려웠으나, 삼성사회봉사단[9]과 LG연암문화재단[10]의 공식 홈페이지를 통해서 진행하고 있는 프로그램 일부를 확인할 수 있었다. 삼성전자 구미 스마트시티는 2010년부터 결혼이주여성을 외국인 강사로 육성하는 다문화교육 프로그램인 '삼성과 함께 하는 다문화 글로벌스쿨'과 다문화 자녀 글로벌 인적자원 양성 사업을 시행하고 있다. LG연암문화재단은 2010년부터 'LG 사랑의 다문화학교'라는 다문화가정 아동 대상의 다문화교육 프로그램을 진행하고 있다. 특히, LG그룹은 2009년부터 다문화 편견 해소 캠페인 광고를 진행하고 있으며, 2012년에는 광고 '편견의 못'으로 '제20회 소비자가 뽑은 좋은 광고상' 대상을 받기도 하였다.

(3) 다문화사회 정착단계: 2012년 이후

2012년 이후인 정착단계에서는 헌정 사상 최초로 이주민을 대표한 국회의원(이자스민)이 선출되는 등 이주민집단이 한국사회에서 세력을 가져 특정 집단으로 이익을 추구하기 시작하였다. 다문화 2세와 이민 2세가 노동, 국방, 시민사회에서 활동하기 시작하는 시기이므로, 노동력의 변화로 인한 갈등과 이질성이 증폭되어 이 갈등을 해결할 이민정책과 사회통합정책이 정치적으로 중요한 아젠다가 되었다. 한국 정부도 '1차 외국인정책 기본계획'에서는 이주민의 적응과

---

9 2017년 1월, 삼성사회봉사단 www.samsunglove.co.kr/ 참고.
10 2017년 1월, LG연암문화재단 foundation.lg.or.kr/ 참고.

시혜적 지원 방안에 초점을 두었지만, 2013년부터 시행되는 '2차 외국인정책 기본계획'은 한국사회 구성원으로서 이주민의 책임과 기여를 강조하고 있다.

　본 연구에서 분석한 주요 기업도 이러한 사회 변화에 조응하여, 기업 내부에서 다양성 관리를 중요한 가치로 고려하게 되었다. 기업은 이주민이 시혜적 지원의 대상에 머무는 것이 아니라 시장의 다변화된 구매력을 행사하는 특정 집단으로 성장하게 된 것을 인식하고, 동시에 기업의 구성원들이 전 세계를 상대로 하는 세계 시장에서 경쟁력을 가지는 글로벌인재로 활약해야 하는 역량이 필수적이라는 점을 간과하지 않게 되었다(이시균 외, 2015).

　<삼성전자>와 <LG전자>는 임직원의 상당수가 해외 법인 소속으로 구성된 다국적 기업이었으므로[11] 2006년 보고서에서부터 다문화사회의 정착에 대응하는 장치들이 드러나고 있는 것을 알 수 있었다. <삼성전자>는 2006년에도 현지 업무의 원활한 수행을 위해 해외 파견예정자를 사전 교육하는 과정, 해외법인 임직원에 대한 다양한 문화 이해 교육 프로그램 등을 시행하고 있었으며, '삼성전자 글로벌 행동규범'을 통해 국내 법인과 해외 법인의 통일된 행동 규범을 강조하고 있었다. 2008년 기업보고서에서는 창조적 조직문화를 구축하고 글로벌 다양성을 존중하겠다는 목표를 명시하였다. <LG전자>는 HR 프로그램에 현지 법인의 원활한 운영을 위한 현지인 발굴 및 육성 지원 프로그램을 포함하고 있으며 2007년에는 외국인 최고경영진 영입을 통해 근로자뿐만이 아니라 경영진의 다양화도 꾀하였다. 더욱이 체계화된 인재 교육 프로그램을 통해 전 직원이 교육받게 하였으며 윤리 규범 등의 내규를 14개 언어로 전 법인에 배포하는 등 국내 본사와 해외 법인이 동일한 가치를 공유하도록 하였다. 2008년 기업 경영 중요성 분석에서 '임직원가치향상·인권보호 및 차별금지/근무환경 개선'이라는 항목을 명시하여, 임직원의 다양성을 고려하고 있다는 것을 보여주었다.

　<아모레퍼시픽그룹>은 2011년부터 시작한 임직원 대상 다문화교육 프로

11　2017년 5월 삼성전자 홈페이지 회사소개(http://www.samsung.com/sec/aboutsamsung/) 및 LG전자 홈페이지 기업소개(http://www.lge.co.kr/lgekr/company/about/LgekrFrontBusiIndexCmd.laf) 참고.

그램인 '혜초프로젝트'를 발전시켜, 2012년도부터는 현지 문화 적응 및 외국어 교육 차원에서 벗어나, 다문화 이해 및 글로벌인재 양성이라는 전환된 목적을 설정하였다. <현대자동차그룹>도 2012년부터는 국내 중국 유학생 대상의 다문화교육 프로그램을 국내 외국인 유학생 및 국외 유학생 영입 프로그램과 유사한 형태의 글로벌인재 프로그램으로 확대 개편하여 시행하기 시작하였다. 이는 <삼성전자>와 <LG전자>가 시행하던 글로벌인재 양성 프로그램과 같은 취지라 할 수 있다.

한편, <KB국민은행>의 경우, 상호 문화 존중을 통해 글로벌인재를 육성하겠다는 목표를 세우고 다문화교육 관련 CSR프로그램을 추진하고 있어 다른 기업과 차이가 났다. 2014년까지의 다문화교육 프로그램은 이주민의 한국사회 적응 지원이라는 목적을 명시하고 있었으나 2015년에 발간된 보고서부터는 동일 프로그램이라 할지라도 이주민과 정주민의 상호 이해에 바탕을 둔 다문화주의를 지향한다는 것에 방점을 두고 있었다. 이러한 변화는 앞으로 기업 내부에서 일방주의적 한국 문화 적응과 동화라는 프레임에서 벗어나, 차이와 다양성을 비판적으로 사고하고, 다양성을 하나의 기업 자원으로 인식하는 다문화교육 프로그램이 점차 확대될 수 있는 분위기가 조성되었다고 예견할 수 있다.

2. 주요 기업의 다문화교육 프로그램의 특성과 내용

[그림 1]은 우리나라 주요 기업의 다문화교육 프로그램 특성과 내용을 정리한 것이다. 그림에서 볼 수 있듯, 기업별로 약간의 차이는 있으나 다문화사회 변화 단계의 특성에 맞추어 기업에서 시행하는 다문화교육 프로그램의 특성과 내용이 변화한다는 것을 알 수 있었다.

(1) 사회공헌사업의 진화:
   일방향적 지원에서 문화 간 상호소통 지향(KB국민은행 사례)

<KB국민은행>은 사회공헌활동을 시작한 2006년 보고서에서 "아시아 금

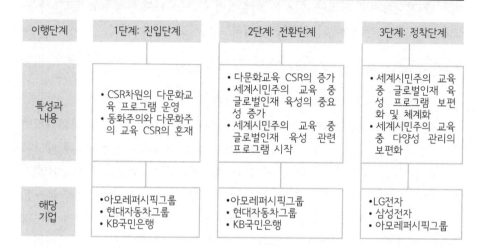

[그림 1] 기업의 단계별 다문화교육 프로그램의 특성과 내용

이행단계	1단계: 진입단계	2단계: 전환단계	3단계: 정착단계
특성과 내용	• CSR차원의 다문화교육 프로그램 운영 • 동화주의와 다문화주의 교육 CSR의 혼재	• 다문화교육 CSR의 증가 • 세계시민주의 교육 중 글로벌인재 육성의 중요성 증가 • 세계시민주의 교육 중 글로벌인재 육성 관련 프로그램 시작	• 세계시민주의 교육 중 글로벌인재 육성 프로그램 보편화 및 체계화 • 세계시민주의 교육 중 다양성 관리의 보편화
해당 기업	• 아모레퍼시픽그룹 • 현대자동차그룹 • KB국민은행	• 아모레퍼시픽그룹 • 현대자동차그룹 • KB국민은행	• LG전자 • 삼성전자 • 아모레퍼시픽그룹

융을 선도하는 글로벌 뱅크를 이루기 위해 다양성을 존중해야 하며, 개인의 차이를 인정하고 존중하여 차원 높은 팀워크를 추구한다"고 명시하였다. 다양성을 존중한다는 경영 이념과 핵심 가치는 <KB국민은행>의 사회공헌활동에서 다문화교육 프로그램을 비중 있게 다루는 근거가 되고 있다. 실제로 <KB국민은행>은 지역 사회 기관과 시민 단체와 연계해서 다문화교육 프로그램을 꾸준하게 진행하고 있으며 소극적인 경제적·물질적 지원이 아닌 기업 자체 프로그램을 개발하고 임직원의 참여를 도모하고 있다.

　<KB국민은행>의 다문화교육 프로그램을 연도순으로 간략히 정리하여보면, 먼저 2006년에는 'KB국민은행 多정多감'이라는 프로그램을 통해 다문화가정 아동에게는 한국어와 한국문화 교육을, 일반 소외계층 아동에게는 국제 문화 교육을 지원하였다. 2008년부터는 다문화가정 아동에게 모국 방문의 기회를 부여하고, 2015년에는 다문화 지원 센터에 몽골어, 인도네시아어로 번역된 도서를 배부하는 등 다문화가정 아동의 소수 문화를 존중하고 다양성에 대한 인식을 제고하는 다문화교육 프로그램을 자체적으로 시행하고 있다. 또한, 2011년에는 임직원과 소외계층만이 참여하는 다문화교육 프로그램에서 벗어나 일반시민이 참

여하여 다른 문화를 접하고 이해할 수 있는 행사인 'KB국민은행 多정多감 걷기
대회'를 개최하기도 하였다. 이것은 이질적인 문화를 서로 존중하고 문화 간 소
통을 강조하는 간문화주의 원리를 반영하고 있다고 볼 수 있다.

(2) 정부 기조와 조응하는 기업 다문화교육
(현대자동차그룹, 아모레퍼시픽그룹 사례)

다문화사회 진입단계에 해당하는 2006년과 2007년에는 정부의 다문화정책
의 논의와 토대가 형성되기 시작했으며, 이 논의를 바탕으로 전환단계에 해당하
는 2008년에는 구체적인 '제1차 외국인정책기본계획'이 수립되고 실행되었다.
2006년과 2007년, 해당 시기의 <현대자동차그룹>과 <아모레퍼시픽그룹>은
동일하게 소수 문화 집단이 한국사회에 적응을 할 수 있도록 동화주의적 다문화
교육 프로그램을 진행하였으나, 전환단계에 해당하는 2008년부터 2011년까지는
사회 구성원의 문화다양성과 소수 문화를 긍정적으로 인식하고, 소수 문화 집단
이 세계화 시대에 적합한 인재로 양성될 수 있는 다문화주의적 다문화교육 프로
그램으로 진행하기 시작하였다. 또한, 세계화 시대에 기업 시민으로써 책임을
다하는 기업이라는 이미지를 공통적으로 강조하기 시작하였으며 글로벌인재 양
성과 문화의 다양성을 권장하는 인재상이 정책 및 교육 목표를 통해 제시되었
다. 이는 중앙 정부에서 수립한 '제1차 외국인정책기본계획'의 세부목표에서도
동일하게 강조된다. 게다가 본 연구의 정착단계인 2013년 이후는 정부의 '제2차
외국인정책기본계획'이 시작하는 2013년과도 동일하므로, 기업의 다문화교육프
로그램 정책도 국가 수준의 정책 입안과 발굴의 흐름에 발맞추어 진행되고 있는
것을 알 수 있다.

예를 들어, <현대자동차그룹>과<아모레퍼시픽그룹>의 글로벌인재 교
육 프로그램은 '제2차 외국인정책기본계획'에서 적시한 '국가와 기업이 필요한
해외인적자원 확보'와 '미래 성장동력 확충을 위한 유학생 유치'에 해당되는 프
로그램과 일맥상통한다. 임직원을 대상으로 하는 다문화교육 프로그램의 목적과
다양성 관리 이론을 기업 인재 관리에 적용한 목적은 '제2차 외국인정책기본계

획'의 '이민자 인권존중 및 차별방지 제도화', '다양한 문화에 대한 사회적 관용성 확대', '국민과 이민자가 소통하는 글로벌 환경 조성'과 같은 목적을 공유한다고 볼 수 있다.

(3) 다문화를 진흥하는 다양성 관리 적용(삼성전자, LG전자 사례)

기업이 다양성 관리를 효과적으로 수행하기 위해서는 조직 내의 모든 하부 문화집단들이 서로의 가치를 인정하고 존중하는 상호주의적 문화 환경이 조성되어야 한다. 또한, 기업이 다문화 조직으로 변화되기 위해서는 최고 경영자의 의지, 다양성 인식훈련과 다양성 기술 구축훈련, 다양성 이수와 변화 방법 및 평가를 위한 조사연구, 조직문화와 인적자원관리시스템의 체계화, 변화의 감시 및 평가와 제도화를 위한 후속 조치 등이 수반되어야 하며(Cox 외, 1991), 다양성 테스크 포스(Take Force)의 설치, 인사부서에 다양성 관리 담당자 임명, 체계적인 다양성 관리를 위한 프로그램이 시행될 필요가 있다(Thomas, 1990).

<삼성전자>와 <LG전자>는 비교적 오랜 시간에 걸쳐 다국적 기업과 세계화 시대에 맞춘 인재상을 추구하고 있었다. 이종구 외(2013)의 연구에 따르면 이 두 기업은 1990년대부터 글로벌 인재에 대해 관심을 가졌으며, 이런 인재상의 추구가 기업의 다문화교육 프로그램에도 영향을 끼친 것으로 추론할 수 있다. 두 기업 모두 현지인 고용을 통해 글로벌 경쟁력을 제고하고 있으며, 본사와 현지 법인이 동일한 교육과 대우를 받을 수 있도록 하고 있다. 또한, 서로 다른 문화권에서 온 직원들이 함께 일하고 부딪히면서 생길 수 있는 고충을 해결할 수 있는 상담 프로그램을 운영함으로써 갈등 해결 문제에 대응하고 있다. 특히, LG전자의 경우, 최고경영진에 현지인을 고용하여 현지 고객의 요구에 더 민감하게 대응할 수 있도록 하였다. 주목할 것은 이 두 기업은 다양성 관리를 기업 인사관리에 비교적 잘 반영하고 있다고 할 수 있으나, 실제 세부 진행 프로그램과 참여를 통한 임직원의 변화에 대한 영향력 평가는 확인할 수 없었다.

3. 주요 기업의 다문화교육 프로그램의 참여 대상 변화 추이

(1) 소비자에서 임직원으로 대상 변화(아모레퍼시픽그룹 사례)

2006년과 2007년에 진행되었던 '새터민 미용 강좌', 2006년부터 2010년까지 진행한 '국제결혼 이주여성 지원사업', 2011년 다문화 여성 대상 건강 강좌인 '핑크투어' 등 화장품 제조 기업인 <아모레퍼시픽그룹>의 초기 다문화교육 프로그램 참여 대상은 주요 소비자인 여성(이주 여성)이었다. 그러나 2008년부터는 임직원 다양성 유지 및 글로벌인적자원 육성을 위한 임직원 대상의 다문화교육 프로그램을 진행하기 시작하였고 2011년부터는 '혜초 프로젝트'라는 임직원 대상의 다문화교육 프로그램으로 통합하여 추진하고 있으며,[12] 2015년부터는 국내 유학생을 대상으로 글로벌 인턴십 프로그램을 운영하고 있다. 즉 <아모레퍼시픽그룹>은 진입단계에는 주로 결혼 이주 여성을 대상으로 다문화교육 프로그램을 진행하였으나, 점차 임직원 대상으로 변화하였으며 최근에는 유학생도 교육 대상으로 포함하기 시작하였다고 정리할 수 있다.

(2) 소수 직원에서 다수임직원으로 대상 변화(현대자동차그룹 사례)

<현대자동차그룹>은 다른 기업에 비해 이주 노동자를 CSR 대상으로 포함한 점이 두드러진다. 2006년부터 2010년까지 보고서에 언급된 '외국인 쉼터 도서 지원 사업'과 '외국인 근로자 보육 지원 사업', 그리고 현재까지 지원하는 다문화 축제인 '피라시카바 다문화축제'와 '무지개 축제'의 주요 참여 대상은 이주노동자이다. 더욱이 2014년까지는 이주노동자와 다문화가정 지원사업을 CSR의 중요사업으로 명시할 정도로 비중 있게 다루었다. 이는 한국사회에서 다문화

---

12 2015년 사회공헌보고서에 따르면, '혜초프로젝트'는 크게 지역 전문가와 직무 전문가로 나누어 글로벌 인력을 육성하는 프로그램으로, 주재원 육성 지원 체계를 수립해 직무별 특화 교육, 글로벌 비즈니스 매너, 어학 능력, 이문화 이해, 현지 조기 적응을 위한 주재원 가족 이문화 교육 지원 프로그램을 운영하고 있다.

교육의 수혜자로서 결혼이주여성에 비해 정책적으로 소외되어온 이주노동자가 기업에서는 주요 대상으로 인식된다는 차이점을 보여주는 대목이다. <현대자동차그룹>은 전환단계인 2008년부터 임직원을 세계기업시민으로 양성하고자 하는 목표를 설정하였고 글로벌인재 양성을 위한 '한중 우호 산업탐방'이라는 다문화교육 프로그램을 추진하였으며, 2015년부터 인재상에 다양성이라는 단어를 직접적으로 사용하기 시작한 것을 고려할 때, 다문화교육 프로그램의 대상이 다문화 배경을 가진 소수 직원인 이주 노동자에서 점차 전체 임직원으로 확대되고 있음을 확인할 수 있었다.

  (3) 국내 시장 고객에서 세계 시장 고객으로 대상 변화
     (조사 기업 공통 사례)

   기업의 인재상은 기업 외부의 산업환경 및 최고경영자가 지향하는 경영이념을 포함하는 기업내부 환경에 기인하여 변화하는 속성을 지니고 있다. 따라서 시대가 변화하면 기업의 인재상도 자연히 변하게 된다(이종구 외, 2013). <삼성전자>와 <LG전자>는 분석 시작 기간인 2006년 이전부터 기업 내부의 인재상인 글로벌인재의 체계적 육성을 중요하게 생각하였다. 최근에는 기존의 교육 프로그램이 본사 위주로 진행되었다는 내부 평가에 따라 점차 현지 문화를 고려한 다문화교육 프로그램을 개발하고 있으며 세계 보편적인 교육체계를 확립하기 위한 구조 변화를 고려하고 있다. <아모레퍼시픽그룹>의 보고서에서도 2011년을 시작으로 주요 상품 진출 지역인 중국 해외 법인과 진출 예상 지역 현지 직원을 대상으로 다문화교육 프로그램을 확대하고 있음을 확인할 수 있었다.
   <현대자동차그룹>과 <KB국민은행>의 CSR보고서에서는 직접적으로 임직원을 대상으로 하는 다문화교육프로그램 존재 여부를 확인할 수 없었다. 그러나 <현대자동차그룹>의 사회공헌 보고서 서문과 2016년 인재상, 그리고 <KB국민은행>의 2016년 경영이념과 인재상, 그리고 2012년에 개최한 다문화가족 모국방문기금 모금을 위한 'KB국민은행 多정多감 나눔 걷기 대회' 목적을 고려하였을 때, 임직원의 높은 다문화 수용성을 강조하고 있음을 알 수 있다. 조

사 기업 공통적으로 2008년부터 대학생을 대상으로 하는 해외봉사활동과 국내외 유학생을 대상으로 하는 문화 교류 프로그램을 CSR보고서에서 찾을 수 있었다. 이는 기업이 세계 유수 기업과의 경쟁에서 살아남기 위해서는 세계를 무대로 활동할 수 있는 인재가 필수적이라는 인식 때문이다. 유학생은 한국 문화와 본국 문화 양단을 일반 대학생보다 더 쉽게 이해하고 활용할 수 있으므로 이들을 대상으로 다문화교육을 진행할 경우 결과적으로 다각적인 능력을 갖춘 직원을 기업이 고용할 수 있다. 통계청의 2016년 <외국인 고용조사: 유학생의 졸업 후 계획>에 따르면, 전체 한국 유학생의 55%는 졸업 후에도 한국에 체류하겠다고 조사되었으므로 민간기업이 이들을 대상으로 다문화교육을 하는 것은 기업의 미래 성장과 발전을 위한 합리적인 기획이라 할 수 있다.

V. 기업의 다문화교육 프로그램 한계와 시사점

본 연구는 다문화사회에서 국가와 시민사회만큼 중요한 시장의 역할이 무엇인가를 성찰하면서 이를 체계적으로 수렴하기 위한 단위로서 다문화와 기업을 연계하는 실제적 프로그램을 분석하였다. 기업의 규모와 업종, 임직원 현황 등에서 차이가 있음에도 불구하고 조사한 주요 기업의 다문화교육 프로그램의 정책과 기조가 거의 유사하다는 것을 알 수 있었다.

1. 시대의 흐름을 수동적으로 따라가는 변방의 파편화된 프로그램

기업이 다문화주의를 긍정적으로 관리하는 것은 기업 브랜드 이미지 창출에도 도움이 되며 잠재적 고객과의 무형적 의사소통과 우호적 관계를 형성한다는 점에서 긍정적인 영향을 줄 수 있음에도 불구하고, 그동안 기업의 다문화 관련 프로그램은 시대적 흐름을 수동적으로 따라가기 급급한 모습을 보였다. 전환단계의 시작이라고 구분한 2008년에는 UN의 '기업 인권에 관한 보호, 존중, 구제 프레임워크'이 선언되었으며, 정착단계라고 여긴 2011년 전후로 'ISO 26000'(2010), '기업인권에 관한 보호, 존중, 구제 이행지침'(2011)이 발표되었다. 본 연구 분석 대상인 CSR보고서는 기업의 홍보용으로 주로 사용되므로, 2008년과 2011년에 기업이 명시하기 시작한 '다양성 관리'나 '차별 금지', '타문화 배려', '세계 시민'과 같은 용어는 기업의 인권존중책임에 관한 국제기준을 따르기 위해 명시한 것으로 보인다. 게다가, 조사 기업의 대다수 다문화사업은 중앙 부처의 다문화정책과 유사하게 결혼이주여성과 그 가족인 다문화가정에 한정된 경우가 많고, 난민이나 노동자, 자발적 귀화자 등을 위한 프로그램은 드물었다. 즉, 대부분의 기업이 기업의 경영이념과 전략이라는 체계적인 틀 안에서 다문화에 대한 문제의식을 가지고 있지 않았다. 기업은 정부 정책을 협조하는 수동적인 지원자 역할에 머무는 것이 아니라, 다문화사회에서 다문화가 무엇을 의미하는지를 다각적으로 성찰하고 사회적 요구도 분석 및 연구 개발에 의한 다문화교육 프로그램을 진행하여야 할 것이다.

2. 다양성 관리와 유리된 기업 다문화교육 프로그램

이 연구의 본론에서 <삼성전자>와 <LG전자>가 다양성 관리 고려 항목을 기업의 조직 차원에서 수행하고 있다고 분석하였다. 그러나 다양성 관리 항목을 어느 특정 부처에서 전담하여 평가하고 진행하는 것이 아니라 소위 인사과와 직원복지과 등 여러 부처에서 산발적으로 운영하고 있었다. <아모레퍼시픽그룹>은 '혜초프로젝트'라는 프로그램을 통해 체계적으로 다양성 관리를 진행하는 것처럼 파악되었으나 다문화교육이 중국 문화 위주의 국제이해 차원에서 진행되고 있었으며 목적 또한 파견 직원의 현지 적응을 강조하고 있어 진정한 다양성 관리를 위한 다문화교육 프로그램이라고 하기는 어려웠다. <현대자동차그룹>과 <KB국민은행>의 경우, Cox와 Blake(1991)에 의해 제안된 다양성 관리 항목이 다문화교육 프로그램으로 수행되고 있는지 CSR보고서를 통해 확인할 수 없었다. 게다가 조사 기업의 2016년 인재상에서 '다양성을 배려하는 인재'

가 공통으로 강조되는 것을 볼 수 있었으나 기업이 이를 다문화 관련 프로그램과 어떻게 연계하고 있는지 파악할 수 없었다. 더욱이, 일부 CSR보고서의 직원교육 항목에서 '글로벌인재'를 양성하기 위한 교육 프로그램을 확인할 수 있었으나, 이전부터 시행하고 있는 프로그램의 진행과정에 항목 하나를 더 추가하거나 심지어 이전과 동일한 프로그램 진행과정에서 단어만 바꿔서 '다양성 관리'를 시행하고 있다고 하였으므로 진정한 의미에서 다양성 관리를 실시한다고 보기 힘들었다.

1960년대부터 다양성 관리를 시작한 미국에서도 기업의 주요 전략으로 다양성 관리 이론이 정착되기까지 오랜 시간이 걸렸으나, 본 연구에서 조사한 기업은 10년도 되지 않는 짧은 기간 안에 다양성 관리가 정착되어 운영되고 있다고 자체 평가하고 있었다. 이는 일반성인과 청소년을 대상으로 실시한 여성가족부의 <2015년 국민다문화수용성조사> 중 응답자 '43%'가 '외국이주민이 직장동료가 되는 것을 받아들일 수 없다'고 한 현실 결과와 거리가 있는 자체평가이다.

3. 다문화교육 프로그램 참여 대상 및 효과의 표피성과 불투명성

현재 기업의 다문화교육 프로그램 중 가장 활발하고 비교적 지속해서 진행되고 있는 것은 '대학생 해외 자원봉사활동'이다. '해외 자원 봉사 경험＝다문화교육'으로 등식화할 수 있는지는 차치하고, 근본적으로 해외 자원봉사활동과 글로벌인재 양성 간의 연관성 및 효과, 그리고 이 프로그램이 기업의 다문화교육에서 어떤 의미와 영향력을 가지는지를 검토할 필요가 있다. 예컨대, <현대자동차그룹>의 대학생 참여 해외 자원봉사활동 '해피무브'의 경우 프로그램 참여가 해당 기업 취업에 유익한가에 대한 뚜렷한 증거는 없으며, 기존의 해외 인턴십 프로그램과 대동소이하다. 굳이 글로벌 인재 양성을 위한 다문화교육 프로그램의 일환으로 '대학생 해외 자원봉사활동'을 진행하는 것이 적절한지 쟁점이 남는다. 단기 해외 봉사활동은 다양한 세계문화에 대한 표피적인 인식을 가져올 우려가 있으며 다문화의 복합적인 정치·사회·문화적 갈등과 쟁점을 비판적으로 사고하는 데 한계가 있기 때문이다.

기업이 보다 중요하게 고려해야 하는 다문화교육 프로그램 참여 대상은 외국인 근로자와 더불어 이들과 함께 직무를 수행하는 국내 임직원 및 근로자이다. 조사 기업은 전환단계부터 다문화가정, 결혼 이주 여성, 새터민 그리고 국내 거주 외국인 근로자를 소위 한국사회의 '소외계층'으로 판단하여 점차적으로 이들을 다문화교육 대상에서 배제하고 경제적 수혜 대상자로 치부한 측면이 있다. 이는 기업이 외국인 근로자를 근무 중 이탈이나 이직을 염두에 두는 사람을 대상으로 한 교육 프로그램에 소극적이었기 때문이다(박형기 외, 2014).

그러나 통계청이 2016년 발표한 <외국인 고용조사>에 따르면, 한국에서 동일직업에 근무하는 기간이 3년 이상인 외국인 근로자가 전체 외국인 근로자의 절반 이상일 만큼 이주노동자의 노동 지속 비중은 높으며, 결혼 이주 여성과 다문화가정 자녀들은 이미 우리나라 노동력의 일부분을 담당하고 있으므로 기업의 인식과 상반된다. 2016년 발표한 여성가족부의 <국민다문화수용성조사>에 따르면, '외국이주민들은 우리나라에서 체류하는 동안 한국과는 다른 자신들의 전통이나 생활습관을 버려야 한다'에 응답자의 25%가 '그렇다'고 답하였다. 이러한 인식이 기업 내부 및 외부 활동에 반영된다면 다문화라는 사회 현상은 충돌과 갈등, 소외, 계층화를 일으키는 부정적 기제로만 남을 우려가 있다. 따라서 앞으로 기업이 한국사회의 주요 주체로서 다문화교육 프로그램의 참여 대상과 그 영향력을 다각적으로 고민하고 대응해야 할 것이다.

VI. 결론 및 시사점

우리 사회도 차츰 다문화사회로 변화함에 따라, 인력 구성 및 노동력의 변화로 인한 갈등을 최소화하고 다양성을 기업 내부의 유·무형적 자산으로 발전시켜 세계화 시대의 경쟁력을 강화하는 것이 중요한 흐름으로 대두하기 시작하였다. 본 연구는 기업별로 약간의 차이는 있으나 대체로 다문화사회 변화 단계에

맞추어 다문화교육 프로그램의 내용이 달라지는 것을 볼 수 있었으며, 정착단계
인 2012년 이후부터는 주요 기업이 '글로벌인재'와 '다양성 관리'를 다문화교육
의 주요 지향점으로 삼았다는 변화를 엿볼 수 있었다. 그러나 기업의 다문화 관
련 교육 프로그램이나 사업은 이벤트식이나 내실이 갖춰지지 않은 자선적 개념
에 머물러 있었고, 기업의 거시적인 경영 이념과 전략에 체계적으로 용해되지
않아서 얕은 뿌리가 여기저기 부유하고 있는 형국이다.

　　이를 해결하기 위해서는 첫째, 기업 내부에서 다문화를 고려하고 다양성을
관리하는 지원 조직이 구축되어 체계성을 높여야 한다. 기업은 기존 프로그램의
내상사의 편포성과 성별, 계층별 편중성을 극복하고 다양한 수준의 필요와 수요
를 예측하여 합리적인 프로그램을 운용해야 한다. 둘째, 평생교육 관점에서 볼
때 기업은 다문화사회를 구성하고 선도하는 하나의 주체가 되어야 한다. 기업이
지나치게 글로벌 인재 양성에만 편중할 것이 아니라, 다문화교육 프로그램을 통
해 시민사회에 내재한 반(反)다문화정서를 해소하고 다문화시민성을 함양하여
다문화사회의 문제를 해결하고자 하는 노력에 동참해야 한다. 마지막으로, 향후
기업의 다문화교육 프로그램이 다양성 관리를 효과적으로 하기 위해서는 기존
의 글로벌 인재를 세계시민으로 등식화하기보다는, 지속가능한 경영을 위한 기
업형 세계시민주의에 기반을 둔 인재상을 추구해야 한다. 앞으로 한국 기업은
다문화사회의 당면한 도전 과제와 미래 비전의 간극을 성찰적으로 검토하여 새
로운 변화에 대응하기 위한 제도와 문화를 재구성해 나가야 할 것이다.

참고문헌

구정우·이수빈(2014). 기업시민성과 세계시민성: 누가 기업의 사회적 책임 추궁에 적극적인가?. 한국사회학회, 49(4), 165-198.

(Translated in English) Koo, J. & Lee, S. (2014). Linking Corporate Citizenship to Global Citizenship: Who Supports Corporate Social Responsibility?, *Journal of Sociology*, 49, 165-198.

김진희·이로미(2016). 인종 및 반(反)차별 담론에서 살펴본 영국 레스터(Leicester) 시(市) 평생교육 사례 연구, 다문화교육연구, 9(3), 1-23

(Translated in English) Kim, J. & Lee, R. (2016). A study of lifelong education in UK Leicester engaging with Race and Anti-Discrimination discourse, Multicultural Education Studies, 9(3), 1-23.

박형기·김석호·이정환(2014). 국내 외국인근로자의 사회연결망과 이직경험. 한국인구학, 37(1), 31-57.

(Translated in English) Park, H., Kim, S., & Lee, J. (2014). Social Networks and Turnover among Foreign Workers in Korea. *Journal of Population Studies*, 37(1), 31-57.

이시균 외(2015). 중장기 인력수급 전망 2014-2024. 서울: 한국고용정보원, 77-80.

(Translated in English) Lee, S. et al, (2015). *Mid/Long-term manpower Supply and Demand Forecast 2014-2014*. Seoul: The Korea Employment Information Service, 77-80.

이종구·천만봉(2013). 한국 대기업의 인재상 전개과정과 시대별 특성 비교분석에 관한 탐색적 연구-1980 년대 이후 삼성, 현대, LG, SK 중심으로. 경영사학, 66(1), 49-78.

(Translated in English) Lee, J. & Cheon, M. (2013). The Exploratory Study on the Comparative Analysis of the Historical Development Process on Right People and Characteristics by the Period of Korea Major Enterprise *Journal of The Korean Academy of Business History*, 66(1), 49-78.

정지현·김영순(2012). 이주근로자 고용 한국 기업의 다문화교육에 관한 연구-한국인 동료의 경험을 중심으로. 한국언어문화교육학회 학술대회, 121-129.

(Translated in English) Jeong, J. & Kim, Y. (2012). A Study on the Multicultural Education of Korean Firms Employing Migrant Workers - Focused on Korean

Colleagues' experience, *Korean Language and Culture Education Society*, 121 – 129.

조대엽·김상준(2004). 국가시장·시민사회 관계의 재조명. 한국사회학회 심포지움 논문집, 4 – 23.

(Translated in English) Jho. D. & Kim. S. (2004). Reexamination of national, market, and civil society relations, *Korean Sociological Association Symposium*. 4 – 23.

최동주(2008). 기업전략 차원의 다문화교육방향 모색. 다문화사회연구, 1(1), 75 – 103.

(Translated in English) Choi, D. (2008). Cross – Cultural Training at Corporate Strategy Level, *The Journal of Migration & Society*, 1(1), 75 – 103.

최무현·김경희(2015). 한국의 다문화사회 정책의 거버넌스 현황과 발전방안. 공공사회연구, 5(3), 229 – 281.

(Translated in English) Choi, M. H. & Kim, K. H. (2015). A Study on the Present and Future of the Multicultural Governance in Korea. *Journal of Public Society*, 5(3), 229 – 281.

한승준(2008). 다문화사회 이행단계별 거버넌스 전략에 관한 연구. 국정관리연구, 3(2), 99 – 122.

(Translated in English) Han, S. (2008). A study on the Governance Strategy for Multicultural Society Stages. *Journal of Governance Studies*, 3(2), 99 – 122.

허영식·김진희 (2014). 사회통합방안으로서의 다양성 관리에 대한 동향과 함의. 한독사회과학논총, 24(1), 31 – 62.

(Translated in English) Heo, Y. & Kim, J. (2014). Diversity Management as Social Integration Approach, Zeitschrift der Koreanisch – Deutschen Gesellschaft fur Sozialwissenschaften, 24(1), 31 – 62.

Carroll, Archie B., (1999). "Corporate Social Responsibility: Evolution of a Definitional Construct," *Business & Society*, 38(3), 268 – 295.

Cox, T. H., & Blake, S. (1991). Managing cultural diversity: Implications for organizational competitiveness. The Executive, 45 – 56.

Findler, L., Wind, L. H., & Barak, M. E. M. (2007). The challenge of workforce management in a global society. *Administration in Social Work*, 31(3), 63 – 94.

Godfrey, Paul C. (2005). "The Relationship Between Corporate Philanthropy and Shareholder Wealth: A Risk Management Perspective," *Academy of Management*

Review, 30(4), 777−98.

Hoffman, L., & Maier, N. (1961). Quality and acceptance of problem solutions by members of homogeneous and heterogeneous groups. *Journal of Abnormal and Social Psychology*, 62, 401−407.

Lins, K. V., Servaes, H., & Tamayo, A. (2015). Social Capital, Trust, and Firm Performance: The Value of Corporate Social Responsibility during the Financial Crisis. European Corporate Governance Institute (ECGI)−Finance Working Paper, (446).

Porter, Michael E. and Mark R. Kramer (2011). "Creating Shared Value," *Harvard Business Review*, January−February, 62−77.

Thomas, R. R. (1990). From affirmative action to affirming diversity. *Harvard business Review*, 68(2). 107−117.

해외 다문화국가의 평생교육 현장과 사례

Part

O3

다문화주의를 둘러싼 서구 유럽의 갈등과 평생교육

연구
개요

이 연구에서는 오랫동안 다문화정책을 추진해 온 영국, 프랑스, 노르웨이, 호주 등 선진국의 사례를 통해 오늘날 다문화주의를 둘러싼 갈등과 제 담론을 분석하였고, 그것과의 연계지점으로서 우리나라의 다문화 갈등 상황과 다문화교육의 방향을 성찰하였다. 이를 통해서 밝혀진 바는 다음과 같이 정리된다. 첫째, 영국, 독일, 프랑스 등 유럽의 주요 국가 지도자들의 다문화 실패론 선언은 다문화주의에 대한 논쟁이 국제적으로 고조되었음을 보여주었다. 둘째, 유럽에서 다문화주의 담론의 주요 대상과 이슈는 이민자, 무슬림 논의의 사회 통합과 갈등으로 수렴되고 있다. 셋째, 유럽을 중심으로 제기되는 다문화 실패론과 다문화정책에 대한 회의론은 반이민주의 정책의 핵심 요소가 되고 있다. 넷째, 다문화담론의 이면은 단순히 사회문화적 다양성 제고의 문제가 아니라, 통치 담론으로서 다문화주의가 활용되어 온 것을 알 수 있다. 다섯째, 국민국가 체제에서 다문화적 '공존'은 여전히 요원한 문제이며, '동화'와 '통합'의 가치가 강조되고 있다. 여섯째, 다문화주의 관련 갈등 이슈는 다문화주의 담론이 단순히 '인종'과 '문화'에 수렴되는 것이 아니라, 정치, 경제, 사회 등 복잡다기한 이해관계에 따라 이념이 되기도 하고 도구가 되기도 하는 것을 보여준다. 마지막으로 우리나라에서도 다문화주의를 둘러싼 갈등은 '타자화'라는 측면에서 촉발되고 있으며 전 사회에 걸친 다문화교육의 실제는 아직 취약한 것을 알 수 있었다. 궁극적으로 이 연구는 다문화교육을 통한 인식의 변화와 상호작용이 매우 중요하다는 것을 다시금 강조하고 있다.

Ⅰ. 서론

UN은 21세기를 국제이주의 시대(the era of global migration)라고 정의했다. 개인이 가진 국제적인 경험과 다문화적 환경에 노출되는 것은 모종의 경계 넘기(Border-crossing)의 과정이듯이, 국가적으로 우리사회에서 다문화주의라는 물결이 끊임없이 발현되고 있는 것도 전 세계적 이주 흐름의 경계 넘기와 멀지 않다. 경계를 넘는다는 것(border crossing)은 무엇을 말하는가? 미국의 비평가인 헨리 지루(Henry A. Giroux)와 교육자인 벨 훅스(Bell Hooks)는 하나의 경계(border)를 넘는다는 것은 기존의 체제와 규범이 현현(顯現)되는 구조와 현상이 도전받는 것이라고 말했으며, 여기서 학습자는 새로운 변환을 모색해야 한다는 것을 의미한다. 즉 경계 넘기는 그동안 당연하게 여기던 상식, 관습, 규범, 태도, 기술, 사회 문화적 상호작용 등이 시험대에 올라서 도전받고, 다시 한번 해체되고 재구성되는 변환의 과정이라 할 수 있다. 이런 맥락을 확장하여 보자면, 필연적으로 다문화사회는 이질적인 경험을 변환하는 역동의 과정을 수반하는 것이라고 볼 수 있다.

글로벌한 차원의 경계 넘기는 끊임없이 가속화되고 있다. UN은 2011년 현재 전 세계에는 2억 명의 이주민이 있고, 세계적으로 4,000만 명의 난민이 자신의 고향과 국가를 떠나서 살아가고 있다고 밝혔다(UN, 2011). 현대적 국제이주 맥락에서 보자면, 1980대에 필리핀 이주노동자를 수용하기 시작한 한국에서 어느덧 체류 외국인의 숫자가 187만 명을 육박해서 전 인구의 약 3% 이상을 차지하고 상황을 맞이하고 있다(통계청, 2015). 즉 이주노동자, 결혼이주민, 귀화자 등 한국사회에 체류하는 외국인 수가 100명 가운데 3명꼴로 외국인이라는 것이다. 그렇기에 이제는 담론 수준이 아니라, 각종 경제·사회·문화 지표에서 한국사회가 다인종·다문화사회로 전환되어 가고 있음을 부인할 수 없다. 정보, 기술, 미디어, 상품, 인력, 자본의 국경 이동과 국제 교류가 그 어느 시기보다 자유로워진 오늘날, 점점 더 많은 현대인은 다양한 매체와 직간접적 경험을 통해서 국경을 넘어 전 세계로 흩어지는 디아스포라(Diaspora)의 일상화를 경험하고 있다(김진희, 2012). 한

마디로 전 지구적인 이질성(global heterogeneity)이 인종, 민족, 국적, 계층, 종교, 성의 다양한 경계를 넘나들면서 확산되고 있는 것이다. 이러한 최근 경향은 근대 국가 중심(nation-state centred)의 언어, 정체성, 인종, 민족의 정형화된 틀을 넘어서 다인종, 다문화, 다국적 코드가 결합되면서 다문화주의 담론을 확장시키고 있다(Bennett, 2012).

　실제로 우리사회는 이주민의 유입이라는 유례없는 상황에 직면하면서 지난 10년간 학계에서는 연구의 신대륙을 발견한 듯이 다문화교육 관련 연구들이 활발하게 이루어졌다. 이들 연구들은 주로 다문화교육에 대한 서구의 논의와 정책을 설명하면서 우리사회에서 다문화교육이 나아갈 방향이나 과제를 제시하고 있다(류방란, 2013: 132). 그러나 모든 것은 양면이 존재하듯이, 다문화주의를 오랫동안 고수해 온 서구 유럽을 중심으로 소위 선진 국가들의 다문화정책도 하나의 정해진 모범답안을 제시하고 있지 못하며, 오늘날 다문화주의에 대한 강력한 저항과 갈등을 불러일으키고 있는 것이 사실이다. '서구사회=다문화 안정기에 접어든 사회'라는 등식화를 예단할 수 없으며 여전히 역동적인 변화의 과정에 있는 것이다. 우리나라의 경우도 지역사회에서 다문화 인구와 정주민간의 갈등과 충돌이 빈번하게 발생하고 있으며, 2008년 설립된 '다문화정책반대 카페'가 1만 명 이상의 회원을 확보하여 반(反) 다문화 활동을 주도하는 움직임이 전개되고 있다. 이를 볼 때 우리나라에서도 외국인 혐오주의, 다문화인구 급증에 대한 부작용을 최소화하기 위한 다양한 정책적 개입이 신중하게 요청되고 있다.

　이러한 맥락에서, 본 연구에서는 다문화담론을 둘러싼 국제적인 이슈를 이해하고 향후 다문화교육의 방향을 고찰하고자 한다. 이를 위해서 일부 선진국에서 전개되고 있는 다문화주의 실패론(失敗論)의 제 담론 동향을 살펴보고, 다문화주의를 둘러싼 갈등 이슈를 분석하고자 한다. 다만, 본 연구에서는 다문화주의를 둘러싼 복잡다단한 국제적 이슈를 전부 다루기보다는 주로 우리보다 앞서 다문화주의를 경험해 온 선진국의 다문화 관련 갈등 사례를 중심으로 살펴보고자 한다. 또 이와 연계하여 국제사회의 다문화 이슈가 오늘날 우리나라의 다문화상황과 어떤 관련성을 가지는지 이해하고 향후 다문화교육에 주는 시사점을 찾을 수 있을 것이다.

이를 위해서 본 연구는 문헌연구 방법론에 터하여 비판적 담론 분석(critical discourse analysis)과 사회세계(social world)를 형성하는 언어를 서술의 도구로 활용하며(Chris Baker & Dariusz Galasinski, 2009) 맥락적 해석을 위한 관련 자료들을 포괄적으로 살펴본다. '다화주의 갈등'이라는 주제를 중심으로 텍스트와 문헌을 읽어서 사회적인 맥락을 이해하고, 전체적인 흐름을 분석하는 주제 분석 연구방법(method of theocratical theme analysis)을 취하고자 한다. 그 중에서도 세부적인 분석 틀은 국민 국가의 통치성 담론으로서의 다문화주의 갈등과 실제 사례를 초점에 두고 논의한다. 그리하여 다문화를 둘러싼 구체적인 갈등 사례를 살펴봄으로써 앞으로 우리의 다문화교육 발전 방향을 모색하는 데 학술적 의의를 두고자 한다.

Ⅱ. 다문화주의와 다문화교육에 대한 이론적 이해

1. 이주, 다문화주의, 그리고 다문화교육

교육학 담론 자체가 한 사회에서 진공상태로 존재하는 것이 아니듯이, 다문화교육은 다문화현상을 이루는 거시적인 사회문화적 요소들과 직간접적인 연관 관계를 가지는 영역이다. 다문화교육이 논의되는 사회적 세계(social world)의 내부를 들여다보면, 이주(migration)와 다문화주의(multiculturalism)는 핵심 구성체를 이루고 있으며 이들은 서로 떼려야 뗄 수 없는 밀접한 연관성을 가진다. '이주'라는 현상을 통해서 한 사회는 다양한 배경을 가진 사람들의 유입과 정착을 통해서 문화 변동을 맞이하게 되며, 다문화적 사회구성체를 형성하기 시작한 사회는 그에 걸맞은 이주 정책 및 다문화정책의 변화를 기획하게 된다. 이는 이주민의 생활 세계(life-world)와 삶의 환경에 영향을 줄 뿐만 아니라, 정주민을 포함한 지역공동체, 그리고 나아가 한 사회의 구성 양식에도 영향을 주고받게 한다.

'이주'는 기본적으로 초국경적 경험(transnational experience)을 동반한다. 대개의 경우, 이주를 행하는 일군의 사회 집단들은 정치적, 인종적, 민족적, 계층적 배경으로 인해 중심부(core)에서 배제되고 주변화된 약자(minority in periphery)로 위치될 우려가 높다. 이러한 관점에서, 유럽에서 평생학습연구를 비롯한 교육학 연구에서 이주민에 대한 교육과 학습활동은 국제 이주(global migration)로 인해서 발생하는 분절적 생애경험을 가진 소외된 학습자를 이해하는 프레임 안에서 분석되며, 기존의 경험 세계의 분절과 사회적 소외(alienation)라는 구속이 교육 체제에서 이것이 어떻게 작용되는지를 다룬다(Guo, 2010). 예를 들어 이주민 가운데서도, 생애사적으로 큰 굴곡을 가진 경험을 하게 되는 국제난민(international refugee)의 경우, 국경을 넘어 이동한 난민이 고국에서 탈출하는 과정, 난민 캠프나 제3국에서 난민 지위를 인정받기까지의 과정, 그리고 최종적으로 제3국의 사회 정착과정에의 교육경험과 학습과정까지 일련의 과정에서 불연속적 경험을 끊임없이 수반하는 것을 분석하는 것이 그러하다.

짐머만과 아멜리에(Zimmermann and Amelie, 2007)는 이주민들이 감행할 수밖에 없는 초국경적 경험은 자유주의적 세계시민주의(liberal cosmopolitanism)와 같은 연성적인 이주가 아니라, 새롭고 이질적이고 갈등적인 환경에 노출되면서 기존의 지식, 태도, 사상, 관례를 깨부수고 전환해야 하는 다문화적 학습 상황을 직면하는 것이라고 지적했다. 예컨대 이슬람교의 전통적 규율을 가진 아프가니스탄 출신 난민이 종교적, 언어적, 문화적 배경을 달리하는 호주나 한국에 정착하게 될 때, 문자를 읽고, 대화를 하고, 시장을 보고, 은행에 가서 계산을 하는 일련의 일상 자체가 새로운 환경으로 기획된다. 본국의 정치 사회적 억압에서 탈출해서 해방을 도모한 난민은 새롭게 정착한 제3국에서 다시금 이질적인 생활세계에 노출되어 자신의 학습 환경을 비판적으로 인식하는 변화에 직면하게 된다. 즉 불연속적 경험을 가진 난민은 새로운 사회에 노출되면서 고국에서 살던 경험 틀과 똑같은 행동, 태도, 가치를 가지고 살아갈 수 없다, 즉 '물설고 낯선 곳에서' 자신의 생애 전기는 새롭게 재구성되는 것이다(김진희, 2011: 5).

여기서 알 수 있듯이, 다문화주의는 '국제이주'라는 근대화의 물결과 맞닿아 있으며, 보다 구조적 측면에서 발의되었다. 이러한 맥락에서 이주와 다문화교육학의 상호관계는 그 긴밀도가 높다. 특히 국제 이주가 가속화되면서 선진국과 개발도상국의 경계를 넘어 점점 더 많은 국가들이 정치경제적 변동 및 문화다양성의 확대로 긴밀한 영향을 주고받고 있기 때문이며, 이주의 영향으로 인해서 사람들은 자신만의 전기(biography)를 새롭게 재구성하는 과정에 놓여 있기 때문이다(Jordan and Duvell, 2003; 김진희, 2012에서 재인용). 이처럼 변화하는 사회세계(social world)에서 다문화교육론은 이러한 변화에 관조적인 자세를 취하는 것이 아니라, 기존의 교육체제에서 포용되지 않았던 다양한 학습자와 교육적 경험을 분석하고 이해하는 이론적 작업을 필요로 하고 있다.

여기서 다문화교육은 다양성을 특수한 양식으로 인정하고 분리시키거나, 정반대로 다양성을 일방적으로 주류 문화체제 안에 동화시키는 일방향적 사회화 과정이 아니다. 오히려 다문화교육은 이민자뿐만 아니라, 모든 사람들이 기존에 가진 사상, 태도, 지식, 기술을 성찰하고 이를 변환하는 교육이라 할 수 있다(Banks, & Banks, 2010; Guo, 2010). 아울러 다문화주의는 하나의 국민국가에 정박해 있는 단일한 정체성과 동질문화의 고정화를 도전하는 기제이며, 다양성을 끊임없이 개입시키는 장치인 것이다.

2. 통치 담론으로서의 다문화주의: 다문화주의 갈등을 이해하는 렌즈

이주민을 수용하고 이주 정책을 집행하는 국가 입장에서 다문화주의는 통치성(governmentality)의 장치로 작용하는 측면이 강하다(Slavoj Žižek, 1997). 푸코(Foucault, 2006)의 논의를 빌리자면 통치성이란 타자에 대한 지배의 기술과

자기에 대한 지배 장치가 결합되어 규제로서 권력과 자신과의 관계 사이의 결합
이라 볼 수 있다. 말하자면 영국, 프랑스, 독일, 호주 등 국가 정책으로서 다문화
주의 담론을 수용한 국가들은 외부에서 유입된 '타자'의 행위를 가이드하고(code
of conduct) 통제하는 동시에, 이미 그 국가 '내부' 영역에 유입된 새로운 구성원
들에게는 국가적 통치의 표상인 다문화주의에 의거하여 행위를 관리하게 되는
것이다. 통치성으로서 다문화주의는 이질적인 소수 집단인 이주민을 통제하고
관리하는 하나의 방법이고 전략이 될 수 있다(김진희, 2012).

이주민에 대한 통치성 기제로서 다문화주의를 읽을 수 있는 사례 가운데
하나로, 2007년 호주의 이민시민부(DIAC) 장관 케빈 앤드류(Kevin Andrews)가
아프리카 수단 출신 난민과 아시아 미얀마 출신 난민을 저울질하면서 누가 더
호주사회에 도움을 주는 '생산적이고 효율적인 구성원(productive and effective
members of society)'이 될 수 있는가를 논한 장면을 돌아볼 필요가 있다. 그는
본국에서 정치적 폭압과 군정으로 인해 문맹률이 높은 수단의 난민들이 호주 사
회의 다문화적 가치에 쉽게 통합될 수 없기 때문에, 아프리카계 난민보다는 아
시아 국가인 미얀마 난민들을 수용하는 것을 옹호하는 발언을 함으로써 난민 문
제에 피부색과 '인종 카드'(race card)가 제시된 것이다. 여기서 이주민의 교육 수
준과 사회 통합 역량이 매우 중요한 요소로 인식되는 것이다. 즉 이주민을 선별
하는 데 있어서 누가 더 적합한지를 교육 성취도와 커뮤니티의 응집력을 기준으
로 언급한 것이 있다. 호주의 다문화주의 가치를 배가하고 번영을 가져오는 데
유리한 이주민을 우선적으로 수용하고, 비자 발급을 통제하자는 논란으로 확산
되면서 난민 정책을 둘러싼 인종적 서열화 논쟁이 일어난 것이다. 바로 이 사례
는 문화적 인종적 다양성을 국가가 통제하고 조정하는 '기획 장치'로서 다문화주
의가 활용되는 것을 보여준다.

영국, 독일, 프랑스의 경우도 이주민의 높은 교육 수준과 적절한 직업 능력,
그리고 무(無)범죄 기록은 이주민으로서 '선발'되는 데 유리한 장치가 되고 있다.
국민 국가 차원에서 추진하는 다문화주의 담론은 이처럼 통치성의 전략으로 활
용될 수 있으며, 동시에 이주민들을 끊임없이 주변화하는 이념망이자 실질적 분

리 장치로 활용될 여지도 있음을 보여준다. 마찬가지로 프랑스의 경우, 공화주의 원리에 입각한 동화주의적 다문화정책을 펴고 있는데(류방란, 2013), 이는 이주자들의 정체성을 인정하는 것보다 프랑스 주류사회의 언어와 문화를 따를 것을 우선시하거나 강요하는 형태로 전개될 수 있다.

프랑스의 동화주의는 공화주의 정신과 제도가 충실하게 구현될 때 사회통합이라는 긍정적 효과를 거둘 수 있을지 모르나 현실적으로 존재하는 인종차별과 배제를 눈감게 되면 주변화의 촉진, 사회적 갈등이 초래된다. 2005년 파리를 중심으로 프랑스 전역에서 일어난 이민자들의 시위가 그 예이다(류방란, 2013: 137).

이상의 논의에서 알 수 있듯이, 일찍이 다문화주의를 수용한 해외 국가들의 경우, 단순히 이주민을 선발하고 수용하는 이주민 초기 유입 단계를 넘어서, 정착 이후도 이주민을 관리하고 사회정책을 디자인하는 조절 기제이자, 통치담론으로서 다문화주의가 활용되고 있는 것을 알 수 있다. 이는 본고에서 살펴보게 될 다문화주의를 둘러싼 갈등 이슈를 이해하는 인식틀 중 하나가 될 수 있다.

Ⅲ. 다문화주의를 둘러싼 해외의 갈등 담론과 이슈 고찰

전 세계의 일반 대중들은 다문화주의를 어떤 이미지로 생각하고 있는가? 다문화주의(multiculturalism)라는 키워드로 넣고, 전 세계 인터넷 이용자들이 활용하는 구글(google)에서 검색되는 이미지를 찾아보면, 보편적 이미지로 공통적으로 도출되는 것이 있다. 그것은 다양한 색채와 정체성을 가진 개체들이 함께 손을 잡거나, 연결되어 있거나, 여러 문화들이 모자이크식 조화(mosaic harmonization)를 이루고 있는 형상이다. 이질적 다양성과 조화가 강조되고 있는 이미지라 할 수 있다. 그런데 다문화주의에 대한 국제적 이슈는 이러한 평화적 이미지와 달리 갈등과 소요를 보여주는 '실제'이다. 이미지와 실제의 간극이 분명히 존재하고 있다.

한 사회에서 이주노동이 단순히 '노동'만 들어오는 것이 아니듯이, 자신만의

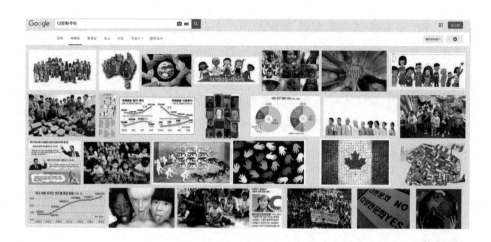

독특한 정체성, 사상, 관습, 행위 양식을 가진 '인간'이 국경을 넘어 다른 사회 속으로 들어가는 것이기 때문에 인구생태학적인 변화는 불가피하다. 그뿐 아니라 다양한 인종, 언어, 국적, 계층적 배경을 가지고 국경을 넘는 이주민으로 인해 한 사람의 관계, 가정, 지역사회, 일터, 시민사회는 점차 문화 다양성에 기반한 다인종·다문화사회로의 변화의 물결을 피할 수 없다(Marco, 2002; 김진희 2010).

2010년도와 2011년도는 다문화주의 관련 국제 이슈들이 가장 도전적으로 제기된 해라 할 수 있다. 그동안 정치, 경제, 문화적 이유로 다문화주의를 수용해 온 유럽의 주요 국가들이 다문화주의에 대한 회의적 선언을 동시에 표출하였고, 노르웨이 정부의 다문화주의 철폐를 주장한 극우민족주의자의 테러가 전 세계를 충격의 도가니로 몰아넣은 것도 2011년 여름이다.

영국, 독일, 프랑스 등 유럽을 주도하는 국가들이 잇따라 다문화주의에 대한 부정적인 시각을 노골적으로 드러냈다. 서구 유럽으로 몰려드는 난민들에 대한 시선 역시 싸늘하다. 영국, 독일, 프랑스의 지도자들은 그동안 자국에서 취해 온 다문화주의 정책의 실패를 공식적으로 인정하고 앞으로 새로운 정책 변화를 유도하고 있는 것이다. 기실, 유럽 국가들의 경우 과거 식민 통치시절이 연원이 되어, 정치 경제적 이유로 식민지의 노동자들을 수용하는 이주노동의 역사가 오래된 나라들이다. 유럽연합(EU)의 탄생으로 하나의 유럽 공동체가 탄생한 이후에는 과거 구소련 체제에 있던 동유럽 국가에서 많은 이주민들이 유입되기 시작했고, 아프리카, 아시아 등지에서 국제 난민, 임노동자 등 다양한 이주민들이 대거 유입되고 있다. 이러한 상황에서 유럽 각국의 국민들 사이에는 이주민들로 인해 실업률이 높아지고, 주택난이 심화되고, 복지예산이 부족해지고 있다는 불만과 갈등, 그리고 위기감이 고조되어 왔다. 특히 2008년 세계 금융위기와 경제난이 심화되면서 실업률이 치솟자 더욱 확산되었고, 이민자 수용 정책도 까다로워졌다. 이러한 상황을 뒤엎고 유럽 내 극우 민족주의 정당들의 힘을 얻고 있으며, 주류 정치인들도 우파를 의식한 발언을 하고 있는 것이 사실이다. 이러한 움직임 아래, 다문화주의를 둘러싼 담론은 국민 국가 내에서 다문화정책 및 현상에 대한 갈등과 충돌을 잉태해오고 있다.

1. 주요 국가별 다문화주의를 둘러싼 갈등 담론

(1) 영국의 다문화정책 위기론

2011년 데이비드 캐머런 총리는 독일 뮌헨에서 열린 국제안보회의에서 이주민 통합에 관해 직설적인 발언을 했다. 그는 이질적인 문화에 대한 관용을 원칙으로 하는 다문화주의(multiculturalism)가 실패했고 오히려 다문화주의로 인해서 영국 사회 내에 이슬람 극단주의가 뿌리를 내리고 있다고 주장했다. 보수당의 당수인 캐머런 총리는 영국적 가치를 존중하지 않는 무슬림 단체에 대해서는 재정지원을 삭감하겠다고 덧붙이며 다문화로 표적화되는 단체들에 대한 국가 차원의 지원을 거두어들이고 있다.

실제 영국에서는 이주민에 대한 차별과 통합이 논란이 되어 왔다. 1948년 6월 런던 근교의 한 항구를 통해 자메이카인 415명이 집단 이주한 이후 영국에는 반세기 동안 끊임없이 이주민들이 밀려들었고, 이들의 통합은 영국 사회의 커다란 숙제가 되어 왔다. 영국 내에서는 법무, 내무장관을 지낸 노동당의 중진 잭 스트로 의원이 영국 내 파키스탄계 젊은이들이 어린 백인 소녀들을 성적 노리개로 삼고 있다고 주장하면서 영국사회에서 다문화주의 정책에 대한 불만과 갈등이 고조하게 되었다. 또한 2명의 파키스탄계 남성이 성폭행 혐의로 입건되어 법원에서 유죄 판결을 받은 사건과 관련해 영국 내에서 인종차별적 시각이 드러나기도 했다(경향신문, 2011년 10월 25일자).

2005년 런던 도심에서 52명의 목숨을 앗아간 7.7 테러 사건이 소외되고 차별받은 이민자 2세들에 의해 저질러진 것으로 밝혀지면서 영국 사회는 이주민들의 정착 문제를 둘러싸고 뜨거운 논란에 휩싸였던 적이 있다. 2010년 스웨덴에서 발생한 자살폭탄 테러 사건의 용의자도 영국에서 태어나고 고등교육까지 받은 이민 2세대인 것으로 드러나면서 영국 내 이주민의 통합과 사회적 정체성이 도마에 오르기도 했다. 인도, 파키스탄, 방글라데시 등 과거 영국의 지배를 받았던 영연방 나라 출신의 이민 1세대는 영국 사회에서 큰 갈등을 표출하지 않았지만, 그들의 자녀들인 이민 2, 3세대들은 영국 내 차별에 적응하지 못하고 있어 사회 갈등의 핵심 근원이 되고 있다는 것이다(Parekh, 2006). 이민 1세대는 본인의 삶의 선택에 따른 책임감으로 사회적 멸시와 불공정한 대우를 견뎌왔지만 2, 3세대는 분노와 좌절감을 형성해 온 측면이 있다.

보수당 정부는 2010년 승리한 총선에서 이민정책을 엄격하게 바꾸는 공약을 내걸었고 실제 비자 요건 등 이주민 유입을 제한하는 정책을 시행하고 있다. 한편 영국의 보수당 의장인 사이에다 와르시 의원은 당내 반발로 런던에서 열린 무슬림 국제회의에 참석하려다가 참석하지 못했다. 이에 대해 그는 "이슬람 혐오증이 영국 중산층까지 물들이기 시작했다"면서 이로 인해 사회적 폭력이 양산될 가능성을 우려했다(The Guardian, 2012년 7월 4일자). 오늘날 영국 내 다문화주의 정책은 소수 인종 배경을 가진 이민자에 대한 소극적 관용 정책에 정박하면서 진정한 통합을 이루어내지 못하고 있기에 많은 갈등과 논란을 빚고 있는 것이다.

또한 영국 사회는 다른 유럽 국가와 마찬가지로 이민 문제와 실업 문제가 끊임없이 논쟁을 불러일으키고 있다. 여기서 이민 문제는 곧 다문화주의 정책과 긴밀하게 연계되어 있다. 영국에서 "이민자들이 영국인의 일자리를 잠식한다"는 이슈와 "이민자가 들어와도 실업이 야기되지 않는다"는 논쟁이 늘 팽팽히 맞서는 형국을 보이고 있다. 영국의 이민자문위원회는 1995년부터 2010년 사이에 유럽연합(EU) 밖에서 100명의 이민자가 들어올 때마다 23명의 영국인이 일자리를 잃는다고 발표했다. 또 영국 반(反)이민 압력단체인 '이주감시자'는 앞서 "유럽연합(EU) 확대로 인해 동유럽 이민자가 증가한 2004년 이후 영국에서 청년실업이 급증해왔다"고 말했다(The Guardian, 2012년 7월 4일자).

그러나 영국의 경제사회연구소는 "이민이 실업을 야기하지 않는다"며 이민자 증가와 실업률은 무관하다는 연구결과를 발표했다. 또한 영국의 왕립경제사회연구소는 "영국에서 늘어나고 있는 실업률과 외국인 이민 증가 사이에는 상관관계가 없다"고 발표하면서 외국인의 유입은 경기 활성화를 촉진하고 총고용을 늘려 실업수당 청구자들을 줄이는 역할을 한다고 밝혔다. 이는 유럽 내 우파의 논리를 반박하는 것이며 "이민이 실업을 야기한다"는 유럽의 반(反)이민, 반(反)다문화주의자의 주장과 상반되는 의견이다. 오늘날 영국에 매년 유입되고 있는 외국인은 약 14만 명을 육박하고 있다. 보수 연합 정권이 실권을 잡은 영국정부는 이러한 논란을 의식하고, 유럽연합이 아닌 제3국에서 들어오는 외국인 수를 2015년까지 제한하고 이민자 수를 줄이겠다고 선언했다(경향신문, 2011년 10월 25일자). 이러한 갈등 담론에서 알 수 있듯이 다문화주의에 대한 사회적 냉기와 거부감이 영국사회에 팽배하다는 것을 알 수 있다.

(2) 독일의 다문화정책 실패론

앙겔라 메르켈 독일 총리는 2010년 10월 독일 기민당(CDU) 청년당원 모임과 국제안보회의에서 "다문화 사회를 건설해 함께 어울려 공존하자는 접근법이 완전히 실패했다"고 말했다. 이는 독일의 이주 문제에 대한 진단이다. 메르켈 총리의 이런 발언은 레제프 타이이프 에르도안 터키 총리와의 정상회담에서 250만 명의 독일 내 터키 이주민의 낮은 통합수준을 향상시키기로 합의한 이후 나온 것이라 다문화정책 실패론에 대한 논란은 거세게 일어났다. 터키 총리와의 대담에서는 메르켈 총리는 적어도 표면상으로 "독일 내 이주민들은 독일어를 배우는 등 사회통합에 더 노력해야 한다"고 강조하면서 이주민의 '배제'와 '격리'보다는 그들의 사회 '통합'에 방점을 찍고 있는 것으로 해석된다(한국경제, 2011년 12월 16일자). 그러나 이를 내밀하게 분석하면, 독일사회에서 다문화정책에 대한 반감과 무용론이 팽배하다는 것을 보여주는 것이라 할 수 있다.

이 같은 발언은 반(反)외국인, 반(反)다문화 정서가 유럽의 대표 국가 중 하나인 독일 지도자의 시각에서 천명된 것이기 때문에 더욱 주목을 받았다. 독일의 크리스티안 불프 대통령 역시 "이슬람은 기독교, 유대교와 마찬가지로 독일의 한 부분이기 때문에 이주민들은 독일어 습득이 가장 중요"하다고 말하면서 '사회 통합'을 위한 이주민의 노력을 강조했다. 독일은 다른 어떤 민족보다 게르만 민족과 독일어 습득을 사회 통합에서 강조해 왔다. 이러한 맥락에서 메르켈 총리는 "독일어를 못하는 사람은 독일 사회에서 누구라도 환영받지 못할 것"이라고 말했다. 독일의 지도자들은 터키계 이주민이 가장 많은 이주 커뮤니티를 형성하는 독일에서 이들도 독일 문화에 뿌리깊이 박혀 있는 기독교적 가치를 받아들여야 한다고 역설한 바 있다.

이처럼 독일 사회에서 오피니언 리더들을 중심으로 제기되는 발언들을 주목할 필요가 있다. 독일의 중앙은행(분데스방크) 이사였던 틸로 자라친은 '독일이 자멸하고 있다'는 제목의 저서에서 이슬람 이민자들이 독일 사회 동화에 실패했고, 자녀수가 너무 많은 데다 교육 수준도 낮은 것은 그들의 사회적인 배경뿐 아니라 유전적 요인도 있다고 주장하면서 파문을 일으켰다. 그의 책은 독일에서 1주일 만에 베스터셀러 1위에 올랐다. 문제는 사회 지도층의 극우적 발언과 반외국인 정서에 동조하는 일반 시민들이 늘어나면서 유럽의 우경화가 확산되고 있는 것이다. 최근 조사에서 독일인 3명 중 1명은 '독일 사회에 외국인이 너무 많다'고 하면서 '일자리가 부족할 경우 그들을 본국으로 되돌려 보내야 한다'는 의견을 피력한 것으로 드러났다(연합뉴스, 2011년 2월 13일자).

독일의 기독교사회당(CSU)의 호르스트 제호퍼 당수 겸 바이에른 주총리는 "다른 문화권의 이민자들은 사회 융합이 어렵다"면서 이제 터키와 아랍 국가들로부터 이민을 더는 받을 필요가 없다고 말했다. 현재 독일 정부는 이민 정책의 장벽을 높이는 동시에, 숙련공 부족 문제를 해결하기 위한 방안의 하나로 터키와 같은 이슬람권 국가를 배제한 채 남유럽 및 동유럽 인력을 독일로 수용하는 계획을 추진 중에 있다. 독일 사회의 우경화에 대해서 독일 내부에서도 우려의 목소리가 높은 것이 사실이다. 독일 사용자연맹(BDA)의 디터 훈트 회장은 이민 자의 사회 융화 문제에 관한 논란으로 인해 독일에 꼭 필요한 외국인 숙련 노동 자들이 독일을 기피하는 결과를 가져올 것이라고 경고했다(연합뉴스, 2011년 2월 13일자). 분명한 것은 독일 사회가 다문화주의 정책의 실패론을 고수하면서 이민 자의 통합을 하나의 '골치 아픈' 숙제로 바라보고 있다는 점이다.

(3) 프랑스의 다문화정책 폐기론

프랑스의 전(前) 대통령 니콜라스 사르코지는 2011년 TV 생중계 방송을 통해서 다문화주의는 실패한 것이라고 말했다. 이 방송에서 사르코지는 "우리는 다양한 공동체들이 서로 공존하는 사회는 원하지 않는다"면서 "프랑스에 있다면 단일 국가 공동체에 동화돼야 하고, 이를 수용할 수 없다면 프랑스에서 환영받을 수 없다"고 분명하게 선언했다. 즉 이는 프랑스라는 사회가 여러 개의 복수 문화의 공존보다는 단일 공동체에 동화된 하나의 사회적 통합이 필요하다는 것을 대외적으로 천명한 것이라 할 수 있다.

자유와 평화를 기조로 내세우는 프랑스는 전통적으로 '똘레랑스(관용)의 나라', '이민자의 낙원'으로 일컬어져 왔지만 현재 프랑스에서 다문화주의는 많은 논란과 갈등의 씨앗 개념이자 실제가 되고 있다. 특히 다문화주의 논의에서 갈등의 주요 축으로 500~600만 명에 이르는 프랑스 내 이슬람 교도, 즉 무슬림이 자리하고 있다. 이에 대해 프랑스의 여론은 이슬람은 인정하지만 '프랑스식 이슬람'이 아닌 '프랑스 안에서 자신들만 누리고 신봉하는 이슬람'은 반대한다는 입장이 우세한 것으로 밝혀졌다(헤럴드경제, 2011년 7월 26일자). 공교육 체제에서 히잡(hijap)과 차도르 착용을 금지하는 정책 등도 이러한 맥락에서 발현된 것이다.

사르코지 전 대통령의 다문화정책 폐기론이 사회적으로 수긍되는 이유도 일련의 사회적 폭동과 테러에 대한 국민들의 불안, 경제 위기와 맞물린 높은 실업률로 인해 반(反)이민 정서가 확산된 것과 맞물리고 있다. 지난 2005년 파리 교외에서 발생한 인종갈등, 2010년과 2012년 잇따라 발생한 폭동과 소요 사태에 이민 배경을 가진 청년들이 주도한 정황이 밝혀지면서 이민자에 대한 일방향적인 사회, 경제적 지원과 복지정책만으로 다문화적 통합이 불가능하다는 것이 국민들에게 각인된 것이다. 이러한 불안 요인으로 인해서 2010년 실시된 여론조사에서 프랑스인의 48%가 "이민자들 때문에 프랑스 경제가 부정적인 영향을 받고 있다"고 응답했을 정도로 프랑스 내에서 이민자에 대한 시선은 우호적이지 않다(The Guardian, 2012년 7월 4일자).

실제 사르코지는 재임 기간 내내 엄격한 이민정책을 시행해 왔다. 경제위기 속에 가속화하는 실업문제와 재정 악화로 인해 더욱 탄력을 받아 왔다. 무슬림 여성들의 부르카 금지 법안을 통과시키고, 루마니아 집시 등 동구권 불법 체류자인 '로마'들을 단속해서 수백명을 강제 출국시켰다. 다양한 문화와 정체성의 공존과 관용을 강조하던 프랑스식 다문화주의 정책은 사실상 폐기되고 있는 것이다. 사르코지의 경우는 자신의 정치적 기반인 우파를 끌어안기 위해서 반(反)이민, 반(反)다문화정책을 전략적으로 펼칠 수밖에 없는 배경 역시 가지고 있다. 프랑스의 지도자가 "프랑스의 정체성을 지키지 못한 다문화정책의 실패를 자인하고 프랑스 사회에 동화되지 못한 문화는 수용할 수 없다"는 발언을 한 것은 다문화주의 담론이 단순히 문화적 조화와 통합의 문제가 아니라 정치 사회적 '통치성'(governmentality)의 이면을 가지고 있다는 것을 읽을 수 있다. 이주노동자를 받아들이면서 다문화사회의 기반을 다져온 프랑스의 경우, 이러한 통치 담론에 다문화주의가 필연적으로 활용되어 온 것이 사실이다. 같은 맥락에서 류방란(2013: 138)은 유럽에서 이민자들의 시민권 취득을 위해 필요한 의무 거주 기간 연장, 경제활동을 통한 일정 소득 획득, 무범죄 기록 요구 등 까다로워진 규정과 다문화주의 실패를 언급하는 유럽 선진국 수장들의 정치적 언사가 있다고 하더라도 그동안의 다문화주의 논의와 노력이 한꺼번에 퇴색되는 것은 아닐 것이라고 진단했다. 그러나 자국 현실에 대한 통렬한 성찰과 체계적인 분석에 기초하지 않은 정치담론은 수사학에 머물 우려가 있다는 지적에 동감한다.

위에서 살펴본 논의를 종합적으로 정리하면, 첫째, 영국, 독일, 프랑스 등 유럽의 주요 국가 지도자들의 다문화 실패론 선언은 다문화주의에 대한 논쟁이 국제적으로 고조되었음을 보여주었다. 둘째, 유럽에서 다문화주의 담론의 주요 대상과 이슈는 이민자, 무슬림 논의의 사회 통합과 갈등으로 수렴되고 있다. 셋째, 다문화담론의 이면은 단순히 사회문화적 다양성 제고의 문제가 아니라, 통치 담론으로서 다문화주의가 활용되어 온 것을 알 수 있다. 넷째, 흔히 한 사회의 다문화주의를 이해할 때 용광로(melting pot), 샐러드 그릇(salad bowl), 모자이크, 무지개 등에 비유하면서 이질적인 복합체 간의 공존, 상호 존중의 가치를 강조해 왔지만, 국민국가 체제에서 다문화적 '공존'은 여전히 요원한 문제이며, 각 국가의 체제 안에서 '동화'와 '통합'의 가치가 강조되는 방향으로 전개되고 있음을 알 수 있다.

2. 해외의 다문화주의 관련 갈등과 소요

(1) 영국 폭동과 다문화에 대한 부정적 담론

2011년 8월 한 달간 영국 폭동 소식은 전 세계의 뉴스를 장식했다. 2011년 8월 6일부터 8월 10일까지 영국 잉글랜드 지방 각지에서 동시다발적으로 일어난 이 사건은 런던 북부의 토트넘에서 발생하였다. 2011년 8월 4일 경찰의 총격으로 흑인 청년 마크 더건이 사망한 사건으로 인해서 8월 6일부터 시위가 시작되었고, 런던 중심가 등 20여 곳에서 폭동과 약탈이 동시다발적으로 벌어져 버밍엄, 리버풀, 브리스틀 등 영국의 다른 도시로까지 확대되었다. 경찰의 총에 숨진 흑인 청년의 죽음에 애도하던 물결이 분노와 증오로 바뀌고, 일군의 젊은이들은 경찰차를 부수고 경찰서에 불을 지르기 시작했다. 그 이후에 이들은 관공서뿐만이 아니라 민간 주요 상점들을 약탈하고, 평소 갖고 싶던 값비싼 전자제품이나 옷, 운동화를 훔치는 약탈행위로 이어졌다. 소수 인종에 대한 차별과 멸시에 항거하는 정의로운 시위나 사회운동이 아니라, 폭동 참가자 중 일부는 상점에서 불을 지르고 훔친 물건을 인터넷 쇼핑몰에 되팔아 돈을 버는 등 도덕적해이를 보여준 사건이라 적지 않은 충격파를 던진 것이다. 영국인들은 이 사태를 두고 '현 세대 최악의 난동(Worst Disorder of a Generation)'이라 부를 정도로 이 사건이 던진 사회적 파장은 매우 컸다. 폭동으로 3,051명이 법원에서 재판을 받았다. 경제적 피해도 엄청나, 런던에서만 보험금 청구액 기준으로 5,300억원 가량 손실이 발생했다(The Guardian, 2012년 7월 4일자).

그렇다면 누가 왜, 무엇을 위해 폭동에 가담했는지 살펴보아야 한다. 폭동과 소요 사태를 둘러싸고 정치계, 학계에서는 언론 기고를 통해서 폭동의 이유가 인종 갈등과 인종 차별 문제에서 기인하는 것으로 규정하고 있었다. 대부분의 여론은 폭동을 인종 혹은 민족 갈등으로 얽힌 영국 사회의 고질적인 문제가 도화선이 되었다고 그 원인을 지적한 것이다. 당시 데이비드 캐머런 총리는 "범죄조직이 폭동을 주도하고 있다"면서 도심의 갱 문화와 테러 조직의 연계를 경고했다.

그러나 3,000명이 넘는 폭동 가담자를 기소한 영국 법무부의 발표 자료를 보면 우리는 새로운 결과를 얻을 수 있다. 폭동 관련 피의자 중 41%가 백인이고, 39%가 흑인이다. 영국의 일간지 <가디언>과 영국 런던정경대(LSE)가 폭동 참가자 270명과 공동으로 벌인 인터뷰 결과, 참가자 대부분은 당시 폭동이 인종·종족 간 갈등과는 큰 관계가 없다고 답변한 것으로 나타났다(The Guardian, 2012년 7월 4일자). 오히려 이러한 다양한 자료들은 영국 폭동이 인종·민족과 관련되었다기보다는 세대와 사회 계층과 더 밀접한 관련성을 가진 것으로 나타났다. 영국 법무부 자료에 따르면 폭동 참가 피의자의 대부분은 30세 이하(87%)이고 그 중에서 10대 참가자 비율이 52%에 달한다. 다시금 여기서 주목할 것은 오히려 사회 계층이다. 피의자의 3분의 2 이상은 영국에서 가장 가난한 지역(소득 수준 하위 20%)에 사는 청년들이라는 점이다. 또한 이들은 교육을 제대로 받지 못했고, 기소자의 절반 이상은 실업을 경험했거나 실업 상태인 것으로 나타났다. 자료를 보면 기소된 1,984명 가운데 범죄조직에 속해 있는 사람은 13%에 불과했다. 64%가 빈곤지역에 거주하고 있었으며 42%는 학교에서 무상급식을 먹고 있었던 것이다. 이 중에 35%는 정부로부터 보조금을 받고 있었다(경향신문, 2011년 10월 25일자).

이러한 분석 결과는 정부의 무상 복지나 보조를 받은 청년들이 가진 사회적 좌절감과 분노, 도덕적 모순을 주목할 필요가 있다. 애초 폭동 사태를 두고 영국의 보수 역사학자는 "폭력적이고 파괴적인 흑인문화 때문"이라고 인종차별적 발언을 해서 논란을 빗기도 했으나 이는 사실과 다른 것으로 드러났다. 흑인과 백인이 각각 40%와 39%라는 점은 특정 인종이 폭동을 주도했다는 것과는 배치되는 사실이다. 그럼에도 불구하고 영국의 폭동 사건은 영국 총리가 선언한 다문화주의 및 다문화정책 무용론(無用論)에 힘을 실어 주는 사회적 사건으로 인지되고 있다. 이것은 다문화주의 담론을 둘러싼 갈등과 회의론적 인식이 영국 사회 기저에 깔려 있는 것을 말해주고 있다.

오히려 다문화주의적 관점에서 우리가 타산지석으로 삼고 주목해야 할 사실은 영국의 폐쇄적인 사회 계층이동(social mobility) 구조이다. 영국은 유럽 주요국 중에서도 포르투갈 다음으로 사회적 이동이 낮은 나라로 선정되었다. 보수당 정권은 금융위기 악화로 인해서 사회복지 예산을 대폭 삭감하고 저소득층의 학업장려금(EMA: Education Maintenance Allowance)을 축소하거나 폐지하였다. 따라서 가난할수록, 젊은 세대일수록 교육을 통한 계층 이동 기회가 주어지지 못하고, 복지의 수동적인 대상자로 전락하면서 불만이 증폭되는 악순환 구조를 배태하고 있다. 1990년대 이후 젊은 세대의 실업률은 계속 상승하는 추세였는데, 2008년 경제위기 이후 그 폭이 더 크게 확대된 것이다. 백인들의 현재 실업률이 8.7%인 데 비해 흑인들의 그것은 16.3%, 즉 두 배가량 높다(The Guardian, 2012년 7월 4일자). 흑인 청년들의 폭동 가담의 이유를 읽을 수 있는 대목이다.

더욱 주목할 것은 빈곤이 세습되는 불평등 구조에서 이주민 배경을 가진 청년들은 더욱 불합리한 구조에 노출되어 있다는 것이다. 이민 1세대인 부모의 가난이 대물림될 우려가 높고, 높은 수준의 교육을 받을 기회가 닫혀 있기 때문에 이주 배경을 가진 청년들은 실업의 악순환에 놓일 우려가 훨씬 높다. 또한 폭동에 참여한 흑인 청년들은 평소에 경찰에 대한 높은 반감과 불신감을 가지고 있는 것으로 나타났다. 폭동 참가자들은 경찰의 불심검문(stop and search)에 상당한 반감과 모욕감을 느끼고 있었다. 특히 흑인을 비롯한 소수인종들의 반감은 강하다. 이들은 일반 런던 시민 평균에 비해 2.5배 이상 불심검문을 많이 당하는 것으로 나타났다. 폭동에 참가한 한 무슬림 청소년(17)은 이렇게 말했다.

"난 경찰 시스템 자체에 불만은 없다. 그러나 거리에 있는 경찰들이 정말 싫다. 난 그들을 마음속 깊은 곳으로부터 증오한다. 왜 죄 없는 사람을 그냥 심문하는가? 내가 피부색이 다른 무슬림이라서 그런가?"

라는 대목은 다문화정책의 수혜자이자 피해자가 된 이주민이 겪고 있는 소외와 타자화 현상을 보여준다. 다시 말해 영국의 이주 배경을 다진 다문화 청소년들이 사회적으로 소외되고 불이익을 받고 있는 분노와 좌절감이 영국 폭동을 통해서 표출된 것이라 할 수 있다. 이는 그동안 영국이 취해온 통치담론으로서 다문화정책이 지역사회에서 제대로 작동하지 않는 것을 보여주는 사례이며, 생활세계에서 갈등과 충돌을 일으키고 있는 것을 반영하고 있다.

(2) 프랑스 폭동과 다문화정책의 위기

프랑스에서도 청년 폭동 사태는 낯설지 않은 이슈일 정도로 빈번하게 발생해 왔다. 2005년 전국으로 확산된 프랑스의 방리유(Banlieue) 폭동은 이민 2세 다문화청년의 사회적 불안과 소외를 보여준 사건이다. 파리 외곽 지역 방리유에서 아프리카 이민 2세 소년이 경찰의 불심검문을 피하려다가 감전사한 사건이 발생했다. 이에 대해서 그동안 사회적으로 억압되고 소외받던 이주 배경을 가진 청년들이 폭동을 일으키고 주변 지역으로까지 사회적 불안과 소요가 번져가기 시작한 사건이다. 이로 인해서 프랑스 경찰은 이주 배경을 가진 청년 2명이 죽고 체포된 시위자가 3,000명에 육박하고, 2억 유로(약 2,800억원)의 재산 피해가 났다고 발표했다. 지난 2007년에도 수도 파리 외곽 빈민가에서 대규모 폭동이 일어나 파리까지 위험해진 일이 있었다. 2010년 다시금 외신들은「프랑스 이민자 폭동 또 터지나」라는 제목으로 프랑스 동남부 그르노블 교외의 빈민가에서 이민계 청소년들이 가게와 차량에 불을 지르고 경찰과 총격전을 벌이는 소요 사태를 보도하기도 했다. 이 사건으로 자동차 60여 대와 가게들이 불타고 150여 명 청년들이 방화를 저지르며 경찰의 진압에 격렬하게 저항하며 사회적 소요를 일으켰다(프레시안, 2012년 8월 16일자).

2012년에도 프랑스의 이민계 청년 폭동이 파리의 북부 도심 지역 아미앵에서 발생했다. 오토바이를 타고가다 경찰의 불심검문을 피해 달아나던 청년이 사고로 숨지면서 이에 분노한 아프리카계 이주민 청년들이 경찰의 과잉진압에 항의하면서 폭동은 점차 번지게 된 것이다. 한밤중에 약 150명의 청년들이 도심 곳곳을 닥치는 대로 불을 질렀고 약 100명의 경찰이 이를 막으려 투입됐지만 폭동 가담자의 저항으로 결국 경찰관 17명이 부상당했다(BBC, 2012년 8월 14일자).

이번 폭동에 가담한 청년들은 대부분 알제리·모로코·튀니지 등 북아프리카 지역 출신 이민자들의 자녀들인 것으로 밝혀졌다. 프랑스 정부는 아미앵 폭동이 자칫하면 영국처럼 전국적으로 확산될 수 있는 기폭제가 될 수 있다는 우려로 인해서 매우 민감하게 반응했다. 특히 사르코지 정권 이후 신 정부의 막을 올린 올랑드 대통령에 대해서 "아미앵 폭동이 계속되거나 확산된다면, 기록적인 실업사태와 지지부진한 경제성장 속에서 올랑드가 직면한 시험대가 될 것"이라고 지적했다. 사실 이번 폭동의 발현지인 아미엥 지역은 프랑스의 15개 우범지역 중 하나로 지정되고 단속이 강화된 찰나에서 이루어졌기에 정부는 당황해하고 있다. 프랑스 통계청에 따르면, 아미앵의 실업률은 전국 평균보다 높은 12%에 달하고, 특히 15~24세 청년실업률은 23.3%에 달한다. 아미앵 북부지역은 가난한 이민자들이 몰려 살고 있다(프레시안, 2012년 8월 16일자). 관심 지역으로 지정되었음에도 불구하고 아미엥 지역에서 소요 사태가 일어난 것은 정부 정책 운용의 누수 현상을 보여주고 있기 때문이다.

우리는 프랑스에서 이처럼 유사한 폭동이 자주 일어나는 이유가 다문화주의 담론과 어떤 연관 관계를 가지는지 고찰할 필요가 있다. 영국과 마찬가지로 프랑스의 청년 폭동 사태는 유럽의 시한폭탄 중 하나로 인식되고 있다. 이주배경을 가진 다문화 청소년들이 자신들이 태어난 사회에 제대로 통합되지 못하고 소외와 타자화의 그늘에서 분노를 억누르거나 표출하고 있는 형태로 전개되기 때문에 다문화정책의 의미와 실효성에 대한 성찰로 이어지고 있다. 영국과 프랑스의 이주배경 청소년들은 그동안의 학교교육 경험을 통해서도 좌절을 겪어온 경우가 적지 않다. 특히 교사들이 암묵적으로 드러내는 이주배경 학생에 대한 낮은 기대감은 그들의 잠재 역량을 끌어올리는 데 구조적 장애물이 되어온 것이다.

실제로 다문화정책은 유럽 정부의 이민 정책과 통치 담론과 긴밀한 영향을 가진다(Pamela, 2005). 우파 정권인 사르코지 대통령 때의 인식처럼, 청년폭동 사태를 단순히 범죄문제, 청년의 갱 문화로 귀결짓는 정부의 입장은 근본적인 해결책을 제시하지 못하고 불씨만 계속 남겨두고 있는 형상이다. 사회당 소속인 질 디마이 아미앵 시장은 "청년들이 폭동을 일으킨 것은 이 지역에 만연한 청년 실업 문제와 이민자들에 대한 차별 등 뿌리 깊은 사회적 문제가 더 큰 원인"이라고 진단했다. 그의 진단이 적실한 이유는 그동안 프랑스 정부가 추진해 온 다문화정책이 이주 배경은 가진 다문화인구를 사회의 중심이 아니라, 주변부에서 게토화시키고, 복지 정책의 수동적인 수혜자로 규정해 온 흐름과 일맥하기 때문에 유효하다 할 수 있다. 즉 프랑스의 다문화정책은 문화다양성을 관용의 정신으로 '방치'하였으나, 프랑스의 사회 문화적 생태계에서 이질적인 다문화를 '상호작용'과 '소통'을 통해서 새로운 시민적 통합을 이루는 데까지 나아가는 데 실패했기 때문이다. 다문화 배경을 가진 청년들이 가진 주변부화(marginalisation), 사회적 소외, 그리고 자립을 할 수 없는 높은 실업률은 이러한 형태의 갈등을 지속적으로 고조시키고 있는 것이다. 따라서 프랑스의 폭동 사태가 다문화주의 정책과 다문화담론에 대한 프랑스 내부의 사회적 반감과 회의론에 힘을 싣는 희생양이 되지 않도록 하는 근본적인 성찰과 대응이 요구된다.

(3) 노르웨이 참사와 반(反)다문화주의

유럽 내 다문화주의 갈등이 끔찍한 참사로 현실화된 사건이 2011년 노르웨이에서 발생했다. 2011년에 세계 10대 뉴스로 선정된 노르웨이 테러 사건은 스스로를 극우주의자, 반(反)이슬람주의자, 반(反)다문화주의자라고 칭한 테러범 안데르스 베링 브레이비크에 의해 자행되었다. 그는 오슬로 근교에서 폭탄 테러 및 총기 난사로 170명의 사상자를 발생시키고 현장에서 경찰과의 대치 끝에 검거되었다. 사전에 철저하게 기획한 금번 사건에 앞서 1,500장이 넘는 분량으로 다문화주의와 무슬림 이민자에 대한 증오로 이러한 테러를 자행했다고 밝혔다. 한때 스웨덴 극우정당인 진보당 당원으로도 활동한 범인 주변에서는 그가 극우주의에 빠져 있다는 증언을 했으며 실제 그가 페이스북이나 온라인 토론사이트에 올린 글들은 다문화주의와 이민, 외국인, 이슬람을 극단적으로 반대하는 내용들로 점철되었다고 한다(한국경제, 2011년 12월 16일자).

이 사건은 단순히 미치광이 피해망상 환자의 개인 소행이라고 치부하기에는 유럽 전역에 퍼진 극우파와 민족주의 유령을 무시할 수 없는 것이 사실이다. 북유럽의 이웃 국가인 스웨덴에서도 이민자를 겨냥한 총격 사건이 2010년 6~12월 사이에 10차례 이상 발생했다. 노르웨이나 스웨덴처럼 소프트 파워(soft power)를 가진, 평화와 복지의 이미지를 가진 나라에서 발생한 극단적 폭력 사태는 유럽에서 다문화주의를 둘러싼 내홍이 심각하다는 것을 보여준다.

노르웨이는 인구의 95%가 노르웨이인인 단일민족 국가이다. 범인 브레이비크가 작성한 범행일지의 일부에서는 그가 이상적으로 손꼽은 나라는 한국과 일본처럼 순수한 혈통을 가진 단일민족 국가라고 말했다. 국제 테러조직이 아니라 노르웨이 정부의 친(親)다문화정책을 종말시키고, 특정 인종과 종교 배경을 가진 이민자를 증오하면서 발생한 본 사건이 국제사회에 주는 충격은 매우 크다. 영국의 BBC는 노르웨이 참사를 다루면서 'Politics of hatred'(증오의 정치)를 보도하였다. 여기서 노르웨이 참사는 곧 유럽 내 벌어지는 다문화사회에 대한 고름이 터진 것이라는 논평으로 마무리되었다. 일견에서는 노르웨이 참사의 근본 원인은 다문화주의라는 지적이 제기되었다. 유럽 내 노동당, 녹색당 등 좌파 정권은 경기침체로 인한 실업문제, 외국인의 높은 범죄율, 자국민의 역차별 이슈 등 국민의 반(反)다문화정서에 대해서는 민감하게 대응하지 못했다는 의견도 뒷받침되고 있다. 범인 브레이비크는 "테러사실은 인정하나 이슬람으로부터 유럽을 보호하기 위한 것이었다"고 주장했다(국민일보, 2011년 7월 24일). 이러한 제 담론은 '반(反)이슬람주의 = 반(反)다문화주의로' 등식화되고 있는 것을 알 수 있다.

따라서 다문화주의를 배척하고 이민자들을 용인하지 않겠다는 한 극우주의
자의 그릇된 신념과 광기로 일어난 참사에 대해서 유럽 전역에서 이러한 극단주
의에 대한 경각심이 커지게 되었다. 정신나간 피해망상 환자의 범행으로 치부하
기에는 유럽 전역에 퍼진 극우주의 환경이 이러한 폭력적 방법을 동원하게 된
점, 그리고 다문화주의를 배척하는 정치 담론이 세를 확장하고 있는 것을 읽어
내는 것이 중요하다.

3. 호주의 난민 폭력 시위와 다문화주의를 둘러싼 긴장

다문화주의 담론의 또 다른 주요 실제 중 하나는 국제 난민 문제이다. 노동
이민 중심정책을 펼쳐온 서구 유럽은 물론, 이민 국가의 세계적 모형인 미국, 호
주, 캐나다에서도 이민(migration)과 함께 난민(refugee) 수용 문제는 다문화논쟁
의 양대 축을 이룬다(Pamela, 2005). 유엔난민기구(UNHCR)의 통계에 의하면
2011년 현재 2억 명 이상의 난민이 전 세계에 흩어져 있다. 호주는 아시아 태평
양 지역에서 가장 많은 수의 난민을 수용하는 인도주의 국가로서 명성을 쌓아
오고 있는 전형적인 다문화국가이다. 270여 다민족이 하나의 국가 안에서 모듬
살이를 하는 사회, 22만 명의 인구 가운데 46%가 본인 및 부모가 외국 태생 배
경을 가진 나라, 하루에도 100개 이상의 다양한 언어가 방송 채널에 잡히고 40
개 이상의 민족 신문(ethnic newspapers)과 잡지가 매주 발간되는 나라, 매년 12
만 명의 이주민과 1,300명의 국제 난민을 수용하고 있는 다문화 국체의 대표적
모형을 이룬 호주에서 다문화주의 대한 논쟁은 끊임없는 사회 갈등을 불러일으
키고 있다.

2011년 호주의 난민 수용소에서 폭력 시위가 일어나고 대규모 화재가 발생
하면서 호주의 배타적인 다문화정책이 다시 도마에 오르게 되었다. 시드니 서부
의 '빌라우드 구금센터'에 수용돼 있던 난민 신청자 100여 명이 호주 당국의 비
자 발급 거부에 항의해 수용소 건물 옥상을 점거하고 격렬한 폭력 시위를 벌인

것이다. 특히 시위 과정에서 산소통에 불이 붙어 폭발하면서 순식간에 의료동과 식당, 세탁실 등 부속건물 9곳으로 불이 번졌다. 폭동을 일으킨 난민 시위대들은 소방대와 경찰이 긴급 출동해서 진화에 나서는 순간에도 '우리는 도움이 필요하다'는 플랜카드를 내걸고 타일 조각과 집기류를 던지며 저항했다. 이러한 시위의 내막을 살펴보면 그동안 동남아 각국 난민들의 최종 종착지로 각광받는 호주는 2010년 아프가니스탄 및 스리랑카 출신 밀입국 선박 이용 난민들의 지위 신청 심사를 3개월 이상 잠정 중단하면서 난민들을 긴장시키며 도화선이 되었다. 이와 같은 난민구금센터 소요 사태는 난민들이 엄격한 난민 심사 절차와 본국 강제 송환에 대한 항의, 난민에 대한 인권 보장과 호주 거주 보장을 요구하는 집단 폭력 시위인 것이다. 동시에 서호주 커틴 및 크리스마스섬 난민 센터에서도 유사한 시위가 잇달았다. 아울러 호주는 2012년 한 해 동안 아프가니스탄, 스리랑카 등지에서 6,500여 명의 보트피플이 호주로 밀려왔고 크리스마스섬 부근에서 난민들을 태운 밀입국 선박이 높은 파도에 휩쓸리며 침몰해 수십 명이 목숨을 잃는 사건이 일어났다(한겨레, 2011년 4월 21일자).

  호주 사회 내부에서는 난민 급증에 따른 수용소 과밀, 장기 구금 등 열악한 처우 탓에 최근 몇 달 새 수용자들의 폭동과 자살 건수도 크게 늘고 있는 것에 대한 우려가 팽배해 있다. 이에 대해서 '난민의 인권을 옹호하는 입장(human right for refugees)'과 '호주의 다문화정책을 제대로 컨트롤(decent control of multicultural policy)하자는 입장'이 대립하고 충돌하는 모습이 나타나고 있다. 시민사회에도 상이한 관점으로 입장이 갈리고 있다. 호주 사회당(The Socialist Party)과 일군의 난민 권익 시민단체가 주축이 되어, 호주 연방 정부의 강경한 방침으로 북부 해상 크리스마스 섬에 갇혀 있는 국제 난민들의 억압과 탄압을 반대하는 시민운동이 일어나는가 하면, 호주 자국민의 세금으로 전 세계의 난민들을 모두 수용하는 다문화정책은 폐기되어야 한다는 주장이 맞서고 있다. 예컨대, 어떤 시민은 "폭력사태는 안타깝지만, 호주 내에서 난민 문제를 그대로 두면 반인종주의도 심화되고 다문화주의 자체도 몰락할 수도 있다"고 보는 반면, 또 다른 시민은 "호주가 위험하고 문화적으로 이질적인 난민들을 언제까지나 계속 받아들일 수 없다. 내가 낸 세금으로 그들을 먹여 살려야 하나? 난민들이 모여사는 동네는 우범지역이라 가기도 무섭다"라는 입장을 선명하게 표출된다(김진희, 2012).

　이처럼 호주의 난민 이슈를 둘러싼 다문화주의 담론은 다층적인 이면을 보여주고 있다. 1970년대 맹위를 떨치던 백호주의와 인종주의를 철폐하면서 다문화주의를 국가 정책의 핵심 정수에 두어 온 호주 사회에서 난민 문제는 다문화를 둘러싼 갈등의 일면을 날카롭게 드러내고 있는 것이다. 그렇다면 우리는 다문화사회로 등식화되는 호주의 경험과 갈등 사례에서 무엇을 배울 수 있을는지 성찰할 필요가 있다. 국가가 다문화주의를 사회공학적 전략으로 선포했다고 반드시 모든 시민이 다문화주의를 긍정하고 다문화를 가진 소수파를 동등하게 대우하고 존중하지는 못한다는 점이다. 그러나 적어도 호주라는 다문화사회의 구성원들은 단일문화사회의 구성원들과 다른 종류의 사회적 경험과 복합문화 체제에 대한 다각적 이해를 할 생활세계(life world)에 일상적으로 노출되는 것은 자명하다. 한 영토 안에 다양한 언어, 인종, 민족, 종교를 가진 사람들이 복합다층적인 문화를 잉태하고 있는 호주에서는 사회통합과 공존의 번영을 위한 다양한 교육, 의료, 정치, 경제 정책 개발이 사회적 화두이자 숙명일 수밖에 없다.

　지금까지 영국, 프랑스, 노르웨이, 그리고 호주의 다문화주의 관련 갈등 이슈를 다각적으로 분석하였다. 결론적으로 다문화주의 담론은 단순히 '인종'과 '문화'에 수렴되는 것이 아니라, 정치, 경제, 사회 등 복잡다기한 이해관계와 관점에 따라 이념이 되기도 하고 실제적 도구가 되기도 한다. 즉 다시 말해서, 우리가 주목할 사실은 국민 국가(nation-state)를 정초에 둔 다문화주의 담론은 단순히 '문화 차이에 대한 이해와 관용'을 뛰어넘는 복잡한 파워 게임이자, 사회적 의식 변화를 필수적으로 개입시킬 수밖에 없다는 것이다. 여기서 교육을 통한 인식의 변화와 상호작용이 매우 중요하다. 그런 점에서 다문화교육은 이러한 복잡다단한 다문화담론의 국제적 이슈를 통찰할 수 있는 시각을 키우는 데 주요한 디딤돌이 되어야 할 것이며, 학습자의 관점을 재구조화하는 기제가 될 수 있을 것이다.

Ⅳ. 한국의 다문화 갈등 상황과 다문화교육의 방향

1. 다문화주의 갈등의 일면: 외국인에 대한 목욕탕 차별

이미 전술했듯이 우리사회에서 다문화인구가 전 인구의 3% 이상으로 지속적으로 증가하고 있고, 이에 대한 반대급부로 '다문화정책반대카페'에 1만 명이 넘는 시민들이 가입하는 등 반(反)다문화정서도 확산되고 있는 것이 사실이다. 지금까지 살펴본 해외 선진국의 다문화를 둘러싼 담론과 갈등 이슈는 이제 막 다문화·다인종 사회로 전환되어 가는 우리에게 뼈아픈 성찰 지점을 제공한다. 현재 한국사회는 다양한 배경을 가진 187만 명의 외국 출신 이주민이 살아가고 있다. 그 중에서 가장 큰 군집을 이루고 있는 이주노동자의 인권 문제와 산업계의 갈등이 제기되어 왔고, 외국 출신 배우자에 대한 인종 차별과 다문화가족의 소외 현상도 진지하게 논의되기 시작했다. 이주민 중 가장 극소수를 차지하는 계층인 국제 난민은 신청 대비 승인율이 10% 이하로 매우 낮아 주목조차 받지 못하고 있다. 이처럼 다양한 배경을 가진 이주민들이 그동안 단일민족국가의 견고한 틀을 가진 한국 사회에 지각변동을 불러일으키고 있다. 근대화의 급속한 발전 경험과 마찬가지로 다문화사회로의 전환 역시 매우 급속하게 이루어지고 있다.

최근 우리나라에서 활발하게 전개되기 시작한 다문화담론은 한국 사회에 다양한 인종적, 문화적 배경을 가진 구성원들이 공존하고 있음을 환기시키는 데 기여했다. 문자 그대로 '다문화'란 국민국가 내에 인종, 민족, 언어, 역사, 문화적 차이를 가진 다양한 개인과 집단이 다수 존재하는 것을 말하기에 급속하게 다문화·다인종사회로 전환되고 있는 우리 사회의 변화의 내용과 방식을 이해하는 주요한 인식 틀을 제공한 것이다. 2011년 발표된 법무부의 보도 자료에 따르면, 2011년 1월 기준으로 한국에 체류하는 외국인과 이주민이 전체 인구의 2.5%를 차지했다. 그 비중은 2000년부터 2009년까지 9년간 0.4%에서 1.9%로 증가해 동일 기간 경제협력개발기구(OECD) 국가 중 그 증가 속도가 가장 가파르다(법무부, 2012). 또한 한국 사회에서 다문화 가정이 차지하는 비중은 점차 높아지고 있다. 2050년이면 우리나라 영아(0~2세) 3명 중 1명이 다문화 가정 출신이 되리라는 예측이 나온다(여성부, 2012).

그런데 다문화주의를 근간으로 하는 현재의 사회 변화를 주시할 때, 이미 다문화주의를 수용하고 다문화정책을 펼쳐 온 해외 선진국들의 진통과 갈등이 우리나라에도 표면화될 개연성은 적지 않다. 2000년대 중후반부터 정부와 시민단체, 학계가 열심히 주도해 온 다문화주의가 실제 지역사회에서 어떤 방식으로 작동하고 있는지를 보여주는 주목할 사례가 있었다.

2011년 10월 언론 보도는 일제히 "외국인이 목욕탕 들어오면 에이즈 걸려", "외국인은 AIDS 우려로 대중 목욕탕에 출입할 수 없다"라는 자극적인 기사를 보도했다. 그런데 주목할 것은 이 기사의 제목은 일부러 선정적인 제목으로 각색한 것이 아니라, 외국인 피해자를 둘러싸고 이루어진 '일상의 대화' 그대로를 담고 있다는 점에서 사태의 심각성이 있다. 외국인의 목욕탕 출입 금지는 부산광역시 동구 초량동에서 일어났다. 집 근처 목욕탕을 이용하려던 국제결혼 귀화 여성이 대중목욕탕 출입을 저지당한 것이다. 우즈베키스탄 출신 귀화인인 구수진 씨(30·여)는 2002년 국내에 들어와 2년 뒤 한국인 남성과 결혼하였고 2009년 귀화한 한국인이다. 목욕탕 직원과 업주는 "외국인이 사우나의 물을 더럽힐 수 있고 에이즈(AIDS) 문제도 있기 때문에 한국 손님들이 거부감을 느껴 외국인은 절대 출입을 할 수 없다"는 말을 전하며 그녀의 출입을 막았다. 당황한 구씨는 한국 정부가 발행한 주민등록증을 보여주었지만 '생김새가 외국인'이기 때문에 업소 측으로부터 출입을 거부당했다(연합뉴스, 2011년 10월 14일자). 구씨는 업소 측의 부당한 차별에 항의하기 위해 경찰에 신고했지만 경찰 역시 외국인의 출입을 거부하는 것을 규제할 법률이 없는 상황이라 아무런 조치를 취하지 못했다. 경찰은 이에 대해서 "법적 처벌 근거가 없으니, 그냥 외국인이 들어갈 수 있는 다른 목욕탕을 찾아가는 게 좋겠다"는 대안을 제시한 것으로 드러났다. 이 사건을 계기로 우리 사회에서 차별금지법과 인종차별금지법을 제정하려는 서명운동 움직임이 있었지만 아직 정책적으로 진전된 것은 없다.

그 가운데 외국인 목욕탕 출입 금지를 둘러싼 갈등이 다시금 회자되기 시

작한 유사 사건이 최근에도 발생했다. 2014년 1월에 "남탕·여탕, 외국인탕···
목욕탕마저 차별"이라는 신문 기사를 통해서 서울시의 한 대형 찜질방에서 국내
인이 외국인과 목욕탕을 같이 쓰는 것을 기피한다는 이유로 외국인 전용 목욕공
간을 만들었다는 것이 보도되었다(문화일보, 2014년 1월 16일자). 여성사우나에
'外國人專用洗身室(외국인전용세신실)'이라는 낯선 문패를 달아 놓고, 외국인 전
용 목욕공간을 설치했다. 이곳은 목욕탕 내 외진 곳에 위치한 데다 난방도 제대
로 되지 않고, 욕조도 없이 샤워기만 매달려 있다는 것이 전해졌다. 업주 측은
"외국인들과 목욕탕을 같이 쓰는 것을 싫어하는 손님들이 있어서···"라고 입장
을 전했다.

　　앞서 목욕탕 출입을 당한 구수진 씨는 한국에 산 지 10년 가까이 되어가지
만 과거에도 식당 출입을 거부당하고 자녀가 거리에서 놀림을 받는 등 차별을
겪었다고 말했다. 백인을 제외한 아시아 및 아프리카계 외국인들은 일상생활에
서 종종 차별을 겪고 있다. 국가인권위원회는 2001년 11월부터 올 5월까지 피
부색 등의 이유로 차별을 당했다며 진정서를 접수한 건수만 230건이라고 밝혔
다(국가인권위원회, 2011). 공식적으로 집계되지 않고 신고하지 않은 차별 피해
사례는 이보다 훨씬 더 많다는 것을 어렵지 않게 짐작할 수 있다.

　　이는 직장에서, 거리에서, 일상에서 마주하는 외국인이 150만 명이 넘어서
는 다문화시대를 맞이했지만, 목욕탕 이용마저 '격리'되고 차별받는 것이 우리
사회의 다문화상황의 현주소를 보여준다고 해도 과언이 아니다. 이것은 우리사
회에 다문화정책이 국가 차원에서 기획되고, 장려되고 있지만, 실제로 시민사회
에서 제대로 착근되지 않고 있는 갈등을 보여준다. 나아가 이러한 논의를 내밀
하게 고찰하자면, 이주민에 대한 '타자화'가 지역사회에서 뿌리 깊게 녹아있는
것을 알 수 있다. 대부분의 관(官)주도 다문화정책의 타깃 집단이 이주민에 초점
을 맞추면서, 오히려 지역의 정주민들은 다문화정책을 소외와 통제의 장치로 수
용하고 있다고 볼 수 있다.

2. 한국의 다문화 갈등과 다문화교육 성찰

지금까지 전개되어 온 국내의 이주민 동향과 다문화 상황의 진전 속도에서 알 수 있듯이, 앞으로 국내 거주 이주민 수는 더욱 늘어날 것이다. 외국인에 대한 목욕탕 출입 저지 및 이용 차별 사건은 다문화주의를 둘러싼 지역사회 내의 갈등의 일면을 보여주고 있다. 우리나라의 다문화정책이 아무리 완벽하게 기획되고 설계되더라도, 실제 지역사회에서 제대로 작동되지 못하고, 일상적 차별과 멸시, 타자화가 여전히 팽배한 것은 위험한 상황이다.

현재 우리사회에서 저출산·고령화를 대비한 적극적 이민정책이 필요하다는 다문화 긍정론도 있지만, 영국 폭동, 프랑스 폭동, 노르웨이 테러 사태를 두고 다문화정책을 축소하자는 부정론의 목소리도 높은 것이 사실이다. 해외의 다문화 갈등 담론은 한국이 당면한 다문화사회에 대한 깊은 고민을 가져다주고 있다. 특히 전통적으로 혈연 중심의 민족주의(blood-centred nationalism)를 고수해 온 우리나라의 경우, 그동안 인종적, 민족적, 문화적 이질성(heterogeneity)을 본격적으로 경험하지 못하였다. 1990년대부터 가속화된 이주노동자의 유입과 국제결혼 이주민의 급증으로 소위 '다문화'를 하나의 트렌드로서, 임시방편식으로 처방하는 모습은 위험한 접근이다. 그 속에는 사람과 사람의 상호작용, 그리고 사회의 점진적 변화가 존재하기 때문이다.

그 결과, 우리는 서구사회가 진통을 겪어 온 다문화관련 사회적 갈등과 개연성을 가진 우려할 만한 지표와 사태들을 보고 있다. 우리 국민의 다문화수용성지수(KMAI)는 51.17점으로 유럽의 다문화수용성지수보다 20점 이상 낮다. 흥미로운 점은 외국 이주민이나 친인척을 둔 국민의 수용도(51.81)가 친구(57.91점)나 학교, 직장동료(53.77)를 이주민으로 둔 사람보다 낮다는 것이다(여성부, 2012). 이를 해석하자면, 국제결혼을 통해 형성된 다문화가족 구성원들이 외국 출신 배우자의 문화를 이해하고 수용하기보다는 그들에게 일방적 적응과 동화를 강조하는 경향이 더 높다는 것을 함의한다. 이처럼 동반자로서의 부부관계보다, 여자가 무조건 남자를 섬겨야 한다는 부부관계의 일방적 가족 규범이 고착화되고 있는 사태는 국제결혼 부부의 늘어가는 이혼율을 짚어보게 한다. 2007년 통계청에 따르면 한국남성과 외국인 여성 배우자의 이혼은 5,794건으로 2006년보다 44.5%가 늘어났고 이혼 상담 비율도 40% 이상 상승한 것이 분석되었다(연합뉴스, 2010.7.16).

　　다문화교육 영역에 포커스를 두고 보자면, 분명한 사실은 다문화 물결에 따라 우리사회의 교육과 학습양식이 변화하기 시작했다는 것이다. 한국인, 한국어, 한국문화 등 혈연 중심의 민족주의와 문화 단일주의가 균열을 일으키고 있다. 다문화적 교육 환경과 새로운 학습자의 대두가 두드러진다. 실제 초·중·고교 재학 중인 다문화 배경 학생이 급증하였고 2012년에는 다문화학생이 총 4만 6,954명으로 작년 대비 21%가 증가했다. 그 중에서는 초등학생이 72%를 차지하고 있으며(33,792명), 중학생은 20.5%(9647명), 마지막 고등학생은 7.5%(3515명)를 차지하고 있다(교육과학기술부, 2012년 9월 17일자 보도자료). 나아가, 2015년에는 다문화 배경을 가진 학생이 7만 명을 육박해서 전체 학생에서 차지하는 비중도 사상 처음 1%대까지 올라갔다. 국내 출생인 다문화 배경 초등학생이 압도적으로 높은 비율을 차지하는 현 상황은 몇 년 후에는 다문화 배경 학습자들이 곧 사회의 중추인 청장년으로 성장하게 된다는 것을 의미한다. 이에 따라 교육 영역에서는 다문화 관련 교육과정이 개편이 되고 '다문화주의' 원리를 융합하기 위한 움직임이 나타나고 있다. 2009년 개정 교육과정에 따라 사회과 교육과정이 개편되는 변화도 전개되었다.

　　그런데 다문화교육의 우려 사항 중 하나로 오늘날 중도 입국 청소년의 2명 중 1명은 탈학교상태라는 점이다. 교육부를 비롯한 정부 부처는 중도입국 청소년 및 학교부적응 다문화 학습자를 위한 인프라 확충에 힘을 기울이고 있지만 이들의 안정적인 학교 교육 진입과 학업 성취도 제고는 여전히 요원하다. 우리나라도 영국, 프랑스, 독일과 마찬가지로 이민자 배경을 가진 사람들을 위한 언어 습득 프로그램과 사회통합 프로그램을 지원하기 시작했지만, 그것의 정책적 효과는 미미하다. 왜냐하면 한국사회는 앞서 사례에서 살펴본 영국과 마찬가지로 계층의 사회적 이동이 미약하고 교육수준과 부(富)의 대물림 현상이 심화되고 있기 때문이다. 따라서 다문화주의 갈등과 소요를 겪어 온 선진국의 사례에서 우리는 철저하게 교훈을 얻어야 할 것이다.

또한 다문화배경을 가진 학습자의 이중 소외와 차별 역시 심각한 문제로 내재되어 있다. 다문화가정 자녀의 37%가 학교 폭력 및 왕따를 경험했고(국가인권위원회, 2011), 다문화 학생들은 일반 한국 학생들에 비해서 낮은 학업 성취도와 자아효능감 문제를 겪고 있는 것으로 나타났다. 향후 이들이 청년이 되었을 때 영국과 프랑스의 폭동 사례처럼 낮은 교육 수준과 높은 실업률, 그리고 차별과 소외로 인한 주변부화로 인해서 사회적 박탈감과 분노를 축적하게 될 경우는 우리는 어떻게 대응해야 할 것인지 깊이 고민하고 대응책을 마련해야 한다.

지금부터라도 전 사회적으로 차근히 해법과 지혜를 모아야 한다. 왜냐하면 교육-노동-시민권-사회계층화는 순환적 연계 고리를 가지기 때문이다. 인종차별금지법 제정을 비롯하여 보편적 인권을 보장하는 법적·제도적 장치뿐만 아니라, 일반 시민의 삶터에서 정주민과 이주민의 상호작용과 존중의 문화가 뿌리를 내릴 수 있어야 할 것이다. 이제 큰 틀에서 다문화정책이 통합 이슈를 다룸으로써, 이주민이 우리사회의 당당한 구성원이자 참여 주체가 될 수 있도록 지원해야 한다. 실제로 2013년부터 우리 정부가 5년 동안 추진할 제2차 '외국인정책 기본계획'(2013~2017)에서 이주민에 대한 책임과 사회적 기여를 강조하고 있다(법무부, 2012). 정주민과 이주민이 동반 성장하는 다문화 친화적 사회를 형성하는 기틀을 형성하는 과제가 우리 앞에 놓여 있는 것이다.

V. 결론 및 시사점

1. 시사점

이 연구에서는 다문화를 경험한 선진국의 사례를 통해 다문화주의를 둘러싼 갈등과 제 담론을 분석하였고, 그것과의 연계지점으로서 우리나라의 다문화 갈등 상황과 다문화교육을 탐색하였다. 지금까지 살펴본 논의에서 알 수 있듯이 유럽을 중심으로 제기되는 다문화정책 실패론과 다문화주의에 대한 공격 및 회의론은 반이민주의 정책의 핵심 요소가 되고 있음을 알 수 있었다.

최근 우리 사회에서 다문화정책, 다문화교육, 다문화 역량 강화 등의 어구가 주목받기 시작한 것은 고무적이다. 그런데 아직 우리는 일상 생활세계에서 과연 다문화주의를 구성하는 원리와 근본이 무엇이고, 어떠한 사회적 양식과 상호작용을 통해 인종적, 민족적, 언어적 다양성이 구현될 수 있는지에 대한 진지한 성찰과 실험이 부족한 채, 급박하게 현안을 해결하는 방식으로 대응하고 있다. 과연 외국 태생 인구 비율이 3%를 육박하는 사회에서 세계 100여 개 국가 출신의 다양한 이주노동자와 결혼이주민이 한국의 기존 체제에 순조롭게 적응하는 것이 다문화사회인가? 전통적 의미의 한국인과 피부색, 인종, 모국어, 관습이 다른 이주민들만이 다문화정책의 대상이 되고 다문화 복지 정책의 일방적인 수혜자가 되는 것이 해답인가? 이러한 물음들에는 보다 근본적인 반성이 수반되어야 한다.

'다문화', '다문화주의'라는 언설 속에 공통된 인식론적 준거망 중의 하나는 '타자화(othering)'라고 할 수 있다. 미셸 푸코(Michel Foucault)는 인간은 자신들과 대비하여 다른 집단을 정의 내린다고 주장하며, 이 과정을 타자화 과정이라고 설명했다. 다문화맥락에서 이주민들은 열등하고, 비정상적이고, 정주민인 '우리'와 다르고, 이상하다고 간주하는 '타인'로 인식된다. 이를 통해 정주민들은 스스로의 정체감을 강화하는 경향이 높은 것이다. 타자화의 틀에서, 경제적으로 빈곤한 개발도상국에서 온 이주민들은 속박되면서 소외의 경계선에 갇히게 된다. 한국의 경우는 특히 그동안 굳건하게 자리 잡아 온 단일민족주의 관념은 '타자화'를 통해서 우리 사회에서 살고 있는 다양한 인종적·문화적 소수자들에게 끊임없이 소외와 차별을 재생산하고 있다. 이들은 단일민족 관념, 일문화중심주의에 익숙한 한국 사회에서 '우리'라는 테두리에 의해서 지속적으로 대상화(對象化)되고 물화(物化)되면서, 문화다양성을 담지한 주체라기보다는 타자화되는 대상으로서 규정된 것이다. 지금까지 우리 사회에서 소위 제3세계에서 온 이주민들은 이름 없는 존재들로 위치되어 왔기 때문에 이들을 고령화된 한국사회를 떠받치는 젊은 노동인력으로 인식하고, 지역사회에서 다양한 삶터를 꾸려가는 다문화적 공존을 이루는 구성원이자 '이웃'으로 바라보는 어울림의 시각은 여전히 결여되어 있다. 이주민을 둘러싼 우리 사회의 갈등과 소외의 정치학이 배태된 지점이라 할 수 있다(김진희, 2012). 이 연구에서 살펴보았듯이, 다문화주의 정책을 오랫동안 고수하고 실천해 온 해외 국가들이 다문화정책 실패론에 힘을 싣고 있는 움직임은 타자화로 인한 자발적, 비자발적 게토(ghetto)를 위에서 아래로 하달되는 정책으로 극복할 수 없다는 것을 보여주고 있다. 정주민과 이주민은 명시적 혹은 암묵적으로 서로를 타자화하면서 철저한 경계선 안에서 분리와 소통 단절을 직면하고 있는 것이다(Marco, 2002).

　　타자화 담론이 우리사회에서 고스란히 드러나는 결과 중 하나로서 우리 국민의 다문화수용성지수를 일례로 살펴볼 수 있다. 외국 이주민의 증가에 대해 가지는 위협 요인과 인식을 조사한 결과, '국가재정 부담', '사회문제 야기', '범죄율 증가' 등의 순으로 위협을 인식하는 것으로 나타났다. 위협인식을 크게 갖고 있는 집단으로 40대 이상 연령층, 여성, 저소득층이나 저학력층, 농림어업 숙련종사자, 단순노무종사자, 서비스 및 판매종사자들로서, 이들의 위협인식이 평균 동의율 이상으로 높게 나타났다. 이처럼 이주민에 대한 위협인식이 강한 사람들은 다문화수용성지수가 현저히 떨어지는 것으로 조사되었다(여성부, 2012). 상기에서 제시된 위협 요소들은 유럽에서 우경화에 따른 다문화정책과 다문화주의에 대한 부정적 담론, 그리고 반(反)다문화정서를 뒷받침하는 이슈들과 거의 일치하고 있다는 점에서 주목을 끈다. 이는 곧 다문화교육의 역할과 방향을 보여주는 대목이다.

2. 제언

　　이 연구를 통해 몇 가지 제언이 도출된다. 첫째, 다문화교육의 방향을 이론적으로 체계화해야 하는 다문화교육론이 보다 심화되어야 한다는 것을 보여준다. 앞으로 다문화교육론은 다양성에 내재한 소외의 정치학, 타자화 등 이러한 균열과 사회 변화의 지점들을 비판적으로 인식하는 이론적 틀을 제공할 수 있어야 할 것이다. 여기서 사회 변화의 지점들이란 다문화적 사회구성체가 거시적인 정책과 미시적인 생활세계의 현장의 변화를 관통하는 것을 의미한다. 예컨대 이주민을 수용하는 주권 국가 입장에서 이질적인 인종, 계층, 문화적 특질을 가진 소수자의 유입을 앞두고 단순히 조화와 관용에 초점을 둔 자유주의적 다문화주의 가치를 정책화하는 데 그칠 수 없다(Jordan and Duvell, 2003). 오히려 문화다양성을 가진 가시적인 집단이자 소수 계층으로서, 이주민의 수용은 정착하게 된 국가의 지역공동체의 특질을 변화시킬 수 있고, 지역 현장에서는 거시 정책의 흐름에 발맞추어 이주민에게 필요한 공적 서비스체제를 재정비해야 하는 포괄적인 실천이 수반되어야 한다. 나아가, 한 쪽이 관용과 배려의 가치를 베푸는 호혜적 자세가 아니라, 지역사회에서의 인종적, 계층적으로 서로 상이한 배경을 가진 정주민과 이주민은 상호작용을 통해서 일상 생활세계에서 다문화적 경험을 새롭게 구성하는 계기를 맞이할 수 있다. 이것은 '일상의 경험으로부터의 사회적 학습'이 일어나는 전초라고 볼 수 있다(Boud and Walker, 1991). 이에 다문화교육론은 상술한 바와 같은 개인, 조직, 사회, 세계를 둘러싼 다층적인 변화를 읽는 이론적 틀을 제공할 수 있어야 할 것이다.

둘째, 다문화주의를 둘러싼 갈등은 시민성(citizenship) 담론에서 논의를 질적으로 확장해야 할 것이다. 존스톤(Jonhston, 1999)은 글로벌 이주시대에 정통적인 국민 국가의 시민성(nation state centred citizenship)에서 벗어나 다원적 시민성(pluralistic citizenship)의 관점이 필요하다고 주장했다. 이러한 관점에서 이주민들은 개인 내적으로, 세계 외적으로 엄연히 이주한 국가에 존재하는 구성원이며 다양한 문화적 배경과 자산을 가진 시민으로 정치될 수 있다. 또한 정주민들은 이주민과의 상호작용과 경험의 재구성 과정을 통해서 다문화주의 맥락에서 차이와 '낯섦'을 통해 기존의 시민성을 새롭게 재해석하고 시민적 교섭 관계의 망을 재구조화할 수 있다. 탈식민주의 담론에서 해석하자면 주류 사회의 '하위체'(subaltern)로 인식되어 온 이주민은 정착한 지역사회의 구성원으로서 재정치될 수 있다는 점에서 시민성은 하나의 혁신을 맞이할 수 있다. 이주민들은 다문화정책과 다문화담론의 갈등을 제공하는 원인 제공자이자 피해자에 머무는 것이 아니라, 하위체로서 스스로 목소리를 낼 수 있는 시민성을 획득하는 것이 필요하다. 이를 통해서 이주민과 정주민은 상호작용과 개입을 통해 서로의 존재를 인식하고 증명하며, 더 나아가 참여적 시민성(participatory citizenship)을 획득하는 방향성을 모색할 수 있다(Sbefer & Samnuels & Sardien, 1997). 인종과 민족, 계층과 국경에 정박되지 않는, 열린 시민성 담론의 초석이 마련되는 것이라 할 수 있다.

셋째, 다문화교육의 실천은 평생학습차원에서 학교 '밖'과 학교 '안'의 경계를 넘어서 모든 연령의 학습자를 대상으로 지속적으로 이루어져 한다. 해외에서 다문화주의를 둘러싼 갈등이 일어나는 현장은 학교 담장 '안'이 아니며, 정형적인 학령기의 청소년에게만 해당하는 것이 아니라는 점을 보여주었다. 다양한 시민사회 영역에서 차이와 다양성을 통한 사회적 소통이 이루어지고, 서로의 관점을 전환할 수 있는 다문화적 학습이 제대로 이루어지고 있다면, 프랑스, 영국 등에서 발생한 다문화 갈등 이슈는 최소화할 수 있었을 것이다. 그런 점에서 유네스코의 평생학습연구소 부소장인 카롤린 메델 아노누에보는 기존의 다문화주의는 이민자들에게 유럽의 주류의 문화를 받아들이라는 뜻 이상이 될 수 없었기에, 이제는 다양성 안에서의 상호작용과 소통을 강조하는 '간문화주의'가 실천되어야 한다고 주장했다(한겨레, 2011년 5월 30일자). 실제로, 우리 국민의 다문화수용성지수 조사에서 밝혀진 결과에 따르면, 다문화 관련 교육 경험이 많을수록, 그리고 다문화 관련 행사 참여 경험이 많을수록 다문화수용성이 높은 것으로 드러났다(여성부, 2012). 앞으로 더 많은 국민에게 다문화교육과 시민사회의 비형식·무형식의 교육의 장에 참여할 수 있는 폭넓은 평생학습의 기회를 제공하는 것이 필요하다.

넷째, 학교 현장에서 다문화교육을 실시하는 데 있어서 교사의 중요성은 아무리 강조해도 지나치지 않다. 최근에는 다문화적 교육 환경의 태동으로 인해서 현직 교원 및 예비 교원을 위한 양질의 다문화교육의 필요성이 끊임없이 강조되고 있다. 무엇보다 우선적으로 다문화적 맥락과 유기적으로 결합된 교육체제가 새롭게 구성되어야 할 것이다. 예컨대 새로운 교육내용, 교수학습법, 교육문화, 교육관계 출현이 필요하다. 아직도 우리 교육 환경에서 교사들은 다문화적 관계와 소통이 어색하고 교사와 다문화 배경을 가진 학습자 사이에는 보이지 않는 '경계'가 존재한다. 교사가 다문화 배경을 가진 학생들은 학업성취도가 낮을 것 같다는 편견을 갖는 순간, 그것이 오롯이 학습자에게 암묵적으로 전달될 수 있다. 교사가 모든 학습자에게 공정한 기회를 제공하고, 높은 교육적 기대감을 가지는 것은 학생의 성장에 매우 중요한 기제이다. 따라서 교사의 다문화역량 (multicultural competency) 제고는 매우 중요한 과업으로 주목받고 있다. 이에 교사의 다문화역량에 대한 연구와 실제가 보다 심층적으로 개발되고, 포괄적으로 적용되어야 할 것이다.

　　다문화주의는 사회의 모든 구성원들이 그 사회의 가장 변두리에 존재하는 소수집단을 상호존중의 원칙하에 받아들이거나 소통하지 않는다면, 인종주의와 민족주의를 가장한 타자에 대한 증오와 멸시를 합법적으로 배출하는 장치로 전락할 수 있는 위험성을 내재하고 있다(Slavoj Žižek, 1997). 즉 자본주의 이데올로기가 다문화주의의 갈등을 무마하거나, 보편적 관용이라는 이름으로 미화하는 것은 사회적 불안을 촉발하는 것이다. 이 연구를 통해서 유럽 내의 다문화 갈등이 그러한 위험과 위기를 현실적으로 분출하고 있음을 알 수 있었다. 즉 다문화주의가 또 다른 형태의 인종 분리와 사회적 소외를 가속화하는 통치성의 구실로 작용할 수 있다는 양날의 칼을 차가운 교훈으로 곱씹어 볼 필요가 있다. 그런 측면에서 정주민과 이주민의 일상적 상호작용과 경험적 소통을 중요시하는 간문화주의에 기반을 둔 상호작용을 주목할 필요가 있다. 다문화인구 혹은 이주민들만이 수동적으로 '받는' 교육에서 벗어나, 소통하며 '참여하는' 다문화교육의 필요성은 두 번 강조해도 지나치지 않는다. 이를 통해서 우리사회 구성원의 다문화 역량을 갖추고, 보다 내실 있게 외연을 확대하는 열린 통합이 도모될 수 있을 것이다. 그런 측면에서 이제는 우리사회에서 다문화주의, 다문화정책, 다문화교육에 대해 숨을 고르고 다시 한 번 그 내용과 실천에 대해 진지하게 고찰하고 방향을 새롭게 디자인할 필요가 있다. 단순히 문화적 접근이나 사회통합을 위한 관용적 접근을 극복하고, 보다 근본적인 의미에서 갈등과 충돌을 묵과하지 않고, 그것의 문제 지점과 해결 고리를 촘촘히 풀어가야 할 것이다. 나아가 일상

의 삶터에서 시민들이 세계시민적 지구적 연대 의식을 가지고, 다양한 구성원들
과 대등하게 상호작용할 수 있는 초(超)다문화 공동체를 구현할 수 있어야 한다.
그 중심에 다문화교육이 존재하고 다문화교육은 중추적인 역할을 수행해야 할
시점이다.

　　나아가, 이 연구는 그동안 여기저기서 차용되어 온 유럽의 다문화정책 실패
론과 관련 사례를 내부적으로 들여다보고, 단순히 다문화주의를 존중하자는 입
장이 아니라, 다문화주의를 둘러싼 '갈등'이라는 키워드를 통해서 우리나라의 다
문화교육의 방향을 고찰한 점에서 의의를 가진다. 그럼에도 불구하고 이 연구는
담론분석 연구로서 몇 가지 한계를 가지고 있기에, 추후 연구 과제가 요청된다.
첫째, 1차 사료의 제약으로 인하여, 주로 통합적인 2차적 문헌 자료에 의존하였
기에 내용 기술의 심층성이 부족하다. 여러 나라의 상황을 기술하면서 보다 체
계적인 분석틀을 통해서 면밀하게 분석하지 못했다는 점에서 한계가 있다. 따라
서 이에 대한 교훈을 얻어서, 한 나라의 상황을 보다 구조적으로 분석하고 이를
우리나라의 현황에 비추어 비교·분석하는 추후 연구가 제안될 수 있을 것이다.
둘째, 다문화주의와 다문화사회를 둘러싼 갈등 이슈라는 독창적 주제를 다루었
으나, 본고에서 제시된 다문화교육에 대한 방향성 제시와 정책 제언은 보다 보
완되고, 심화될 필요가 있다. 예컨대 각 국가의 다문화주의 갈등을 해소하기 위
한 다문화교육의 방향을 국가별로 고찰하고, 이를 한국적 상황과 연계하는 심화
연구가 추가될 수 있을 것이다. 또한 유사 주제에 대한 경험 과학적 연구
(empirical study)를 통해서 다문화정책의 입안자와 정책수혜자의 입장을 다면적
으로 분석하여 담론 연구가 가진 한계를 보완하는 것도 유의미할 것이다. 앞으
로 이러한 제한점을 보완하여, 다문화교육론을 체계화할 수 있는 이론화 작업의
지평을 넓히고 이를 교육실천 현장과 연계·발전시키는 것이 필요할 것이다.

참고문헌

교육과학기술부(2012). 다문화가정 학생 5만명 시대, 교육부 보도자료(2012. 9. 17)

국가인권위원회(2011). 국가인권위원회 연관보고서.

김진희(2011). 호주 정착 국제난민의 학습활동 및 다문화 평생교육에의 함의, 평생교육
   학연구, 17(4), 1-28.

김진희(2012). 호주사회의 국제난민을 둘러싼 다문화담론과 난민 이주민을 위한 교육.
   ANDRAGOGY TODAY, 15(3), 209-237.

류방란(2013). 다문화교육 정책과 교육 현실의 성찰, 다문화교육연구, 6(4), 131-149.

육주원·신지원(2012). 다문화주의에 대한 반격과 영국 다문화주의 정책 담론의 변화, EU
   연구(31), pp.111-139.

이인원(2013). 다문화정책 수립과 시행에서의 지방정부의 바람직한 역할 -캐나다 다문화
   정책의 사례를 중심으로 호주, 캐나다, 영국에서의 다문화 교사교육, 사회과학연구,
   39(1), 7-123.

법무부 보도자료(2012.11.28) 「제2차 외국인정책 기본계획」확정.

여성부(2012) 국민다문화수용성 조사 연구. 정책브리핑 DB 제공

이선주 외(2009) 다민족다문화사회로의 이행을 위한 정책패러다임 구축. 경제인문사회연
   구회 협동연구총서 09-28-01.

Chris Bake &, Dariusz Galasinski (2009), 문화연구와 담론분석, 백선기(옮김), 서울: 커
   뮤니케이션북스.

Banks, J. A., & Banks, C. A. (2010). Multicultural education: issues and perspectives.
   Hoboken, N.J.: John Wiley and Sons.

Bennett, C. I. (2012) 김옥순 외 공역. 다문화교육 이론과 실제. 서울: 학지사.

Boud, D., & Walker, D. (1991). Experience and learning. Geelong, Victoria: Deakin
   University press.

Giroux. H. A. (1993) *Bordwer crossings: Cultural workers and the politics of
   education.* New York and London: Routledge.

Gudtavsson. B. & Osman. A. (1997). Multicultural education and life-long learning.
   Walters. S(Eds). *Globalization, adult education and training.* London & New
   York: Zed books.

Guo, S (2010). Migration and communities: challenges and opportunities for lifelong learning. In S. Guo (Ed.), *Transnational migration and lifelong learning*, London: Routledge.

Johnston, R. (1999). Adult learning for citizenship. *International Journal of Lifelong Education*, 18(3), 175－190.

Jordan, B. and Duvell, F. (2003). Migration, London: Polity.

Marco, M. (2002). 윤진 역. 현대사회와 다문화주의. 서울: 한울

Pamela. C. (2005). Blank slates or hidden treasure? Assessing and building on the experiential learning of migrant and refugee women in European countries. *International Journal of Lifelong Education*, 24(3), 227－242.

Parekh, B. (2006). Rethinking multiculturalism. London: Palgrave.

Sbefer, T. & Samnuels, J. & Sardien, T. (1997). Race, Class, Gender and Culture. Walters. S(Eds). Globalization, adult education and training. London & New York: Zed books.

Slavoj Žižek (1997). Multiculturalism, Or, the Cultural Logic of Multinational Capitalism. New Left Review.

Torres, C. A. (1998). Democracy, education and multiculturalism: Boston: Roman & Littlefield.

신문기사

경향신문 (2010.01.10) "이민자 들어와도 실업 야기 안 한다"
  http://media.daum.net/foreign/ europe/view.html?cateid＝1044&newsid＝20120110 210406829&p＝khan

경향신문 (2011.10.25) 영국 폭동은 갱문화 아닌 '빈곤' 탓.
  http://news.khan.co.kr/kh_news/ khan_art_view.html?artid＝201110252135135&code＝970205

국민일보 (2011.7.24) 노르웨이 폭탄테러, 총기난사 사고 92명 사망…'이민자 증오'의 참사
  http://news.kukinews.com/article/view.asp?page＝1&gCode＝kmi&arcid＝0005188877&cp＝nv

문화일보 (2014.1.16) 남탕·여탕, 외국인탕… 목욕탕마저 차별

http://www.munhwa.com/news/ view.html?no = 20140116010711227072002

시사인 (2012.8.23) 올림픽이 지워버린 영국 폭동의 기억

http://www.sisainlive.com/news/ articleView.html?idxno = 13990

연합뉴스 (2011.2.13) 유럽 '다문화주의 실패' 논란 가열

http://news.naver.com/main/ read.nhn?mode = LSD&mid = sec&sid1 = 102&oid = 001
&aid = 0004908880

연합뉴스 (2011.10.14) '피부색 다르면 출입금지'...목욕탕 인종차별.

http://www.ytn.co.kr/_ln/ 0115_201110140925511496

연합뉴스 (2010.7.16) 이주여성 상반기 이혼상담 작년比 40%↑

http://news.naver.com/main/ read.nhn?mode = LSD&mid = sec&sid1 = 102&oid = 00
1&aid = 0003383686

프레시안 (2012.8.16) '영국 청년 폭동' 1년만에 프랑스에서 재연

http://www.pressian.com/article/ article.asp?article_num = 40120816131823

한겨레 (2011.4.21) 호주 이민자 정책 – 난민 '충돌'

http://www.hani.co.kr/arti/international/asiapacific/474239.html

한겨레 (2011.5.30) 자국문화 강요 '다문화'는 실패한 정책

http://www.hani.co.kr/arti/society/society_general/480423.html

한국경제 (2011.12.16) 이민자는 가라 … 시험대 오른 유럽 다문화주의

http://www.hankyung. com/news/app/newsview.php?aid = 2011121465111

헤럴드경제 (2011.7.26) 유럽 뒤덮은 극우주의...실패한 다문화정책

http://news.heraldcorp.com/ view.php?ud = 20110726000230&md = 20120422121909
_BC

BBC (2012 August 14) Gangs fire at police as riots erupt in France

http://casualsunited.wordpress. com/2012/08/15/france – burns – as – muslims – ri
ot – again – you – wont – see – this – on – bbc – tv – news – edl/

The Guardian (2012 July 4) Riots broken down: who was in court and what's happe
ned to them?

http://www.guardian.co.uk/news/datablog/2012/jul/04/riot – defendants – court – se
ntencing

2

영국의 중도입국 다문화가정 학생을 위한 교육지원 체계

**연구
개요**

　다문화교육의 거대담론을 이해하는 것도 중요하지만, 이와 동시에 다문화교육의 구체적인 현상적 실제를 이해하는 것도 중요하다. 본 연구는 영국사회에서 교육결손집단이자 사회취약계층인 중도입국 다문화가정 학생을 위한 교육지원체제의 특징과 현황을 분석하는 것이다. 이는 인종적, 문화적 다양성이 확산되고 있는 우리의 교육환경에서 교육소외계층으로 전락하고 있는 중도입국아동 및 청소년을 포함한 다문화가정 학생의 학업성취도를 높이고 잠재력을 개발할 수 있는 교육방안을 마련하는 데 시사점을 주기 위한 것이다. 이를 위해 이 연구에서는 우선, 다문화가정 학생 지원을 위한 교육 기조와 방향을 살펴보았고, 구체적인 교육지원사업 및 프로그램과 교육지원체제 성공 사례를 검토하였다.

　연구의 결과에 따르면, 첫째, 영국의 중도입국 다문화가정 학생을 위한 교육체제는 전국가적인 '교육수월성 강화(excellence in education)'와 '사회적 통합(social inclusion)'을 도모하는 교육복지를 기조로 전개되고 있었다. 둘째, 중도입국 이주학생의 성공적 통합은 학교-가정-지역 커뮤니티의 다자간 파트너십이 중요한 것으로 나타났다. 셋째, 다문화배경을 가진 이주학생을 지원하기 위해 영국의 학교는 전담인력 배치를 통해 체계적인 교육역량강화프로그램을 전개하였다. 넷째, 균등한 교육기회를 제공하기 위해 다양한 생활지도 및 보살핌(good pastoral care)사업을 병행하였다. 이상에서 본 연구는 우리의 교육체제가 다문화적 배경을 가진 모든 학습자들의 잠재력을 제고할 수 있도록 학교 '안'과 학교 '밖'의 다양한 교육지원방안이 마련되어야 한다는 것을 강조한다.

Ⅰ. 서론

다문화국가는 인구통계학상 인종적, 민족적 및 문화적 배경을 달리하는 외국태생 인구비율이 전 인구의 5% 이상을 차지하는 사회를 말한다(Castles & Miller, 2003). 2015년 12월에 발표된 통계청의 자료에 따르면 우리나라의 외국태생 인구비율이 1990년 0.11%(4만 9,000명)에서 2015년 3.6%(187만 9,880명)로 급증했다는 점에서 다문화사회로 급속하게 전환되고 있음을 알 수 있다. 특히 국제결혼이 전체 혼인의 약 12%를 차지하면서 약 25만 명의 다문화가족이 터를 잡고 살아가고 있다. 이는 한국사회에서 다양한 인종적, 문화적 배경을 가진 구성원이 점증하고 있음을 보여주는 양적 지표이다.

이러한 현상이 우리나라의 교육 지형에도 큰 변화를 불러일으키고 있다. 국제결혼을 통해 다문화가정이 해마다 크게 늘고 있는 가운데, 다문화적 배경을 가진 학생들이 꾸준히 증가하고 있다. 2010년 교육과학기술부의 자료에 따르면, 중도입국 자녀를 포함해 초·중·고교에 재학 중인 다문화가정 학생은 총 3만 1,788명(2010년 4월 기준)으로 초등학생 2만 471명, 중학생 5,260명, 고등학생 1,827명이었다. 2015년에는 다문화가정 학생 숫자가 처음으로 7만 명을 육박하는 변화의 추이가 가파르게 나타나고 있다. 한국에서 출생한 학생 외에 중도입국 아동 및 청소년의 비율이 증가하고 있음을 주목할 필요가 있다. 대개 중도입국 자녀란 어린 시절을 외국에서 보내고 중도에 한국으로 들어온 이들을 일컫는다. 우리나라의 경우 국제결혼으로 한국인 배우자와 재혼을 한 경우, 결혼이민자가 한국에서 국적 취득 후 현지에서 거주 중이던 자녀를 한국으로 초청하는 경우가 다수를 차지한다. 2010년 기준으로 학령기 중도입국 다문화자녀는 총 4,849명으로, 귀화 신청을 하지 않은 경우를 포함하면 1만 명이 넘을 것으로 추정된다. 현재 청소년기(14~19세)의 중도입국자가 58% 정도를 차지하며, 정부는 연간 2천여 명의 중도입국 청소년들이 발생하고 있다고 본다.

문제는 이들이 심각한 교육결손집단으로 전락하고 있다는 점이다. 중도입국 아동 및 청소년 가운데 정규학교에 다니는 수는 초등학생 805명, 중학생 647

명, 고등학생 1,080명 등 2,532명(52.2%)이라는 점을 보건대, 외국에서 태어나 부모를 따라 한국에 들어온 중도입국 다문화 자녀 2명 중 1명은 '탈학교' 상태라 할 수 있다(문화일보, 2011). 또한 법무부는 외국인노동자 자녀 3만 1,635명 가운데 2만 2,000여 명이 학교 밖에서 생활하고 있는 것으로 추정하고 있어, 다문화가정 자녀 가운데 학교에 다니지 않는 숫자는 4만여 명으로 늘어난다. 이러한 현상은 중도입국 다문화가정 자녀들이 급격한 생활공간의 변화로 인한 심리적 부적응, 체류신분의 불안, 인종적·언어적 차이로 인해서 정규학교에서 학업을 제대로 이어가지 못하는 교육공백 상태에 머물러 있음을 보여준다. 교육기회의 사각지대에 놓인 중도입국 학습자에 대한 체계적인 교육지원방안이 시급히 마련되어야 할 시점이다.

　　이러한 문제의식하에서, 본 연구는 중도입국 다문화가정 아동 및 청소년의 교육지원은 어떠한 방향으로 이루어져야 하는지를 밝히고자 한다. 이 논문에서는 주류 사회의 인종적, 문화적 및 언어적 특질과 상이한 배경을 가진 사회적 약자이자 교육취약계층인 중도입국 학생, 이주학생, 다문화가정 자녀의 용어를 혼용하며 분석한다. 이러한 접근이 오늘날 교육체제에 대두되고 있는 다문화주의와 국제이주라는 경계넘기(border-crossing)가 기존의 교육 영토에 미치는 변화를 포괄적으로 보여줄 수 있기 때문이다. 분명, 다문화가정 배경을 가진 학령기 아동 및 청소년이 적실한 교육지원 체제를 통해 그들의 삶을 주체적으로 기획하고, 사회진출의 진입 장벽을 해소하기 위해서 우리나라 교육계의 진지한 고민이 요청되기 때문이다. 이에 대한 실마리를 얻기 위해서 현재까지도 54개국의 영연방국가(British Commonwealth)를 가지고 있으면서, 정치적 난민 및 경제적 이주노동자의 대거 유입으로 인해 중도입국 학생의 비율이 점증하고 있는 영국의 사례를 분석하고자 한다. 따라서 이 연구는 영국의 중도입국 다문화가정 학생을 위한 교육지원체제의 특성과 프로그램을 검토하는 데 주된 목적을 두고 있다. 이를 위해 첫째, 다문화가정 학생 지원을 위한 교육기조와 방향을 살펴보고, 둘째, 구체적인 교육지원사업 및 프로그램과 교육지원체제 성공사례를 분석하고자 한다. 마지막으로 영국사례의 탐색을 통해 현재 우리나라에서 교육소외

지대에 놓인 중도입국 다문화가정 아동 및 청소년의 교육적 지원 방안 확립에
시사점을 얻고자 한다.

II. 영국의 다문화가정 학생을 위한 교육 기조와 방향

1. 영국 다문화배경 학습자 지원을 위한 교육복지 기조

영국에서 다문화적 배경을 가진 학생을 위한 교육지원정책은 큰 틀에서 보
자면, 교육복지(Education Welfare)라는 광의의 기조(ethos) 아래서 조망될 수 있
다. 영국은 20세기 초기에 국민이 무상으로 최고의 교육시스템과 의료서비스의
혜택을 누릴 수 있도록 국가 주도의 사회복지체제를 완성하여 세계의 많은 나라
들의 복지체제에 영향을 미쳐왔으나, 1980년대부터 대두된 시장주의형 신자유
주의의 파고에 따라 국가 공급 중심의 복지주의를 해체하고 시장과 시민섹터의
참여가 강화되면서 교육복지의 체질도 변화하기 시작하였다. 즉 국가의 고비용
부담을 전제하는 공공 주도의 관료적 복지체제와 다양한 시장과 시민사회의 파
트너십을 활용하는 자유주의 복지체제 어느 한 쪽에 편중되기보다, 사회통합을
기본으로 하는 사회보장형제도와 자유경쟁에 방점을 둔 복지제도를 혼용하여
실시하고 있는 것이다. 최근에는 국민의 복지의존성을 낮추고 교육성취와 근로
의욕을 높이고자 하는 정책 의도가 보다 선명하게 나타난다. 그러나 여전히 계
급적인 사회구조, 계층간 격차, 그리고 지방간 재정불균형의 문제가 대두되고
있는 가운데, 영국사회의 소외계층인 이민자집단은 이러한 동향에 대해 두려움
을 표하고 있는 것도 사실이다(Smith, 2010).

특히 2010년 5월 자민당과 보수당의 중도 우익 연정 내각이 집권함으로써
영국의 교육복지를 이끄는 철학적 기조와 추진전략들도 달라지고 있다. 즉 자유
경쟁에 기반을 둔 '교육수월성 강화(excellence in education)'와 소외계층을 끌어

안는 '사회적 포용과 통합(social inclusion)'의 쌍두마차를 균형 있게 끌어가기 위한 다양한 정책적 노력이 경주되고 있다(Gove, 2010). 영국에서 교육취약계층은 주로 경제적, 인종적 및 민족적 소수자의 배경(economic disadvantage and racial and ethnic minority status)을 가진 학생들인데, 중도입국 다문화가정 학생들의 약 50% 이상이 기초생활 수급자이거나 무상급식(free school meal) 대상자로서 교육복지망 확충의 주요 수혜자라 할 수 있다(Department for Education, 2009). 영국은 사회경제적 약자층에 속하는 다문화가정 자녀들의 사회구조적 불평등(structural inequities)을 극복하기 위해서 교육적 개입(targeted intervention)을 전면적으로 실시하고 있다. 예컨대 성취동기가 낮은 다문화적 배경을 가진 학생들의 자아존중감 고취 사업, 학업결손을 보완하고 교육성취도를 높이기 위한 방과 후 교실 운영, 학업과 직업훈련을 연계하는 사회적 비전을 설계하는 멘토링프로그램 등은 교육기회의 균등성이라는 기조 아래 다문화가정 자녀들의 성장을 교육프로그램을 통해 지원하고 있다. 이러한 관점에서 다문화가정 학생을 위한 영국의 교육복지정책 기조는 앵글로 색슨계 백인 중산층이 중심부에 위치하고 인종적, 언어적 소수자인 다문화가정 학생들이 주변부에 자리 잡고 있는 기존의 사회질서와 계층적 재생산구조를 재편하기 위한 비판적 움직임이 결합된 측면이 상존한다. 실제로 영국사회에서 다문화적 배경을 가진 아동 및 청소년은 낮은 교육성취율과 높은 실업률을 보이고 있는데, 이것이 사회인력 양성 흐름에도 그대로 이어져서 소외계층으로 재생산되고 있다(NALDIC, 2011). 따라서 다문화가정 학생을 위한 영국의 교육복지 기조는 양질의 교육기회 확충을 통해 다문화가정의 구성원들이 영국 사회의 새로운 인재군으로 선발되고, 이들의 잠재성과 능력을 충분히 발굴할 수 있는 교육지원체제가 필요조건이라는 점을 전제하고 있다.

2. 영국의 중도입국 다문화가정 학생 현황

제2차 세계대전 이후 영국으로의 이민은 그게 두 부류로 정리되는데 첫째는 영국 내 주민들의 자유이동과 유럽 각국 국민들의 입국이며, 둘째는 과거 대

<표 1> 영국 인구의 인종적 다양성				
	1991	2001	2008	2008
	전 인구 중 %	전 인구 중 %	전 인구 중 %	16세 이하 인구 중 %
백인	94.1	91.3	89.9	80.9
혼혈인	-	1.3	1.1	2.8
아시아인	3.3	4.4	4.9	7.2
아프리카인	1.9	2.2	2.3	3.6
중국인	0.3	0.4	0.4	0.3
기타	0.6	0.4	1.4	1.7

출처: 온대원(2010, p. 254)

<그림 1> 영국 초·중등학교 내 소수인종 비율(2006년도 기준)

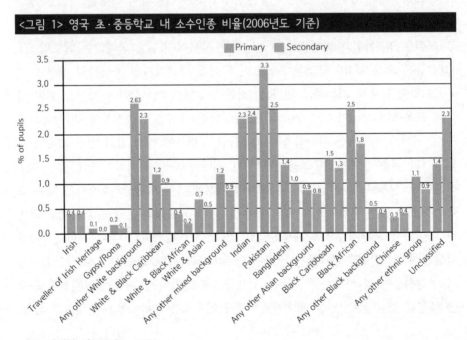

자료: 박성혁 외(2008), p. 130.

영제국의 식민지 국가로부터의 이주로서, 주로 캐리비안(Caribbean)지역이나 인도양의 영연방 국가의 노동력이 대거 유입된 것이다. 최근 영국사회의 인종적 다양성은 동유럽의 붕괴와 EU 공동체의 확대로 인해서 영국의 국경 안으로 유

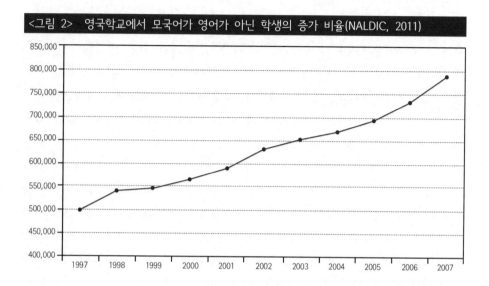

<그림 2>   영국학교에서 모국어가 영어가 아닌 학생의 증가 비율(NALDIC, 2011)

입되는 이민자의 수가 크게 증가하여 왔다. 영국통계청에 따르면 외국인근로자, 유학생, 난민과 망명신청자로 인해 1997년부터 2007년까지 10년간 180만 명 이상의 이민자의 순증가를 기록했다. 2005년도에는 전체 인구 중에서 이민자가 차지하는 비중이 10%를 넘어섰다(온대원, 2010). 과거에는 백인 이주자의 유입이 주류를 이루었다면 2005년 이후부터는 서남아시아, 아프리카 및 중동 등 다양한 지역에서의 임노동, 정치적 박해 및 교육 등의 이유로 다양한 인종의 이주민이 몰려들고 있다.

특히 2008년의 경우 1991년에 비해 유색인종의 비율이 2배가량 증가했고 16세 이하 유·청년인구 중 유색인종의 비율은 20%를 차지하고 있다. 실제로 2007년도는 잉글랜드(England) 지역의 초·중등학교 학생의 5분의 1 이상이 백인 영국인이 아닌 외국 태생으로서 중도에 입국한 소수 인종 배경을 가진 이민자 출신인 것으로 나타났다. 이는 다문화적 배경을 가진 아동 및 청소년이 교육체제 내에서 가시적인 집단(visible group)을 형성하고 있음을 보여준다. 따라서 영국은 국가 교육체제에서 이들을 고려하고 그에 맞는 교육적 방책과 사회적 통합 방안을 마련하지 않을 수 없게 되었다.

유사 맥락에서 현재 영국에서 영어를 모국어로 사용하지 않는 학생(EAL, English as an additional language)의 비율도 지속적인 점증 곡선을 그리면서, 1997년부터 2007년까지 10년간 약 50% 이상 그 비율이 증가했다. 중도에 입국한 다문화가정 학생들은 영국 전역의 학교에 다양한 언어를 가져오게 된다. 그 중 가장 큰 집단은 뱅골어(Bengali), 펀잡어(Punjabi), 힌디어(Hindi) 등과 같은 남아시아 언어들인 것으로 나타났다.

앞서 검토한 바대로, 영국에서 이주 배경을 가진 아동 및 청소년에 대한 교육 지원은 단순히 영어 교육을 실시하는 차원을 넘어, 교육복지 기조하에서 전개되고 있다. 현재 영국의 교육복지는 자유경쟁에 기반을 둔 '교육수월성 강화(excellence in education)'와 소외계층을 끌어안는 '사회적 포용과 통합(social inclusion)'의 양대 축이 동시에 강조되고 있다. 대개 영국에서 다문화배경을 가지고 중도에 입국한 학생들은 부모의 실업, 가정해체, 높은 교육중도탈락률, 낮은 학습동기로 인해 교육소외계층으로 범주화되거나, 과소 표상화된 그룹(under-representation)이다. 그 중에서도 특히 흑인계 학생들(Black Ethnic Minority, BEM)과 유럽의 대표적인 유목형 이주집단인 집시(gypsy/roma pupils) 학생들의 학업부진과 교육격차는 점차 확대되고 있어서 교육당국은 이들의 학업성취를 끌어올리기 위해 교육복지 인프라를 확충하고 있다. 다시 말해 영국에서 중도입국 이주청소년에 대한 교육적 지원은 기존의 영국 학교교육 문제로 지적되어 온 복선제형 엘리트주의를 뛰어넘고, 교육기회의 균등성과 모든 학생의 학업능력 신장을 도모한다. 따라서 본고에서 조사하는 중도입국 다문화가정 학생의 교육 지원은 인종적, 언어적 및 문화적 분절(disjuncture)을 경험한 이주아동 및 청소년들이 교육결손으로 인해 사회적 취약계층으로 전락하지 않도록 교육접근기회를 확대하고, 그들의 학업성취도를 제고하기 위해서 작동되고 있음을 주지할 필요가 있다. 이는 인종주의와 계급화에 대한 사회적 부담(burden of racism and class bias)과 사회구조적 불평등을 교육을 통해 점차 해소하기 위한 움직임이다. 이상을 종합하면, 중도입국 학생을 위한 영국사회의 교육적 지원은 인종적, 언어적 및 문화적 배경으로 인한 소외와 차별을 철폐하고, 모든 학생들이 동등하게 최상의 교육

서비스를 누릴 수 있도록 하는 국가적 기획이라 하겠다.

Ⅲ. 다문화가정 학생을 위한 교육지원체제

1. 중도입국 다문화 학생을 위한 교육지원 방안과 그 특징

영국에서는 이주청소년의 교육기회 제공은 1973년 '인종관계와 이민에 관한 선별위원회'(Select Committee on Race Relations and Immigration)의 보고서가 시발점이 되었다. 영국정부는 인종 차별과 사회 분리를 해소하기 위해 인종관계법(Race Relation Act)을 시행하고, 각 학교 급의 변화를 주도하기 위해서 교육부와 지방교육당국(Local Education Authority)에서 이주배경을 가진 소수인종 학생의 학업능력을 신장시키기 위한 정책을 시행하여 왔다. 다인종사회에서 소수인종의 교육격차를 해소하고 모든 학생에게 공평한 교육접근성을 확대하기 위한 것이다. 이러한 교육정책의 주요 원리는 평등(Equality), 다양성(Diversity), 소속감과 결속(Belonging and Cohesion)에 초점을 두고 있다(Department for Education, 2009). 모든 학생은 국적, 인종, 종교에 관계없이 동등하게 영국의 학교교육체제를 통해 교육을 받을 수 있는 평등의 원리, 학생들의 다양한 문화적 자원과 경험을 존중받고 활용할 수 있도록 교육방법의 다각화를 강조하는 다양성, 그리고 학교와 이웃 지역사회에서 공동체의식을 함양하고 통합될 수 있는 소속과 결속의 원리가 그것이다.

2005년 한 해 동안 다문화배경을 가진 2천 명의 이주 아동 및 청소년들이 영국의 초·중등학교에 편입되어 공부를 하였다. 2004년에 비해서 50% 이상 증가한 수치라 할 수 있다. 특히 2005년에는 4천 9백 명의 폴란드 시민이 영국에 이주하면서 그 자녀들이 대거 영국학교로 편입되었다. 2010년에는 아프가니스탄, 이란, 중국, 소말리아에서 입국한 학생들이 학교 입학을 기다리는 상위 그룹으로 기록되었다(NALDIC, 2011). 비영어권 출신 이주 학생 비율이 50%가 넘는

학교를 조사했을 경우, 1997년에는 866개의 초·중등학교가 집계되었지만 2009
년에는 1,545개의 학교들이 재학생의 절반 이상이 비영어권에서 중도에 입국한
배경을 가지고 있는 것으로 나타났다. 그 중에 초등학교가 1,284개, 중등학교가
210개로 조사되었다. 지난 12년 동안 그 비율이 약 80% 증가했음을 보여준다
(Henry, 2009). 수도 런던의 초중등 학교는 그 중에서 가장 급격한 상승률을 기
록하고 있다. 실제로 소수인종 인구의 약 45% 이상이 런던에 거주하고 있다
(NALDIC, 2011). 그러나 이를 전담할 전문교사는 여전히 부족한 것으로 지적되
어 이러한 결과에 대해 보수당은 노동당 정부의 '엉성한 이민 문고리'(clumsy
door for immigration)를 비판하면서 제대로 관리 가능한 수준으로 이민을 줄이
는 방안(get immigration down to manageable proportions)이 필요하다고 주장한
다. 바로 그 중심에 중도입국 다문화가정 학생의 교육문제와 사회통합 의제가
자리하고 있기 때문이다.

그럼에도 불구하고 현재까지 중도입국 다문화가정 자녀를 위해 다양한 교
육프로그램이 개발되어 왔다. 인종적, 문화적 배경을 달리하는 이주학생의 교육
참여를 위해 가장 근본적인 도구인 언어교육(ESL, EAL(English as an Additional
Language))을 통한 학업성취도 상승과 낙오 방지가 가장 중심을 차지하여 왔으
며, 2000년대 이후부터는 학부모 참여와 지역공동체의 파트너십을 강조하는 흐
름이 나타난다. 여기서 주요 특징을 살펴보면 다음과 같이 정리될 수 있다.

첫째, 다문화가정 이주 학생을 위한 영어교육프로그램은 국제 이주를 통해
언어적, 문화적 분절(disjuncture)과 단절(discontinuity)을 경험한 이들이 겪는 언
어장벽을 성인이 되기 전까지 없앨 수 있도록 의사소통능력을 함양하는 데 목적
을 두고 있다. 영국에서는 2009년 기준으로 대략 80만 명의 학생이 영어를 모국
어로 사용하지 않는다(Department for Education, 2009). 이에 "아동학교 및 가족
부"(Department for Children Schools and Families)에서는 2003년 10월부터 EAL
프로그램(영어를 추가 언어로 학습하는 프로그램)을 시행하게 되었다. 이 프로그램
은 소수인종 학생의 성취 수준을 높이기 위한 「Aiming High」 정책의 일환으로
실시된 것이다. EAL은 만 14세까지만 입학을 허용하는 영어 특별 강좌로, 이곳

에서 집중적으로 영어를 익히면서 영어 레벨에 따라 수학, 과학, 미술 등 기타 교과목도 같이 공부하게 된다. 해당 국가의 언어를 능숙하게 구사하는 것은 사회참여와 통합에 직결되는 문제이기 때문에 중도입국 다문화가정 학생들을 대상으로 하는 다양한 영어교육프로그램이 중점적으로 실시되었다.

- ▸ 학습대상: 비영어권 출신의 중도 입국 아동 및 청소년, 영어는 물론 영국에 대한 경험이나 지식이 없는 이민 배경을 가진 학생
- ▸ 운영 방법: 주로 정규 수업 시간 전후를 활용하거나, 다른 과목이 진행될 때 EAL 수업 참여를 위해 특별 교실로 이동하고, 학습 효과를 위해 소그룹 형태로 운영함
- ▸ 특별 지원: 이주 학생들은 국어, 수학, 과학 등 다른 교과를 학습할 때도 이중 언어로 된 교과서(bilingual textbook) 등 부가적인 학습지원을 받게 되고, 소수 인종 성취 장려금(Ethnic Minority Achievement Grant)의 재원을 확보한 학교는 담임교사 외 EAL 전담 보조교사(teaching assistants)를 투입함

중도입국 이주아동 및 청소년이 영국에 거주하면 곧 바로 각 학교에 배치되는데, 학교에 배치된 지 2주 내에 언어능력평가시험을 실시하여 학생의 영어 실력을 평가한다(Department for Education and Skills, 2004; 김선미, 2011). 결과에 따라, 추가적인 영어교육이 필요하다고 여겨지는 경우 EAL 전문가로부터 학습 지원을 제공받는다. 학교정규수업 시작 전, 방과 후, 점심시간, 정규수업과정 중 선생님의 의사결정에 따라 EAL 반으로 이동하여 본 프로그램을 이수하게 된다. 담당교사들은 이러한 과정을 적극적으로 지도하기 위해서 특별연수(CPD, Continuing Professional Development)를 받아야 하며, 단기(1~3주) 혹은 장기(3개월 이상) 워크숍에 참여한다. 또 이주학생들이 학업성취도를 제고하고 학습 참여를 높이기 위해 해당 교사들은 지방교육청과 상호협력하여 정기적인 미팅을 하거나 필요한 지원을 요청할 수 있는 것이다.

둘째, 영국사회는 이주가정 및 그 자녀를 지원하기 위해 학교 가정 중개 프로젝트(School Home Liaison Project)를 실시해 왔다. 런던 도이세산 보드(London Doicesan Board)에서 시작된 이 프로젝트는 이주 청소년들의 심각한 무단결석 문제와 학교 중도탈락을 방지하기 위해 실시되었다. 경제적, 정치적, 문화적 이유로 영국 사회에 정착하기 시작한 이주가정의 학부모가 자녀교육에서 소외되지 않도록 참여를 독려하고, 가정에서도 자녀의 학습동기를 불어 넣는 것이 주요 목적이다. 궁극적으로 이주 학생들의 학교소외(school exclusion)를 해소하기 위한 이 프로젝트는 세부적으로 다양한 사업을 추진하고 있다.

- ▸ 학부모에게 유용한 정보를 제공하고 학교 행사 참여를 독려
- ▸ 학부모에게 출결, 지각의 문제와 중요성을 이해시키고 자녀의 태도 훈육 지원
- ▸ 학부모가 가정에서도 자녀를 지도할 수 있도록 언어교육 및 양육 지침 제공
- ▸ 학교장에게 이주 청소년들에 대한 기대감을 높이고 열린 학교 문화 지원
- ▸ 교사가 이주 학생의 가정환경에 대한 이해도를 높이고 학부모와의 의사 소통 채널 확보
- ▸ 학교를 매개로 이주 가정과 지역 사회가 연계될 수 있도록 지역의 공공 도서관, 공용 대여 장난감 이용, 의료시설 등 커뮤니티의 사회적 서비스 를 활용하도록 지원

이 프로젝트는 영국에서 중도입국 청소년들의 학업 중도 탈락을 억제하고 이들의 교육 접근성을 확장하기 위해서 실시된다. 가정과 학교의 협력 관계 향상은 물론 더 나아가 인종적 소수자를 위한 지역사회의 공적 서비스 향상을 도모하는 것이다. 2002년에 실시된 평가에 따르면, 이 프로젝트를 통해 가정과 학교의 의사소통이 보다 긴밀하게 증대되었으며 학교교육의 중요성에 대한 학부모들의 이해 정도가 증가한 것으로 나타났다(Arnot & Pinson, 2005). 영국 교육부

는 프로젝트의 성공 요인으로는 교육을 받은 연계 담당자(Liaison worker)들에게 해당 학교를 관할하는 명확한 역할과 권한을 위임하고, 이들이 교사들의 인식을 전환시켜 가정과 학교의 지속적 상호작용을 연계한 것이 주효했다고 평가하고 있다. 이것은 중도입국 다문화가정과 지역학교의 '다리'를 놓은 연계 담당 인력의 역할이 무엇보다 중요하다는 것을 방증하는 지점이다.

셋째, 영국에서는 2001년부터 '삶을 위한 기술 향상'(Skills for Life)을 기치로 청소년 및 성인들의 문해력, 언어 능력, 수리 능력을 향상시키기 위해 '가족 문해, 언어, 수리력 프로그램'(Family Literacy, language and numeracy programmes)을 실시하였다. 이것은 영국의 일반 거주민들과 달리 중도 입국을 통해 언어적, 인종적, 문화적 소수자가 된 다문화가정과 그 자녀들을 위해 교육적인 문해력을 높이기 위해 전개되었다. 교육당국은 이 프로그램을 적극적으로 시행하기 위하여 '학습기술위원회(Learning and Skills Council, LSC)'를 설립하였고 '학습 여행 (learning journey)'이라는 프로그램을 개발하여 이주가정의 현재 능력과 도달 목표를 체계적으로 진단하고 컨설팅 함으로써 다문화가정 자녀의 학업성취도와 부모의 교육역량을 제고할 수 있었다(Bhatti & McEachron, 2005).

넷째, 중도입국 학생을 위한 지역기관의 파트너십과 연계 협력 사업이 실시되었다. 영국에서 다문화가정의 아동 및 청소년을 지원하는 것은 해당 학교만의 몫이 아니다. 기본적으로 모든 학교는 단 한 명의 중도입국 학생이라도 이들을 특별히 지도하고 보조하는 교사가 지정된다. 학교의 여건마다 다르지만 담임교사가 될 수도 있고, 이중언어를 구사하는 보조교사가 전담 인력으로 배정되기도 한다(Department for Education and Skills, 2004). 이들은 이주학생의 학업성취뿐만 아니라, 학생과 그 가족이 지역 커뮤니티에서 적응하고 어울릴 수 있도록 다양한 지역단체들과 연계될 수 있도록 조력하는 역할을 수행한다. 특히 지역 내에서 정치적, 경제적 박해 및 차별로 인해 중도 입국한 난민 아동과 그 가족의 요구도가 반영될 수 있도록 유기적인 파트너십을 형성하는 것이 강조된다. 파트너십 사업을 수행하기 위해 다양한 지역 기관이 상시적으로 협력한다.

- ▶ 지역 내 평생학습원(FE college)과 영어교육프로그램 제공 기관
- ▶ 지방교육청 내 영어교육팀, 주택공급팀, 사회복지팀 연계
- ▶ 보건소, 건강관련 의료 시설 및 단체
- ▶ 지역정보센터
- ▶ 사회봉사시설
- ▶ 종교단체
- ▶ 경찰

　　이러한 사업은 중도입국 아동 및 청소년을 위한 다양한 교육 기회 제공을 학교를 넘어 지역사회로 확장시키고 방과 후에도 이들이 다양한 지역서비스를 활용할 수 있도록 네트워크망을 형성하는 데 초점을 두고 있다. 예를 들어 지역의 사회봉사시설에서 '학습 장애를 가진 중도입국 다문화 학생을 위한 멘토링 프로그램'을 개설한다면 지역정보센터는 해당 지역에 거주하는 이주가정 및 그 자녀에게 관련 정보를 제공하고 가이드라인을 제시하게 된다. 이처럼 지역사회의 관련 단체 간 연대와 협력은 영국에서 이주청소년의 교육 지원이 해당 학교 단위의 지원이나 교사의 책임으로만 전가되는 것이 아니라, 그 학생이 거주하는 지역 전체의 다양한 협력기관의 참여와 지원을 통해 성공할 수 있다는 다자성의 원리(multilateral players)를 보여주는 것이다.

　　다섯째, 교육복지 기조로 전개되는 다문화가정 학생의 교육경쟁력 강화를 위해 민간 자선 단체의 참여와 개입이 두드러진다. 그 일례로 2003년 설립된 'Action for Social Integration'(ASI)을 살펴볼 수 있다. ASI는 이주배경을 가진 흑인 등 인종적 소수자와 난민들의 사회적 참여와 교육 성취를 지원하기 위해 설립되었다. 이민자의 사회통합을 독려할 뿐만 아니라, 소외계층으로 살아가는 이민자들이 살고 있는 해당 지역의 필요와 요구를 반영하여 지역 시민사회의 지속가능한 경쟁력을 강화하는 쌍방향의 접근을 취하는 데 초점을 두고 있다. 다양한 사업이 전개되고 있다.

▸ 이주 청소년 학교의 문제를 분석하고 다양한 교육 상담 제공
▸ 난민 청소년들의 학습 장애와 중도 탈락 현상 분석 및 교육 요구분석 조사
▸ 이주청소년의 학교 소속감을 높이고 학업 능력 향상을 위한 지원 서비스 마련
▸ 이주청소년의 학교 이탈을 예방하고 좋은 사례(good practice)를 배포
▸ 학업 동기와 비전, 성취도를 고무할 수 있도록 학생과 학부모 쌍방향 상담
▸ 모든 인종적, 문화적, 경제적 차별과 편견을 없애기 위한 지역 파트너십 확대
▸ 인종적 다양성을 축복하는 열린 지역사회 분위기 조성
▸ 이주민을 위한 교육, 훈련, 공공 서비스 발굴 및 접근성 향상
▸ 이주청소년을 지원하는 추천인, 멘토 등 오피니언 리더 발굴
▸ 이주 이전의 자격증과 기술을 영국에서 호환시키는 징검다리 교육서비스 실시
▸ 고용주와 취업 희망 이주민을 상호 연계하는 허브 역할
▸ 비영어권 이주민의 자영업 창업 지원
▸ 이주민을 고용하는 직장 및 관련 단체 간 네트워크 조성
▸ 이주민을 통한 지역 사회 경쟁력 강화 및 산업 수요 발굴 컨설팅
▸ 이주민의 자기효능감 증대 및 리더십 제고

아직도 영국에서는 이주민들과 그 자녀들은 인종차별과 외국인 혐오주의에 노출되어 있어, 사회, 경제, 문화적으로 취약한 것이 사실이다. 영국에서 다양한 민간단체는 주로 저소득층 이주 학생들이 정규 교육에서 소외받지 않도록 관련 조사와 컨설팅, 권익보호에 앞장서고 있으며, 졸업 후에도 이들이 제대로 취업을 할 수 있도록 필요한 교육과 훈련 서비스를 제공한다. 말하자면 중도입국 다문화가정이 영국사회의 하층계급으로 전락하고 변두리에 존재하는 재생산의 구조를 타파하기 위하여 교육 — 고용 — 시민참여 프로그램을 유기적으로 연계하고 있다.

여섯째, 중도입국 아동 및 청소년의 교육 접근성 강화를 위해 정부와 민간의 멘토링 프로그램 전개가 두드러진 경향이다. 중도입국 다문화학생들은 이주로 인한 생애 전환을 경험하면서 낯선 교육체제에 부적응하게 되고 이것이 곧

학업부진으로 이어질 위험이 높기 때문에, 정규학교의 교육 프로그램의 학습효능감을 높이고 자존감을 강화하는 멘토링이 유의미하다. 단순히 교과목에서 높은 성취도를 나타내는 것을 넘어서, 학생들이 학습진도를 자율적으로 조절할 수 있도록 자기존중감(self-esteem)을 높이고 지속적인 동기부여가 필수적이다. 영국에 유입되면서 경제적, 문화적으로 열악한 환경에 노출된 중도입국 학생들은 자신들을 지지하고 도와줄 네트워크의 기반이 미약하기 때문에, 멘토링을 통한 상호작용은 효과적이라 할 수 있다(SPRC, 2010). 우선, 관련 사례로 영국 리즈(Leeds)에서 실시되고 있는 '흑인 및 소수 인종 학생 멘토링 프로그램'은 리즈 지역의 대학교와 연계해서 체계적인 멘토링 서비스가 이루어지는 것이다. 다문화적 배경을 가진 이주학생들을 위해 리즈 지역의 대학생이 멘토로 역할을 수행하고, 그 학생들이 중등학교에서 대학에 입학하는 경로에 대한 컨설팅 서비스도 병행하고 있다. 이를 위해 멘토링 전문가가 대학생 멘토들을 훈련시킴으로써 멘토링 효과를 극대화하는 데 주력한다. 그 결과 멘토링에 참가한 이주 학생들의 83%가 시험에서 학생 스스로가 정한 목표에 부합하는 '부가 가치(value added)'를 달성한 것으로 드러났다. 멘토링 프로그램을 통해 교사들도 영국사회에서 영어를 모국어로 하지 않는 소수 인종 이주민 학생들의 학업 부진을 '어쩔 수 없는', 모종의 고질적인 것으로 보던 선입견을 바꿀 수 있었다(OECD, 2009). 다음으로 민간에서 자율적으로 이루어지고 있는 난민 청소년 멘토링 프로젝트(Young Refugees' mentoring project)도 눈여겨 볼 필요가 있다. 이 프로젝트는 버밍햄(Birmingham)에 본부를 둔 Muslim Youthwork Foundation이 중도 입국한 난민 청소년을 위해 실시하는 것이다. 아프가니스탄 학생회(Afghan Students Association)와 협력하여 진행되는 이 프로젝트는 런던 등 주요 도시의 학교에서 공부하는 이슬람권 중도 입국 학생들의 역량을 강화하고, 사회 적응을 돕기 위해 자발적으로 전개되는 민간 교육지원 사업이라 할 수 있다. 그동안 영국 교육시스템에서 학업 실패와 부정적 경험을 가진 난민 학생들의 교육적 소외를 해소하고, 자신감을 고양하기 위해서 유사한 난민 배경을 가졌음에도 학업 성취를 이룬 선배 대학생들이 멘토로 활약한다. 멘토들은 구체적인 학습 방법 지도, 집중력 강화 훈련, 동기 부여, 학업 진로에 대한 상담서비스를 제공하고 교육체제에 부적응하는 다문화가정 학생들을 위한 삶의 가이드라인을 제시하는 광범위한 멘토링을 실시한다.

일곱째, 중도입국 다문화가정 학생의 교육을 위해, 영국 정부는 법률적 책무를 통한 학업 결손 방지 사업을 전개하고 있다. 이주학생의 높은 중도 탈락률을 개인의 문제나 낙오가 아니라, 전 사회적인 시스템으로 인식하는 것을 보여준다는 것을 보여주는 대목이다. 영국교육법(section 437 of the Education Act 1996, Education and Inspections Act 2006)에 의거하여 지방정부(LAs)는 모든 학생들에게 적절한 교육서비스를 제공하고 그들의 출석을 관리할 의무를 가진다. 정규학교 시간에 특별한 사유 없이 5일 이상 출석하지 않거나 학생의 비정기적 출결 그리고 불량한 학습태도는 학부모에 대한 벌금 집행 경고(penalty notices for irregular attendance)로 이어질 수 있다. 이러한 지방정부의 의무는 교육복지서비스 및 교육복지관리관(Education Welfare Service and its Education Welfare Officers)을 통해 총괄적으로 이루어진다. 이처럼 영국의 교육당국은 학령기 중도 입국자의 학교 적응과 학업 능력 신장의 첫 걸음을 완성시키기 위해 법률적 조치를 취하고 있다. 인종적, 문화적 소수자인 다문화가정 자녀들의 출석률을 높이고 이들을 학교제도 안에 통합시키기 위해서 안정적인 교육환경을 제공하는 것을 우선순위로 두고 있는 것이다. 지방교육청 역시 모든 학령기 중도 입국 아동 및 청소년이 의무교육을 받고 교육에 참여하도록 하는 법적 권한과 책임을 부여 받고 있다. 난민이건, 망명신청자건, 불법이주노동자의 자녀이건 간에 신분과 인종, 국적에 상관없이 보장되는 교육권을 지탱하는 제도적 장치라 할 수 있다. 아울러 다양한 교육적 요구를 가진 중도입국 학생들을 지원하기 위해서 지방교육청은 교사들을 훈련시키고, 지역 내에서 소수인종 이주학생에 대한 부정적 이미지를 불식시키기 위한 책무를 수행하게 된다. 중도입국 학생의 학업 능력 신장을 위한 법률적 조치는 궁극적으로 학교교육을 통한 사회화가 다문화가정 자녀들의 사회통합의 징검다리가 된다는 영국 정부의 신념을 보여주는 대목이라 할 수 있다.

2. 다문화배경을 가진 학생을 위한 학교 지원 방안

(1) 난민, 집시 배경의 중도 입국 학생을 위한 교육 지원 확대

영국의 중도 입국 아동 및 청소년의 주요 집단 중 하나는 난민 배경을 가진 이들이다. 난민은 인종, 종교, 국적, 정치적 이유로 박해와 공포를 피해 조국을 떠나 제3국으로 이주하는 사람을 말한다. 영국은 세계 9위의 난민 수용국가로서 2010년까지 238,000명의 난민을 수용했다(UNHCR, 2011). 난민으로 중도 입국한 아동과 청소년들은 다인종, 다문화적 배경을 안고 영국 교육체제에 편입되고 있다. 2003년 조사에 따르면 영국 학교에서 98,929명의 난민 출신 학생들이 재학하고 있는 것으로 나타났으며 그 중 65,734명이 런던 소재 학교에 다니고 있다. 그런데 이들은 영국사회에서 '타자'(other)로 인식되고 있고, 경제적으로 무능하고, 범죄와 연관되는 부정적 이미지로 인해서 학교에서 인종차별을 받거나 집단 괴롭힘(bullying)에 노출되어 있다(Department for Education, 2009). 이러한 사회적 인식은 난민 출신 학생들이 영국의 교육체제에 적응하는 데 큰 걸림돌로 작용한다(Gibbons & Telhaj, 2007). 게다가 그들의 부모가 영어를 구사하지 못하거나 혹독한 난민 캠프 경험으로 인해 심리적 외상을 입은 경우 자녀들은 가정에서도 적절한 교육지원을 받지 못하고 방치될 위험이 크다. 이 학생들의 높은 무단 결석률과 중도탈락은 중도입국 난민 자녀들이 교육기회에 제대로 접근하지 못하는 심각한 교육 결손을 겪고 있음을 보여준다.

난민 학생들에 대한 교육지원은 빈곤 취약 지역(disadvantaged areas)의 아동 및 청소년의 교육성취도를 높이고 이들의 사회참여를 증진시키기 위하여 1998년부터 실시된 'Education Action Zones(EAZ)' 사업과 연계해서 전개되어 왔다. 주로 인종적, 문화적, 경제적 소수자인 중도입국 학생들이 수혜대상이 되는데, 학교, 지역 민간 파트너, 자원봉사자로 구성된 액션포럼(Action Forum)은 다문화적 배경을 가진 이 학생들의 학업능력을 제고하고 교육 격차를 줄이기 위한 사업을 추진한다.

영국교육부는 각 학교에 장려금을 지급함으로써 중도입국한 난민 학생들을 개별적으로 지원하기 위한 언어프로그램을 실시하고, 보충학습을 실시하거나, 보조교사가 채용하여 학생들을 특별한 요구를 충족시켜 수준 높은 교육을 시킬 수 있도록 지원하고 있다. 실제로 처음 영국에 도착한 이주민, 난민, 망명신청자, 집시 가족의 아동들은 소수 인종 성취 장려금(Ethnic Minority Achievement Grant, EMAG) 혜택을 받을 수 있다(Ofsted, 2004). 2010년부터는 경제적 소외 계층인 이주학생들이 안정적으로 학교교육을 받을 수 있도록 학생당 약 80만원(£430)을 추가적으로 지원하고 있다. 비영어권 출신의 중도입국 학생들은 영어를 추가 언어(EAL)로 사용하는 학업부진 위험 군에 속하기 때문에 이들의 학업능력을 신장시키기 위한 특별 교육지원 서비스를 제공한다. 학생을 위한 개별적인 지원뿐만 아니라, 중도입국 난민 학생을 수용하는 학교에 대한 특별 재원을 제공하는 지원책이 전개된다. 특히 난민 관련 신분으로 영국에 입국한 아동들 가운데 7명 중의 한 사람은 취약아동장려금(Vulnerable Children Grant)을 받는다(Department for Education, 2010). 이 장려금은 난민 아동, 집시 아동, 무료급식 아동의 등록 수에 따라 해당 지역교육청으로 재원이 배당되어 다시 각 학교로 전달된다. 난민 배경을 가진 중도입국 학생에 대한 학교의 교육 지원 프로그램은 다양하다.

▸ 학교 적응을 위한 오리엔테이션의 제공
▸ 아동의 사전 교육 수준 이해를 위해 학부모 인터뷰와 교육 상담
▸ 아동 및 청소년 정신건강 서비스
▸ 목양지원프로그램(Pastrol Support Program)
▸ 학업과 생활 개선을 위한 멘토링
▸ 난민 경험의 부적 기능 해소를 위한 미술치료

　　물론 학부모가 교육에 열의를 두는 비영어권 출신 이주 학생의 경우 다문화적 배경을 가질지라도 일반 영국 학생들보다 더 높은 성취를 보이는 경우도

간혹 나타나지만, 대부분의 중도입국 학생들은 모국어가 아닌 영어로 다양한 교과수업을 따라 갈 수 없다(Henry, 2009). 이로 인해서 영국의 초중등학교들은 이주 학생들이 영어를 통한 기본적인 의사소통에 장애를 가진다면, 일반 교육체제의 표준 시스템에 급하게 배치하지 않는다. 몇몇 학교에서는 영어가 모국어가 아닌 학생들이 원하지 않을 경우 시험에서 제외하거나, 그들의 성적을 약 2년간 전체 성적에 포함시키지 않는다(Arnot & Pinson, 2005). 학급 배치의 속도와 교사 배치도 학생의 교육적 필요와 요구에 따라 조절되는 것이다.

이 밖에 중도입국 난민 가정 및 그 자녀를 지원하기 위한 커뮤니티 단위의 지역서비스도 실시된다. 예를 들어 웨이크필드(Wakefield) 지역에서는 난민 망명 신청자 지원서비스(NASS)를 통해 지방 정부가 총괄지원팀을 구성하여 중도입국 가족과 그 자녀들을 위해 사회복지, 주거, 교육의 혜택을 받을 수 있도록 조력한다. 그러나 학교 재원이 충분하지 못한 학교들은 이주학생에 대한 전문화된 특별지도를 충분히 제공하지 못하거나, 교사들이 난민 출신 중도입국 학생에 대한 이해가 부족할 경우에는 수업태도가 불손하고, 행실이 나쁜 학생으로 낙인찍는 경우도 종종 발생한다(Gibbons & Telhaj, 2007).

한편, 난민과 함께 영국에서 중도입국 이주학생들 중 가시적인 집단을 형성하는 것이 집시 유목민 출신 중도입국 아동 및 청소년이다. 교육당국은 이주학생들 안에서도 늘어가는 교육격차를 해결하기 위해 정책 입안을 세분화하고 있다. 같은 이주집단 내에서도 부모의 교육열이 높은 인도, 중국계 학생들의 학업성취도는 급격하게 상승하는 반면, 집시 유목민 출신의 학생과 아이리쉬계 이주민 배경(Irish traveller heritage)을 가진 학생들은 가장 낮은 성취도(lowest-achieving groups)를 보이고 있다. 그 원인으로는 가정의 경제적 빈곤, 부모의 높은 문맹률, 낮은 학업 동기, 높은 결석율과 집단 괴롭힘이 꼽힌다. 실제로 집시 이주학생들의 무상급식(FSM) 비율도 이주학생 집단 내에서 가장 높은 것으로 조사되었다. 중등학교에서는 45.3%, 특수학교에서는 57.5%가 무상급식을 제공받고 있다(Department for Education, 2009).

집시 출신 중도입국 학생들 돕기 위한 교육적 노력도 이루어지고 있다. 예컨대 '이주자를 위한 전국 교사 협의회'(National Association of Teachers of Travellers and Other Professionals, NATT)는 2008년부터 집시 출신 학생들의 교육 격차를 줄이고 학습동기를 강화시키기 위해 '집시 유목민 역사 문화의 달'(Gypsy, Roma and Traveller history month) 행사를 기획하여 유목민 출신의 학생들에 대한 교육적 편견을 줄이고, 해당 학생과 학부모를 초대하여 자신의 역사와 문화를 긍정하고, 교육체제에 융합될 수 있도록 지원하고 있다. 또한 1973년에 설립된 '집시 및 기타 이주자를 위한 고문 위원회'(Advisory Council For the Education of Romany and Other Travellers)는 약 40년 동안 영국 교육체제에 부적응하는 집시계 중도 입국 학생들을 위한 교육기회 확충 사업을 추진해 왔다.

▸ 집시 유목민(GRT) 배경을 가진 학생의 공정한 교육접근성 확대
▸ 집시 가족을 위한 안전한 주택 마련 지원
▸ 건강, 교육 등 다양한 공공 커뮤니티 서비스 활용 강화
▸ 집시 이주민에 대한 차별 불식과 우호적인 지역공동체 문화 형성

이처럼 영국교육부와 다양한 민간 협의체는 영국 사회에서 중도입국 집단의 큰 축을 형성하는 난민과 집시 출신 학생들이 교육적으로 소외되지 않고 학업을 신장시킬 수 있도록 지속적인 교육지원방안을 확충하고 있다. 그 신념의 기저에는 학교가 중도입국 학생들의 잠재적 역량을 계발하고 사회적으로 성장시키는 총괄적 허브(hub)라는 인식이 깔려 있다고 볼 수 있다.

(2) 소수 인종 성취 장려금(EMAG)

영국교육부는 이주배경을 가진 소수인종 학생들의 학업 능력을 향상하고 이들이 새로운 교육환경에 제대로 적응할 수 있도록 소수인종 성취장려금(Ethnic Minority Achievement Grant, 이하 EMAG)을 지급하고 있다. 이러한 조치는 학령기 중도입국자에 대한 교육지원을 효과적으로 실시하기 위해서는 개별 학생을 넘어서, 학교의 교육체제가 달라져야 한다는 인식에서 출발한 것이다.

교육부는 2010년/2011년에 3710억원(£206.6 million)의 EMAG 기금을 조성하여 영국 전역의 학교의 교육서비스 개선을 지원하고 관리해오고 있다. 중도에 영국 학교에 편입하고, 영어를 제2언어로 사용하는 다인종, 다문화 학생들은 이 장려 금의 혜택을 받을 수 있고, 그 학생들이 재학 중인 학교는 다양한 교육적 필요를 가진 중도입국 학생들의 교육격차를 해소하기 위해 교육과정을 개편하고 전담교사를 고용하여, 해당 학생에게 적절한 돌봄(care) 서비스를 제공하는 데 기금을 사용할 수 있다.

EMAG 지원으로 학생들은 안정적인 교육환경에서 자신의 능력을 발휘할 수 있는 발판을 제공받고, 학교는 이 기금을 활용하여 맞춤형 교육서비스를 제공할 수 있는 것이다. 현재 이 기금은 본예산에서 분리된 특별 기금(separate ring-fenced grant) 형태로 특정 시기에 배정되어 학교 재원으로 내려오기보다는, 2011년 4월부터는 지방교육청(LEA)과 학교운영위원회(Schools Forums)의 결정에 따라 연초에 전체 통합 예산으로 편성되어 각 학교 급에 지원된다. 기금을 받은 학교들은 전문 인력(EMA worker) 혹은 코디네이터(EMA coordinator)를 배치하고 이들이 관련 업무를 총괄하도록 전권을 위임한다.

한 예로 소수인종 비율이 43%에 달하는 스코틀랜드의 글라스고(Glasgow) 지역 중학교는 EMA 전문 인력을 채용하여, 그 담당관이 그동안 집단 괴롭힘에 시달리던 흑인계 중도 입국 학생들을 위한 세심한 지도와 컨설팅을 제공함으로써 학교문제를 개선할 수 있었다. '인종차별을 하면 안 된다'는 교사들의 일방적인 훈육이 아니라, 전 학교 차원에서 체계적으로 인종주의를 해소하는 건강한 학교문화를 만들어 가는 것이 가장 중요한 것이라는 점을 기저에 깔고 있다. 또 괴롭힘을 당하던 중도입국 다문화 학생들은 잦은 결석과 만성적인 학업부진에 빠진 상태였는데 EMA 코디네이터는 그들의 학업능력을 끌어올리기 위해서 방과후 보충수업을 실시하거나, 정규수업 프로그램을 활용하는 등 유연한 교육과정을 제공할 수 있다. 예를 들어 이주학생이 수학의 암산 단원을 따라 가지 못할 때, 몇 주 동안의 수학시간에 그 학생은 소그룹 학급 반으로 이동하여 특별 보충수업을 받거나, 자기 나라의 문화재와 역사를 담은 교재를 만드는 교육활동에 참여할 수 있다. 아울러 EMAG 재원을 통해 학교는 학부모 상담, 지역의 사회봉사 커뮤니티의 멘토링 사업을 유인하는 등 긍정적인 대안 개발을 마련하는 재정적 인프라를 확충했다고 볼 수 있다.

(3) 중도입국 학생 지도를 위한 다문화 교원연수

최근 영국학교의 인종적 다양성이 증폭하면서 간문화교육(Intercultural Education)과 다문화적 접근(multicultural approach)이 더욱 강조되고 있다(NALDIC, 2011). 교육과정을 통해서 문화간 차이와 다양성을 이해하고, 특정한 인종적, 종교적 배경을 가진 학생들을 효과적으로 지도하는 것이 교사의 주요 역량 중 하나로 부각되고 있는 것이다. 국제이주는 학교와 학교구성원들에게 새로운 변화를 불러일으키기 때문에 교사들은 다양한 문화에 대한 공감적 이해도를 높이고 의사소통 기술을 향상시키는 교수 능력이 요청된다(김진희, 2011). 특히 영국은 EU의 확장으로 인해 유럽 내 이주민들이 자녀유학, 영어교육, 학위 취득 등 교육적 목적으로 선호되고 있는 이주 수용국가이다. 따라서 유럽 내 국경의 이동이 보다 자유롭게 이루어지면서 학교교육에서 간문화적 다양성(intercultural diversity)이 중요시되고 있다. 이러한 맥락에서 다양한 교과 내 교육과정의 각 요소들을 다문화주의와 연계하는(curricula topics associated with multiculturalism) 능력이 교원 전문성 개발 연수에 중요한 부분을 차지하게 되었다(EURYDICE, 2004). 이는 교사가 다문화적 자원을 가진 중도 입국 학생들을 그들의 교육적 요구도에 따라 체계적으로 가르치고, 학생들이 이주로 인해 구성된 자신의 초국적 교육 경험(transnational educational experience)을 긍정적으로 받아들일 수 있도록 이끌어주는 다문화 촉진자로서의 역할을 수행해야 한다는 점을 시사한다.

영국 초등학생의 약 10%(658,670)의 학생들은 영어를 제2언어로 사용하고 있고 매년 그 수치는 증가하는 추세다. 잉글랜드 전역에서 사용되는 언어의 종류만 200개가 넘는다(Department for Education, 2011). 이에 따라 영국교육부는 이주청소년을 지도하는 교사를 위한 평생 직능 계발 연수(continuing progressional development, CPD)를 실시하고 있다. 본국에서 태어나 학교를 다니다가 새롭게 영국 학교에 편입한 학생들을 가르쳐 본 경험이 없거나 난민, 망명신청자, 집시 그룹에 대한 지식과 정보가 부족한 교사와 학교장이 주요 대상이다. 중앙부처와 지역교육청은 학교 급마다 우선적으로 요구하는 교원 연수의 내용과 방법이 다르므로 상황에 따라 개별 교사별로, 혹은 집단별로 맞춤형 교육 훈련을 실시하고 있다. 그러나 교육당국은 기본적으로 영국 전역의 학교들이 관련 연수를 받도록 권고하고 있다. 따라서 전 학교의 구성원, 일반 교사, 시간제 교사, 보조교사, EMAG 전담 인력도 교원연수에 참여할 수 있다. 언어적, 인종적, 문화적으로 다양한 배경을 가진 이주학생들을 가르치는 교원 직능계발 연수의 모듈은 크게 4가지 구조로 이루어진다. 예컨대 EAL 교사를 위한 연수 프로그램은 아래의 표로 간략화될 수 있다.

<표 2> 교원 연수 모듈	
모듈 1 새로운 학생을 환영하기(A-Z까지)	모듈 2 이주학생평가
모듈 3 교수 학습 방법론	모듈 4 학교 차원의 역량 강화

Department for Education(2005, p. 56)

이 프로그램에서는 처음 학교에 도착한 이주학생을 맞이하는 인사, 분위기, 말 걸기, 눈높이 맞추기, 학부모 인터뷰(모듈 1) 등을 포함하고, 학생들의 성취도의 평가와 교원 스스로 자신의 교수 방법과 의사소통 수준을 평가하는 방법(모듈 3)과 중도입국 학생들의 학업 능력 향상을 위한 효과적인 교수학습법(모듈 2)을 다루며, 마지막으로 학교 내에서 문화다양성을 효과적으로 활용하고 하나의 교육 자원으로 끌어올리기 위한 전 학교 차원의 총체적 발전 방안(모듈 4)을 구안하고 있다.

본 연수에 참여한 교사들은 중도 입국한 학생들의 학습격차를 해소하고, 다양한 교육기법을 활용하기 위해 학습 맥락별로 교육과정을 진단하고 세분화한다. 아울러 학생의 입학 – 학부모 상담 – 배치 – 수업 진도 관리 – 보조교재 및 자료 지원 – 학업 성취 평가 – 전반적 학교 적응에 이르는 일련의 과정을 유기적으로 지원할 수 있도록 단계별 지도 그리기(procedural instruction mapping)를 습득하게 된다. 이러한 직능 연수 프로그램을 통해서 다양한 직무를 가진 교원들은 다문화가정의 학생을 교육하는 데 각자의 역할을 돌아보고, 실전에서 활용하는 힘을 갖는 것을 도모한다. 또한 직무 연수에 앞서, 지방교육청은 중도입국 학생의 학교적응을 위해서 단계별 점검표를 각 학교에 나누어주고 교사들의 세심한 역할을 점검한다(Department for Education, 2005: 70).

그 밖에 영국의 지방교육청은 14세 이상의 다문화가정 청소년의 학업을 지원하는 교사들을 위한 학습공동체를 지원하고 관련 교수자료를 제공한다. 중등학교 학생들을 지도하는 교사들은 초등학교 학생들과 달리, 수업과정에서 반성적 경험(reflective experience)을 활용하는 사고력을 강조하는 심층적 학습자료를 필요로 하기 때문에 이주청소년을 위한 다양한 교재개발과 직무연수가 무엇보다 중요하다고 볼 수 있다. 이러한 측면에서 볼 때, 다문화 교원연수는 이주학생의 성공적인 학교적응과 잠재력 계발을 도모하기 위해서 교원의 전문성 강화가 변화와 성장을 이끄는 핵심이라는 인식을 보여준다.

3. 교육지원체제 성공 사례

2004년 실시된 EMAG 사업 평가에서 소수인종 출신의 비영어권 이주학생을 성공적으로 지원한 학교들이 선정되었다. 이들 학교들은 상이한 교육환경과 전략에 따라, 이주 학생들을 개별적으로, 다양한 교육적 필요에 맞게 지원하고 있었다. 우수 사례로 선정된 학교들은 공통적으로 7가지 성공원리를 가진 것으로 이해된다(Ofsted, 2004).

▶ 다문화가정 학생의 높은 학업 성취(high achievement)
▶ 동등한 기회 제공(equal opportunities)
▶ 교내에서 문화다양성의 가치 확산(valuing of cultural diversity)
▶ 안전한 교육환경 제공(provision of a secure environment)

▸ 인종차별 근절의 중요성 강조(importance of challenging racism)

▸ 소수 인종 학생의 학업능력 향상 업무를 학내 중심부로 배치(centrality of EMA work)

▸ 학부모 및 지역커뮤니티와의 파트너십 형성(partnership with parents and the wider community)

이러한 원리를 바탕으로 교육지원체제 성공 사례로 손꼽히는 두 개 학교를 중심으로 그 특징을 검토하고자 한다.

(1) Shawclough Community 초등학교

우수 사례 중 하나로 맨체스터 근교에 위치한 로쉬데일(Rochdale)의 Shawclough Community 초등학교를 살펴볼 수 있다. 이 학교는 학생들의 전입과 전출이 잦은 학교로서, 학생들이 지역 커뮤니티의 시설을 활용할 수 있는 교육기회를 확대시키고, 정규 수업 전과 방과 후에 소수인종 이주 학생들에게 보충 수업을 실시하였다. 대부분의 학생들은 백인계 영국인이지만, 최근 중도입국한 소수인종 학생들의 비율이 급격하게 증가하는 특징을 가진다. 특히 파키스탄계 학생의 유입과 중국계 학생의 비율이 높아지고 있는 것이다.

▸ 무상급식 수혜 학생 비율: 21.4%

▸ 소수 인종 학생 비율: 21.2%

▸ 소수 인종 성취 장학금을 받는 비율: 20.9%

▸ 언어적 분포: 영어 79%, 우르두 19%, 중국어 0.5%

▸ 소수 인종 성취 기금(EMAG): 약 3,440만원(£19,136)

▸ 소수 인종 성취 기금 전담관: 전일제 보조 교사(이중언어 구사자) 배치, 파트타임 보조 교사(단일 언어 구사자)

▸ 학부모 참여 유인 방법: 다문화적 유산을 축복하고, 학교 내 자원으로 기여하도록 다양한 행사 기획(Eid Fashion Show, Ramadan Club, Asian Music 등)

▶ 학교와 지역사회 연계 프로젝트: 우르두 프로젝트, 가정-학교 연대 활동,
  가족 문해 세션, 교육과정에 대한 실시간 정보 제공, 방과후 학교 서비스
  제공

　이 학교는 2002년 종합 시험 결과, EMAG 지원을 받던 학생들이 전년도에
비해서 영어, 수학, 과학에서 평균보다 높은 점수를 획득했으며, 비슷한 수준의
EMAG 재원을 투입한 학교들 중에서도 수학과 과학 교과 성적이 상위 5%를 기
록하는 성과를 도출했다(Department for education and skills, 2004). 학교장은 자
신의 학교의 성과에 대해 '교육은 인종적, 문화적, 언어적 배경을 달리하는 모든
학생들을 포용하며 총체적으로 이루어져야 한다'는 점을 강조했다. 교내의 인종
차별을 없애고 상호존중과 협동정신을 함양하는 다양한 교과 외 프로그램을 실
시한 점이 주목받는 것이다. EMAG를 효과적으로 집행하기 위해, 학교 측은 파
키스탄계 학생을 위한 이중언어 교재 및 학습자료를 구입하고, 상시 보조 인력
을 고용했다. 또한 EMA 담당자의 연수를 지원함으로써 교사들은 다문화적 배경
을 가진 학생들의 교수학습 방법론 습득, 평가, 학부모 및 지역단체와 네트워크
를 쌓는 법 등을 배울 수 있었다. 영국 학교생활을 처음 경험하는 학생을 위해
1:1의 면담과 학습상담을 진행하고, 소규모 학습 그룹을 조직해서 다양한 교재
를 활용하고 이주 학생의 학업을 보충하였다.
　특히 Shawclough Community 초등학교가 주목받는 이유는 EMA 전담 교
사가 주축이 되어 학부모의 참여와 의사소통을 정례적으로, 자연스럽게 이루어
냈다는 점이라 할 수 있다. EMA 교사뿐만 아니라 학교 전체 구성원들은 소수인
종 학생들에 대한 높은 기대감을 표현했고, 최상의 교육을 제공하기 위해 모든
교사가 협력했다는 점이 성공 요인으로 손꼽히고 있다.
　다만 이 학교가 부딪힌 큰 난관 중 하나는 한정된 EMA 재원구조로 인해서
실력을 갖춘 전담 인력을 채용하고, 해당 인력에 대한 지속적인 연수와 훈련을
제공하는 문제였다. 재원을 받고 집행하는 일련의 과정들을 효율적으로 관리해
야 하는 학교측에게 적임자를 찾고 이를 활용하는 인적 관리는 중대한 이슈이기

때문이다. 그럼에도 불구하고 Shawclough Community 초등학교가 우수 사례로 선정된 이유는 비영어권 출신의 다문화가정 학생들이 많은 대부분의 학교들이 영어교육에만 몰두하는 반면, 이 학교는 다문화를 활용한 교육 경쟁력을 도모하고 건강한 학교문화를 확산시키기 위해 보다 총체적인 교육서비스 질 개선을 도모했다는 점에서 특징을 가진다. 다시 말해 학생의 필요를 반영한 교재를 개발하는 교육과정적 노력과 문화다양성을 학생들이 긍정하고 다문화가정의 학부모도 소외되지 않고 참여할 수 있는 '참여와 어울림의 학교 문화'를 조성하여 궁극적인 학업능력의 신장을 모색했다는 점을 인지할 필요가 있다.

(2) Wilbury 초등학교

중도입국 다문화가정 학생이 많이 재학 중인 Wilbury 초등학교는 런던 도심에서도 사회경제적 취약계층이 많이 거주하는 지역에 위치하고 있다. 주로 지역의 공공임대주택에 사는 재학생이 많고, 학생의 5분의 1이 난민과 망명신청자의 자녀들이다. 이 학생 중의 절반 이상이 직전 학교 경험이 없는(no pre-school experience) 것으로 조사되었다.

- ▸ 무상급식 수혜 학생 비율: 54%
- ▸ 소수 인종 학생 비율: 81%
- ▸ 소수 인종 성취 장학금을 받는 비율: 58%
- ▸ 언어적 분포: 영어, 터키어, 소말리아어, 트위(가나어) 등 총 51개 언어
- ▸ 소수 인종 성취 기금(EMAG): 약 2억2천만원 (£123,027)
- ▸ 소수 인종 성취 기금 전담관: 전일제 EMA 코디네이터, 전담교사 4명, 보조교사(이중언어 구사자) 2명
- ▸ 특징: EMA 부서 구성(소수 인종 학생에 대한 지원을 학교 중심 업무로 배치), 인종 차별 방지를 위한 엄격한 평가와 모니터링 실시
- ▸ 학부모 참여 유인 방법: 학부모를 위한 ESOL 교실, 가족 문해 프로젝트, 터키어 읽기 프로젝트, 흑인 역사의 달(Black History Month), 이슬람 커뮤

니티와 함께하는 다문화 수학 배우기(multicultural maths week)

이 학교는 런던 소재 학교들이 영국 전역에서 가장 많은 다문화 이주학생을 흡수하는 현상을 보여주는 대표적 사례이다. 특히 난민 배경을 가지고 중도에 입국한 학생들이 압도적인 비율을 차지하고 있어서, 난민에게 제공하는 공공주택의 여건에 따라 학생의 전학과 전입이 매우 빈번한 학교로 평가된다. Wilbury 초등학교가 우수 사례로 선정될 수 있었던 것은 재학생의 유동성이 매우 높고, 학교 교육 경험이 없는 아동들이 절반 이상을 차지하는 불안정한 교육 조건 속에서도 재학생들의 중도탈락률이 낮고, 높은 출석률을 기록하고 있다는 점에서 기인했다. 이것은 학교가 인종적, 문화적 소수자인 재학생들에게 지속적인 학습 동기 프로그램을 실시하고 있음을 보여준다. 특히 인종차별을 철저하게 금지하고 아동의 문제 행동을 개선시키는 멘토링 프로그램을 실시한다는 명성으로 인해 많은 난민 출신 학부모들이 Wilbury 초등학교 등록을 희망하고 있는 것으로 나타났다.

재학생의 80% 이상이 소수인종 배경을 가지고 있기 때문에 이 학교는 따로 EMA 부서를 구성해서 모든 학생들의 교육접근성을 높이고, 기초학력을 신장하기 위한 전략개발과 실행을 주도하였다. 이 학교의 EMA 부서는 학교수업뿐만 아니라 학생들의 생활 전반을 돌보고 관리하기 위해 다양한 프로젝트를 실시했다. 교육부에서 조달된 EMAG 재원은 교육과정 개발과 평가를 위해 사용되었고, 주로 학교와 가정의 파트너십을 형성하기 위한 행사에 활용되었다. 여기서 주목할 점은 학교의 거의 모든 교사들이 매년 돌아가면서 EMA 부서의 구성원이 된다는 원칙이 세워졌다는 점이다. 이것은 이주 학생을 지원하는 업무가 학교내 교사가 기피하는 주변화된 직무가 아니라, 학교의 중핵적 업무로 인식되어 일반 교사들도 다문화 배경을 가진 중도입국 학생의 적응과 학력 향상에 적극적인 관심을 기울여왔다는 점을 보여준다.

예를 들어, 이주학생을 효과적으로 가르치기 위하여 다양한 교과의 교육과정 마다 다문화적 요소를 융합하는 것이 필요한데, 이러한 교재 개발 작업에서

EMA 부서와 교육과정 부서(curriculum teams)와의 협력이 필수적으로 이루어졌다. 가령 'Turkish Cypriot Writing Project'는 터키 출신의 이주학생을 효과적으로 가르치기 위해서 교사들은 부서간 학습공동체를 조직해서, 우수한 교재 개발 및 교수 학습 기법을 서로 배울 수 있었다. 교사들은 자신의 수업 능력을 동료 교사와의 모니터링을 통해 자가 연수를 실시하고, 학부모와 학생들은 그에 대한 만족감을 표시하였다. 예컨대 EMAG 재원을 활용한 학습발표회에서, 케냐와 우간다의 오랜 난민촌 생활로 인해, 10살의 나이에 생애 처음으로 학교를 다녀 본 소말리아 난민 출신 재학생은 '학교 수업을 통해 나는 안전하고 귀한 사람이라는 점을 느꼈다'고 소회를 밝히기도 했다.

다양한 교육프로그램을 통해 Wilbury 초등학교는 교육과정을 학생들의 필요와 요구에 맞도록 맞춤형 교수법을 개발하면서 포용적이고 협력적인 학교문화를 이룰 수 있었다. 아울러 교사들이 스스로 주도하여 중도입국 재학생을 위한 교육자료를 구성하고 교재를 재구성하는 자발적 움직임을 보였다는 점에서 '교육력 향상을 위해 학내 구성원의 유연한 파트너십'이 우수 사례의 성공 원리를 보여준다고 할 수 있다. 그렇기에 중도입국 학생들의 학습 결손을 보완하고, 그들의 잠재적 능력을 개발할 수 있도록 협력한 교사공동체의 연대는 매우 중요하다. 마지막으로 Wilbury 사례는 전문적인 능력을 가지고 권한을 위임 받은 전담교사들이 이주 학생의 학교생활 전면에 개입하고 체계적인 학습의 가이드라인을 제공했다는 점에서 유의미한 교육지원 방안이 실천되는 구체적인 맥락을 보여주는 사례라 할 수 있다.

Ⅳ. 결론 및 시사점

지금까지 이 연구는 영국에서 추진하고 있는 중도입국 다문화가정 학생을 위한 교육지원체제의 방향과 특성, 그리고 다양한 교육정책 및 실천의 제 영역을 분석하였다. 국제결혼을 매개로 확산되고 있는 다문화가정과 그 자녀의 중도입국이 주류를 이루고 있는 우리나라와 달리(이재분 외, 2010), 영국의 중도입국 학생의 구성은 동유럽 및 영연방 국가의 이주노동자와 그 가족, 국제 난민 및 망명신청자 그리고 집시 유목민의 배경 등 매우 다층적이다. 이에 영국 교육당국은 소수 유색 인종이면서 비영어권 출신의 이주 학생들을 위한 포용적인 교육 정책 입안은 물론 세부적인 교육 지원 사업을 실시해 왔다. 이 연구의 결론을 대신하여, 전술한 분석 내용을 토대로 논의와 시사점을 도출하고자 한다.

첫째, 중도입국 이주학생의 성공적 통합은 결국 학교-가정-지역 커뮤니티의 3자간 파트너십에서 이루어진다. 본문에서 분석한 난민 출신의 재학생이 많은 학교의 성공과 중도입국 학생들의 학업성취 우수사례에서 발견된 공통점 중 하나는 학부모의 높은 참여(high level of parental participation)와 지역공동체의 긴밀한 네트워크로 밝혀졌다. 학교는 다문화적 배경을 가진 학생들을 위한 교수 행위만 집중한 것이 아니라, 학부모와 난민커뮤니티 그룹, 지역 사회봉사 단체를 연계하는 긴밀한 네트워크 기능을 수행했다. 대개의 경우, 난민 배경을 가진 학부모들은 학교 참여 경험의 부재로 인해 학부모의 참여의 의미가 무엇인지 모르는 경우가 많거나 영어를 통한 의사소통의 장애로 인해 학교와 '접촉'하는 자체가 새로운 경험이다. 실제로 난민 학부모의 70% 이상은 영어를 구사하지 못하는 것으로 나타났다(Department for education and skills, 2004). 이에 따라 영국교육부는 중도입국 아동 및 청소년의 지속적 출석과 학업성취를 위해서는 학부모 참여를 지속적으로 독려해 왔다. 예를 들어 학교는 정례적으로 학부모와 함께 하는 아침 커피 모임(coffee morning for parents), 학부모의 밤(parents' evenings) 등 다양한 교육사업의 참여를 독려함으로써 비형식적으로 학부모와 교감하고 학생의 학업성장을 끌어올릴 수 있는 소통 공간을 마련하는 것이 좋은 방법으로 제시되었다. 학교와 가정의 긍정적인 연계를 지원하는 정책은 중요하다. 또한 지역 커뮤니티는 학교와 협력 체제를 갖추어 종종 통역서비스를 제공하거나 긴급 상황에 서로 지원할 수 있기 때문이다. 그 밖에 지역 내 유스 클럽(youth clubs), 시니어 클럽(senior citizens' clubs), 여성 단체 등 다양한 커뮤니티는 난민 경험을 가진 학부모와 학생을 환영하고 격려할 수 있도록, 요리대회, 이

달의 문화 학습, 스포츠활동 등에 초대하여 다양성을 존중하는 긍정적인 지역공동체 문화를 조성하는 역할을 수행한다. 결국 이러한 경험들을 통해 이주 학생들은 새로운 교육환경에 융합되고, 사회적 상호작용을 거친 독립적 인격체로 성장할 수 있는 발판이 되기 때문이다.

둘째, 다문화 배경을 가진 이주아동 및 청소년을 지원하는 학교는 전담 인력 배치를 통해 체계적이고 전문적인 교육 역량 강화 프로그램을 전개하는 것이 특징적이다. 중도입국 학생들의 교육 격차를 해소하고 학업 능력을 신장시키는 성과를 도출한 학교들은 해당 학생을 위한 맞춤형 교육을 실시하기 위해서 전담 인력을 배치하였다. 이주학생들이 수업 내용을 잘 따라갈 수 있도록 전담 보조교사가 길잡이가 되어, 해당 학생을 위해 적절한 학습진도를 조절하는 동시에 학생들이 새로운 학교문화에 적응할 수 있도록 지원한다. 관련 교육과 연수를 받은 전담인력은 학생들의 학업 전반을 관리하고 부모와의 연락을 담당하고, 교육자원의 조력과 컨설팅을 해주는 지역 커뮤니티를 연계함으로써 인종적 소수자이자, 문화적 취약계층인 다문화가정 학생들이 지속적으로 학교체제에 통합될 수 있도록 조력한다. 특히 해당 지역에 난민 관련 커뮤니티가 있다면 해당 학생과 학부모가 커뮤니티 활동에 참여할 수 있도록 이끄는 학교의 허브 역할을 직접 수행하는 전담 인력의 존재는 중요하다.

셋째, 영국의 학교들은 중도입국 학생의 교육 접근성을 강화하고 우수한 교육서비스를 제공하기 위하여 다양한 생활지도 및 보살핌(good pastoral care) 사업을 병행하고 있다. 비영어권 국가에서 영국 학교에 편입된 학생들은 영어로 읽고 쓰고 듣고 말하는 것에 대한 좌절감을 느끼기 쉽고, 새로 직면한 교육 환경 자체가 낯설다. 특히 중도입국 이주학생 중 극적인 생애 경험을 한 난민 학생의 대부분은 전쟁, 폭격, 상실, 난민촌 생활의 빈곤, 폭력 등 심리적 외상을 가지는 경우가 많다. 이들을 위한 교육적 지원은 단순히 교과목에 대한 학습뿐만 아니라, 교육을 안정적으로 받기 위한 심리적 건강 서비스(Child and Adolescent Mental Health Service)와 멘토링을 동반하면서 이루어지고 있다. 이주학생들이 본국에서의 경험을 부정하고 망각하는 것이 아니라, 새로운 교육과정에서 자신의 경험을 통합적으로 연계하여 외상을 극복하고 긍정적인 자기효능감을 가질 수 있는 프로그램을 실시하는 것을 주목할 필요가 있다. 또한 앞서 기술하였듯이 영국의 학교들은 지역 커뮤니티와 연계하여 학부모에 대한 세심한 지원을 마련하고 있다. 예를 들어 난민 지위로 중도 입국하면서 수반된 상처와 스트레스를 경감시킬 수 있도록 커뮤니티 기반의 상담 서비스를 연계하는 것이다. 이처럼 이주학생 및 그 가족에 대해 일방적인 영어교육이나 문화체험에만 치중하기보다는 학습결손 보완을 위한 방과후 교실과 전문 학습 지도, 심리상담, 지역 멘토링 프로그램 실시를 통해서 궁극적으로 학생들이 안정적인 교육서비스를 누릴 수 있도록 지속가능한 교육지원 방안에 힘을 쏟고 있다.

물론 본 연구에서 살펴본 영국의 사례가 다문화교육의 이상적 모델이나 단명한 해답을 제시하는 것은 아니다. 영국 정부가 개발하고 시행하는 체계적인 교육정책과 사회통합의 정신과 달리, 여전히 인종차별에 취약한 다문화가정 학생들은 교육시스템에서 높은 중도탈락률과 낮은 학업성취도로 인해서 영국 주류 사회로의 진입 장벽에 부딪히고 있음을 부인할 수 없다(OECD, 2009). 그럼에도 불구하고 영국의 교육체제는 중도입국 학생을 위한 총론과 각론을 세부적으로 마련하고, 다각적인 노력과 실험을 경주하고 있다는 점에서 유의미한 시사점을 제시한다. 특히 2000년 후반부터 급속하게 유입되는 이주학생을 위해 교육부는 '모든 학생을 위한 교육 수월성 강화'(Excellence for All)를 도모하여 왔다. 교육 소외 계층에게 실질적인 교육 접근성을 강화시키고, 그 학생들의 잠재적 능력을 개발하기 위한 영국의 사례는 한국의 다문화가정 아동 및 청소년에 대한 교육 지원책 마련에 중요한 함의를 제공한다.

첫째, 중도입국 이주학생에 대한 확장적 이해를 위해 폭넓은 기초연구와 교육요구조사가 요청된다. 그동안 단일민족과 국적주의에 기반을 둔 우리나라 교육체제에서 인종적·문화적·언어적 배경을 달리하는 다문화 배경을 가진 학습자는 주목받지 못했다(김진희, 2010). 다인종·다문화사회로 급속하게 재배치되는 우리사회에서 학령기 중도입국자를 포함한 다문화가정 자녀의 교육문제는 더 이상 방관할 수 없는 문제이다. 영국의 사례처럼 사회취약계층에게 보다 체계적이고 세심한 정책을 마련하여 '모든 이를 위한 교육'(Education for All)의 기틀을 닦아야 할 시점에 당도한 것이다. 중도입국 이주학생의 문제는 다문화되고 있는 교육환경에서 우리 교육이 얼마나 제대로 그 역할을 수행하고 적실한 교육정책을 입안하는가를 보여주는 중대한 지점이다. 이를 위해 그동안 조명되지 못했던 음지의 교육계층을 다면적으로 이해하고, 그들의 특별한 학습요구를 파악할 수 있는 포괄적인 조사가 필요하다. 이것은 중도입국 아동 및 청소년들이 사회 주변부로 전락하는 것을 예방하고, 교육적 대안을 마련하기 위한 첫 단추라 할 수 있다.

둘째, 변화하는 일선 학교 현장에 필요한 효과적인 교수학습 형태와 다문화를 효과적으로 융합한 교육 자료가 개발되어야 한다. 영국의 사례가 보여주었듯이, 우리 교육은 이제 소수인종 학생들의 낮은 학업성취도를 끌어올리기 위하여 우수한 교수법을 개발하고 다문화적 요소를 교육과정에 적극적으로 통합시키는 가이드라인이 개발되어야 한다. 학교와 교사는 다양한 교재와 교육 자료를 활용해서, 다문화적 배경을 가진 학습자의 학업부진을 해소하고 교육성취도를 높일 수 있다. 새롭게 개발된 자료를 다양한 모듈과 교육과정(정규 수업 전, 정규 수업 과정 중, 방과후, 방학 기간 활용 등)을 융합하여 활용하고, 어떠한 교수학습형태와 교수설계방법이 중도입국 학생들의 학업 능력 신장을 가장 성공적으로 견인할 수 있는지 연구해야 할 시점이다. 여기서 다문화적 교육 자료는 이주학생의 지도에만 활용되는 것이 아니라, 학급 전체의 교육과정에 활용됨으로써 일반 학생들의 다문화적 공감과 친화력을 고양할 수 있도록 해야 한다. 이러한 방향은 다문화주의라는 새로운 변화를 맞이하는 학교현장의 시행착오와 부담을 줄이는 데 기여할 수 있다.

셋째, 중도입국 다문화가정 학생을 전문적으로 지도하기 위해서 교원 역량 강화와 관련 연수가 필요하다. 교육의 질은 교사의 전문성 신장과 성실한 참여에서 완성될 수 있다. 영국의 사례는 교사의 역할과 참여가 중대하다는 점을 역설하였다. 중도입국 학생을 성공적으로 지원한 학교의 사례는 전문성을 갖춘 교사의 적극적인 개입의 중요성을 보여준 것이다. 따라서 영국의 교육당국은 이주

학생의 잠재력을 최대화하고 학업 성취를 도모하기 위해 교사들이 지속적으로 전문성 개발 연수에 참여하도록 독려했다. 문화다양성이 확산되는 교육환경에서 교사들은 국제이주로 인해 다문화적 배경을 가진 학생의 상이한 교육적 필요를 분석하고, 효과적인 교수학습법을 개발하고, 나아가 적절한 교육방법을 활용해야 하기 때문이다. 분명히 취약계층 학생의 교육성과는 교사의 능력과 지속적인 역량 개발 노력에 따라 다른 결과를 도출할 수 있다. 이에 우리나라의 교육정책은 이러한 다문화역량 강화 교원 연수를 주변부로 치부할 것이 아니라, 변화하는 교육환경에 교사들이 적극적으로 대응할 수 있도록 '학습하고 발전하는 교직문화'를 형성하는 기틀을 마련할 시점이다.

넷째, 이주 학생들의 교육 기회 확장을 위해서 학교 담장을 뛰어 넘는 사회적 파트너십이 강화될 필요가 있다. 다문화사회의 교육 환경의 변화는 서로 상이한 사회문화적 배경을 가진 학생들의 다양한 학습경험과 문화적 자산을 중시하고, 이를 긍정적으로 활용하는 사회적 네트워크가 중요하다. 이주청소년들이 사회적 차별과 격리를 해소할 수 있도록 또래 학생들과의 교육적 만남을 지속적으로 지원할 필요가 있다. 단순히 한국어교육이나 문화체험 프로그램에 지엽적으로 머물러서는 안 된다. 보다 포괄적인 상호작용이 요청된다. 이제 교육은 학교 교육 울타리에만 이루어지는 것이 아니라, 가정, 산업체, 지역공동체, 시민단체 등과의 협력을 통해 평생교육 차원에서 전개될 수밖에 없다. 그렇기에 오늘날 학교 교육체제가 가지는 물적·인적 자원의 한계를 네트워크를 통해 보완하고 사회 전반적으로 다문화적 감수성을 키우는 작업이 수반되어야 한다. 중요한 것은 이러한 다자간 파트너십의 중심에 학교가 존재한다는 것을 영국의 사례가 보여주었다. 앞으로 우리나라의 학교는 다문화가정 학생들에게 교과 지식만 가르치는 것이 아니라, 이들이 한국 사회의 새로운 구성원으로 활약하고 지역 공동체에서 자신의 역할을 당당하게 수행할 수 있도록, 학교 외부의 자원을 지원하고 연계하는 허브(hub)로 재구조화되어야 할 것이다.

다섯째, 이주 학생의 꿈과 비전을 심어주는 자신감 제고 프로그램이 필요하다. 새로운 교육 체제에 적응하는 과정에서 학생들은 언어적, 문화적, 계층적 장벽으로 인해 낮은 학업 성취동기, 부정적 교육 경험 그리고 교육적 기대감 저하라는 문제에 직면하고 있다. 즉 왜 공부해야 하는지, 교육을 통해 어떻게 달라질 수 있는지 학습목표와 삶의 비전의 부재가 만연하다. 이것은 다문화가정 학생들이 한 사회의 주체적 시민으로 성장하는 걸림돌로 작용할 수 있다. 실제로 이주가 학생의 학업성취에 미치는 영향을 분석한 연구들은 잦은 이주(high level of mobility)와 학교 이동은 해당 학생은 물론 학교 측에도 부정적인 영향을 준다는 것을 보여준다(Gibbons & Telhaj, 2007). 초등학교 저학년 학생들의 중도 입국은 학습자가 해당 국가의 종합적 교육과정의 내용을 학습하는 데 분절적 장애를 가져오고, 성인으로서 정체성을 형성하는 예비 단계에 놓인 중고등학교 학생들에게도 사회문화적 공백을 불러일으킬 우려가 높다. 이러한 문제의식을 자각한 영국의 교육계는 이주학생의 교육 격차와 무력감을 해소하기 위해 비전을 심어주는 다양한 프로그램을 실행하여 왔다. 본문에서 분석한 소수인종 성취장려금(EMAG) 인력의 전문성과 커뮤니티 기반의 다양한 교육지원 프로그램이 그것이다. 이제 우리 교육은 다문화 배경을 가진 이주 아동 및 청소년의 목소리에 귀를 기울이고 그들이 꿈을 실현할 수 있는 자신감을 고양하는 교육사업을 실천해야 할 것이다. 높아진 자신감과 목표의식은 그들의 학업 능력 신장은 물론 사회적 역량을 키우는 씨앗이기 때문이다. 이주 학생들의 교육적 열망과 비전을 세울 수 있도록 모든 교육적 지원을 아끼지 않아야 한다.

　　여섯째, 이주 학생을 위한 수준 높은 교육을 실현하기 위해 특별 재원이 마련되어야 한다. 영국의 EMAG는 이주 학생들을 수용하는 학교의 부담을 최소화하고 성공적인 교육성과를 도출할 수 있는 물적 인프라를 확보해 주었다. 변화에 직면한 학교와 교사들에게 일방적인 노력과 헌신만을 강요하는 것이 아니라, 실질적으로 개혁을 이끌 수 있는 자원을 제공할 필요가 있다. 우리의 교육체제와 상황에 맞게 재원의 규모와 방식을 전향적으로 검토하여 학교 현장의 변화를 적극적으로 주도하는 방법을 구안해야 할 시점이다. 가령 특별 지원금을 통해 우리 사회에 존재하는 이주민(결혼이주민, 이주노동자, 유학생, 난민 등)을 적절한 교육과 연수를 통해 보조교사로 채용하고, 이들이 자신의 문화적 자원을 활용할 수 있도록 우리나라 교육 환경과 인력 배치를 다문화적 맥락에 맞게 디자인하는 것도 좋은 대안이 될 수 있다. 이러한 노력은 교육경쟁력 강화와 사회통합의 길을 열어주는 작은 시발점이 될 수 있을 것이다.

　　궁극적으로 이 연구는 우리 교육체제가 다인종·다문화사회에서 '함께 살아가기 위한 교육'(Education to live together)의 실천 토양을 마련하는 데 하나의 관점을 제시하는 데 의의를 둔다. 중도입국 다문화가정 학생들이 한국 교육체제에서 지속적으로 탈락하고 실패한다면 그것은 해당 학생 개인의 무능과 낙오의 문제가 아니다. 이는 우리나라 교육이 수월성과 형평성을 적실하게 구현하고 있느냐를 보여주는 모종의 '리트머스 시험지'라 할 수 있다. 이제 우리 교육체제는 다문화적 배경을 가진 학습자들의 지속적인 교육적 성장과 사회 참여의 도약대의 기능을 적극적으로 수행해야 할 것이다. 이상의 논의를 종합하자면 인종, 국적, 언어, 계층의 차별을 뛰어넘어 모든 학생들을 위한 균등한 교육기회와 양질의 교육서비스를 체계적으로 구현할 수 있는 교육적 기획의 새로운 총론과 각론이 요청된다.

참고문헌

김선미(2011). 영국의 다문화교육 정책 전개의 특성. 교육문화연구, 17(1), 59−78.

김진희(2010). 평생학습담론에서의 다문화적 학습 맥락에 대한 비판적 이해. ANDRAGOGY TODAY, 13(3), 33−59.

김진희(2011). 국제결혼이주여성과 이주여성노동자의 교육참여 현실과 평생교육의 방향성 모색 평생교육학연구. 17(1), 25−51.

박성혁·성상환·곽한영·서유정·이수미·김명정·송성민·우희숙(2008). 다문화교육정책 국제비교연구. 서울대 중앙다문화교육센터.

온대원(2010). 영국의 이민정책과 사회통합, EU 연구, 26, 239−267.

이재분·박균열·김혜원·양영자·이해영(2010). 다문화가정 초등학생의 입학초기 학교적응 프로그램. 한국교육개발원.

Arnot, M., & Pinson H. (2005). *The education of Asylum−seeker & refugee Children*. Cambridge: University of Cambridge.

Bhatti, G., & McEachron, G. (2005). Language support for immigrant children: a study of state schools in the UK and US. *Language, Culture and Curriculum, 18*(2), 164−180.

Brind, T., Harper, C., & Moore, K. (2008). *Education for Migrant, Minority and Marginalised Children in Europe*. Open Society Institute's Education Support Programme.

Castles, S., & Miller, M, J. (2003). *The age of migration: International Population Movements in the Modern World* (3rd ed). London: Palgrave.

Department for Education (2010). *Excellence for All.*

EURYDICE (2004). Integrating Immigrant Children into Schools in Europe. *EU Commission*.

Gibbons, S., & Telhaj, S. (2007). *Mobility and school disruption*. Centre for the Economics of Education.

Ofsted (2004). Managing the Ethnic Minority Achievement Grant: Good practice in primary schools. London: OFSTED.

SPRC (2010). A guide to schooling in England for BME and newly arrived migrant parents. Action for Social Integration.

참고 사이트 및 신문기사

문화일보 (2011. 7. 12). 중도 입국한 다문화 자녀 2명중 1명 '학교 밖 떠돈다'. Retrieved from http://www.munhwa.com/news/view.html?no=2011071201070527258004

영국교육부 http://www.education.gov.uk/

영국통계청 http://www.statistics.gov.uk

조선일보 (2011. 11. 17). 외국서 살다 온 '중도입국 자녀' 1만명 넘어. Retrieved from http://news.chosun.com/site/data/html_dir/2011/11/17/2011111700148.html

한국 교육과학기술부 http://www.mest.go.kr/

Clark, L., & McDERMOTT, N. (2008. Jenuary 10). Immigrant pupil numbers rise 50 per cent since 2005, with 20,000 joining last year. MailOnline. Retrieved from http://www.dailymail. co.uk/news/article−507176/Immigrant−pupil−numbers−rise−50−cent−2005−20−000−joining−year.html

Dailymail (2007. November 14). Poor pupils to get private school help to boost working class numbers at university. Retrieved from http://www.dailymail.co.uk/news/article−493547/Poor−pupils− private−school−help−boost−working−class−numbers−university.html

Department for Education (2005) new arrivals Excellence programme CPD Modules. Retrieved from http://media.education.gov.uk/assets/files/pdf/n/new%20arrivals%20excellence%20programme%20cpd%20modules.pdf

Department for Education (2009). Narrowing the Gaps: Resources to support the achievement of Black and minority ethnic, disadvantaged and gifted and talented pupils. Retrieved from http://www. teachfind.com/national−strategies/narrowing−gaps−resources−support−achievement−black−and−minority−ethnic−disadvant

Department for Education and Skills (2004). Aiming High: Guidance on Supporting the Education of Asylum Seeking and Refugee Children. Retrieved from https://www.education.gov.uk/publications/ eOrderingDownload/DfES−0287−2004.pdf

Gove, M. (2010. July 12). New government, New Education Reform. Sunday Express. Retrieved from http://www.standards.dfes.gov.uk/ethnicminorities/links_and_publications/AH_Gdnc_AS_RFG_Apr04/asylumguidance.pdf

Henry. J. (2009. March 1). Ethnic minority pupils race ahead of poor white classmat es in schools. Retrieved from http://www.telegraph.co.uk/education/educationnew s/4884880/Ethnic−minority−pupils−　race−ahead−of−poor−white−classmates −in−schools.html

NALDIC. (2011). Teaching and Learning. Retrieved from http://www.naldic.org.uk/IT TSEAL2/ teaching/index.cfm

OECD. (2009). Policy Area 3: Parental and Community Involvement. Retrieved from http://www.oecd.org/ dataoecd/37/23/44824366.pdf

Smith, N. (2010. June 30). Could there be cross−party consensus on welfare reform? Retrieved from http://news.bbc.co.uk/2/hi/politics/10458494.stm

UNHCR. (2011). Global trend 2010. Retrieved from http://www.unhcr.org/4dfa11499. html

3

캐나다의 이주민 정착 지원을 위한 교육 실제

연구
개요

본 연구는 캐나다에서 이주민의 정착과 지원을 위해서 전개되는 평생교육 차원의 교육 지원 실제를 살펴보고 다문화맥락의 평생교육에 시사점을 얻고자 했다. 연구결과 다음과 같은 특성을 발견하고, 평생교육연구 분야의 함의를 얻었다. 첫째, 오늘날 캐나다는 정 주민과 이주민간의 상호작용을 중시하는 간문화적 통합(integration) 기조를 교육프로그 램 내부에 정치시키고 있다. 둘째, 다문화주의를 국가 정책으로 선언해 온 캐나다에서 신 규 정착 이주민 지원 정책은 현장밀착형으로 이루어지고 있다. 셋째, 중앙정부와 지방정 부의 일관성 있는 정책 수립과 다변화된 교육정책 시행이 필요하다. 넷째, 다문화역량을 키우기 위해서 기관별 역량 제고와 지역 커뮤니티의 다문화교육 역량 구축이 필요하다. 다섯째, 캐나다의 다양성 관리(diversity management) 개념을 우리나라 맥락에 맞추어 도입하는 방안을 고려해 볼 필요가 있다. 여섯째, 평생학습의 과정으로서 인종차별금지 와 인권 이슈를 포괄하는 다문화교육 콘텐츠의 심화가 필요하다.

Ⅰ. 서론

우리나라에서 국가가 추진해온 평생교육사업을 총망라한 평생교육백서가 1997년부터 발행된 이래로, 처음으로 2013년도에 발간된 「평생교육백서」(2011/2012)에서 '다문화교육 지원 사업'과 '외국 이주민을 위한 평생교육 사업'이 본격적으로 수록되었다. 이는 한국 사회가 급속하게 다문화사회로 전환됨에 따라, 기존에 경험하지 못한 평생교육 환경의 도래와 새로운 배경을 가진 평생학습자를 인식하고, 다문화시대에 발맞추기 위한 평생교육 사업을 기획하기 시작한 것을 함의한다(김진희, 2013: 382 – 384). 이제 우리사회의 다양한 구성원을 포용하는 평생교육체제는 이주민의 사회적응을 위한 처방적, 동화주의적 프로그램을 넘어서, 다문화적 배경을 가진 사회 구성원들이 제대로 자신의 역량을 발휘할 수 있도록 보다 중장기적인 지원체계가 정립될 필요가 있다는 점을 시사한다. 이러한 인식하에 본고에서는 다문화맥락의 평생교육정책과 실천이 능동적으로 전개될 수 있는 함의와 방향성을 구체적으로 찾기 위해서, 우리보다 앞서 다문화사회를 형성한 캐나다를 중심으로 평생교육차원에서 이주민들의 정착을 어떻게 지원하고 있는지를 분석하고자 한다. 구체적인 연구문제는 다음과 같다. 캐나다의 이주민 지원을 위한 교육정책의 특성은 무엇인가? 이주민의 정착과 적응을 위한 평생교육 내용과 프로그램은 무엇인가? 세부 교육프로그램 수혜자 및 학습자는 누구이며 무엇이 초점인가? 이러한 연구문제를 중심으로 향후 우리나라 평생교육의 과제와 방향을 논의하고자 한다.

Ⅱ. 이론적 배경

이주, 다문화, 그리고 평생교육의 이론과 실제

이주(migration)와 다문화주의(multiculturalism)는 떼려야 뗄 수 없는 밀접한 연관성을 가진다. 이주를 통해 한 사회는 다양한 배경을 가진 사람들의 유입을 확장시키며 문화 변동을 맞이하게 되며, 다문화적 사회구성체는 다시금 다문화 정책 및 이주 정책의 변화를 가져오면서 이주민의 삶의 동태에 영향을 줄 뿐만 아니라, 정주민을 포함한 한 사회의 구성 양식에도 영향을 주고받게 한다. 다문화주의는 다양성을 무조건 인정하고 분리시키거나, 정반대로 다양성을 일방적으로 단일 문화체제로 동화시키는 일방향적 사회화가 아니다. 그것은 이민자뿐만 아니라, 모든 사람들에게 해당되는 간문화적 상호작용을 필수적으로 수반하는 것이다(허영식·김진희, 2013). 분명한 것은 다문화주의는 한 국가에 정박해 있는 하나의 정체성과 동질문화의 고정화를 도전하는 기제이며, 다양성을 끊임없이 개입시키는 장치인 것이다. 그렇다면 평생교육과 이주는 어떠한 이론적 관계를 가지고 있는가?

전통적으로 평생교육은 이주민들의 새로운 사회 적응과 변환을 지원하는 데 중추적인 역할을 한다. 평생교육은 이주민의 삶의 질과 누구나 평등하게 권리를 향유할 수 있는 공정한 사회에 많은 관심을 두어 왔다. 그래서 평생교육은 동화주의적 접근과 민주주의를 가장한 인종주의 및 자유주의적 다문화주의를 던져버리는 데 중요한 사회적, 도덕적 역할을 부여받고 있다(Guo, 2010: 441).

위의 논의는 학습자와 사회의 '변화'를 기저에 깔고 있는 평생교육이 민주주의를 강화하고 인종차별주의를 근절시키는 중요한 기제라는 점에 방점을 두고 있다. 그것은 평생교육이 적극적인 민주시민을 양성시키는 전 생애에 걸친 것이라는 이념적 기반에서 나온 것이다. 그러나 오늘날 평생교육은 어떠한 입장을 취하고 있는가? 이에 대해서 영국사회의 이주 정책과 평생교육에 대해서 비판적 분석을 시도한 구오(Guo, 2010)의 비평은 날카롭다. 그는 다문화사회의 '굉장한 다양성(super diversity)'이 결국 '동질성에 입각한 접근(sameness approach)'으로 재생산되고 있다고 진단했다. 즉 평생교육을 통해서 '고향을 떠나서 새로운 커뮤니티를 찾아서 나서는 모든 사람들이 제대로 정착하기 위해서는 끊임없이 학습해야 한다'는 원론적 논의에 집중되고 있기 때문에 평생교육 논의의 실천적 귀결은 이주민의 동화와 사회 적응을 위한 성인 무료 영어 서비스에 집중하고 있는 양상이다. 구오(Guo, 2010: 439)는 이러한 현상을 오류에 빠진 전제(mis-assumption)라고 지적하고 있다. 예컨대 '이주민에게는 영어 무료 교실이 급선무이다'라는 전제로 인해서 유사한 프로그램들이 특색 없이 운용되고 있는 것이다. 과연 새롭게 정착한 인도와 파키스탄, 아프리카계 이주민에게 무료 영어강의(ESOL)를 제공하는 것으로 평생교육의 역할은 충분한가? 전 세계에서 몰려든 이주민들은 이질적인 그룹인데 똑같은 형태의, 동일한 지원을 하는 것이 합당한가? 유사한 맥락에서 버토벡(Vertovec, 2010)은 이질적이고 다양한 이주민 집단에게 동일한 형태의 서비스를 재생산하는 성인 영어교육 프로그램을 필두로 한 평생교육 서비스의 구조는 논리적 오류를 넘어서, 다문화사회의 딜레마라고 지적한다.

현재 다문화사회인 영국과 캐나다에서 이미 세금을 내며 경제적 참여를 하고 있는 이주민들을 위해서 다양한 사회서비스와 건강 프로그램을 개발했지만 실제 이용률은 매우 낮은 것으로 드러났다(Guo, 2010: Roxana NG & Hongxia Shan, 2013). 더 큰 문제는 이주민들의 여가 활동이 매우 낮으며 정주민과의 상호작용이 극히 드물거나 그 기회가 거의 없다는 데 있다. 이처럼 서구의 다문화사회에서도 여전히 이주민들은 직장을 구하고, 집을 구하고 사회서비스를 활용할 때도 그들의 배경으로 인해서 타자화라는 굴레 속에서 차별받고 있다(COMPAS, 2006). 비판적 목소리를 내는 일군의 학자들은 이주민을 위해 개발한 사회정책 서비스들은 '인종적 편리와 수요에 대한 감수성이 있고, 문화적으로 적절한, 그리고 언어적으로 모두가 이용 가능한 정책'이라는 표어를 걸고 있지만 결국 이것은 자유주의적 보편주의(liberal universalism)로 귀결되는 동화적 접근이라고 지적한다(Vasta, 2007). 이로 인해서 서구 사회에서 개발한 이주민을 위한 정착 및 사회적응 프로그램이 거의 '그 나물에 그 밥'으로 재생산되고 있는 것에 대한 자성의 목소리가 높아진다. 흔히 다문화정책은 '다문화적 조직 모델(multicultural organisation model)'이라는 이름을 내걸고 실제 알맹이보다는 겉치장(cosmetic)으로 변질되기도 한다. 그런 맥락에서 캐나다, 영국, 호주 등에서 실시되고 있는 영어가 모국어가 아닌 성인 이주민을 위한 무료 영어 강좌와 시민권 시험(citizenship test)이 이주민이 가져온 문화적 다양성을 인정하지 않고, 그들이 새로운 사회로 유입하면서 겪게 되는 사회적 불평등과 억압의 문제에 눈감아 온 측면이 크다(Roxana NG & Hongxia Shan, 2013).

이와 같은 성찰은 우리나라 평생교육에도 중요한 시사점을 제공한다. 한국 사회가 점차 다문화·다인종 사회로 전환되어 가는 변화의 시점에서 평생교육은 어떠한 역할을 수행해 왔는가? 평생교육의 이론과 정책, 실천은 이러한 변화에 얼마나 적극적으로 대응해 왔으며 개입해 왔는가? 오히려 오늘날 평생교육은 성인 학습자인 결혼 이주민을 위한 한국 사회적응과 동화에 도구적 역할을 수행해 온 것은 아닌지 반성을 불러일으킨다. 이론적 논의뿐만 아니라 평생교육의 실제에서도 '이주'라는 키워드는 중요한 변화를 가져온다. 글로벌 이주 시대의 새로운 사회적 흐름에 조응하기 위해서 우리정부는 2013년부터 5년 동안 추진할 제2차 '외국인정책 기본계획'(2013~2017)을 확정하여 새로운 마스터플랜을 수립하였다. 이주 정책은 [통합]과 [인권] 영역에서 강조되고 있는데, 이주민에게 사회통합 프로그램을 제공하고, 인권을 강화하는 원칙이 제시되어 있다. 차별 방지와 문화다양성을 존중하는 각종 연계 사업을 실시하는 것은 주목할 지점이다. 이주민들이 자신의 문화적, 인종적, 계층적 배경으로 인해서 차별 받지 않도록 하는 것은 이주 정책을 사회 통합을 넘어서, 이주민의 인간 권리를 향상시키는 기틀로 인식하고 있는 것이다.

실제로 다문화정책을 둘러싼 홍역과 갈등을 치르고 있는 서구사회에서 이주민에 대한 차별 방지는 중요한 이슈이다. 캐나다에서도 다문화주의를 단순히 '문화 다양성' 프레임에 갇혀서 인식하는 방식을 넘어서, 차이와 다양성에 배태한 소외와 갈등, 권력 관계의 정치성을 묵과하지 않겠다는 입장을 가지고 있다. 이러한 흐름에 맞추어 평생교육은 인종·민족적 다양성과 특수성을 가진 조직들이 자신의 목소리가 왜곡되지 않도록 공적 영역에 참여하도록 촉진하고, 이주민과 정주민의 활발한 상호작용을 끌어 낼 수 있는 역할을 수행해야 하며, 형평성을 보장하여 효과적으로 사회변화에 대응할 수 있는 능동적인 기제가 되어야 한다(IFLL, 2009: Guo, 2010; Roxana NG & Hongxia Shan, 2013). 지속가능한 변화를 위해서는 정부 후원형 평생교육 서비스뿐만 아니라, 지역주민들과 이주민간의

무형식 차원의 상호작용이 활발하게 전개될 수 있는 다문화 친화적 인프라 확충
이 필요하다. 평생교육은 정주민이든, 이주민이든 모든 사람들이 다양한 학습채
널을 통해서 다문화시민성의 저변 확산에 기여할 수 있다(김진희, 2013).

이제 평생교육은 언제, 어디서나, 누구나 교육 받을 수 있는 권리를 천명하
고, 소수자의 역량을 개발할 수 있는 이념적 원류를 복원함으로써, 다문화적 구
성체와 문화적 다양성이 작동되는 원리를 다각적으로 분석하는 데 참여해야 한
다. 또 문화다양성을 둘러싼 소외의 정치와 권력 관계를 둘러싼 이해관계에 눈
을 감지 않아야 할 것이다. 왜냐하면, 다문화주의는 단순한 문화다양성을 넘어
서, 결국은 계층과 권리, 권력의 문제, 나아가 평등권의 문제와 복잡다단하게 연
결되어 있기 때문이다(Pamela, 2005). 그렇기 때문에 평생교육은 이주민의 사회
적 참여와 소속감을 지역사회에서 실질적으로 제고할 수 있는 열린 채널을 모색
해야 한다(Jonhston, 1999). 이를 통해 평생교육은 공정한 공적 지원체제를 정비
하여, 다문화 배경을 가진 취약계층들이 주류사회의 거대 체제의 장벽을 극복할
수 있도록 배움과 앎, 그리고 실천을 통해서 내적 역량을 강화할 수 있도록 하
는 지원 통로로 인식된다.

Ⅲ. 연구방법

본 연구는 문헌과 텍스트에 근거한 내용분석 연구이다. 연구의 초점은 대표
적인 다문화국가인 캐나다를 하나의 사례로 두고, 해외 이주민의 정착 지원을
위해서 평생교육 실제는 어떻게 이루어지고 있는가를 분석하는 것이다. 전술한
연구 질문에 해당하는 여러 문제와 쟁점을 분류하여 연구 분석틀을 제시하면 다
음과 같다.

<표 1> 분석 준거 및 항목	
구분과 항목	이주민 평생교육정책 관련 주요 내용
이주민 지원 교육정책 (정책적 측면)	- 캐나다의 다문화정책과 동향 - 연방정부의 공적 지원 체계와 교육적 개입
이주민 교육내용 및 프로그램 (내용적 측면)	- 캐나다 주 정부의 신규 이주민 정착지원 프로그램 특성: 프린스 에드워드 아일랜드 중심 - 신규 이주민을 위한 전문화된 프로그램
이주민 교육의 주체, 수혜자 및(참여 실제적 측면) 학습자	- 커뮤니티 기반의 평생교육 실천 주체 - 세부 프로그램별 수혜자와 학습자 - 교육 초점과 특성

본 연구는 문헌연구방법을 통해서 캐나다의 이주민을 위한 교육지원 정책의 동향과 특성을 살펴보고, 이주민을 위한 평생교육 내용과 프로그램에 해당하는 1차 사료와 2차 사료를 수집·분석하였다. 그 과정에서 주제어와 쟁점을 도출하고 그것을 다시 목적별로, 내용별로, 주체별로 분류하였다. 이를 종합하여 연구결과를 정리하고 다문화맥락과 결합하는 평생교육의 시사점을 도출하였다.

IV. 연구결과

1. 캐나다의 이주민 교육지원정책 특성:
다문화주의 모형과 간문화적 접근

캐나다는 전 세계적으로 다문화국가의 대표 모형 중 하나로 손꼽히는 나라이다. 1971년에 공식적으로 세계 최초로 다문화주의 정책을 채택한 캐나다는 국적과 상관없이 사회참여, 평등, 민족적 고유성을 보장하기 위하는 제도적 기틀을 확립했다. 1982년에는 인종과 국적, 피부색에 근거한 모든 차별을 금지하는 법을 제정하고, 이민자들을 대폭 받아들였다. 그 가운데 '캐나다 다문화법안(Canadian Multiculturalism Act)'은 가장 강력한 법적 토대로서, 서로 태생이 다른 개인과 지역사회 간의 상호교류를 촉진하고 모든 사람들의 완전하고 공평한 참여를 북돋는 기반을 제공한다. 이러한 법제적 기반을 바탕으로 캐나다는 2011년

조사된 이민자 및 다문화정책의 성과를 나타내는 지표인 '이민자통합정책지수 (MIPEX: Migration Integration Policy Index)'에서 스웨덴과 포르투갈에 이어 3위로 평가받고 있을 뿐만 아니라, 세부 평가지표에서도 고루 상위권의 성적을 보이고 있다(Government of Canada, 2013). 특히 다양한 언어와 문화를 가진 200여 개의 민족 집단이 어울려 살고 있는 캐나다에서 최근 40년 사이에 민족적·문화적 인구는 갈수록 더 다양해지고 있다(이인원, 2013). 이주민은 오늘날 캐나다 인구 성장의 50% 이상을 차지하고 있고(Government of Canada, 2013), 이주민이 사회적 동력을 제공하고 있다. 이에 캐나다 정부는 단·장기적 경제 수요와 캐나다 고령화·저출산율, 노동력 수요에 맞춰 이주민의 수를 조절하고 있다. 동시에 다문화주의를 통해 모든 구성원들이 잠재력을 발휘할 수 있도록 장려하며, 사회, 문화, 경제, 정치적 측면에서 적극적인 역할을 수행하도록 유도하고 있다. 이처럼 캐나다는 이민자들이 가져오는 다양한 문화·가치·언어 등을 유입국의 사회 속에 공존시키면서 주류 사회가 적극적으로 이민자들을 받아들이는 쌍방향적 통합 모형을 채택하고 있다(이로미·장서영, 2010).

　　최근 들어 캐나다에서는 다문화정책을 국가 통합차원의 이슈로 보는 시각에 대한 비판이 크게 두 가지 측면에서 제기된다. 그것은 첫째, 초기에는 인종과 민족 배경을 기준으로 이민자들을 분류하고, 소수자의 정착과 동화를 지원하기 위한 정책과 프로그램의 시행에 치중하였으나, 이제는 무엇을 기준으로 동화를 하고 정착을 지원할 것인지 정체성의 혼돈이 나타나고 있기 때문이다. 예컨대 세대를 거쳐서 이민자의 수가 급증한 밴쿠버와 토론토 같은 대도시의 경우, 오히려 본래 캐나다 정주민보다 이민자들이 수적으로 다수를 점하는 지역 사례가 나타나고 있다. 따라서 소수자들을 주류사회 혹은 주류문화에 편입시키고 동화시키는 정책적 접근이 무의미하게 되었고, 대안적 개념으로서의 문화 간 통합과 상호작용을 지향하는 '간문화적(intercultural)' 정책접근이 보다 주목 받게 되었다(Government of Canada, 2013). 즉 간문화적 접근은 이미 존재하는 언어적·문화적·인종적 다양성을 인정하면서, '서로 다른 문화 사이의 소통(communication between different cultures)'을 강조하기 때문에(허영식 외, 2014) 접촉·소통·상호작용을 촉진하는 실천적 접근이다. 둘째, 다문화정책은 곧 지역사회의 삶과 밀접한 영향을 미치기 때문에 민간 영역에서 이루어지는 현장성이 정책적으로 반영되는 것이 중요하다. 캐나다의 다문화정책이 우수하게 빈틈없이 기획되었다할지라도 지역 현장에서 이루어지는 다문화 수용성과 다문화역량은 상이할 수 있다. 캐나다의 다문화정책은 연방정부 차원의 거시적 기조와 주(州) 단위의 미시 정책이 결합하는 형태로 이루어지고 있다. 특히 주별 이주민 정착과 통합 정책은 민간 파트너십을 선택이 아닌 필수로 강화하고 있다.

2. 캐나다 연방정부의 이주민 지원과 커뮤니티 기반 교육적 접근

캐나다의 연방 정부는 '정착'의 개념을 이민자들이 새로운 사회에 적응하는 것뿐만 아니라 기존의 캐나다 사회가 이민자들을 받아들여 새롭게 변화하고 새롭게 구성되는 '상호적으로 일어나는 변화'라고 정의한다(캐나다이민국, 2013). 다시 말해, 다양성을 간문화적 접근을 통해서 인정하고, 지속가능한 발전을 위해서 관리하는 것이다. 다문화주의를 국가적으로 선포한 캐나다는 이민자들이 새로운 삶터에서 맞이한 변화의 과정에서 많은 지원을 필요로 하는 존재이며, 동시에 이들이 가진 다양성의 자원은 캐나다사회의 역동성에 기여한다는 관점을 근저에 두고 있다. 일방향적인 통합이 아니라, 정주민과 이주민간의 상호작용을 거친 통합(integration)으로 나아가는 기조가 이주민 정책의 핵심 골격을 이루고 있는 것이다. 여기서 통합은 이민자들이 새로운 사회에 대한 소속감을 갖고 경제적 자립 능력을 갖추고, 사회구성원으로서 자율적 의사결정을 할 수 있는 단계를 상정한다. 따라서 캐나다 정부는 다양한 인종적, 민족적, 계층적 배경을 가진 이주민들은 캐나다라는 새로운 사회에 연결되어(connected) 있는 소속감을 배양할 수 있도록 경제적, 정치적, 사회적, 문화적 참여를 지원하고, 정주민들을 위해서 캐나다 사회의 동적 변화에 유연하게 대응할 수 있도록 하는 상호 정책을 추진하고 있다. 이러한 이민자 정착 정책의 유형, 즉 연방 정부가 이민자의 정착에 개입하는 방식은 '국가개입유형'이다.

전 세계적으로 이주민의 사회 통합에 중추적인 것은 교육적 개입이다(김진희, 2013). 설령 '교육'이라는 이름을 반드시 붙이지 않더라도, 사회 구성원으로 새롭게 유입된 이주민의 인식개선과 삶의 변화를 이끄는 기제는 교육 공급(education provision)의 형태를 띠고 있다. 캐나다는 이주민을 위한 특화된 서비스의 필요성을 인지하고 이주민이 가진 다양한 요구에 따라 프로그램을 제공하고 있다. 이를 이주민의 정착을 지원하는 정착지원 서비스(settlement services)라고 통칭할 수 있다. 크게 4가지 종류의 정착 지원 서비스는 다음과 같다(캐나다이민국, 2013).

▸ 이민자정착과 적응프로그램(Immigrant Settlement and Adaptation Program)
▸ 신규 이주민을 위한 언어지도(Language Instruction for Newcomers)
▸ 호스트 프로그램(Host Program)
▸ 이주민 학습자의 학교 적응 지원 전담(Settlement Workers in Schools)

첫째, 이민자 정착과 적응 프로그램은 연방 정부 및 주 정부가 각 지역 단위 이민자 정착지원 서비스 기관에 대규모의 재원을 지원하는 서비스를 말한다. 이 서비스는 첫째, 경제, 사회, 보건, 문화, 교육 및 여가 관련 서비스로의 연계, 둘째, 은행 이용, 물건 구입, 주택 구입 등 일상생활 제반에 관한 방법과 정보를 제공하는 서비스, 셋째, 통·번역 서비스, 넷째, 상담 연계, 다섯째, 이력서 작성 및 구인정보 탐색 기술 등의 취업지원 서비스로 구성된다. 이주민들의 초기 정착에 가장 필수적으로 제공되어야 하는 서비스로서, 생활세계의 비형식적, 무형식적 자원을 통합적으로 활용한다.

둘째, 신규 이주민을 위한 언어지도 프로그램은 성인을 대상으로 하는 무료 영어교육 프로그램이다. 캐나다 연방 정부는 주정부, 교육청, 지역 개방대학(community college), 지역 단위 이민자 서비스 기관에 재정을 배당하여, 이주민들이 그들의 편리에 따라 제1언어(영어 또는 프랑스어) 교육을 제공받을 수 있도록 지원하고 있다. 언어교육은 정착한 사회에 살아가기 위한 필수과정이다. 그런 점에서 이주민들은 유입된 사회에서 새로운 문해 능력을 키워가는 과업을 가지고 있다.

셋째, 호스트 프로그램은 이주민과 정주민을 연결해 주는 것이다. 즉 캐나다 정주민 지원자와 가정을 선발하여 새로 이주한 이주민자 가정과 일대일로 쌍방향을 연결해 준다. 이 서비스는 캐나다의 10개 주(州) 중 7개 주에서 제공된다(Government of Canada, 2013). 호스트 가정은 이민자 가정이 새로운 땅에 정착하면서 필요한 생활 정보 전반에 대한 조언자이자 친구가 됨으로써 사회 통합을 조력하게 된다.

넷째, 이주민 학습자의 학교 적응 지원 전담 프로그램은 이민자 자녀가 새로운 학교생활에 적응할 수 있도록 전문적인 서비스를 제공하는 것이다. 이민자 자녀의 학교생활을 도움으로써 이민자가족의 초기 정착을 안정적으로 지원하는 커뮤니티형 복지 서비스이다. 캐나다에서는 각 시·도 교육청에 이주민 정착지원 종사자들이 상주하면서 관내의 여러 학교를 그룹으로 묶어 담당지역을 순회하며, 이민자 자녀의 학교 적응에 필요한 지원을 제공한다(이로미·장서영, 2010). 이 서비스의 전담 인력은 이주민 학습자와 의사소통을 원활하게 하기 위해서 이주민의 모국어를 구사할 수 있는 사람들로 구성되고, 학업성취도 제고를 위한 컨설팅 서비스를 제공한다.

캐나다의 연방정부는 위와 같은 다양한 정착 지원 프로그램을 국가적으로 장려하고 있다. 이에 발맞추어 다문화 배경을 가진 이주민의 유입 비율이 높은 주 정부들은 연방 정부의 예산과 별도로 교부금을 지원받아서 이주민을 위한 특화된 사업을 추진하기도 한다. 온타리오 주에 있는 토론토의 경우는 매년 평균적으로 40% 정도의 신규 이주민이 정착하고 있으며, 브리티시컬럼비아 주에 있는 벤쿠버의 경우는 약 15% 정도의 이주민이 새로운 삶터를 찾아서 정착하고 있다(이인원, 2013). 예를 들어 브리티시컬럼비아 주에서는 신규 이주민의 통합을 위해서 'Embrace BC'라는 기관을 설립하여 도시의 다문화를 촉진하고 인종차별주의를 지양하는 활동을 추진하고 있다. 온타리오 주에서는 토론토 시립도서관을 거점으로 이주민과 지역 정주민들이 필요한 정보를 언제, 어디서나 손쉽게 접근할 수 있도록 하고 있다. 지역사회 주민들도 자원 활동을 통해서 이주민의 사회 참여를 조력하는 데 기여한다.

　이렇듯 캐나다에서는 이주민들이 새로운 사회에 정착할 수 있는 힘을 키울 수 있는 교육서비스를 제공하고 있다. 언어교육이라는 기능적 기술 함양 교육뿐만 아니라, 무형식적 장에서 상호소통하고 시민사회의 신뢰를 구축하는 호스트 프로그램을 공식적으로 지원하고 있는 것은 주목할 대목이다. 인간의 학습은 형식교육의 장을 넘어서, 다양한 형태로 다양한 맥락에서 이루어진다는 측면에서 보건대, 호스트 프로그램은 이주민과 정주민의 평생학습을 이어주는 중요한 장으로 인식될 수 있다. 이는 다문화사회에서 소수집단이 공동체 활동에 자연스럽게 유입되고 소통하면서, 사회 전반의 문화가 재구성되는 변환적 계기들을 제공한다는 점에서 유의미하다.

3. 캐나다 지방정부의 이주민 교육내용 및 프로그램: 프린스 에드워드 아일랜드를 중심으로

(1) 프린스 에드워드 아일랜드에 대한 개괄적 이해: 이주민 교육지원의 맥락

　캐나다에서는 연방정부의 이주정책과 다문화정책이 큰 틀에서 작동하지만, 독립적으로 주(州) 정부 차원에서 이민이 활발하게 이루어진다. 프린스 에드워드 아일랜드(이하, PEI)는 대서양에 연한 4개의 주 중의 하나로서 캐나다 대륙에서 섬으로 된 작은 주이다. PEI를 살펴보는 이유는 다문화인구가 전통적으로 다수를 차지해 온 토론토와 벤쿠버 등의 광역도시와 달리, 최근 급증하는 이주민에 대한 공적 지원이 주 정부 차원에서 어떻게 이루어지는지 보여주는 최신 사례 중 하나이기 때문이다. 따라서 PEI의 이주민 지원 정책을 살펴보는 것은 캐나다에서 주 정부 차원의 이민이 전개되는 양상을 알 수 있는 지름길이라 할 수 있다.

　캐나다 내에서도 인구와 면적이 작은 주(州)인 PEI에서는 경제 발전을 위해서 지속적으로 이민자의 유입을 확대해 오고 있다. 2011~2012년에 걸쳐서

1,933명의 이주민이 정착하고 있으며 2010년에는 연방 정부의 이민 절차가 엄격화된 영향으로 인해서 1,362명 이주민이 유입되었다(The PEI Association for Newcomers, 2013: 4). 원래 20세기 말 직전까지 PEI의 인구 구성은 영국계, 스콧틀랜드계 그리고 프랑스계계 후손들이 지배적이었다. 그러나 21세기 초에는 약 10년 동안 이민자 수가 점증하고 PEI에 정착하는 신규 이주민의 국적은 매우 다양화되면서 PEI의 주민 구성은 점차 다문화, 다인종적으로 전환되고 있다. 현재는 전 세계의 100여 개 나라 출신의 다양한 이주민들이 정착하면서 PEI의 지역사회가 문화적, 경제적, 사회적 측면에서 총체적으로 변화하고 있음을 알 수 있다. 특히 최근에는 중국 출신의 이주민의 수가 압도적이며 이란과 부탄 등에서도 신규 이주민들이 들어오고 있다(Government of Canada, 2013). 따라서 다문화주의에 입각한 새로운 형태의 공공서비스에 대한 수요가 높게 나타나고 있고, 교육, 노동, 지역, 문화 생활, 사회 관계가 점차 다변화되면서 PEI의 사회적 생태계가 급격한 전환기를 맞이하고 있다.

(2) PEI의 신규 이주민 정착 지원 프로그램과 평생교육적 접근

2003년 이후 PEI는 이주자의 꾸준한 유입으로 인구 12명 중 1명이 이민자로 구성된 지역으로, 현재는 캐나다의 섬 중에서 가장 높은 비율을 나타내고 있다. 이러한 이주자의 폭발적인 증가로 PEI의 이주자 초기 정착 및 지원에 대한 관심이 높아지고 있다. 캐나다에서 신규 정착 이주민들은 자신이 사는 지역에 맞게 개발된 프로그램들을 통해서 초기 정착에 필요한 공적, 사적 서비스를 지원받고 있기 때문에 정책의 만족도가 높으며, 동시에 이주 프로그램에 대한 PEI 정주민들의 사회참여가 활발하게 이루어지고 있기 때문에 정책의 호응도가 높기 때문이다(The PEI Association for Newcomers, 2013). 따라서 정책 전달 체계에서 누가 어떻게, 주도하고 있으며, 어떠한 프로그램이 실시되는지를 살펴보는 것은 중요하다.

4. 이주민 교육의 주체, 수혜자 및 학습자: 교육 초점과 특성

(1) 커뮤니티 기반 이주민 정착 지원 정책의 주체: PEI신규이민자협회

PEI에 신규로 유입되는 이주민의 수가 점차 많아지면서 1993년에 비영리 자원 단체로서 PEI 신규 이민자 협회(PEI Association for Newcomers to Canada, 이하 PEI ANC)가 결성되었다. 이 단체는 주로 이주민의 초기 정착 지원 업무와 이주민들이 지역사회의 일원으로 융합될 수 있는 사회적 프로그램을 제공하는 것이 목적이다. 신규 이주민을 대신하여 이주에 따른 복잡다단한 현안 문제들을 해결하고 이주민의 주장과 필요도를 공론화하는 역할을 맡고 있다. 이 조직에는 정주민들이 자원봉사형태로 이사회의 구성원으로 참여하고 있으며 신규 이민자 들은 협회의 임직원으로 고용되어 근무하거나, 또는 협회와 계약을 맺고 통역과 번역사로 활동을 하게 된다. 이러한 구조를 통해서 PEI ANC는 주 정부의 이주 정책이 지역사회에 풀뿌리 단위까지 전달되는 현장성을 강화하고 있다. 예를 들 어서 이주민의 눈높이에 맞추어 지역 현장에서 그들의 필요를 충족시키는 세부 적인 서비스를 제공하고 있다.

▸ 캐나다에서 필수적으로 갖춰야 할 서류들을 신청하고, 확보하도록 도와주며 이주민들이 놓칠 수 있는 정부 지원 프로그램이나 서비스를 받을 수 있도록 조력한다.

▸ 신규 이주민을 위한 통역과 번역 지원 서비스, 그리고 각종 사회기반 시설과 평생학습 기회를 누릴 수 있도록 정보를 제공한다.

▸ 새로 정착한 난민 신분 이주자들에게 PEI의 생활에 적응할 수 있도록 실무 교육을 제공하고, 가정방문을 통해서 공동체의 유대감을 높인다.

▸ 이민자들에게 시시각각 변하는 생활정보를 알려주는 학습세미나 기회를 제 공한다.

PEI ANC에서는 기본적으로 영어교육 프로그램을 실시하고 있다. 아울러

각 언어권의 의사소통요구 수준에 바탕을 두고 어떤 이민자도 언어적 장벽으로
인해서 정착에 필요한 서비스에서 소외받지 않도록 통역 서비스를 제공하고 있
다. 예를 들어 불어사용자 정착 프로그램을 통해서 불어사용 이민자들이 불어권
학교들과 지역사회와 연계되어 유대감을 가질 수 있도록 도와주며, 불어권 학교
들에게는 이주민들과의 상호작용을 위해서 다문화교육을 실시하고 지역 커뮤니
티 프로그램을 기획한다. 새로운 정착지에서 경제적 주권을 확보해야 하는 신규
이주민을 위해서 고용지원 서비스도 제공하고 있다. 다음과 같은 세부적인 지원
서비스를 통해서 이주민들은 취업 시장에 진입하는 장벽과 장애 요인을 해소할
수 있다.

- ▸ 이주민의 노동력과 기능에 대한 사전 진단
- ▸ 고용상의 애로사항 파악과 해결
- ▸ 직업경력과 직업교육의 기회
- ▸ 각종 프로그램과 지원책에 대한 추천
- ▸ 이력서, 자기소개서 그리고 지원서 작성 도움
- ▸ 직업을 찾기 위한 계획 설계
- ▸ 면접 능력 향상을 위한 리허설

이주민을 위한 취업능력 향상뿐만 아니라 PEI ANC는 이주민 고용에 대한
수요와 관심이 높은 고용주들에게 인적 정보를 제공하고 매칭해 주는 허브 역할
을 수행하기도 한다. 또한 PEI 연방 정부의 이주민 정착 지원을 현장 수준에서
내실화하기 위해서 PEI ANC는 지역공동체 프로그램을 추진하고 있다. 이것은
풀뿌리에서 PEI의 급증하는 이주민에 대한 정주민이 사회적 거리감과 피로감을
최소화하고 참여하는 시민문화를 형성하기 위한 노력의 일환이다. 크게 3가지의
프로그램이 전개되고 있다.

- ▸ 지역공동체 융합 프로그램
- ▸ 자원봉사자 영어지도 프로그램
- ▸ 비즈니스 지도조언 프로그램

이러한 지역공동체 프로그램은 이주민과 지역의 자원봉사자들이 서로 연계되도록 하는 브릿지 사업이라 할 수 있다. 궁극적으로 이주민들이 PEI의 생활세계에 완전히 적응할 수 있도록 지원하는 것이며, 나아가 지역 공동체의 다문화적 자원을 긍정적으로 승화시키는 활동이다. 정주민들은 무형식적 장에서 다문화학습의 기회를 가지게 되며, 이주민들은 새로운 사회에 정착한 구성원으로서 소속감과 시민의식을 함양할 수 있다. 따라서 평생교육적 측면에서 이 프로그램의 영향력은 적지 않다.

또 PEI ANC는 이민가족의 자녀들이 PEI의 학교생활에 성공적으로 적응하도록 청소년 프로그램을 실시한다. 신규 이주한 학생의 학교 입학과 적응뿐만 아니라, 이주 청소년과 그 가족을 위한 다양한 여가활동 프로그램을 마련하고, 필요한 자원과 인력을 연결시켜 준다. 아울러 이주민 학생들이 다니는 학교를 대상으로 다문화교육을 실시하기도 한다. 이는 미래 세대인 청소년들이 새로운 사회에 적응하고 통합되도록 윤활유 기능을 제공하는 것이라 할 수 있다.

(2) 신규 이주민의 적응을 위한 평생교육 차원의 정책적 개입:
    수혜자와 학습자

현재 PEI 지방정부 차원에서 6가지의 이주민 지원정책이 평생교육차원에서 전개되고 있다. 세부적인 프로그램은 다음과 같이 실시되고 있다.

- ▸ 이민자 정착적응 프로그램(Immigrant Settlement and Adaptation Program, ISAP)
- ▸ 신규 이민자 취업지원 서비스(Employment Assistance Service, EAS)
- ▸ 이민자 학생 연계 프로그램(Immigrant Student Liaison Program, ISL)
- ▸ 신규 이민자 영어교육(Language Program)

▸ 지역사회 참여활동(community outreach)
▸ 다문화교육(muliticultural education)

첫째, 이민자 정착 및 적응 프로그램(ISAP)은 캐나다 연방정부와 주 정부 모두가 실시하는 ISAP는 신규 이민자의 초기 정착에 필수적인 서비스이다. 이것은 이주민의 사회 정착을 안정화시켜 새로운 이주민들이 최대한 신속하게 캐나다 사회의 구성원으로서 참여하는 것을 목표로 한다. 동 정책의 주요 수혜자 및 학습자는 캐나다 영주권자로서 영주권카드 또는 영주권확인서를 소지한 사람, 정부지원난민(Government – Assisted Refugees)으로서 재정착 지원프로그램에 편입된 지 1년이 경과한 사람, 캐나다 이민국(CIC)으로부터 영주권자 신분을 취득할 가능성이 있는 사람, 그리고 거주 기간에 관계없이 캐나다 시민권을 취득하진 않았으나 캐나다 사회에 적응하는 데 도움을 필요로 하는 사람이 주요 대상이다(캐나다이민국, 2013).

둘째, 신규 이민자 취업지원 서비스(EAS)는 PEI의 신규이민자가 구직과정에서 부딪히는 장벽을 극복할 수 있도록 취업에 필요한 정보를 제공하고, 고용역량을 높이는 데 목적을 둔다. 1:1 취업 카운슬링을 통해서 취업 요구도와 현재 보유 능력을 진단하고 구직 활동의 실천계획을 세우는 데 지원적 역할을 수행한다. 주 수혜자 및 학습자는 PEI 거주자, 캐나다에서 취업할 수 있는 합법적 지위를 갖추고 있는 사람(영주권 또는 노동허가 소지자), 현재 상근직을 찾고 있는 사람이다. 평생교육차원에서 취업 및 교육 훈련 기회를 제공하고 컨설팅을 제공하는 프로그램이다.

셋째, 이민자 학생 연계 프로그램(ISL)은 이주민 배경을 가진 학생뿐만 아니라, 학교의 교직원, 동료 학생, 학부모 및 지역사회와 긴밀하게 협력하여 이민자 학생들이 PEI 주 학교체계에 잘 적응하고 교육적 성취도를 높일 수 있도록 네트워크를 강화하는 데 목적이 있다. 구체적으로 학생 욕구 파악 및 지역사회 자원 조사, 학교 현장 정기 방문, 이주민의 교육역량 제고를 위한 중재자역할, 학교를 허브로 문화 간 소통 증진을 하는 것이 주요 내용이다.

넷째, 신규 이민자 영어교육은 영어를 모국어로 사용하지 않는 이주민의 의사소통 능력을 기르고, 이주민들이 캐나다 사회에 제대로 정착하고 사회적 의사소통 능력을 함양하는 데 있다. 이 교육프로그램의 주요 학습자는 PEI 주에 거주하고 있는 영주권자이며, 연방정부의 캐나다 신규이민자 언어교육 프로그램(LINC)과 거의 유사한 틀을 가지고 진행된다. 예비 학습자들은 PEI ANC 사무실을 통해서 캐나다 언어수준 배치평가를 받은 후, 수준별 교육을 받게 된다.

다섯째, 지역사회 참여활동(Community Outreach)은 커뮤니티 기반의 평생교육 프로그램의 핵심으로서, 비형식, 무형식 차원에서 이주민의 지역사회 적응을 위한 사회적 상호작용 촉진 프로그램이다. 본 프로그램의 중요성과 영향력으로 인해서 캐나다 연방정부 이민국이 기금을 제공하고 PEI에서 자체적으로 실행하고 있다. 이것은 지역사회 연계 프로그램(Community Connections Program)의 일환으로서 새로운 이민자들이 사회적, 문화적으로 자연스럽게 적응하고 공동체의 유대감을 얻는 것이 목적이다. 여기서는 신규 이주민과 가족, 그리고 정주민이 주요 학습자이다. 특히 정주민들은 자원봉사자로서 이주민의 의사소통 능력 향상을 위한 튜터로서 활약할 수 있다. 실제로 2011년 9월부터 2012년 8월까지 총 160명의 자원봉사자들이 커뮤니티 활동에 참여함으로써 지역 통합 프로그램(Community Inclusion Program) 코디네이터로 활동하고, 무료 영어 강좌의 튜터 역할을 하거나 '우정교류 프로그램'이나 '홀리데이 호스트 프로그램'의 초청자로 활동하였다(The PEI Association for Newcomers, 2013). 이렇듯 PEI는 지역 정주민의 활발한 참여가 두드러지며, 성인학습자들은 비형식 교류의 장을 통해 다문화교육에 참여하고 있는 것이다.

여섯째, 다문화교육 프로그램(Multicultural Education Program, MEP)은 이민자 협회에서 실시하는 평생교육으로서 신규 이민자의 사회적 적응과 통합을 촉진하고, 기존의 지역주민들이 다양한 문화적 배경을 가진 새로운 이민자들을 수용하고 이해하는 교육적 개입이라는 특성을 가진다. 이 프로그램의 궁극적 목표는 신규 이민자의 삶의 전환(life transition)을 돕고, 지역사회 구성원들이 이질적인 문화를 이해하고 새로운 공동체를 함께 만들어 가는 데 있다. 다른 문화의 수용을 환영하는 긍정적 분위기를 조성하고, 정주민의 다문화이해를 증진하는 교육기회를 제공하는 것이다. 이 프로그램의 주요 참여자 및 학습자는 이민자, 교직원, 정책입안가, 산업체, 일반 사회구성원 등으로 다양한 층위를 포괄한다. 특히 최근 PEI 다문화교육의 참여자와 형태가 점차 확대되고 있는 추세이다. 2011년부터 2012년 8월까지 2명의 전담 인력(MEP workers)이 270개의 인종차별금지 인식 개선 강연과 워크숍을 진행했고, 프로그램 참석자는 6,000명에 이른다. 그만큼 다문화교육의 수요가 학교는 물론, 지역의 중소 산업체, 전문대학, 관공서 등 각계각층에서 높아지고 있는 것을 알 수 있다. 2012년에 PEI의 다문화교육 프로그램은 초·중등 학교급에서 193개의 강연을 실시하고 영향력을 키우고 있다(PEI ANC, 2014). 지역 내에서도 소외된 지방 학교도 프로그램에 참여할 수 있도록 지방 순회 교육을 통해서 다문화교육의 형태를 다변화하고 있다. 또한 파트너 기관과의 협력을 통해서 학습자의 폭을 넓히고 있다. 예컨대 이주민들의 건강한 삶과 직접 연관을 가지는 PEI 보건위원회(Health Sector Council)와 협력하고, 다문화 배경을 가진 노동인력의 리더십 강화(the Responsive Leadership for a Diverse Workforce) 단체와의 협력을 통해서 문화다양성을 존중하는 의사소통 기술, 인종차별 금지, 포용적 직장 문화 개선 프로젝트 등을 추진한다. 다문화교육의 영향력을 높이고자 연방 정부는 법, 교육, 의료, 정부 기관 등 대표성을 가진 오피니언 리더들을 대상으로 다문화 프로그램을 추진한다. 주요 내용은 아래와 같이 정리된다.

- ▶ 인종차별 금지+문화 인식 + 다양성 교육을 위한 통합적 워크숍 및 모듈 개발
- ▶ 다문화주의, 다양성, 인종차별금지 교육, 사회적 포용과 통합이슈 공유
- ▶ 정부 관료, 교육계 인사, 지역단체 구성원에게 다양성 이해 증진
- ▶ 다문화정책과 이민정책의 개발 및 전달 체제(delivery system)에 참여하기
- ▶ 다른 문화에 대한 편견과 차별 제거하기
- ▶ 문화적 감수성과 다문화 역량 강화
- ▶ 다문화인식 함양(cultural awareness training)

교육 프로그램	목적과 의의	내용
다문화교육 프로그램	PEI ANC 협의체가 주체가 되어 지역사회 전체 워크숍, 공청회 등 평생교육차원에서 전개되는 프로그램임. 학생, 교사, 정부대표 및 지역사회 기관간 파트너십을 기반으로 신규이민자의 사회 적응을 지원하고, PEI 정주민들이 이주민의 문화 이해와 인종차별금지에 대한 교육을 실시함	▶ 정보 서비스: 반인종주의, 문화적 인식, 다양성 교육에 대한 교육훈련 및 워크숍에 사용할 자료를 지역사회에서 개발·활용하도록 지원 ▶ 학교 설명회: 복합문화 상담원이 초등학교, 중학교, 고등학교 및 대학교 수준에 맞추어 복합문화주의, 문화적 인식, 그리고 다양성 교육에 관한 설명회 개최 ▶ 문화 인식 개선 훈련: 교직원, 정부 기관 및 지역사회 서비스 기관에서 요청할 경우 교육훈련 제공 ▶ 문화행사 기획: 세계난민의 날, 세계인종차별 철폐의 날 등 조직, 활용
지역사회로의 융합 프로그램	이주민들의 지역사회 참여와 융합 프로그램으로서 지역 자원봉사자들의 도움으로 PEI 생활의 여러 단면을 정주민과 토론하며, PEI의 개인, 단체들과 연결되어 지역의 분위기를 느낄 수 있도록 함. 이주민과 정주민은 서로 비슷한 관심분야, 비슷한 직업 영역 또는 서로의 목표와 기대 등을 바탕으로 서로 유대감과 사회적 자본을 형성할 수 있음	자원봉사자들은 이주민과 함께 일주일에 2~3시간 정도를 함께 보내며 활동 ▶ 영어 또는 불어 연습 기회 습득 ▶ 캐나다 관습과 문화, 사회 정보 공유 ▶ PEI의 생활에 대한 관찰 기회 ▶ 여가시간 함께 보내기 ▶ 정신적 지지 ▶ 이민자: 대인관계와 인간관계 기술 확장 ▶ 자원봉사자: 문화적 식견과 이해의 폭 확장 ▶ 세계의 문화에 대한 지식 신장 ▶ 인적네트워크 확대와 인내력 ▶ 지역사회에 대한 새로운 시각
홀리데이 (holiday) 우정교류 자원봉사 프로그램	공휴일 호스트 프로그램은 이민자와 정주민 가정이 함께 휴일을 보내는 교류의 장을 마련하는 무형식 학습 장이 되는 프로그램임. 지역 주민들은 전 세계에서 온 새로운 이웃을 환영하고 문화 교류의 장에 참여하는 기회를 가짐. 이주민은 캐나다의 문화를 배우고 지역사회의 소속감을 키울 수 있음	휴일 호스트 가정에 의해 이루어지는 식사, 계절별 활동, 또는 파티 초대로, 대부분 12월 21일에서 1월 1일 사이에 이루어짐. PEI 어디든지 관계없이 호스트와 이민자는 이 프로그램에 참여할 수 있으며 교통수단이 제공됨. 지역주민과 이주민이 서로의 문화를 체험하고 문화다양성을 이해하는 의미 있는 소통 학습의 장이 됨

출처: PEI ANC(2014)를 참조하여 연구자가 재구성

이처럼 다문화교육은 PEI의 문화적 다양성을 증진시키고, 모든 구성원들이 평등하고 공정하게 사회에 참여할 수 있도록 가정, 직장, 지역 커뮤니티에서 인종적 불평등을 제거하는 변화를 도모하고 있는 것이다. 이로써 다문화교육 프로그램 참여자는 관련 지식과 태도, 기술을 습득하는 학습의 장에 접근할 수 있다. 아울러 다문화교육 프로그램은 세계 난민의 날, 세계 인종차별 철폐의 날 등 다양한 행사를 활용하여, 문화다양성을 촉진하는 폭넓은 학습기회를 제공한다. 이

는 이주민과 정주민이 만들어가는 포용적이고, 정의로운 다문화 공동체를 구현하는 평생학습의 과정으로 볼 수 있다. 종합하자면, PEI 연방정부가 추진하는 다문화교육을 통해서 이주민과 정주민 모두의 이질성에 따른 갈등과 긴장을 완화하고, 다문화 구성체를 PEI의 역동성과 새로운 성장의 계기로 활용하도록 지속적으로 유도하고 있는 것이다.

V. 결론 및 시사점

지금까지 신규 이주민의 정착과 적응을 지원하는 평생교육 실제를 살펴보기 위해서 캐나다에서는 어떠한 정책을 개발하고 추진하고 있는지를 살펴보았다. 비록 캐나다 사례가 일반화되기에는 한계가 있지만, 본 장에서는 연구 분석 틀에 맞추어 평생교육적 함의를 논의하며 마무리하고자 한다.

첫째, 다문화주의를 국가 정책으로 선언해 온 캐나다에서 신규 정착 이주민 지원교육정책은 현장밀착형으로 이루어지고 있다. 캐나다 연방정부는 큰 틀에서 이주민 통합 정책의 총론을 제시하고, 각 주정부는 자신들의 필요와 사회적 맥락에서 따라서 현장 중심의 지원 정책과 프로그램을 추진하고 있다. PEI의 경우도 전문성을 가진 전담 인력을 배치하여, 다문화라는 사회구성체가 지역사회에서 자연스럽게 융합될 수 있도록 현장의 변화를 이끄는 접근을 취하고 있다. 연방 정부는 주 정부의 특화된 이주민 지원 정책에 대한 권한을 위임하고 이주민과 정주민의 필요에 맞는 체계적인 지원책을 마련하고 있다. 예를 들어 PEI에서는 다문화교육프로그램 전담가(MEP worker)가 이민자뿐만 아니라 지역의 이해관계자, 지역주민, 학교, 기업체, 시민협의체 등을 찾아다니며 다문화인식개선, 인종차별금지 교육과 훈련, 커뮤니티 융합 프로그램, 호스트 프로그램 등을 운용하고 있다. 이러한 접근은 상위 레벨의 정책이 풀뿌리 지역 레벨에서 착근되어 지역 커뮤니티의 다문화역량을 끌어올리는 데 매우 필요한 접근이다. 캐나다의 다문화교육은 학교와 이주민 등 특정 장소와 특정한 집단을 위해 이루어지는 교육이 아니라, 이주민이 살아가는 지역 현장의 삶터에서 이루어지는 평생교육 차원에서 이루어지고 있다. 이는 우리나라 평생교육체제에서 상정하는 다문화교육의 접근법과 양식에 비판적 성찰을 제공한다.

둘째, 중앙정부와 지방정부의 일관성 있는 정책 수립과 다변화된 정책 시행이 필요하다. 캐나다의 경우, 최근 문화간 상호작용을 강조하는 '간문화주의(interculturalims)'에 기반을 두고 다양한 다문화정책과 프로그램을 실시하고 있다. 그 실천에는 연방정부와 주정부 그리고 민간단체가 삼각 협력을 취하며 균형있는 접근을 모색하고 있다. 특히 PEI의 사례에서 알 수 있듯이 주정부는 다문화정책의 수립과 시행 과정에서 현지의 민간협의체나 비영리시민단체를 파트너로 삼아 다양한 프로그램을 추진하고 있다. 다자간 파트너십은 우리나라 다문화정책의 전달체계를 효율적으로 바꾸는 데 시사점을 제공하는 대목이다. 우리나라도 캐나다이민국(CIC)처럼 총괄적인 이주정책 기구를 설립하여 중앙정부와 지방정부의 정책을 일관성 있게 조율하는 컨트롤 타워 기능을 만들고, 이주민의 적응, 교육, 취업, 시민 참여 등 일련의 과정에서 상이한 요구도를 파악하여 각 지역의 필요와 학습자의 특성에 맞는 다각화된 프로그램을 발굴해 나가야 한다. 이를 뒷받침하기 위해 중앙과 지방, 민간 주체들이 유연하게 협력할 수 있는 체계가 마련되어야 할 것이다.

셋째, 다문화역량을 키우기 위해서 공동 주체로서 기관별 역량 제고와 커뮤니티 참여형 다문화교육 역량 기반이 구축되어야 한다. 명실공히 다문화사회인 캐나다에서는 다문화적 상황을 개인 이주민의 문제로 치부하는 것이 아니라, 국가가 이념적으로 비전을 제시하고 체계적으로 조직체를 변화시키는 과정으로 인식하고 있다. 따라서 기관 자체의 다문화 역량을 키우는 것(institutional multicultural capacity)은 매우 중요한 과업으로 설정되어 있다. 특히 캐나다에서 학교와 관공서의 경우는 다문화역량이 필수적이다. 학교의 경우, 이주민 학생의 입학을 받는 절차와 소수 인종 학생을 배려한 교육 서비스를 제공하는 모든 과정이 낯설 수 있다. 그래서 캐나다에서는 다문화역량 배양을 위한 학교 컨설팅 사업이 전개되기도 한다. 한편 커뮤니티 역량 구축의 경우는 기관 간 상호 연계 협업

(inter-agency working)이 매우 중요하다. 다양한 커뮤니티의 지역 협의체들이 서로 협력하여 이주민의 교육적 필요를 충족시키고 개별 기관들이 가진 교육적 자원을 파악하여 연계하는 방식을 추구하는 것이다. 예를 들어 각 급 학교를 관리하는 지역교육청은 이주민의 정착을 지원하기 위해서 지역사회에 있는 주택공단, 건강 및 보건협의체와 협력하여 자원을 활용하고 협업할 수 있다. 이런 논점에서 지역사회와 연대하는 커뮤니티 중심의 다문화교육 프로그램이 확대되어야 한다. 우리나라의 경우 다문화정책이 위에서 아래로 전달되는 구조를 가지고 있어서 지역 커뮤니티는 수동적인 관망자의 위치에 있었다면, 캐나다의 호스트 프로그램 사례에서 보듯이 앞으로 다문화교육의 전달체제와 주체적 측면에서 지역 커뮤니티는 중핵적인 역할을 담당해야 한다. 이는 우리나라의 다문화교육이 커뮤니티 참여형 모델로 재구성되는 데 함의를 주는 대목이다.

넷째, 이주민 정착 지원을 위해서 캐나다가 추진하고 있는 다양성 관리(diversity management) 개념을 우리나라 맥락에 맞추어 도입할 수 있다. 다양성 관리는 문화와 관련한 다양성의 개념을 조작화하기 위한 용어이며, 이질적인 커뮤니티 간의 공동체 의식과 유대감을 공고히 하고 더 나아가 새로운 국가정체성 형성 과정에서 중요한 역할을 하는 것이다(허영식 외, 2014). 캐나다의 다양성 관리는 다양성을 긍정적으로 수용함으로써, 법적으로 주어진 차별금지의 과제를 실천에 옮긴다는 의미를 갖는다. 캐나다는 다양성관리를 통해서 캐나다 사회의 다양성을 긍정적으로 인정할 뿐만 아니라, 다양성을 국가의 성장을 위해서 생산적으로 활용하는 데 목표를 두고 있다. 그런 측면에서 이주민의 다양성이 시민 사회에서 거부되거나 이주자들이 능력을 발휘하지 못하고 변방으로 밀려나는 것은 인종간 평등을 추구하는 인본주의 담론을 넘어서, 다양성 관리 측면에서도 비효율적이다. 이를 보건대, PEI의 경우도 이주민의 취업과 진로 개발과 관련하여, 새로운 학습자인 이주민의 능력과 요구도를 진단하고, 정주민의 노동력 수요를 파악하여 인력시장의 간극을 조정하는 것은 다양성 관리 개념이 투영된 것이라 할 수 있다. 이처럼 한 사회의 다양성을 긍정적인 관점에서 적극적으로 관리하고 활용하는 것은 이주민을 사회 변방의 한 꼭지에 위치시키는 편협한 접근을 극복하는 대안이 될 수 있다. 한국사회에서 고령화·저출산 담론의 해결책으로 환영받는 결혼이주여성과 그 가족의 다양성은 정책적 관심을 받고 있지만, 정주원칙에 위배되는 이주노동자나 유학생의 다양성은 묵과되고 있는 것이 사실이다. 과연 우리사회의 다양성은 어떤 비전을 가지며, 어떻게 관리하고 지원되어야 하는지, 지금부터 다양성에 대한 포괄적 시각과 종합적 대응이 필요하다.

다섯째, 평생학습의 과정으로서 인종차별금지와 인권 이슈를 포괄하는 다문화교육 콘텐츠의 심화가 필요하다. 우리사회의 다문화교육은 이주민(그것도 결혼이주민과 그 가족)을 위한 한국사회 적응교육과 정주민을 위한 타문화이해교육 형태로 편향되어 왔다. 그러나 캐나다의 사례에서 알 수 있듯이 다문화주의를 논할 때는 인종적 불평등과 인권의 문제를 반드시 진지하게 다룬다. 캐나다에서는 인종, 민족, 국적, 성, 나이에 대한 모든 형태의 강력한 보호 조치를 취하면서, 평등사회에 대한 접근으로서 다문화교육을 위치시키고 있는 것이다. 이를 볼 때 우리나라의 다문화교육은 다양성을 둘러싼 소외의 정치와 권력 관계, 그리고 이해관계에 눈을 감지 않아야 할 것이다. 왜냐하면, 다문화주의는 문화다양성을 넘어, 계층과 권리, 권력의 문제, 나아가 평등권의 문제와 복잡다단하게 연결되어 있기 때문이다(Kymlicka, 1995). 이러한 맥락에서 평등사회를 향한 논의에서 평생교육의 역할을 무엇이며, 이주민이라는 불리한 집단을 포용하는 사회 통합은 어떻게 구현할 것인지에 대한 고민이 깊어져야 한다.

다문화교육이 언제까지 이주민의 적응을 지원하고, 문화다양성을 국적별로 분류하고, 타문화를 이해하는 지식 축적에 머무를 수 있는가? 바로 이러한 비판적 성찰이 다문화교육의 내용이 되어야 하며 그 내용에는 인종차별금지와 이주민의 인권 문제가 심도 있게 다루어져야 한다. 기실 인종과 인종차별(race and racism)은 이주민들이 경험하는 가장 중요하고 잠재적 요인인데도 다문화교육에서는 이를 제대로 다루지 않고 다양성만을 부각하는 것은 다문화교육 콘텐츠의 표피만 다룰 우려가 있다(COMPAS, 2006). 이를 볼 때, 우리나라의 다문화교육은 인종불평등과 인권의 사각지대에 놓인 이주민을 위한 지원은 물론, 모든 이들이 인종적, 계층적 이유로 주변부화되지 않도록 사회 정의와 평등을 실현하고, 개

개인이 삶의 변화를 촉진할 수 있도록 하는 평생학습의 과정이 되어야 한다.

마지막으로 평생교육 측면에서 다문화사회에 대한 비전 제시와 모니터링이 요청된다. 교육의 수직적 층위와 수평적 층위를 통합하는 평생교육 관점의 접근을 통해서 다문화사회에 대한 미래 방향을 그려가는 작업이 중장기적으로 추진될 필요가 있다. 동시에 지역 사회의 우수 사례(good practice)를 발굴하고 맥락과 필요에 맞는 다문화교육 지원체제가 구축되어야 한다. 캐나다의 사례가 한국 사회에 그대로 적용되는 모범답안이 될 수 없다. 그러나 이를 참조해서 적어도 이주민의 사회 통합과정, 지역주민의 다문화인식 개선을 위한 교육적 개입, 인종차별 금지와 인권 보호가 현장에서 보장되는 방식에 대한 끊임없는 연구와 다양한 주체가 참여하는 관계중심적인 모니터링이 필요하다는 점은 유의미한 시사점을 제공한다.

참고문헌

김진희(2013). 외국 이주민을 위한 평생교육사업, 평생교육백서(2011/2012), 367 – 385.

이로미·장서영(2010). 다문화국가 이민자 정착 정책 및 지원 서비스 분석: 미국과 캐나다 사례를 중심으로. 국제지역연구, 14(1), 179 – 208.

이인원(2013). 다문화정책 수립과 시행에서의 지방정부의 바람직한 역할: 캐나다 다문화 정책의 사례를 중심으로, 사회과학연구, 39(1), 7 – 123.

허영식·김진희(2013). 간문화능력과 간문화교육에 대한 동향과 함의 : 독일의 사례를 중심으로. 한독사회과학논총, 23(3), 31 – 60.

허영식·정창화·최치원·김진희·바이세노(2014). 간문화주의와 다양성관리. 서울: 박영스토리.

COMPAS (2006). *Refugees and other new migrants: a review of the evidence on successful approaches to integration*. Oxford: COMPAS Press.

Guo, S. (2010). Migration and communities: challenges and opportunities for lifelong learning. *International Journal of Lifelong Education, 29*(4), 437 – 447.

IFLL (2009). *Migration, Communities and Lifelong Learning*. NIACE.

Jonhston, R. (1999). Adult learning for citizenship. *International Journal of Lifelong Education, 18*, 175 – 190.

Kymlicka, W. (1995). *Multicultural Citizenship: A Liberal Theory of Minority Rights*. Oxford: Oxford University Press.

Pamela. C. (2005). Blank slates or hidden treasure? Assessing and building on the experiential learning of migrant and refugee women in European countries. *International Journal of Lifelong Education, 24*(3), 227 – 242.

PEI Association for Newcomers to Canada (2013). *Annual report 2011 – 2012*.

Roxana NG & Hongxia Shan (2013). Lifelong learning. as ideological. practice: an analysis from the perspective of immigrant women in Canada. In S. Guo (Eds.), *Transnational migration and lifelong learning* (pp. 22 – 37). London: Routledge.

Vasta, E. (2007). From Ethnic Minorities to Ethnic Majority Policy: multiculturalism and the shift to assimilationism in the Netherlands. *Ethnic and Racial Studies, 30*(5), 713 – 740.

Vertovec, S. (2010). Towards post－multiculturalism? Changing communities, conditions, and contexts of diversity. *International Social Science Journal, 199,* 83－95.

참고 사이트

캐나다이민국(2013) www. cic.gc.ca

Government of Canada(2013, online)
  http://www.canadainternational.gc.ca/korea－coree/about－a_propos/multiculturalism
  －multiculturalisme.aspx?lang＝kor

PEI ANC(2014, online)http://www.peianc.com

캐나다와 호주 전문대학의 성인 이주민을 위한 교육실제

연구
개요

　본 연구는 다문화 배경을 가진 인구가 점증하는 우리사회에서 이주민의 고등교육 기회 확충과 역량 강화를 위한 전문대학의 새로운 역할과 방향을 고찰하기 위해 수행되었다. 이를 위해 캐나다와 호주의 전문대학이 추진해 온 이주민을 위한 교육프로그램과 교육 사례를 밝힘으로써 우리나라 전문대학에의 시사점과 방향을 도출하였다. 연구결과에 따르면, 캐나다의 전문대학들은 이주민들의 조기 적응과 빠른 노동시장 진입을 위한 '브릿지 프로그램(bridging programs)'을 개발 제공하여 이들이 노동시장에서 활동할 수 있는 발판을 제공하는 특성을 가지고 있었으며 호주의 경우 전문대학들을 중심으로 이주민 영어교육 시스템을 구축하고 이와 함께 지역사회에 기반을 둔 직업교육 중심의 프로그램을 제공하는 특징을 가지고 있었다. 이처럼 양국의 전문대학들은 이주민의 역량 강화를 필요로 하는 전 사회적인 요청과 이주민 스스로가 필요로 하는 다양한 학습요구를 유연한 교육과정의 제공을 통해 부응하고 있었다. 마지막으로 본 연구는 세 가지 측면의 시사점과 발전과제를 제안하였다. 첫째, 이주민을 위한 고등직업 교육기관으로의 전문대학의 교육체제 정비가 시급하며, 둘째, 전문대학을 활용한 이주민의 고등교육 기회 확충과 역량 강화가 내실화되어야 하며, 셋째, 지역사회 자원을 활용한 전문대학의 다문화교육 프로그램이 확대되어야 할 것이다.

Ⅰ. 서론

이주노동자, 결혼이민자, 귀화자, 유학생 등 한국사회에 체류하는 외국배경 출신의 구성원의 수가 187만 명에 육박한다. 이는 한국사회가 다인종 다문화사회로 전환되어가고 있다는 것을 보여주며, 이에 교육학은 다문화적 맥락을 가진 사회구성체의 도래에 어떻게 대응하고 변화할 것인지 진지한 고민과 반성이 필요한 시점이다(김진희, 2013). 그동안 우리나라의 다문화사회로의 변화와 관련한 교육정책은 주로 초·중등학교에 재학 중인 다문화가정 출신의 학습자를 지원하기 위한 정책에 치우쳐 온 것이 사실이다.

그에 반해, 전문대학을 포함한 고등교육기관은 정부 정책의 대상과 파트너로서 고려되지 못한 측면이 있다. 이는 학령기 아동과 청소년 중심의 다문화교육정책이 주류를 이루면서, 성인 이주민을 위한 교육정책은 결혼이민자의 사회적응 교육을 제외하고는 제대로 추진되지 못하고 있는 점을 방증하고 있다. 그런데 실제로 한국사회에 정착한 이주민들의 절대 다수는 성인이며, 이들은 우리 사회의 새로운 구성원으로서 다양한 역량 강화의 필요성을 요청받고 있는 것이 사실이다. 이러한 문제의식에 기인하여 본 연구는 다문화적 사회구성체로 변화하고 있는 우리사회에서 이주민의 사회통합을 위한 교육정책이 포괄적으로 기획되고 작동되어야 한다는 관점에서 출발한다.

특히 본 연구는 이주민의 고등교육 기회 확충과 역량 강화를 위하여 그동안 소외되어 온 전문대학의 새로운 역할을 모색하고자 한다. 왜냐하면 전문대학은 4년제 종합대학의 높은 진입장벽에 비해 성인 이주민의 다양한 학습 요구와 사회적 필요를 유연한 교육과정 운용을 통해서 충족할 수 있는 잠재력이 높은 편이며, 양질의 고등교육기회 확충의 발판을 마련하는 거점이 될 수 있기 때문이다. 그러나 이주민의 다양한 학습요구에 대응하기 위한 교육정책의 다변화가 필요함에도 불구하고 우리나라 전문대학의 다문화 교육프로그램이나 다문화 관련 교과목의 개설과 운용은 미비한 실정이며, 이주민 교육기관으로서의 역할에 관해서는 논의조차 거의 없다(오교성 외, 2010). 이러한 맥락에서 본 연구는 다문화시대의 고등직업교육기관으로서 전문대학이 이주민의 고등교육 기회를 확충하는 중요한 교두보 역할을 수행할 수 있을지를 고찰하고 향후 과제와 방향을 제안하고자 한다. 이에 우리보다 앞서 다문화주의 정책을 추진해 온 캐나다와 호주의 전문대학 중심의 이주민교육의 사례를 살펴보고 이들 대학들이 이주민의 교육기회 확충을 위해 어떠한 프로그램을 추진해 왔는지를 밝힘으로써 우리나라 전문대학이 추진해야 할 변화의 방향에 시사점을 얻고자 한다.

II. 이론적 배경

우리 사회가 다인종 다문화 사회로 변화해 감에 따라 가장 중요한 사회통합 과제로 등장한 것 중의 하나가 이주민의 적응 문제이다. 이주노동자와 결혼이민자를 필두로 한 이주민의 수가 급속히 증가하면서 이들에 대한 사회적 관심도 높아지고 이들의 사회문화적 적응, 가족의 안정성 강화, 사회통합 지원이 사회적 문제로 대두되고 있다(설동훈 외, 2006). 낯선 땅에서의 삶은 새로 익히고 적응해야 하는 '배움'의 연속이기 때문에 교육과 훈련을 통해 이주민의 사회적응을 도모하는 일은 특히 사회통합 정책 수립과 실천에 있어 그 중요도가 크다. 2000년대 중반부터 다문화정책이 시행되면서 이주민들이 한국사회에 불편 없이 정착하도록 지원하는 교육과 훈련이 사회 곳곳에서 이루어지기 시작했다. 그러나 오늘날 이주민을 위한 교육지원 정책은 한국어교육과 사회적응 교육을 넘어서 단계별로 다변화되고 전문화되어야 한다는 주장이 제기되고 있다(장서영 외, 2009).

우선 이주민은 정착 단계에 맞추어 다양한 지원을 필요로 한다. '순응'의 시기인 제1기는 많은 학습이 필요하고 이를 돕는 각종 지원의 중요성은 새삼 거론할 필요가 없을 정도이다. 제2기는 '적응'의 시기로서 자신에게 요구되는, 그리고 자신이 원하는 역할들을 수행하기 위해 비교적 장기적인 계획을 갖고 교육과 훈련을 받고자 하는 시기이다. 마지막 시기인 제3시기는 '통합'의 시기로서 진정한 통합을 목전에 둔 단계이므로 보다 맞춤화된 지원이 있을 경우 보다 완전한 사회구성원으로 자리매김하게 될 수 있다(Prairie Global Management, 2008). 이런 시기적 구분에 비추어 보건대, 현재 우리나라의 이주민교육과 훈련은 초기 단계의 적응을 지원하는 교육들이 대부분임을 알 수 있다(김승권·조애저·민현주, 2010). 기실 우리나라에 정착하고 있는 대표적인 이주민 집단인 결혼이민자들과 그들이 구성한 가정을 지원하는 서비스와 교육 프로그램들은 대부분 한국어 습득, 한국요리 배우기, 한국문화 습득, 부부교육, 부모교육 등으로서 다문화가족지원센터, 여성교육 관련 기관 등에서 많이 이루어지고 있다(김이선 외, 2008). 최근 이주민의 취업, 즉 한국의 노동시장 입성을 위한 취업지원 교육, 직능인 양성교육 및 각종 단발성 직업훈련 등이 공공 및 민간기관을 통해 제공되고 있으나(강기정·박수선·손서희, 2013), 이를 제외하고 나면 이주민교육 및 훈련의 심화된 모습이나 다양성은 찾아보기 어렵다. 게다가 상당수의 기관이 비슷한 종류나 수준의 교육을 중첩적으로 제공하고 있어 앞으로 해결해야 할 문제점으로 지적된다. 이는 우리나라뿐만 아니라 해외 선진국에서도 이주민을 위한 정착 및 사회적응 프로그램이 중복적이며 '다문화적 조직 모델(multicultural organization model)'이라는 이름으로 기초 적응 단계에서 재생산된다는 비판과 맥락을 같이 한다(Guo, 2010). 이제 우리나라의 다문화정책은 이주민에게 '요구되는' 언어, 문화 등에 대한 일차적인 습득에서 나아가, 이주민 자신이 새로운 사회에서 주체적으로 '하고자 하는' 역할들을 수행하기 위해 장기적인 계획을 갖고 다양한 교육과 훈련을 받을 수 있는 지원망이 되어야 한다.

이에 접근하는 방편 중의 가장 영향력을 제고할 수 있는 것이 고등교육이라고 볼 수 있다. 최근 이주민교육과 훈련에 있어 우리나라 고등교육기관도 서서히 그 역할의 정립을 고민하고 있는 것으로 보인다. 2008년 5월 법무부가 다문화 사회통합 거점대학 ABT(Active Brain Tower)대학으로 전국 20개 대학을 선정하여 다문화 이해증진 및 이주민 사회통합을 위한 다문화사회 전문 강사 양성과 각종 이주민 지원프로그램 추진 등 다문화에 대한 국민의 이해를 높이는 노력을 시작한 것이 그 한 예이다. 이 다문화 사회통합 거점대학은 이주민들과 함께 살아가는 다문화 사회의 방향을 노정하는 각종 연구 및 사업 등과 함께 법무부가 추진하는 '이주민 사회통합 프로그램' 즉, 이주민이 한국어와 문화, 제도 등 법무부 장관이 인정하는 소정의 교육을 받으면 귀화에 혜택을 주는 교육 프로그램을 지역사회의 성인 이주민들을 대상으로 제공하고 있다. 또한 교육과학기술부는 다문화교육센터 지침을 발표하고 2008년도부터 각 대학에 다문화교육센터를 선정하여 초 중 고등학교의 교사들을 중심으로 다문화교육을 실시하는 사업을 전개하고 있다. 이렇게 4년제 대학들이 서서히 이주민에게 교육과 훈련의 제공을 통한 사회통합이라는 역할을 자임하고 나서는 동안 다문화 사회의 실현을 위한 전문대학의 역할은 찾아보기 힘들다. 그러나 사회적응을 위한 언어 및 생활기술의 습득, 직업적 기술 함양, 한국 사회에서 필요한 학력의 구비 등 이주민에게 교육과 훈련이 필요한 영역을 자세히 살펴보면 기본적 적응과 취업 등 실질적인 삶의 요구에 기반을 두고 있음을 알 수 있다. 여기에 그동안 전문대학이 추구해 온 산업현장 중심의 교육적 접근과 차후 상위 단계의 고등교육으로의 연계통로로서의 역할을 함께 감안해 볼 때, 이주민의 교육과 훈련에 관한 전문대학의 공헌은 보다 적극적으로 요청되어야 한다. 이에, 현재 이주민을 국가발전의 원동력으로 삼고 있는 캐나다와 호주의 전문대학(community college)의 이주민교육 사례를 중점적으로 살펴보고 우리나라에 필요한 관련 시사점을 도출하고자 한다. 이 두 국가는 국가 정책적으로 다문화주의를 선언한 유일한 나라로서 이주민의 적응과 사회통합을 위한 정책을 개발하고 실행해 온 경험들이 축적된 사회이므로 사례 연구로서의 가치가 있다. 또한 두 국가로 이주하는 이주민들의 학력 수준이 비교적 높아 전문대학을 유입국 사회로의 진입통로(gateway)로 삼고 있어 다문화사회 고등교육기관의 역할론을 분석하기에 유용한 사례가 될 수 있다.

　문헌연구에 기초한 본 연구의 분석틀은 다음과 같다. 첫째, 캐나다와 호주 양국의 이주민 유입상황 및 실태를 검토한다. 둘째, 양국의 이주민교육 정책의 특성을 주요 정책과 프로그램을 중심으로 검토한다. 셋째, 이주민교육에 있어서의 전문대학의 역할과 제공되는 프로그램 현황을 살펴본다.

Ⅲ. 캐나다 전문대학의 이주민교육 현황 분석

1. 캐나다의 이주민 유입상황 및 실태

대표적인 이민자 국가로 표방되고 있는 캐나다는 많은 이민자 및 난민이 매일 유입되고 있는 상황이다. 약 3천 3백만 인구의 약 20%가 이민자 출신이고, 인종적 다양성은 무려 200인종이 넘으며 이들 중 13개 인종은 인구조사에서 백만 명 이상으로 나타나고 있다(http://www12.statcan.gc.ca 참조). 넓은 국토를 효율적으로 개발하기 위해 많은 이민을 받아들이게 되었고, 국제적 인도주의에 입각하여 해마다 많은 수의 난민 역시 받아들이면서 이들이 캐나다의 국민이자 지역사회의 일원으로 살아가는 것이 국가의 미래가 걸린 일이 되었으므로 캐나다 정부는 이민자 및 난민의 성공적인 '정착(settlement)'을 적극적으로 지원해 왔다. 1971년부터 다문화주의를 국가의 근간으로 채택하게 된 캐나다는 연방 정부 차원에서부터 이민자 및 난민의 정착을 이들이 일방적으로 캐나다 사회에 동화되는 것이 아닌, 상호적인 것, 즉 기존의 캐나다 사회와 이주민이 서로에게 적응하는 과정으로 정의하고 있다(Prairie Global Management, 2008). 그러나 이런 과정에서 가장 큰 어려움을 겪는 것은 누구보다도 이주민이기 때문에 캐나다 연방 정부는 이주민들이 기본적인 적응을 거쳐 '통합(integration)'으로 나아갈 수 있도록 도우면서 이 과정에서 캐나다라는 새로운 사회에 소속감이 들 수 있도록 이들의 경제적, 정치적, 사회적, 문화적 통합을 지원하는 것을 정책의 목표로 삼고 있다. 이에 따라 이들이 캐나다에 도착한 직후부터 이주민 정착지원 서비스(settlement service)를 비롯하여 지역사회에서 필요로 하는 각종 정착지원 서비스를 연방 정부, 주 정부, 지역사회 차원에서 제공하고 있다(Guo & Andersson, 2005).

캐나다는 인접국인 미국과 마찬가지로 과거에는 백인 위주의 이주민 유입이 대부분이었으나 1980년 이후엔 인종적 문화적 차이가 큰 다양한 사람들이 유입되기 시작했으므로 이주민들의 정착과 생활 관련 요구의 개별화는 과거 그 어느 때보다도 커졌다. 다만 미국과의 차이점은 가난한 이웃 국가인 멕시코 등에서의 불법 이민이 수시로 유입되는 미국에 비해, 캐나다는 이주민들의 학력, 영어 또는 프랑스어 언어 유창성, 경력, 연령 등을 기준으로 일정 점수를 부여하고 합산된 총점을 고려하여 선별 및 유입할 수 있는 포인트제도(immigration point system)를 통해 이민자들의 유입을 관리하고 있으므로 전반적으로 이주민의 학력이나 경력이 비교적 높다는 특징이 있다(홍예정, 2010). 또한 일방적인 사회동화를 강조하기보다는 자신의 문화와 언어를 보존하면서 캐나다 사회의 일부분이 되게 지원하는 점이 특색이다(http://www.cic.gc.ca/english/immigrate 참조).

2. 캐나다의 이주민교육 정책

캐나다는 국가의 필요에 의한 이민자를 많이 받아들여 이주민이 증가한 것 외에도 다양한 이유로 외국 유학생이 꾸준히 증가하여 왔다. 이는 캐나다의 대학교와 전문대학이 인종/문화적으로 다양해진 결과를 가져왔다. 이주민 및 유학생에 대하여 이들이 가진 다양성을 주류사회에서 살아가기에 '부족한 점'으로 규정하기보다는 이들을 폭넓게 수용하고 다양성을 강조하는 교육을 강조하고 있다. 무엇보다도 이주민들이 필요한 교육을 받아 하루 빨리 사회의 구성원으로 정착하는 일을 지원하는 다양한 정책과 서비스가 있다(이로미·장서영, 2010). 이 중 성인 이주민들에 대한 교육 정책은 이들이 성공적으로 캐나다의 노동시장에 진입할 수 있도록 돕는 것을 목적으로 하며, 무엇보다도 이에 필요한 캐나다의 학력과 각종 자격을 구비하게 돕는 데 가장 큰 역점을 두고 있다. 캐나다가 이민을 받아들이는 가장 큰 이유는 이주민 인적자원을 통한 국력의 향상이다. 국가의 생산성을 제고할 목적으로 '수입'한 인적자원인 이민자들이 성공적으로 캐나다의 노동시장에서 활약할 수 있도록 돕기 위해서 다방면으로 지원하고 있는데 그 중 가장 중요한 부분은 이주민들의 기존 학력과 기술의 보유를 상당 부분 인정하는 Prior Learning Assessment & Recognition(PLAR)이라고 부르는 정책이다(http://www.cicic.ca/412/prior-learning-assessment-and-recognition-in-Canada 참조). 이주민들은 과거의 학력과 경험을 평가해 주기를 요청하고 이를 일부 인정받아 캐나다 노동시장에 진입하는 데 필요한 학력과 경력을 구비하는 데 소요되는 시간을 가능한 한 단축하는 것이다. 이주민들은 이후 각 대학교 및 전문대학에 등록하여 캐나다의 학위나 일에 필요한 자격증을 빠른 시간 내에 취득하여 노동시장으로 큰 무리 없이 진출하고 있다(이로미·정연순, 2008). 앨버타 주의 원격대학교인 아타바스카 대학교(Athabasca University)나 전문대학의 경우 마니토바 주의 레드리버 대학(Red River College), 노바스코셔 주의 노바스코셔 전문대학(Nova Scotia Community College) 등이 이주민의 기존 학위와 자격을 검정하여 인정하는 PLAR를 실시하고 이들을 위한 추가적인 교육을 체계적으로 제공하는 대표적 교육기관이다(Conrad, 2008).

상기의 경우를 보아도 캐나다는 고등교육기관이 이주민의 학력 인정 및 교육훈련에 적극적 역할을 수행하고 있다는 것을 알 수 있다. 또한 많은 이주민들이 고등교육기관의 교육 및 훈련에 많이 등록하고 있고 이 중 일부는 처음부터 이주민의 취업을 위한 재교육 프로그램으로 기획 운영되고 있는 것을 볼 수 있다. 특히 캐나다의 전문대학들은 캐나다 정부의 예산지원과 관심에 힘입어 전문대학협의회(Association of Canadian Community Colleges)를 중심으로 이민자가 캐나다에 도착하기 전부터 캐나다 노동시장에 대한 정보와 첫 취업 관련한 경력인정 절차 등을 지원을 제공하는 The Canadian Immigration Integration Project(CIIP)를 비롯하여, 정착한 이주민의 교육기회를 확충하기 위한 다양한 프로그램을 개발 및 제공하고 있다(http://www.prepareforcanada.com 참조).

3. 이주민교육기관으로서의 캐나다 전문대학 역할

캐나다의 이주민교육은 이주민들의 조기 적응과 빠른 노동시장 진입을 위한 다양한 교육과 훈련 프로그램에 맞추어져 있다. 이를 포괄적으로 브릿지 프로그램(bridging programs)이라 칭하는데(Duncan, Poisson, & Wong, 2008), 대학교와 전문대학이 이런 브릿지 프로그램을 단독으로, 혹은 정부 및 각 분야에 전문성을 가진 민간기관과 연계하여 실시하고 있는 모습을 볼 수 있다(Association of Canadian Community Colleges, 2004). 캐나다 사회에서 이주민 교육과 훈련에 고등교육 기관이 적극적으로 참여하고 있는 이유는 오늘날 캐나다의 고등교육 기관의 교육목적과 맞닿아 있다. 즉 학습자의 지식, 능력, 태도를 일정 기준에 도달하도록 준비시켜 양질의 인력으로 노동시장에 보내는 것이 그것이다. 캐나다는 국가 생산성 신장을 목적으로 대규모의 이민을 받아들이는 나라이지만, 노동시장에 진입하기 위해서는 캐나다 학력과 경력이 크게 요구되는 것이 또한 특색이다. 즉 이주민의 사전 학습 경험(prior learning experience)이나 직업 능력이 캐나다 사회의 기준과 조건에 부합하여야만 적절한 일자리를 찾아 노동인력으로 인정받고 활동할 수 있는 것이다. '세상에서 가장 학력이 높은 택시기사들이 있는 곳이 캐나다'라는 말이 있을 정도로 아무리 좋은 학력과 경력이 있다고 하더라도 이주민들은 캐나다에서 인정하는 학력과 경력을 쌓기 전에는 주류 사회의 인적자원으로 편입되기에 어려움을 겪어 온 것이 사실이다. 따라서 이러한 간극과 장벽을 해소하기 위해서 캐나다에서는 이주민들이 전문대학을 활용하여 사회가 필요로 하는 학력과 경력을 다시 쌓고 노동시장에 진입하여 더 안정된 직업을 찾아나가는 것이 일반화되어 있다고 보인다. 그런데 전문대학은 이주민의 본국 학력과 경력 중 필요한 부분을 인정하면서 캐나다의 산업현장에서 필요한 역량을 보다 압축하여 단축된 시간 내에 제공하고 있는 것이다. 한 예로 출신국가에서 약사 경력이 있더라도 캐나다에서 약사로 일을 하기란 어려운 것이 당연한데 나이지리아 출신 약사인 이주민이 시간제로 일하며 모국의 자격을 캐나다의 약사자격으로 빠르게 전환해 주는 브릿지 프로그램을 통해 비교적 짧은 시간 내에 약사로 일을 하게 된 사례 등을 접할 수 있다(http://www.iafcanada.org /iaf−community/success−stories 참조).

4. 캐나다 전문대학의 이주민교육 사례

(1) 앨버타 주 캘거리 시의 Bow Valley College

캐나다 앨버타 주의 캘거리 시에 위치한 전문대학인 Bow Valley College

가 제공하고 있는 이주민교육 프로그램으로는 영어교육 등 여러 가지가 있지만 그 중 Corporate Readiness Training Program과 Directions for Immigrants in Trades and Professional Careers라고 불리는 경력 이민자 노동시장 진입지원 프로그램이 대표적이므로 이를 검토하고자 한다. 우선 Corporate Readiness Training Program는 연방 정부와 주 정부 양쪽이 재정 지원하는 국가적 수준의 이민자 지원 교육 프로그램으로서 이민자들이 모국에서 일했던 분야로 진입하게 해주는 고숙련 기술 이민자용 취업교육 프로그램이다(http://crtp.bowvalleycollege.ca 참조). 10주간의 실무 영어 교육과정과 6주간의 인턴십을 통해 각 분야별로 캐나다 노동시장에 대한 지식과 정보, 네트워크를 제공함과 동시에 본국에서 가졌던 자격(licence)을 캐나다 자격으로 전환할 수 있도록 도와준다.

한편 Directions for Immigrants in Trades and Professional Careers 역시 연방정부와 주 정부 양쪽의 재정지원으로 개설한 교육 프로그램의 하나이다(http://bowvalleycollege.ca/employment-services 참조). 이 프로그램은 특별히 보건의료, 엔지니어링, 금융, IT, 경영 등의 분야의 숙련자들을 도와주는 것이 목적이다. 이 프로그램은 기간 내 수료하는 프로그램이 아니며 상시적 워크숍 형식을 취한다. 워크숍의 종류를 일별하면 가장 기본적인 캐나다 노동시장의 이해에 대한 것부터 구직기술 중심 실습, 보건의료 등 특정 분야에 한정된 전문적인 도움, 관련분야 전문가 멘토링, 그리고 자격취득 시험을 위한 학습법 제공 등 다양하다.

(2) 온타리오 주 토론토 시의 George Brown College

온타리오 주 토론토 시는 캐나다 제1의 도시로 많은 이주민이 거주하는 곳으로서, George Brown College는 이주민들과 유학생들을 대상으로 다양한 영어교육(English as Second Language: ESL) 프로그램과 브릿지 프로그램을 개설하고 있어 이주민의 교육 수요에 부응하고 있다(http://www.georgebrown.ca 참조).

우선 이 대학의 ESL 과정은 9단계로 되어있는데 처음 등록할 때 진단평가를 실시한다. 한 단계마다 8주씩 72주로 이루어져 있고 7, 8단계에 들어서서는 관광, 의료 등 직업분야 전문영어 교육과 함께 수료증 및 학위를 취득으로 연계된다. 또한 이주민들의 성공적인 정착을 위한 브릿지 프로그램을 여러 개 개설하고 있는데 그 중 몇 가지만 살펴보면 아래와 같다.

첫째, Career and Work Counsellor for Internationally Educated Professionals 프로그램은 이주민을 직업 상담사로 양성하는 데 목적을 둔다. 온타리오의 직업, 구직 관련 상담 지원 분야에 특화된 교육과정으로서 본국에서 직업상담사 경험이 없어도 대학 졸업 학력이 있으면 입학할 수 있다. 4학기 과정으로 졸업 시 온타리오 주 전문학사 학위(Ontario College Diploma)를 수여한다.

둘째, College Teacher Training Program for Internationally Educated Professionals 프로그램은 교직 경력을 가진 이주민들을 대상으로 한 교원양성 프로그램으로서 2학기 과정을 마치면 온타리오 주 전문학사 수료증(Ontario College Graduate Certificate)을 수여한다.

셋째, Construction Management for Internationally Educated Professionals 프로그램은 건설 관련 경력 이주민들을 대상으로 수업과 함께 캐나다 건설현장에서의 실습경험도 제공하여 경력자의 빠른 입직을 도와준다. 본국에서 건축 및 건축공학을 전공한 이주민들을 대상으로 하며 현장경험이 있는 사람들을 우대한다. 3학기 과정으로 졸업 시 온타리오 주 전문학사 수료증(Ontario College Graduate Certificate)을 수여한다.

넷째, Research, Commercialization and Innovation Graduate Certificate은 과학 또는 공학 분야 석/박사 소지자들의 노동시장 진입을 위한 프로그램이다. 3학기 과정으로 졸업 시 온타리오 주 전문학사 수료증(Ontario College Graduate Certificate)을 수여한다.

Ⅳ. 호주 전문대학의 이주민교육 현황과 특성

1. 호주의 이주민 유입상황 및 실태

호주는 캐나다와 더불어 전 세계에서 이주민들이 가장 많이 유입되는 국가이다. 1945년 10월 처음으로 이민정책이 시작된 후 현재까지 600만 명에 가까운 이주민들이 유입되었다. 그 결과 현재 호주 전체 인구의 23%가 외국태생이며 호주 전체 인구의 43%는 적어도 양친 중 한 명이 해외에서 태어난 사람이라고 한다. 이 숫자는 전체 인구의 17.4%가 외국 태생인 캐나다나 9.3%인 미국보다도 많은 숫자이다(김진희, 2012). 이주민 유입의 지형을 캐나다와 비교해 보아도 흥미롭다. 호주는 캐나다와 마찬가지로 국가의 필요에 의한 숙련 이민자를 일정 기준에 따라 선별하여 유입을 허가하는 '포인트 시스템'을 갖고 있다. 한편, '인도주의 프로그램(Humanitarian Programme for Refugees and Others in refugee-like situations)'에 입각하여 난민들도 많이 받아들이고 있다. 지난 10년 동안 호주 정부의 인도주의 프로그램으로 호주에 도착한 사람들 중에 30세 이하가 전체 난민 평균 약 65%에 해당하여 젊은 난민이 많이 유입되었다. 30세 이하 난민들의 수는 지속적인 성장세에 있는데, 1997년 59%에서 2006년 75%로 증가한 것을 보면 알 수 있다. 또한 이 프로그램에 따라 호주에 유입되는 난민들의 인구학적 분포도 1990년에는 유고슬라비아인들이 주를 이루었다면, 2000년 이후로는 소말리아, 에티오피아, 이라크, 아프가니스탄, 수단 등의 국가출신 그리고 중앙 서부 아프리카 지역의 사람들이 주를 이룬다(Antecol, Cobb-Clark, & Trejo, 2002; 무지개청소년센터, 2009).

이렇게 이민이나 난민 유입으로 인한 아시아계 또는 아프리카계 이주민의 증가는 영어라는 언어자원이 취약한 특징이 있기 때문에 이주민들이 노동시장에 입성하는 데 장애로 작용한다. 따라서 호주는 과거 어느 때보다도 국가발전을 위해서 이주민의 인적자원 개발에 투자해야 할 필요성에 따라 정교하게 고안된 이주민 영어 프로그램을 제공하고 있다.

2. 호주의 이주민교육 정책

호주는 이주민들에게 무엇보다도 잘 정비되어 있는 영어교육을 제공함으로써 이주민들이 언어 장벽을 넘어 성공적으로 호주 사회에 정착할 수 있도록 도와준다. 언어 배경이 영어가 아닌 사람들을 묶어서 표현하는 Non-English-Speaking Background(NESB)이나 Language Background Other Than English (LBOTE)란 말이 자주 사용되는 것만 보아도 이를 잘 알 수 있다(Yates, 2007). 우선 아동 및 청소년에 대한 교육 정책을 보면 호주는 이주민 자녀들이 영어를 빠른 시간 내에 습득할 수 있는 다양한 지원을 제공하고 있다. 연방 정부에서 재정을 지원하여 주 정부에 분배하면 주 정부는 그 재원으로 각 학교의 ESL 교과 과정을 학교별로 운영한다. 이주민 자녀의 영어 능력 습득 및 학습 수준 향상을 위해 학급교사, ESL 교사, 그리고 상담심리사 등이 협력해서 돕는다. 이주민 학생의 영어능력습득을 위해 정부는 TESOL 자격을 가진 교수자들을 대규모로 양성하고 일반 담임교사들도 ESL 교수 과정을 이수하도록 권장하는 등, 비영어권 이주민 학생들의 효과적인 교수를 위한 노력을 하고 있다.

한편 성인 이주민들은 Australian Second Language Proficiency Rating(AS LPR)이라는 검정 기준에 의해 평가받고 정부가 마련한 다양한 영어 프로그램에 등록하여 무상으로 교육 받을 수 있다. 성인 이주민에게 국가가 재정을 지원하는 영어 프로그램의 종류는 아래와 같다(https://www.immi.gov.au/living-in-australia/help-with-english 참조). 첫째, Adult Migrant English Program(AMEP)은 가장 대표적인 이주민 영어교육 프로그램으로 한 해 70,000명 정도가 이 프로그램의 혜택을 받고 있다. 이민부(Department of Immigration and Citizenship)가 지역사회의 교육기관에 재정을 제공하여 이민자나 난민들이 가까운 교육기관을 선택하여 수강할 수 있는 구조로 제공된다(김진희, 2012). AMEP는 모든 이주민들이 제공받을 수 있는 프로그램은 아니다. 이 프로그램은 가족이민이나 난민들을 주 대상으로 한다. 이주민 중 18세 이상이고 모국어가 영어가 아니며, 영어 실력이 충분하지 못하다고 판단된 사람들이 AMEP를 무상으로 들을 수 있다. 둘째, 고용과학훈련부(Department of Employment, Science and Training)가 재정을 지원하는 The Language, Literacy and Numeracy Program(LLNP)이다. LLNP는 아직 노동시장에 입성하지 못했거나 실업 중인 이주민들을 대상으로 노동시장에 진입할 수 있는 수준의 영어실력을 향상을 도모하는 교육 프로그램이다. 일터에서 필요한 언어소통, 문해, 그리고 숫자의 이해수준을 높여 이주민들이 노동시장에서 받을 수 있는 불이익을 해소하는 데 역점을 두고 있다.

셋째, 마지막으로 The Workplace Language and Literacy Program이 있다. 이 프로그램은 기업체에 고용된 이주민에게 직접 제공되는 이주민 영어교육 프로그램이다. 정부와 고용주가 이주민의 교육비를 함께 지원하여 이주민의 직업수행에 필요한 영어를 습득하게 한다.

3. 이주민교육기관으로서의 호주 전문대학 역할

호주는 전문대학이 이주민교육에서 가장 큰 부분을 차지한다고 말할 수 있는데 그 이유 중의 하나가 방대한 고등기술교육을 제공하는 Technical and Further Education(TAFE)의 역할이다. 호주의 TAFE는 우리나라의 각종 기술 훈련원 또는 전문대학과정을 총망라한 방대한 국민 대상 교육기관으로 호주 고등교육의 70%를 차지하는 최대의 교육기관으로서 직업에 연관된 실질적이고 전문적인 교육을 제공한다. 현재 주 정부 관할하에 운영되는 TAFE가 호주 전역에 걸쳐 250여 개에 달한다. TAFE는 전문 직업교육기관답게 자동차 정비, 정보처리, 경제, 무역, 엔지니어링, 디자인, 관광, 건축, 음악, 미술 분야 등 360여 분야에 걸쳐 예비과정, 특수기술 과정 등을 포함한 방대한 범위의 교육과정을 제공한다.

TAFE의 교육과정은 3개월에서 3년까지로 수료증(certificate)에서부터 전문학사(diploma)까지의 다양한 교육과정이 준비되어 있다. 우선 certificate 과정은 초보적인 전문기술을 배우는 과정으로 10학년 이상의 학력이면 입학이 가능하다. 이보다 수준이 높은 advanced certificate 과정은 보다 높은 수준의 전문 기술을 배우는 과정이고 associate diploma 과정은 12학년을 수료했거나 이와 동등한 자격을 갖고 있는 경우에만 입학이 가능하며, 마지막으로 diploma과정은 TAFE 최고수준의 과정이며 학위 취득에 2~3년 정도 걸리고 정식 학사과정으로 편입 시 학점을 인정받을 수 있다(이정표, 2003).

TAFE는 특히 도시에서 멀리 떨어진 지역에 위치한 이주민들의 학습요구를 충족시키는 데 절대적으로 공헌한다. 호주에서는 상당수의 AMEP 프로그램 등의 이주민을 위한 어학교육 프로그램이 이 TAFE를 통해 제공되고 있다. 또한 TAFE는 이주민을 위한 각종 단기 교육과정을 마련하고 있다. 이민자나 난민들은 대체로 이런 단기 교육과정을 들으며 직업을 준비하거나 고등교육 입학준비를 하게 된다. TAFE의 교육은 상당히 이주민 친화적이다. 이주민이 TAFE에 입학하려고 할 때 본국에서 얻은 공식 졸업장이나 서류를 제출하지 못하는 경우, Prior Learning Assessment and Recognition(PLAR)에 기초하여 입학을 원하는 이주민에게 과거의 학습과 경력에 대한 포트폴리오를 요구하거나 간단한 테스트를 실시하여 인정한다. 또한 TAFE는 많은 교육과정을 온라인으로 제공하는데, 이주민들은 정부의 재정지원으로 이런 온라인 과정을 거의 무상으로 들을 수 있다(http://www.tafensw.edu.au 참조).

호주 이민부 홈페이지에는 다양한 이주민 성공사례가 제시되어 있는데 18세의 아프간 난민 청년이 영어교육 이후 TAFE에서 농산업 교육을 받고 농촌에 성공적으로 정착한 사례는 TAFE의 교육이 이주민의 노동시장 진입을 적극적으로 도운 사례라 할 수 있다(http://www.immi.gov.au/Stories 참조).

4. 호주 전문대학의 이주민교육 사례

(1) 뉴사우스웨일즈(NSW) 주 TAFE OTEN(Open Training and Education Network)

뉴사우스웨일즈(NSW) 주의 NSW TAFE의 OTEN(Open Training and Education Network)은 방송통신 전문대학 격으로 방대한 TAFE의 교육과정을

우편과 온라인으로 제공하고 있다(http://www.tafensw.edu.au 참조). OTEN은 학교에 매일 출석할 수 없는 다양한 이유를 지닌 사람들에게 자기주도학습을 기본으로 2주마다 한 번씩 교수자와의 전화통화 및 온라인 대면 등을 통해 진도를 확인하는 식으로 진행된다. 이주민의 경우 OTEN에 등록하여 이주민 영어수업을 자학자습 방식으로 받을 수 있다. NSW TAFE는 Adult Migrant Education Program(AMEP)을 OTEN을 통해 제공하고 있다.

또한 본국에서 받은 훈련이나 기술자격증을 소지하고 있는 경우 학교 내 직업상담사에게 자문을 구해 학력과 경력의 평가과정에 대한 도움을 받을 수 있다. 학교 측은 이에 기초하여 평가 인정하여 해당 과목이나 과정을 면제해 주고 TAFE의 직업교육으로 연결한다.

(2) Northern Melbourne Institute of TAFE Young Adult Migrant Education Course(YAMEC)

Northern Melbourne Institute of TAFE는 1987년부터 이주배경 청년의 필요에 부합하는 영어교육과정을 개발하여 운영하고 있다. 이 대학의 가장 대표적인 이주배경 청년 영어교육과정이 Young Adult Migrant Education Course(YAMEC)이다(http://www.nmit.edu.au 참조). YAMEC은 15~26세의 이주배경 청년이 고등학교 졸업 학력을 갖추지 못했을 경우 TAFE에서 직업기술을 배워 취직하는 것을 도와주는 1년 기간의 맞춤 영어교육 과정이다. NMIT의 YAMEC 과정은 이주배경 청년들에게 영어실력은 물론, 호주 사회에의 자연스러운 적응을 도모하는 내용들이 많이 포함되어 있으며 학업 및 진로를 의논할 수 있는 상담자도 배정되어 있어 진로지원을 받을 수 있는 것이 특징이다. 따라서 YAMEC을 이수한 이주배경 청년들은 NMIT의 본 과정으로 자연스럽게 이행하여 실용 중심의 직업교육을 받게 되고 무리 없이 노동시장으로 이행할 수 있다. 따라서 YAMEC은 이주배경 청년들이 호주의 고등교육인 TAFE로 이행하는 과정의 첫 단추의 역할을 한다. 교육 내용은 호주 사회에 대한 자연스러운 이해와 적응, 기본적인 수학과 과학 개념, 그리고 새로운 사회의 문해인 컴퓨터 이용능력의 습득이 중심이다. 특히 컴퓨터 응용능력을 기르는 Multimedia Literacy 과목은 학생들에게 컴퓨터로 웹사이트를 만드는 2주간의 실습을 통해 문제해결 방식의 프로젝트 작업으로 진행되므로 학생들은 현대 직업세계에서 가장 필요로 하는 디지털 문해를 습득하게 된다. NMIT는 이 YAMEC을 운영하면서 가용한 지역사회의 자원이 생길 경우 YAMEC과 결합하여 이주배경 청년의 필요에 보다 들어맞는 과정을 운영한다. 그 시도 중 하나가 'Literacy on the Run'이라는 프로그램인데, 교육훈련청소년부(Department of Education, Training & Youth Affairs)의 재정을 지원받아 YAMEC 학습자에게 팀 스포츠를 경험하는 기회를 부여하고 이에 대한 기록을 스포츠 활동에 대한 웹사이트 제작이라는 프로젝트로 연결한다. 이는 이주배경 청년의 교육에 지역사회의 스포츠 시설을 연계하여 활용한다는 측면에서 호응을 받고 있다. 이 과정을 통해서 청년들은 지역사회에 대한 소속감을 점진적으로 키울 수 있고, 새로운 사회에서 시민으로서의 정체성을 함양할 수 있다.

V. 결론 및 시사점

지금까지 캐나다와 호주의 전문대학이 이주민들을 위해 어떠한 교육을 실시하고 있는지를 살펴보았다. 그 특징은 다음과 같이 정리할 수 있다. 첫째, 캐나다의 경우 전문대학들은 이주민의 조기 적응과 빠른 노동시장 진입을 위한 브릿지 프로그램을 개발하고 이를 통해서 이주민들이 노동시장에서 활동할 수 있는 발판을 제공하는 특성을 가진다. 전술하였듯이 이민자들을 학력과 기술을 중심으로 선별해서 수용하고 있는 캐나다의 이주민교육은 국가 생산성 제고를 위해서 이들의 조기 적응과 빠른 노동시장 진입을 강조하고 있다. 따라서 브릿지 프로그램은 주민들이 본국에서의 경험과 경력을 잘 살릴 수 있도록 구성되어 있어 빠른 시간 내에 최대한 본국에서와 유사한 조건으로 노동시장으로 진입하여 일하도록 하는 것이 목적이다.

둘째, 호주의 경우 전문대학들을 중심으로 이주민 영어교육과 결부된 직업교육 프로그램을 제공하고 있는 특징을 가진다. 호주의 이주민의 유입상황은 캐나다와 비슷하지만 캐나다의 전문대학이 주로 이주민들의 브릿지 프로그램의 제공에 초점을 맞추고 있다면, 호주는 영어의 습득을 이주민 적응의 관건으로 보고 잘 구성된 이주민 영어교육 시스템 구축에 초점을 맞추고 있다는 점에서 차이를 가진다. 많은 이주민들이 이런 영어교육을 TAFE 라는 전문대학을 통해 출석 수업으로, 또는 OTEN이라는 방송통신 대학 프로그램을 통해 제공받고 있으며 이를 수료하면 TAFE의 다양한 직업교육을 통해 노동시장에 입성할 수 있다. 이렇듯 양국 간 약간의 차이는 있지만 공통점은 양국의 전문대학이 이주민을 위해 영어 등 언어교육, 직업교육과 훈련, 노동시장 진입을 위한 구직기술, 본국경력과의 연계교육, 인턴십 등 현장교육, 그리고 지역사회에 기반을 둔 교육을 이주민 친화적으로 실시하고 있으며 소기의 성과를 거두고 있다는 것이다. 즉, 캐나다와 호주의 전문대학들은 국가가 이주민을 수용하면서 당면하게 된 국가적인 요구 및 해당 지역사회의 요구에 맞게 이주민들의 다양한 학습요구에 맞는 교육과정을 제공하고 있음을 확인할 수 있다. 우리나라가 이민자를 선별하여 유입하는 이민국가가 아니라는 점에서 이들 국가와 차이점이 있기는 하지만 우리 사회에 다양한 이유로 다문화 배경을 가진 인구가 점증하고 있고, 정책적으로도 이민국가에 준하는 외국인 유입과 관리, 적응지원 등의 정책을 갖추고 가고 있는 상황이므로 전문대학은 이주민교육을 위해서 어떤 방향을 설정해야 하고, 어떤 모습을 갖추어 가야하는지에 대해 논의의 지평을 확장할 필요가 있다.

1. 이주민을 위한 고등직업교육기관으로서 전문대학의 교육체제 정비

고등직업 교육기관으로서 전문대학은 이주민의 고등교육 기회 확충을 위한 문호를 개방하고 교육체제를 재구조화할 필요가 있다. 저출산 고령화로 인해서 정규 학령기 인구의 고등교육 입학률이 점차 낮아지고 있는 상황에서 전문대학은 전례 없는 도전을 맞이하고 있다. 100세 시대의 평생학습 주기를 고려할 때 성인학습자의 고등교육 유입은 필수불가결한 상황이 되고 있으며, 그 가운데 이주민의 고등교육 참여도 점차 확대될 전망이다. 이때 전문대학은 이주민의 고등직업교육을 제공하는 적극적인 주체가 될 필요가 있으며 그 방향은 다음과 같다.

첫째, '이주'로 인한 사회적 경력 단절과 직업역량 저하로 인해 어려움을 겪는 이주민을 위한 교육 프로그램을 전문적으로 제공하는 것을 전문대학 교육목적 중 하나로 재정비할 필요가 있다. 둘째, 교육 프로그램과 내용에 있어서 이주민의 사회적 필요와 자발적인 학습욕구를 채우기 위해서 다양한 프로그램을 기획하고 제공할 필요가 있다. 셋째, 교수방법의 다변화를 통해서 이주민의 교육 접근성을 강화하고, 학습과 노동의 양립이 가능하도록 오프라인과 온라인 교수학습 양식을 구축해야 한다. 넷째, 이들의 다면적인 학습요구를 합리적으로 진단하고 필요한 교육서비스를 제공하기 위해서 교육을 실시하는 주체인 대학 인력, 즉 교수진과 교직원들의 다문화 인식력과 간문화 소통 기술 및 태도가 함양되어야 한다.

2. 이주민 고등교육 기회 확충을 위한 교육거점기관으로서의 전문대학의 역할 제고

글로벌 이주 시대에 점차 많은 사람들이 국경을 넘고 있으며, 이주민의 유입은 필수불가결한 상황으로 인식되고 있다. 세계의 많은 나라들은 이주민이 단순히 잠시 머무르는 '손님'이 아니라, 그 나라의 국가적 성장과 생산력 창출의 동력으로 인식하고 있다(Castles & Miller, 2003). 따라서 이주민을 인적자본으로 상정하고 그들의 역량을 강화하는 것이 곧 이주민을 수용한 국가의 경제 사회적 발전으로 이어지는 흐름으로 보는 것이다. 실제로 이주민이 기초적인 적응단계를 넘어선 후 가장 명시적으로 요구하는 것은 직업과 고용가능성에 관한 것이며, 정착국가의 노동시장에 성공적으로 진입하여 경제활동을 하는 것이다(Adamuti-Trache & Sweet, 2005). 유사한 맥락에서 이주민의 직업 역량 강화는 우리사회에서도 중요한 과제가 되고 있다. 한 예로 여성결혼이민자들은 고용능력 증진을 최우선 사회적 요구로 꼽고 있다(장서영 외, 2009; 고혜원·김상호, 2010). 이처럼 이주민들이 복지의 수혜자로만 머무는 것이 아니라, 스스로의 역량을 배양하여 사회 구성원으로 활발하게 활동함은 유입국의 사회적인 요청이기도 하다. 이는 우리나라가 2013년부터 5년 동안 추진할 제2차 '외국인정책 기본계획'(2013~2017)에서도 강조되고 있다. 이주민에 대한 시혜적 사업을 줄이고 결혼 및 가족 이민자 이외에는 이주민이 가진 역량에 기초하여 문호를 확장하며 정착한 이주민들의 사회적 책임과 기여를 강조하고 있는 것이다(김진희, 2013).

바스타(Vasta, 2007)는 다문화사회의 성공을 위한 조건 중 하나로서, 이주민을 위한 사회경제적 접근성과 성과에서의 평등성 제고(equality of access and outcomes)를 꼽았다. 이주로 인한 사회적 변환을 경험한 이주민에게 고등교육기관은 그들이 중심부 사회의 다양한 기회들에 제대로 접근하고 정당한 성과를 보장받을 수 있도록 교육과 훈련을 제공하는 주요 통로 중 하나이다. 우리나라의 전문대학은 새로운 사회에 적응하는 이주민들이 필요한 능력, 경험, 경력, 자격 등을 체계적으로 보완하고 역량을 강화할 수 있는 다양한 교육적 지원책을 제공하여 이주민의 4년제 대학 진학 등 상위단계 고등교육으로의 연계성을 높이는 한편, 다문화사회로의 변화에 4년제 대학과는 차별화되는 기여를 할 수 있다.

캐나다와 호주의 전문대학들은 이주민의 직업교육 수요를 충족시킬 뿐만 아니라, 이주민들이 스스로 필요로 하는 학력과 경력, 자격 조건을 갖출 수 있도록 고등교육 수준의 지식과 정보의 가교 역할을 수행하는 등 사회적 공헌을 하고 있음을 볼 수 있다. 이는 한국의 전문대학들이 이주민의 고등교육 기회 확충에 기여하고, 이주민에게 요청되는 대외적 역량과 그들 스스로 필요로 하는 학습요구를 다양하게 수용할 수 있도록 다변화되고 체계화된 교육 프로그램을 폭넓게 제공하는 비전과 방향성을 보여주는 것이다. 이렇게 볼 때 우리나라의 전문대학도 청소년 이주민의 첫 고등교육, 그리고 성인 이주민의 첫 고등교육 및 본국에서 받은 고등교육에 이은 재교육 통로로서 적극적으로 역량 중심의 교육을 실시할 수 있다. 또한 아직은 시기상조로 보이지만 이주민의 사전 학력 및 경력을 적극적으로 평가하여 재학기간 판정에 반영하고 학습자가 원하는 경우 4년제 대학으로의 진학의 징검다리 역할을 하는 등, 이주민 요구 및 산업현장에 맞춤화된 교육을 실시할 수 있는 최적의 교육기관이 될 수 있다. 예컨대 구체적인 교육 지원책으로서 전문대학들은 결혼이민자의 역량강화 교육 프로그램 제공, 이주노동자의 학위 연계형 직업교육개발과 자격증 취득 연계 유연화 프로그램 발굴, 중도입국 청소년의 고등교육 진입을 위한 브릿지 프로그램 제공, 북한이탈주민과 난민의 사전학습 인증과 자격증 평가인증 지원 사업 등을 기획하고 실행할 수 있다.

3. 지역사회 자원을 활용한 전문대학 이주민교육 및 다문화교육 프로그램 확대

캐나다와 호주의 이주민교육 사례에서 가장 강조되는 것 중의 하나는 지역사회와 함께하는 커뮤니티 기반의 다문화정책의 중요성이다. 본 연구에서 분석한 캐나다와 호주의 전문대학들은 지역사회에 기반을 두고, 지역의 자원을 활용하면서 이주민을 위한 교육 프로그램을 제공하고 있었다. 이주민들은 전문대학이 가진 네트워크와 자원, 그리고 인프라를 통해서 취업과 구직 활동에 효과적으로 접근할 수 있었고, 지역에서 필요로 하는 직업 영역의 수요와 공급이 이주민의 필요와 자격 요건을 적절하게 맞출 수 있도록 교육 프로그램이 개발되었다. 호주의 TAFE 사례에서 알 수 있듯이 단순히 이주민의 직업능력 강화뿐만 아니라, 지역사회 곳곳에 자리 잡은 TAFE의 네트워크를 통해서 이주민들이 소외되지 않도록 지역의 인식적, 문화적 자원이 공급될 수 있는 다양한 프로그램이 작동하고 있다.

이것이 시사하는 바는 우리나라의 전문대학도 궁극적으로는 이주민 학습자와 정주민 학습자, 그리고 지역사회의 모든 이주민과 정주민을 아우르는 지역사회의 명실상부한 다문화교육기관으로 변모해야 한다는 점이다. 지역사회의 자원을 십분 활용하여 다양한 이주민교육은 물론, 이주민과 한국인들을 포함하는 다문화교육 프로그램을 개발하고 확산하는 노력을 기울여야 한다. 전문대학은 새로 정착한 이주민에게 지역사회에 뿌리를 둔 사회통합 프로그램 및 능력 함양 프로그램을 제공하고, 나아가 지역사회에서 문화다양성을 존중하는 대국민 다문화교육으로의 연계 사업을 실시하는 방향을 구상할 필요가 있다. 이러한 방향은 전문대학을 거점으로, 지역사회에서 정주민과 이주민이 동반성장하는 다문화 친화적 기틀이 형성될 수 있다는 점에서 유의미한 함의를 제공한다. 이는 캐나다와 호주에서 전문대학들이 이주민이 당면한 교육, 취업, 주거, 의료 등을 외면하지 않는 고등교육기관으로서, 지역의 현안과 자원을 기반으로 커뮤니티 중심의 다문화교육 지원 체제를 작동하고 있는 점에서 교훈과 방향성을 얻을 수 있다.

  향후 이러한 노력들은 전문대학이 이주민을 포용하는 변화의 주체로 참여하고, 지역 커뮤니티는 중핵적인 파트너가 되면서 지역이 가지는 유·무형의 사회적 자본(social capital)이 내실을 다져갈 수 있는 모형이라 할 수 있다. 그리하여 궁극적으로 우리나라의 전문대학은 지역사회의 자원을 유기적으로 활용하는 커뮤니티 기반의 다문화교육을 발전시킬 필요가 있다. 이를 위해서 전문대학이 하나의 구심점이 되어, 지역 교육청, 학교, 민간 시민단체, 이주민 지원기관, 지역 산업체, 공공서비스 기관 및 지자체 및 정부와 협력하여 다문화사회의 교육과 훈련에 부여된 사회적 역할을 공유하도록 혁신적인 방향으로 재구조화되어야 할 것이다.

참고문헌

강기정·박수선·손서희(2013). 다문화가족지원센터 운영활성화를 위한 전략개발 기초연구, 한국가정관리학회지, 31(4), 33−45.

고혜원·김상호(2010). 여성결혼이민자의 취업지원방안: 언어 문화 자원 활용분야를 중심으로, 한국여성정책연구원/한국직업능력개발원.

김승권·조애저·민현주(2011). 여성 결혼이민자 취업 지원을 위한 조사 연구, 한국보건사회연구원.

김이선·양인숙·황정임·고혜원(2008). 결혼이민자의 사회, 경제적 통합 진전을 위한 브릿지 프로그램 추진 방안, 보건복지가족부.

김진희(2012). 호주사회의 국제난민을 둘러싼 다문화담론과 난민 이주민을 위한 교육, Andragogy Today, 15(3), 209−237.

김진희(2013). 외국 이주민을 위한 평생교육사업, 평생교육백서, 367−385, 서울: 교육부 국가평생교육진흥원.

무지개청소년센터(2009). 다문화 청소년 알아가기 시리즈: 호주.

설동훈·이혜경·조성남(2006). 결혼이민자 가족실태조사 및 중장기 지원정책방안 연구, 여성가족부.

오교성·정명화·김종갑·이로미(2010). 전문대학의 다문화 교육 및 제도개선연구. 서울: 한국전문대학교육협의회.

이로미·장서영(2010). 다문화국가 이민자 정착 정책 및 지원 서비스분석: 미국과 캐나다 사례를 중심으로, 국제지역연구, 14(1), 179−208.

이로미·정연순(2008). 숙련 이민자의 노동시장 진입을 위한 선행학습 평가인정, 고용이슈, 1(3), 92−111.

이정표(2003). 호주의 고등관계 교육훈련의 연계 운영과 시사점, 직업교육연구, 22(1), 185−202.

장서영·김이선·이로미·장인자·유지영(2009). 여성결혼이민자 취업지원프로그램 개발을 위한 기초연구, 한국고용정보원.

홍예정(2010). 캐나다 이민정책에 관한 연구, 명지대학교 산업대학원 석사논문.

Adamuti−Trache, M. & Sweet, R.(2005). Exploring the Relationship Between Educational Credentials and the Earnings of Immigrants, *Canadian Studies in*

Population, 32(2), 177－201.

Antecol, H., Cobb－Clark, D. A., & Trejo, S. J.(2002). Human Capital and Earnings of Female Immigrants to Australia, Canada, and the United States, *IZA DP No. 575*, Discussion Paper.

Association of Canadian Community Colleges(2008). Colleges and Institutes supporting the Integration of Immigrants into the Canadian Labour Market, *Final Project Report.*

Association of Canadian Community Colleges(2004). Canadian Colleges and Institutes － Responding to the Needs of Immigrants: Results of the Diagnostic Survey of College and Institute, Programs and Services for Immigrants, and Conclusions of the College and Institute

Immigration Roundtable, March 8－9. Ottawa, ON. Canada.

Castles, S. & Miller, M, J.(2003). The Age of Migration (3rd ed). London: Palgrave.

Conrad, D.(2008). Revisiting the Recognition of Prior Learning (RPL): A Reflective Inquiry into RPL Practice in Canada, *Canadian Journal of University Continuing Education, 34*(2), 89－110.

Duncan, D., Poisson, E. & Wong, M.(2008). Compiling Best Practices from a Survey of Canadian Bridging Programs, *Public Policy Forum.*

Guo, S.(2010). Migration and communities: challenges and opportunities for lifelong learning, In S. Guo (Ed.), Transnational Migration and Lifelong Learning, London: Routledge.

Guo, S., & Andersson, P.(2005). Non/Recognition of Foreign Credentials for Immigrant Professionals in Canada and Sweden: A Comparative Analysis. Working Paper Series, No. WP04－05, 2, PCERII.

Prairie Global Management(2008). Developing Immigrant Settlement Services: A Guide for Communities, Government of Manitoba.

Vasta, E.(2007). From Ethnic Minorities to Ethnic Majority Policy: multiculturalism and the shift to assimilationism in the Netherlands, *Ethnic and Racial Studies*, 30(5), 713－740.

Yates, L.(2007). The Not－so Generic Skills: Teaching Employability Communication Skills to Adult Migrants, AMEP Research Centre, Macquarie University, Australia.

참고 사이트

http://bowvalleycollege.ca/employment-services

http://crtp.bowvalleycollege.ca

http://www.cic.gc.ca/english/immigrate

http://www.cicic.ca/412/prior-learning-assessment-and-recognition-in-Canada

http://www.georgebrown.ca

http://www.iafcanada.org/iaf-community/success-stories

http://www.immi.gov.au/Stories/Pages

http://www.index.go.kr/potal/main/EachDtlPageDetail.do?idx_cd=2756

http://www.nmit.edu.au

http://www.prepareforcanada.com.

http://www.tafensw.edu.au

http://www12.statcan.gc.ca/nhs-enm/index-eng.cfm

https://www.immi.gov.au/living-in-australia/help-with-english

호주의 국제난민을 둘러싼 다문화담론과 이주민 교육

연구
개요

　다문화사회의 도입기에 당도한 우리사회에서 성인교육은 어떤 방향으로 나아가야 하는가라는 큰 물음에서 시작한 이 연구는 다문화국가인 호주를 중심으로 소외집단인 난민 이주민을 위한 교육을 분석하면서 질문의 열쇠말을 구체적으로 풀어가고자 한다. 다문화담론의 스펙트럼은 동화(assimilation)에서 시민적 통합(civic integration)에 이르기까지 복잡다층적이기 때문에 일정한 수렴이 필요하다. 성인교육 영역에서 이 지점에 참여하기 위해 본 연구는 인종적, 정치적, 계층적 소수자인 국제 난민을 둘러싼 다문화논의를 분석하고 난민을 위한 성인교육의 양상을 살펴보았다. 연구 결과, 국제 난민 이슈를 중심으로 전개되는 호주의 다문화담론은 '인도주의'와 '통치성' 이데올로기를 내포하면서 사회적인 역동을 거치고 있음을 알 수 있었다. 또한 매년 30개국이 넘는 다국적 난민을 수용하는 호주는 정부와 민간에서 다양한 교육기회를 확충하는 움직임을 보였다. 이에, 난민을 위한 교육 전개 양태를 탐색한 본 연구는 그동안 성인교육학에서 주목받지 못한 영역에 시사점을 제공한다. 첫째, 다문화담론에 대한 성찰과 평생교육적 개입이 체계적으로 요청된다. 둘째, 다문화 친화적 시민학습 인프라가 구축됨으로써 일반 성인을 위한 다문화시민성 함양교육이 필요하다. 셋째, 난민 학습자를 포용하고 다문화역량을 키우기 위해서는 다자간 파트너십과 사회적 연대의식이 견고하게 작동되어야 한다. 나아가 우리의 다문화교육이 결혼이주민과 다문화가족만을 한정적으로 포섭하여 그들을 동화적 통치의 교육대상으로 위치지우고, 인도주의적 관점에서 연민의 대상으로 접근한 것은 아닌지 깊은 성찰과 변화가 요청되는 시점이다.

I. 서론

정보, 기술, 미디어, 상품, 인력, 자본의 국경 이동과 국제 교류가 그 어느 시기보다 자유로워진 오늘날, 점점 더 많은 현대인은 다양한 매체와 직간접적 경험을 통해서 국경을 넘어 전 세계로 흩어지는 디아스포라(Diaspora)의 일상화를 경험하고 있다. 이러한 최근 경향은 근대 국민국가 중심(nation-state centred)의 언어, 정체성, 인종, 민족의 정형화된 틀을 넘어서 다인종, 다문화, 다국적 코드가 결합되면서 논의를 확장시키고 있다. 그 가운데 주목받는 학문적 불길 중 하나로 지식인들에게 다양한 토론거리를 제공하는 것이 다문화주의 담론이다 (Bennett, 2012). 우리사회에서 '다문화사회', '다문화정책', '다문화교육', '다문화축제' 등 다문화주의에 관련한 넘치는 언표들은 이례적일 만큼 매우 급속하게 확장되어 왔다. 그러나 아직까지도 다문화주의를 논하는 제 담론들 속에서 다문화에 대한 개념 혼재가 빈번하게 일어나고 있으며, 합의된 하나의 개념이 정립된 것은 아니다. 다문화 담론이 작동하는 맥락이 복잡다단하기 때문이다. 한 사회에서 다문화를 어떠한 관점과 방식으로 받아들이고 있는지, 그것이 운용되는 제 원리를 이해하는 것은 매우 중요한 작업이다. 우리나라에서 다문화담론 역시 한국사회에 이질적인 인종적, 문화적 배경을 가진 구성원들이 공존하고 있음을 환기시키며, 급속하게 다문화·다인종사회로 전환되는 현상을 보여주는 주요한 인식 틀을 제공한다. 이제 다문화인구는 학교, 가정, 지역사회, 일터, 상점, 거리 곳곳에서 만날 수 있는 일상적 거주민이며 사회적 관계를 형성한다.

II. 다문화담론과 평생교육 논의

어느 학문보다도 이론과 실천의 연계를 강조해 온 평생교육학 영역에서 다문화주의와 다문화 현상은 오늘날 평생교육을 이해하고 미래의 좌표를 설정하는 중요한 영역으로 주목받기 시작했다. 일견, 진지한 학문적 논의보다 국가 수준의 정책 기획이나 현장의 변화가 한 발 더 앞서서 나타나고 있다. 교육과학기술부의 '다문화가정 평생교육프로그램 운영지원사업'이나 지방자체단체에서 평생교육정보센터가 중심이 되어 추진하고 있는 '다문화 평생교육지원 사업', 각종 시민사회단체의 이주민 지원 및 역량 개발 프로그램과 지역주민의 다문화 인식 함양 프로그램 등은 다인종, 다문화 구성체를 형성하기 시작한 우리사회에서 새로운 구성원에 대한 인식이 촉발되었음을 보여준다. 즉 인종적, 문화적, 국가적 배경이 다른 새로운 학습자와 학습 집단을 위한 학습 경로와 교육기회를 열어주는 움직임이라 할 수 있다.

그런데 이러한 현장의 역동성과 달리, 오히려 성인학습이론 연구나 평생교육학에서 인종적, 민족적, 언어적 요소로 인해 다문화적 배경을 가진 사람들의 교육과 학습 경험에 대한 논의는 미진했던 것이 사실이다. 특히 한 사회의 소수자로서 불연속적이고 전환적인 삶을 전개하는, 초국경 생애 경험을 가진 학습 집단에 대한 연구도 부족했다(김진희, 2011a). 바로 이와 같은 문제의식에서 본 연구는 다문화 사회에서 결혼이주민, 이주노동자, 탈북 새터민과 함께 우리가 주목해야 할 중요한 다문화 구성체로서 국제 난민 이슈를 조명하고자 한다. 그동안 결혼이주민과 이주노동자, 그리고 탈북 이주민에 대한 연구 성과와 사회적 지원은 다소 쌓이기 시작했으나, 국제 난민에 대한 논의는 매우 빈약하며 신(新) 소외계층을 조명하는 담론 가운데서도 더욱 소외되어 온 영역이다. 난민은 임노동, 결혼과 교육을 이유로 '상대적으로' 자발적 의지로 이주하게 되는 이주민과 달리, 본국의 정치, 종교, 인종적 박해를 피해 탈출하여 제3국에 유입된 사람들이다. 즉 난민은 인종, 민족, 종교, 국적, 정치적 입장으로 인해서 국적 국가에서 탄압과 차별을 받을 때 이를 피해서 해외로 탈출하여 보호를 요청하는 사람을 가리킨다(Marfleet, 2004). 1954년 발효된 난민의 지위에 관한 협약[Convention Relating to the Status of Refugees]에 따르면 난민은 대개 국적국의 보호를 받을 수 없는 자, 받을 것을 희망하지 않는 자, 본국으로 돌아가기를 희망하지 않는 자를 범주화한다(UNHCR, 2010; International Organization for Migration, 2012).

이러한 난민의 특수성은 일반 이주민의 이주 동기 및 제3국으로의 유입 경로라는 측면과 성격이 다르다. 국제 난민은 고유의 인종적, 민족적, 계층적, 국적 배경을 가지고 있음을 고려한다면 한 사회에서 다문화적 배경을 가진 구성원 가운데 가장 극심한 물리적 탄압과 구속성에 결박된 소외 집단이다. 따라서 난민에 대한 사회적 수용과 개입(engagement)의 문제는 한 사회의 다문화역량을 보여주는 유의미한 지표이며(Christie and Sidhu, 2006), 다문화담론이 작동되는 수준을 측정하는 '온도계'라는 점에서 그 중요성은 결코 적지 않다.

유엔난민기구의 자료에 의하여, 2010년을 기준으로 전 세계 난민 수는 4,370만 명으로 집계되었다(UNHCR, 2011). 이 통계에는 최근 중동 국가의 시민혁명과 시리아 분쟁으로 대거 국외 이동 중인 난민이 합산되지 않았다는 점에서 실제 난민의 규모는 더욱 크다. 난민들은 빈국에서 보다 부유한 나라로 이동하는데 난민 발생 국가는 아시아(36%), 아프리카(25%), 유럽(25%), 남미(8%), 북미(5%), 오세아니아(0.4%)로 나타난다. 그러나 유엔난민기구는 난민을 수용하는 약 80%는 선진국이 아닌 개발도상국이며 선진국에서는 오히려 반(反)난민 정서가 확산되는 것을 우려하고 있다. 전 세계 난민의 절반은 아프가니스탄과 이라크 난민이 자치하고 있고, 테러와의 전쟁으로 발생한 난민들이 인접 국가인 파키스탄, 시리아, 이란으로 탈출하면서 아랍권이 부담을 떠안게 되었다. 2012년 한 해 동안 피난처를 찾는 난민의 수가 17만 2천여 명에 달할 것으로 예상되며, 이는 국제사회가 수용 가능한 인원의 2배에 이른다. 특히 10년 이상 난민 수용소 생활을 하는 사람이 전 세계적으로 700만 명에 달하는 점을 보건대 국제사회의 역할 분담에 대한 논의가 높아질 수밖에 없다.

국제 난민 문제는 세계 간 상호 연결성을 강조하는 세계체제론적 관점에서 보자면 남의 나라 이야기가 아니다. 2010년부터 튀니지에서 일어난 재스민혁명(Jasmine Revolution)을 필두로 민주화를 향한 시민혁명은 이집트, 리비아, 시리아 등 주변 국가에도 확대되었고, 정국 불안정으로 억압받는 사람들은 끊임없이 국경을 넘고 있다. 아시아-태평양 지역을 향해 이동 중인 난민이 세계 난민의 약 30% 정도를 차지한다는 점에서(UNHCR, 2011) 우리나라를 비롯한 동북아시

<표 1> 2010년 세계의 주요 난민 수용 및 송출 국가			
난민 수용국(Host countries) 및 난민 수		난민 송출국(Source countries) 및 난민 수	
파키스탄	1,900,600	아프가니스탄	3,054,700
이란	1,073,400	이라크	1,683,600
시리아	1,005,500	소말리아	770,200
독일	595,300	콩고민주공화국(DR Congo)	476,700
요르단	594,300	미얀마	415,700
케냐	402,900	콜롬비아	395,600
차드	347,900	수단	387,200
미국	264,600	베트남	338,700
영국	238,100	에리트레아(Eritrea)	222,500

출처: UNHCR(2011: 12−15)

아의 역할 분담 문제도 국제사회에서 제기되고 있다. 이와 같은 흐름을 평생교육학 연구에서 주지하고 성찰해야 하는 이유는 다양한 배경을 가진 학습자의 전환적 학습경험의 문제를 연구하고 학습경로를 밝히는 작업이 중요할 뿐만 아니라, 한 사회의 평생교육시스템과 평생학습의 저변이 가장 소외되고 주변화된 하위체(subaltern)의 교육기회와 학습권까지 얼마나 포괄적으로 보장하는지를 보여주는 문제이기 때문이다. 무엇보다 이는 평생교육이 본래적으로 추구해 온 사회통합의 정신과 맞닿아 있다(Jarvis, 2010; Field, 2006). 분명 국제 난민 이슈는 이질적 배경을 가진 난민의 유입으로 새로운 구성체가 형성되고 사회의 성질이 변형되는 기제이며, 평생교육적 관점에서는 초국적 경험을 가진 이주민을 위한 평생교육 인프라와 일반시민의 '더불어 살아가는 학습(learning to live together)' 역량을 재구조화하는 반성 지점을 제공한다.

그리하여 본 연구는 다문화사회를 준비하는 평생교육학 연구의 지평을 넓히기 위해서 국제 난민 이슈를 주요 매개로 설정하고, 대규모의 난민 이주민을 수용하면서 다문화사회의 외연을 확장하고 있는 호주 사회를 주요 대상으로 분석한다. 전 세계의 대표적인 다인종, 다문화국가 중 하나로 손꼽히는 호주는 미국, 스웨덴, 독일, 영국 등에 이어 난민 수용에 앞장서는 주요 국가이다. 특히 아시아-태평양 지역에서 난민 수용 거점 국가로 역할을 수행하고 있다. 2008년 과 2009년 양해에 걸쳐서 아프가니스탄, 이라크, 미얀마에서 유입된 13,500명의 난민 이주민을 수용하였다(Refugee Council of Australia, 2011). 물론 호주에서도 난민 수용에 관한 정치적인 논쟁과 사회적인 비용에 대한 논란이 가속화되고 있 다. 그러나 억압과 박해를 피해 탈출한 난민들에게 새로운 삶터를 제공하는 선 진국가로서의 호주의 면모는 그들의 실천 성과에서 분명히 나타나고 있다. 2009 년과 2010년 접수된 3,966건의 난민신청 중 2,914건에 대한 심사를 끝내고, 난 민 승인율이 72.9%를 기록한 것에서 알 수 있듯이 국제 난민 이슈에서 적극적 인 호주의 면모를 인식할 수 있다(UNHCR, 2011).

그렇다면 이처럼 국제 난민에게 포용적인 사회에서는 다문화담론이 어떻게 전개되고 있고, 난민 이주민을 위한 성인교육은 어떻게 전개되는지 분석하는 것 은 향후 평생교육의 방향을 모색하는 데 시사점을 줄 수 있다. 이에 본 연구는 다문화사회의 전형으로 손꼽히는 호주 사례를 분석함으로써 우리나라 평생교육 연구와 실천이 다문화적 맥락에서 새롭게 결합되고 구현될 수 있는 지점을 살펴 보고자 한다. 이와 같은 연구 목적을 달성하기 위해서 본 연구는 두 가지 측면 을 분석하려 한다.

첫째, 호주사회에서 난민 이슈를 둘러싼 다문화담론은 어떤 관점에서 전개 되고 있으며 특징은 무엇인가? 이는 다문화담론의 수용과 배치가 이루어지는 지 형을 통해 난민 이주민들에 대한 난민 수용국의 다문화 이데올로기를 보여줄 수 있다.

둘째, 호주에서 난민 배경 성인학습자를 위한 교육의 전개 양상은 무엇인 가? 이는 다문화주의를 국가 체제로 선포한 사회에서 이주민을 위한 평생교육 저변과 난민 성인학습자를 위한 교육의 전개 양상을 보여줄 수 있을 것이다.

위의 연구문제를 풀기 위해서 본 연구는 담론분석 연구기법을 차용하고자 한다. 담론분석은 사태를 바라보는 사고와 언어가 진술되는 방식 및 그 관계를 규명하는 것으로써 특정 주제나 대상을 둘러싼 의미가 구성되는 구조를 분석하 는 것이다. 담론은 "사건(event)으로서 활동화되고 의미(meaning)로서 이해되는"

성격을 가지며 산출된 언표들은 응집력을 가진 집합체로 간주될 수 있다(Brown and George Yule, 1983; Gee, 2005). 따라서 이 연구에서는 호주사회의 다문화주의와 난민 성인교육이라는 특정 주제에 대한 텍스트 각각을 개별적으로 분석하고 동향을 파악하기 보다는 이를 둘러싼 언표들의 의미 구조를 분석한다. 이를 통해 본 연구는 난민 이주민들이 새로운 사회에 수용되고 적응하고 변화하는 데 있어 성인교육이 어떠한 학습기회를 제공하고 제 역할을 수행할 것인가를 모색하는 데 의의를 둔다.

Ⅲ. 난민 이주민을 둘러싼 다문화담론의 양면성: 인도주의와 통치성

호주는 미국과 캐나다와 함께 가장 대표적인 이주민 정착국가(resettlement countries)이며, 제2차 세계대전 이후 70만 명이 넘는 난민을 수용해 왔다. 특히 2003년부터 2004년까지는 아프리카계 난민이 2,801명에서 5,616명으로 두 배로 급증했다. 2005년에서 2006년까지 호주로 유입된 난민들의 출신 국가는 수단(3,762명), 이라크(1,799명), 아프가니스탄(1,799명), 미얀마(1,118명), 라이베리아(888명), 부룬디(740명), 시에라리온(460명) 순으로 다양하게 나타났다(Australian Government, 2007).

흔히 호주 시드니의 전차를 타고 한 바퀴를 돌면 세계여행을 하는 것과 마찬가지라는 비유가 있다. 터키, 아프가니스탄, 이라크 등 중동 민족 공동체가 몰려 있는 오번(Auburn), 필리핀 이민자와 아프리카계 난민들이 많은 블랙타운(Blacktown), 레바논계 커뮤니티의 거점인 뱅크스타운(Bankstown), 베트남 커뮤니티가 밀집된 카브라마타(cabramatta), 보스니아계 이주민의 집단촌 러버풀(Liverpool), 중화권 커뮤니티의 중심지 아쉬필드(Ashfield), 그리스계 타운 얼우드(Earlwood), 러시아계 커뮤니티 워벌리(Waverley), 그리고 한인 타운이 형성된 스트라스필드(Strathfield) 등의 존재는 다중복합문화를 가진 호주 사회를 압축적으로 투영한다. 이렇듯 영국의 유형지로 건립된 호주는 제2차 세계대전 후에 아시아계, 중동계, 아프리카계 이민자들을 받아들이면서 점차 다양한 인종, 언어, 종교, 문화유산을 수용하게 되고 1989년 마침내 '다문화 호주를 위한 국가 아젠다(National Agenda for a Multicultural Australia)'를 채택하였다(김진희, 2011b). 오늘날 약 2,260만 명의 인구를 가진 호주는 약 250만 명 정도가 집에서 영어가 아닌 다른 언어를 사용하고, 인구의 46%가 그 자신 혹은 부모가 외국 태생이다. 호주는 100개 이상의 다양한 언어가 방송 채널에 잡히고, 40개 이상의 민족 신문(ethnic newspapers)과 잡지가 매주 발간된다(National Association for Multicultural Education, 2010). 매년 12만 명의 이주민과 1,300명 이상의 국제 난민을 수용하며, 국체 형성(nation building)과정에서 문화복합주의에 바탕을 둔 사회 구조가 형성되어 온 것을 짐작할 수 있다.

그러나 1970년대를 지배했던 백호주의와 인종주의를 철폐하면서 다문화주의를 선언한 호주 정부는 최근의 난민 이슈를 둘러싸고 다문화주의 담론이 다층적으로 작동하는 모습을 보이고 있다. 다양한 국적의 난민들이 호주로 몰려오고 특히 아시아의 각국 난민들의 최종 종착지로서 각광을 받으면서 호주 정부는 난민 수용에 총 2억 9,200만 달러의 비용을 부담하고 있다(Department of Immigration and Citizenship, 2011). 정치경제적 이해관계에 따라 난민 이슈에 접근하는 방식이 상이하며, 다문화주의를 해석하는 입장도 다양하다.

1. 인도주의적 이념(humanitarian ideology)으로서의 다문화주의

국제 난민을 둘러싼 다문화주의 담론 지형에서 가장 두드러진 것은 우선, 인도주의적 이념으로서 다문화주의가 견지되고 있는 동시에 그것이 끊임없이 국가의 실리라는 현실 논리에 의해 부딪히고 저울질된다는 점이다. 유엔난민기구가 발간한 『Global trend 2010』에 따르면 호주는 현재 21,805명의 난민과 망명신청자 3,760명을 보유하고 있다. 국제 난민 수용에 비교적 우호적인 입장을 취해 오던 호주가 2010년 아프가니스탄 및 스리랑카 출신의 밀입국 난민들의 지위 신청 심사를 3개월 이상 잠정 중단하면서 강경책을 고수하기 시작했다. 이에 대해 2011년 4월에서 6월에 걸쳐 빌리우드, 커틴, 크리스마스 섬 등의 난민 구금 센터에서 호주 정부의 엄격한 난민 심사 절차와 본국 강제 송환 정책에 대한 항의의 표시로 난민들의 집단 시위가 이어졌다(Refugee Council of Australia, 2011; ABC news, 2011년 7월 25일). 난민행동연맹(RAC)과 난민 지원 시민단체들은 일제히 성명서를 내면서 다문화 인권국가인 호주에서 난민의 존엄성이 유린되고 방치되는 사태를 비판하였다(Refugee Action Coalition Sydney, 2011년 4월 24일). 여기서 다문화주의는 인종적, 문화적, 계층적 차별을 뛰어넘는 이념이자, 인류의 공존과 존엄을 추구하는 박애적(博愛的) 인도주의로 환치된다. 같은 맥락에서 크리스티와 시드후(Christie and Sidhu, 2006)도 사선(死線) 넘어 호주로 향한 국제 난민에 대해 인도주의적 관점의 연구와 실천들이 충분히 이루어지지 못한 것을 비판했다. 전 세계의 이민자를 개방적으로 수용하는 이민자의 나라이자, 다문화 민주주의 국가인 호주의 난민 보호 센터에서 일어나는 비인권적 조치와 불공정성, 비호신청 상태에 있는 망명자들이 교육 기회에 접근하지 못하는 것에 대해 대다수의 시민들이 침묵하는지를 날카롭게 지적한다.

최근 다시 호주에서 난민 문제가 정치 논쟁의 중심으로 들어가게 된 이유도 인도주의적 요구와 국민 국가(nation state)의 하부구조간의 괴리로 인한 것이다. 호주 정부와 말레이시아 정부 간의 정치적 거래가 하나의 계기가 되었다. 호주는 체류 자격 없이 도착한 난민 비호신청자들(asylum seeker) 800명을 말레이시아로 돌려보내고, 말레이시아에서 심사를 통해 난민으로 등록된 4,000명을 받아들이기로 합의했다. 이로 인해 인간을 상품처럼 비호신청자 1명과 난민 인정자 5명과 바꾸는 양국의 '1 : 5' 난민 교환 협정이 올바른 것인지에 대해 정치적, 윤리적 논쟁이 가열되고 시민사회의 비난이 쇄도하였다(ABC news, 2011년 7월 25일). 많은 사람들은 언론 기고문을 통해서 '다문화주의를 국가 정책(Multicultural Australian Policy)'으로 표방하고 전 사회 영역에서 다문화를 자연스러운 공기처럼 받아들이는 국가가 이처럼 반(反)인도주의적일 수 있는가?' '과연 무엇이 다문화사회인가?' 문제 제기를 했다. 야당 의원들도 "노동당 정부의 국경보호조치 실패에서 나온 졸속 조치이며 사람을 교환하는 비인도적인 처사"라고 비난하기 이르렀다. 그러나 반대로 현 정부의 수장인 길러드(Gillard) 총리는 "그동안 호주로 밀입국 하는 난민들의 호주행을 억제하고 우리의 고유한 가치를 준수할 있는 조치"라고 반박했다. 같은 맥락에서 일군의 시민들도 국제 난민을 관리하고 정착을 지원하는 일련의 과정에 과도한 국민 세금이 지출되는 것에 대한 불만과 우려를 나타내면서 정부의 난민 통제 방침을 지지하는 모습을 나타냈다(ALIRAN, 2011년 8월 5일). 그러나 호주의 시민사회가 이 문제에 대해서 관조적이거나 자유로울 수 없는 것은 인도주의적 이념에 대한 사회적 신념 영역과 역사성에 대한 언표이다. 그동안 전 세계에서 유례없는 강력한 백호주의(白濠主義)를 실시했던 호주는 원주민을 학살하고, 중국인 노동자를 필두로 비(非) 백인을 차별했던 자신들의 역사적 오명을 씻어내기 위해서라도 '문화다양성을 존중하는 다문화국가', '인도주의적인 모범 선진 국가'를 국내외적으로 선포하면서 많은 국가들이 꺼리는 난민 문제에서도 적극적이고 전향적인 자세를 취해 왔다. 이 같은 사회적 합의에 대한 암묵적 동의를 쉽게 파기할 수 없기 때문에 국제 난민 문제에 대한 토론과 논쟁이 지속되어 왔다고 볼 수 있다.

실제로 호주의 이민시민부(Department of Immigration and Citizenship, DIAC)에 따르면 2011년 호주에 들어온 난민은 모두 6,478명으로 2001년 5,516명보다 17.4% 증가했다. 특히 밀입국 선박의 유입으로 목숨을 담보로 호주 국경을 향해 난민들이 이동하는 것은 2007년 노동당 정부의 난민 영주허가 비율이 90%를 웃돌아, 정착 기회를 고대하는 난민들의 기대 심리가 반영된 측면이 있다. 호주로 가는 해안선만 무사히 넘으면 인도주의 국가 호주가 최소한의 인권에 입각한 조치를 취할 것이라는 믿음이 확산되어 온 것이다. 난민촌을 탈출한 그들에게 호주로의 험난한 정착 행렬은 선진국에 정착하면서 신세계가 열리기를 바라는 난민들의 절박한 마음에서 기인한 것이다. 1990년대부터 호주가 대외적으로 공을 들이며 쌓아 올린 다문화주의적 관용이 인도주의적 규범과 결합되면서 생명과 인권의 탄압을 더 이상 받지 않고 안전하게 살 수 있는 제3국을 향해서 국경을 넘는 난민들을 유인하게 한 측면 역시 부정할 수 없다(Institute for Cultural Diversity, 2011).

이것은 모사된 이미지가 현실을 대체한다는 장 보드리야르(Jean Baudrillard)의 시뮬라시옹(Simulation) 이론처럼, 실제보다 더 실제 같은 인도주의적 다문화국가로서 호주의 표상이 난민 유입을 가속화시키는 현상이라고 해석할 수 있다. 이와 같이 호주사회의 인도주의 이념은 다문화담론의 전개에 긴밀하게 개입하고 있다. 모든 인류의 생명과 안녕에 대한 '타협할 수 없는' 인본주의적 규범을 준수하고, 이를 실현하기 위해서 가장 밑바닥에서 생존을 위해 국경을 넘는 국제 난민에 대한 최소한의 조치를 취하는 것이 다문화적 국가정체성에서 결코 부정될 수 없다는 사회적 공감대가 호주에는 존재한다. 호주의 인도주의 담론은 이러한 역사성과 규범성 속에서 역동적인 과정을 거치고 있다. 진정한 의미의 다문화사회를 형성하는 실험이 계속되고 있음을 알 수 있다.

2. 국민국가의 통치성(governmanality)으로서의 다문화주의

난민을 심사하고 수용하고 정착을 지원하는 호주 정부 입장에서는 다문화주의는 통치성(governmanality)의 장치로 작용하는 측면이 상존한다. 푸코(Foucault, 2006)의 언설을 빌리자면 통치성이란 타자에 대한 지배의 기술과 자기에 대한 지배 장치가 결합되어 규제로서 권력과 자신과의 관계 사이의 결합이라 볼 수 있다. 말하자면 호주의 국가 정책으로서 다문화주의 담론은 외부에서 유입된 '타자'의 행위를 가이드하고(code of conduct) 통제하는 동시에, 이미 호주의 '내부' 영역에 들어온 구성원들은 자신들 스스로 국가적 통치의 표상인 다문화주의에 의거하여 행위를 규제하고 관리하게 되는 것이다. 통치성으로서 다문화주의는 이질적인 소수 집단인 난민을 통제하고 관리하는 하나의 방법이고 전략이 될 수 있다.

난민 이슈에 대해 통치성으로서 다문화주의를 읽을 수 있는 사례 가운데 하나로, 2007년 이민시민부(DIAC) 장관 케빈 앤드류(Kevin Andrews)가 아프리카 수단 출신 난민 커뮤니티의 낮은 사회 적응도와 교육 성취도를 언급한 것이 있다. 본국에서 정치적 폭압과 군정으로 인해 문맹률이 높은 수단의 난민들이

호주 사회의 다문화적 가치에 쉽게 통합되지 않기 때문에, 아프리카계 난민보다
는 아시아 국가 난민들을 수용하는 것을 옹호하는 발언을 함으로써 난민 문제에
피부색과 '인종 카드'(race card)가 제시된 것이다. 호주의 다문화주의 가치를 배
가하고 번영을 가져오는 데 유리한 난민을 우선 수용하고, 비자를 통제하자는
논란으로 확산되면서 난민 정책을 둘러싼 인종적 서열화 논쟁이 일어났다. 특정
국가 및 인종 출신의 난민에 대한 부정적 여론에 대한 반응으로 68개 조직 및
단체가 비판 성명을 내면서, 기존 난민 통합 및 적응 프로그램(Australia's refugee
program)을 쇄신해야 한다는 목소리가 높아진 것이다. 이 사례는 문화적 인종적
다양성을 국가가 통제하고 조정하는 '기획 장치'로서 다문화주의가 활용되는 것
을 보여준다. 유사한 접근으로, 호주의 25대 총리 존 하워드(John Howard)는 이
주민과 난민에 대한 다문화정책을 인종에 기반을 둔 대중 영합주의(race-based
populism) 통치 전략으로 빈번하게 활용했다(Soutphommasane, 2006).

　　호주의 다문화주의는 이민정책의 근간으로 도입되어 인종적 갈등과 문화적
공존을 위해 도입되었지만, 백인 우월주의가 여전히 잔재한 호주 사회에서 인종
적 불평등 문제를 은폐한 채 '문화다양성'을 통치하는 형태로 전개되었고(문경희,
2008) 내부 구성원들은 인종적 공동체(ethnic community)간에 자기 분리와 경계
짓기를 통해 다문화주의의 통치성에 자발적으로 혹은 비자발적으로 반응해 온
것이라 볼 수 있다. 백인계 앵글로 캘틱(Anglo-Celtic)이 인구의 87%를 차지하
는 호주에서 여전히 인종적 다양성에 대해 국민들의 불안(disquiet)이 심화된다
는 조사 결과가 발표되었다. 호주 사람들의 70%는 호주의 다문화주의를 지지하
지만, 역설적으로 국제 난민의 유입으로 인해 55% 사람들은 이질적인 배경을 가
진 인종과 문화의 유입이 호주를 잠식하고 모종의 '호주만의 정체성'(Australian
identity)을 해칠 우려가 있다고 응답했다(Institute for Cultural Diversity, 2011). 많
은 호주인들은 다문화주의를 인종적 문화적 다양성을 '인내'(tolerate)하는 장치로
보지만 이러한 인식이 결국은 다문화주의 가치를 평가절하고 소외와 분리를 조
장할 우려가 있다. 왜냐하면 여기서 관용은 개입(engagement)과 인정(recognition)
보다는 타자의 이질성을 '참고 견디는(put up with different others)' 통제 장치로

작동될 수 있기 때문이다.

이것은 다문화주의 담론이 호주에 정착 국제 난민들을 끊임없이 주변화하는 이념망이자 실질적 분리 장치로 활용될 수 있음을 보여주는 지점이다. 서구적 관용(tolerance)이 부정적인 통치성의 전략임을 비판한 푸코의 지적은(Deleuze, 1986) 통치성으로서 다문화주의가 가진 가공적 담론 장치인 관용 역시 한 사회의 지배 구조를 변혁하고 시민의 삶의 변화를 주도하기에는 유약하다는 것을 비판적으로 제시한다. 유사한 관점에서, 국제 난민을 경제적 이주민과 마찬가지 문제로 규정하며, 고령화 문제를 겪는 광대한 대륙에서 노동 인구에 대한 사회적 필요로 인해 수단적으로 접근하는 기능주의적 다문화담론의 – 물론 호주의 국가주도형 다문화정책의 근간이자 역사성이지만 – 전개 양상도 통치성과 선명하게 맥을 닿고 있다.

자쿠보오츠와 무스타핀(Jakubowicz and Moustafine, 2010)은 호주에서 다문화주의가 문화적 다원주의(cultural pluralism)로만 해석되는 문제를 지적했다. 즉 다양한 목소리를 가진 시민적 가치의 인정(recognition of the civic value)과 참여의 정치가 개입되어야 한다는 주장이다. 호주의 다문화주의는 유럽의 그것과 달리 시민권(citizenship)에 기초해서 토대를 형성해 왔다는 점을 주목하면 상이한 사회문화적, 인종적, 민족적 배경을 가진 시민이 공론의 장에서 얼마나 시민권 권리와 책임을 누리는가가 다문화주의의 핵심일 것이다. 따라서 국제 난민 이슈를 둘러싼 다문화주의 담론이 인도주의적 관점과 통치성의 관점으로 혼재된 것은 인종적, 계층적 소수자이자 타자화된 국제 '난민'이 '시민'으로서 온전한 멤버십을 누리기까지 수많은 제약과 장애물이 놓여있는 것을 반영한다. 이를 종합하면 호주에서 국제 난민 문제는 인본적 관점에서 소수자의 인권과 다원성을 존중하는 '인도주의적 이념망(humanitarian ideology)으로서 다문화주의'와 '국가의 통치성으로서 방법론(governmentality as strategy) 다문화주의'라는 양면성이 병립한다고 정리할 수 있다. 한걸음 더 나아가 이러한 다문화담론의 언표들은 다문화주의의 가치와 시민사회가 차이와 다양성에 대해서 어떻게 반응하는지를 보여주는 다문화 리터러시(multicultural literacy)를 함의하고 있다.

IV. 난민 성인학습자를 위한 교육 프로그램과 그 전개

1. 이주민을 위한 성인 영어교육 서비스: 정부의 공적 지원

호주에 정착한 전 세계 각지의 난민들은 정부가 일정 기간 동안 지원하는 '센터링크(Centerlink)'의 종합적인 보호 체계를 받는다. 기본적인 주거, 취업, 소비, 교육 및 의료 등 공공서비스 이용 등 하나부터 열까지 호주사회의 기본적인 시스템에 적응하는 데 도움을 준다. 교육 영역에서 난민 이주민으로 정착하게 되면 가장 먼저 제공되는 프로그램 중 하나가 있다. 호주에 정착한 이민자와 난민을 위한 특화된 성인교육 프로그램이자, 가장 오랜 역사를 가지는 교육서비스인 '이주민 성인영어교육'(Adult Migrant English Service, 이하 AMES)이다. AMES는 호주의 다문화정책이 구현하는 대표적인 공적 서비스 중 하나이며, 그 파급효과도 공인되고 있다. 호주에 유입된 난민들에게 가장 중대하게 요구되는 것이 새로 정착한 사회의 공용어인 영어를 배우는 것이다. 언어는 구성원간 의사소통의 근본적 매개이자, 한 사회의 문화와 정체성을 공유하는 기저이기도 하다. 1951년 '성인 커뮤니티 및 계속 교육 법령(Adult Community and Further Education Act)'에 의거하여 설립된 AMES는 영어교육 프로그램뿐만 아니라, 직업훈련교육(VET), 중소 사업장 연수 등 이주민을 위한 교육과 취업을 정부 차원에서 지원하는 서비스이다. 예를 들어 뉴사우스웨일즈(NSW)주의 경우에만, 본 프로그램을 통해 약 150만 명의 이민자들이 면대면 수업과 원격교육을 받아왔고, 영주권을 소지하고 직업훈련교육을 받은 60%의 이주민들이 취업에 성공했다(AMES, 2011; Australian Government, 2007). 실제로 AMES 프로그램에 참여했던 난민 이주민의 95%가 호주에서 직업을 갖고, 자신의 고용 능력을 높이기 위해 평생교육 서비스를 받고 싶어 하는 것으로 드러났다(McHutchison, 2011).

언어적, 인종적, 문화적 배경이 다른 이주민의 호주 사회 통합과 적응을 위한 성인교육 프로그램을 실시하는 'AMES'는 난민을 위한 특별준비프로그램 (Special Preparatory Program, SPP)을 제공한다. 총 510시간의 교육과정을 통해 무료로 영어 교육을 실시하고, 본국에서 정규 교육을 받아본 경험이 없는 성인 학습자에게 영어를 효과적으로 가르치기 위해 집중 튜토리얼(tutorial)을 필수 과정으로 제공한다. 이 서비스는 난민들의 생애 경험과 학습 요구도를 반영하여 닫힌 교실 분위기가 아닌 지역 커뮤니티 센터에서 이루어지고, 소규모의 학급 편성을 통해 교육적 접근성을 높이는 노력을 기울인다. 난민들이 단순히 언어로서 영어를 배우는 것을 넘어서, 처음 접하게 된 호주사회의 문화와 관습을 배우는 시민학습의 장이자, 새로운 이주민들을 만나면서 동질감과 네트워크를 쌓을 수 있는 계기를 제공한다고 볼 수 있다.

정부차원에서 난민의 정착을 지원하기 위해 14개의 세분화된 프로그램을 지원한다. 교육, 취업, 가정폭력, 일반정착지원, 건강, 보육과 돌봄, 경찰, 공공정보 등이 그것이다. 또 국가적 지원 기구로 호주 정착 난민들을 위한 종합적 역할을 수행하는 기관 중 하나로 센터링크(Centrelink)가 있다. 국가 인력서비스 전략부처(Department of Human Services key strategies) 산하의 전문 기구인 센터링크는 실업자, 장애인, 원주민, 결손 가정, 난민을 위한 종합적인 지원 프로그램을 제공한다. 그것의 많은 정책들이 다문화서비스(multicultural servicing strategy)를 표방하며, 서비스 수혜 집단 역시 다문화고객(multicultural customers)으로 설정하여 프로그램을 운용한다. 호주 정부는 이를 통해 다문화학습에 대한 시민사회 저변을 확대하는 움직임을 보인다.

이와 같은 양상을 살펴볼 때 호주사회가 다문화적 배경을 가진 이주민, 그 중에서도 가장 인종적, 문화적, 계층적으로 소외받고 타자화되는 국제 난민을 포용하기 위해서 공적 영역에서 지원 체제를 구축하고 있음을 알 수 있다. 이주민을 위한 성인 영어교육은 단순히 공용어인 영어를 언어교육 차원에서만 가르치는 것이 아니라, 불온전한 상태로 국경을 넘어 새로운 생애경험을 구성하고 있는 소수 이주민의 역량 제고를 위한 국가적 지원과 개입의 핵심 매개로 기능하고 있음을 알 수 있다.

2. 지역사회의 시민 의식 함양 프로그램:
시민사회의 다문화학습 저변

국제 난민들은 천신만고 끝에 호주에 입국하게 된다. 본국으로부터의 탈출
과 제3국으로의 정착에 이르기까지 역경의 경험을 자각하는 만큼 더욱 안정적
인 삶에 대한 열망과 정착에 대한 의지가 강하다. 바로 여기서 평생교육 프로그
램은 난민 출신 이주민들의 필요와 동기를 충족시키는 구체적인 실천이자 방법
론이 된다. 그런데 주목할 것은 성인학습자인 난민들은 본국에서 학교교육 경험
이 빈약하거나 부정적인 경우가 많기 때문에 형식 교육(formal education) 방식
의 교육서비스에 대한 거부감을 갖는 경우가 빈번하다는 점이다. 영주권 비자
를 획득한 난민들은 오히려 기관과 센터의 교실 밖을 벗어나서, 지역사회에서
주민들을 다양한 채널을 통해서 만나고, 이야기하고, 부딪히고, 함께 참여하는
비형식적이고, 무형식인 교류의 장을 선호하는 것이다(Low, 2011; Institute for
Cultural Diversity, 2011).

지역사회에서 난민 정착과 그들의 사회적 포용(social inclusion)을 위한 시민
프로그램은 대개 지역민들의 참여를 권장하고, 커뮤니티의 다양한 문화적 자원이
파트너십(community partnerships) 형태로 제공된다(Jakubowicz and Moustafine,
2010). 예컨대 1998년 퀸즐랜드(Queensland) 정부의 지원으로 설립된 'Multicultural
Development Association(MDA)'는 민간의 파트너십을 통해 난민과 이주민의
권익을 보호하고 난민의 지역사회 융합을 도모한 것을 평가된다. 호주의 정체성
이라 할 다문화주의를 지향하고 인종적 문화적 다양성을 가진 난민과 이주민을
지원하기 위해 공동체 개발사업, 교육훈련, 인권 옹호 사업, 행정서비스를 실시했
다. 1981년 설립된 호주난민위원회(Refugee Council of Australia, RCOA)도 난민을
지원하는 중추적인 반관반민(半官半民) 파트너십 조직으로 난민 정책, 교육, 행정
실무를 지원하는 150개의 조직을 가지고 있다. 난민위원회는 2007년에서 2008년
2년 동안 총 13,014 개의 인도주의 비자를 발급하고, 정착 정보와 문화적 이해를
촉진하기 위해 '호주문화 오리엔테이션'(Australian Cultural Orientation Program,

AUSCO)을 제공하였다. 관공서, 은행, 병원 등 각종 시설을 활용하는 방법부터 문자 체계가 없는(oral cultural backgrounds) 나라 출신의 난민을 위한 성인 문해 교육을 실시해 온 것이다.

다문화사회에서 시민적 소통은 무엇보다 중요한 요소이다(Wise, 2010). 1970년대까지 호주의 국가 정책을 지배하고 문화 담론을 관통했던 백호주의의 유산으로 인해, 호주는 인종주의(racism) 용어와 논란에 대해 과민도(hypersensitivity)가 무척 높은 나라라고 할 수 있다. 공식적으로 다문화주의 정책을 선포한지 20년이 넘은 나라지만 아직도 다문화주의는 '진통'을 겪으며 진화하고 있다(Jakubowicz and Moustafine, 2010). 시민사회에서 자발적으로 난민의 정착과 사회적 통합을 지원하는 다양한 노력들이 전개되는 이유도 바로 이러한 특수성에서 기인한 것이라 볼 수 있다.

전술했듯이 2007년도에 이민성 장관이 발언한 '수단계 난민의 정착 실패' 논란이 난민 정책의 인종주의 논쟁으로 번지자, 시민사회의 자정적 움직임이 활발하게 전개되었다. 2011년 호주 정부와 시민사회가 함께 진행한 '난민이 호주를 보다 풍요롭게 만든다'(refugees enrich Australia) 캠페인도 그러한 맥락에서 이해할 수 있다. 지역 커뮤니티를 기반으로 한 시민사회의 이와 같은 캠페인은 호주 전역에서 그동안 쉽게 소통하지 못하던 난민들과 지역주민들이 서로 교류하고 문제를 인식하고 방향을 모색해 가는 무형식 학습의 장이 마련된 것이라 할 수 있다. 난민 예술 문화 전시회, 세미나, 포럼, 영화제 등을 통한 다양한 기획들이 전개된 것도 마찬가지다. 예를 들어 2011년 6월 달에 실시되는 시드니의 난민 주간(The Sydney Refugee Week) 행사를 통해 박물관과 거리 곳곳에서 난민 인권상 시상식, 난민 영화 축제, 난민 체험 공유하기 등이 기획되었다. 이와 같이 도심을 중심으로 30여 개의 다양한 프로그램이 시민 참여로 이루어지면서 난민 이슈에 대한 시민들의 의식이 함양될 수 있었다. 또한, 타즈매니아(Tasmania)주의 'Dropped from the Moon' 프로그램은 난민 커뮤니티들이 신규 난민의 정착을 지원하고, 난민 커뮤니티를 다시 지역주민이 멘토링하는 삼각형 멘토링으로 주목할 수 있다. 아울러 아들레이드(Adelaide)에서 열린 난민 컨퍼런스('When Do I

Stop Being a Refugee: The Journey Towards Citizenship and Community Inclusivity')
는 참가한 시민들이 32명의 난민들이 들려주는 생애 경험을 통해 자신의 경험을
반추하는 시민 학습의 계기라 할 수 있다(Refugee Council of Australia, 2011). 뉴
사우스웨일즈(NSW)주에서 매년 실시하는 난민인도주의상(Refugee Humanitarian
Awards) 프로그램은 호주에서 난민의 지위 향상을 위해 공헌한 각계각층의 시민
들을 선발해서 수상을 함으로써 난민 문제의 사회적 공감대를 형성하고 시민적
의식을 높이는 계기를 마련하고 있다. 이처럼 커뮤니티에 기반을 두고 난민과 지
역민이 함께 참여하는 시민사회의 학습활동에서(Church and Bascia and Shragge,
2008) 다문화학습의 저변과 외연이 변화하고 재구성되는 것을 포착할 수 있다.

한편, 2011년 6월 24일 방송된 호주의 난민 관련 프로그램 '너희 나라로 돌
아가라(Go Back to Where You Came From)'는 600,000명의 시청자가 본 혁신적
시청률을 기록했다(Cultural Diversity News, 2011). 6명의 평범한 시민들이 난민
의 유입 경로를 그대로 밟는 여정을 닮은 실험 다큐로서, 호주의 난민 정책을
재평가하는 하나의 논의의 장을 마련한 것이라 할 수 있다. 이 프로그램에서는
스스로를 '약간 인종주의자(bit racist)'라고 칭한 20대 중반 여성 참가자가 나오
는데 그녀에 대한 페이스북(facebook)상의 테러가 끊이지 않았다. 그러나 이 여
성이 직접 난민 체험(탈출 – 난민촌 생활 – 난민심사 재판 – 제3국 정착)을 하면서
어떤 방식으로 자신의 관점을 전환했는지, 다문화주의를 어떻게 재해석할지 논
의되었다. 난민이 되어 제3국으로 정착하는 '직접 난민이 되어보기'라는 상황극
에 참가한 5명의 일반 시민들은 다큐멘터리 형태의 체험 이후에 다시 해당 방송
의 패널이 되어, 난민 문제에 대한 자신의 생각을 시청자와 쌍방향으로 소통하
는 방식으로 방송이 진행되었다.

이처럼 다양한 측면에서 전개되는 무형식적 성인학습의 영향력은 그동안
침묵하던, 굳이 건드리고 싶지 않던 난민 이슈에 대해 시민들의 관심을 촉발시
키는 것에서부터 힘을 발휘했다고 평가된다. 이것은 분명 일상 생활세계에서 미
디어를 통해 사회적 대화(social dialogue)를 시도한 시민 학습의 또 다른 장면이
라 할 수 있다.

3. 정부-시민단체-학계의 연계 협력 움직임

호주에서 난민 이주민을 위한 교육 전개 양상을 이해하는 데 두드러진 특징 중 하나는 다자간 파트너십이다. 국가, 시민단체와 학계가 함께 난민 이슈에 참여하고 상호간 연계 협력의 중요성이 점차 강조되면서, 그와 관련한 다양한 시도들이 활발하게 이루어지기 시작했다.

예를 들어 인종주의 해소 프로그램을 실시하고, 난민의 고용 증대를 위해 머독대학교(Murdoch University)가 중심이 되어 난민 출신 성인학습자의 선수 학습과 자격(prior learning and qualification)을 체계화하고, 지역 산업체에 난민의 고용을 촉진하는 방안을 마련하였다. 한편 호주 정부가 전략적으로 추진하고 있는 '난민을 위한 정신건강, 청소년 난민 프로그램(Psychological Well Being of Child and Adolescent Refugee and Asylum Seekers)'도 멜버른기술대학교(Royal Melbourne Institute of Technology)에서 10년간 이루어진 연구 결과를 바탕으로 고안된 것이다. '전환기의 수단 청년들(Sudanese Youth in Transition)' 프로그램은 서호주대학교(University of Western Sydney)와 연계하여 개발한 것으로, 고등학교 졸업 후 취업 전선에 뛰어든 난민 청년들의 고용과 직업 훈련을 강화하기 위한 프로그램이다. 그 밖에 호주의 중앙 및 지방정부는 다양한 시민단체와 협력하여 난민 이주민을 위해 직업 훈련, 시민 참여, 커뮤니티 활동, 웰빙 등 다양한 프로그램을 제공하고 있다. 인권, 종교, 환경, 건강 영역의 시민단체들은 정부의 난민 정책이 풀뿌리차원까지 전달되지 못하는 부분을 보다 세심하게 파악하고, 정책과 실천의 괴리를 최소화하기 위한 난민 지원책을 강구하고 있다. 예컨대 아래의 프로그램은 정부와 학계 그리고 시민사회가 상호 협력을 통해 시행하고 있는 것이다.

▸ 난민 역량 강화(Empowering Refugees)
▸ 소수 난민 집단을 위한 사회지원 네트워크(Social Support Networks)
▸ 호주에서 건강한 첫 발걸음 내딛기(Making a Healthy Start in Australia)

▸ 건강한 식품과 영양을 위한 프로그램(Healthy Eating)
▸ 난민들의 보육 지원 프로그램(Raising Children in Australia)

　　다문화사회의 체제를 형성하기까지 오랫동안 시행착오를 거듭해 온 호주는 국가가 주도적으로 다문화정책을 선포하고 추진하는 노력을 기울여 왔고, 이와 동시에 가능한 전 사회영역에서 시민들이 참여하는 다자간 연대 체제가 커뮤니티 단위에서 구현될 수 있는 방식을 구안해 오고 있다. 그런 점에서 호주의 다문화주의는 광대한 대륙에서 다양한 인종적, 문화적 배경을 가진 구성원을 통합하는 이념 토대를 수혈하는 측면도 있다고 볼 수 있다.

4. 제한된 교육 접근성과 다문화담론의 실천 괴리: 한계와 과제

　　지금까지 난민 이주민을 위한 호주 사회의 교육 현황과 그 특징을 살펴보았다. 다문화국가 호주가 제공하는 다양한 교육 형태와 시민사회의 저변은 인상적이다. 특히 난민 이슈가 아직 공론화되지 않은 우리 교육학계에서는 더욱 주목할 만한 대목이다. 그럼에도 불구하고 호주의 난민 프로그램과 교육 서비스는 도전과 한계에 직면하고 있는 것이 사실이다. 국제 이주 난민이 행선지국가에 접근하여 안착하기까지 전 과정을 국제 비교한 이병렬과 김희자의 연구(2011)에서, 호주는 난민신청자의 접근 용이성은 좋으나, 난민신청자의 처우와 수용, 그리고 지위 인정 후 정착이라는 관점에서는 비관용적이고 도구적인 정책을 취한다고 밝혔다. 난민들이 심사를 통해 안정적 지위를 보장 받은 후에는 정착(settlement)과 통합(integration)이 무엇보다 중요하다. 여기서 가장 중추적인 것이 바로 교육 영역인 것이다.

　　호주는 난민과 비호신청자에 관한 처우의 국제협약에 가입한 나라이다. 난민을 위한 교육 정책이나 연구는 매년 호주 땅에 정착하는 난민의 유입 정도에 비례할 만큼 양적으로 풍부하게 축적되지 못했다(Christie and Sidhu, 2006). 그러나 난민을 위한 교육 기회의 확충과 교육프로그램의 중요성이 점차 부각되면서 다양한 교육서비스가 개발되고 있다. 주로 다문화교육(multicultural education), 사회 정의(social justice), 영어교육(English language provision)이라는 세 가지 범주에서 전개되고 있다(Sidhu and Taylor, 2007). 그런데 문제는 난민을 대상으로 공적 차원에서 이루어지는 교육이 개별 난민 학습자가 가진 다양한 삶의 경로와 학습 경험, 그들의 복합적인 교육 요구를 충분히 반영하지 못하고 있다는 점이다. 더욱이 난민을 위한 커뮤니티 기반의 성인교육에서도 교수자와 학습자가 다문화적 교육 환경에 노출되었음에도 불구하고 인종적, 문화적 차이와 다양성이 적극적으로 고려되지 않고(undifferentiated ethnoscape) 교수학습 활동이 이루어지고 있다(Haileluel, 2008; Russel, 2005). 난민들은 교육기관에 등록한 이민자, 유학생들과 현저하게 다른 생애 경험을 가지고 있음에도 불구하고, 이들을 위한 영어교육은 정형화된 '제2외국어로서 영어(ELS)' 교육프로그램을 전달하는 식으로 진행되고 있다. 예컨대 같은 수단(Sudan) 국가 출신 난민이라도 이들의 삶의 경로와 교육적 필요는 반드시 동일하지 않다. 수단은 400개의 인종집단이 있으며, 북부 수단은 아랍어를 쓰지만, 남부는 주로 135여 종류의 부족 언어가 사용되고 있기 때문이다(National Association for Multicultural Education, 2010). 이주민을 위한 성인교육 기획이 학습자의 목적과 필요에 맞게 설계되어야 한다는 점을 역설하는 부분이다.

실제로 난민 지위로 호주에 정착한 이주민들은 호주사회의 교육과 직업 훈련에 관한 다양한 정보에 접근할 수 있는 경로가 제한되어 있다. 사회적 네트워크가 부재한 상태에서 자신의 삶의 역사를 온전히 새롭게 구성해야 하는 도전에 직면하게 된다. 또 안정적인 의식주를 해결하기 위해서 즉시적인 일자리를 찾거나, 돈을 모아서 본국의 친인척을 돕는 방법을 찾는 데 몰두할 수밖에 없다(Jakubowicz and Moustafine, 2010). 국제 난민이 새로운 사회에서 자신만의 삶의 비전을 품고 미래를 디자인하기에는 역부족인 현실이다. 따라서 이들을 위한 교육기회를 확장하고 잠재적 역량을 개발시킬 수 있는 교육 인프라를 넓히는 일에 사회적 고민이 깊어지는 것이다.

호주에서 난민 청소년들의 교육적 성취와 실패에 관한 Russel(2005)의 연구는 오랜 난민촌 생활과 긴 심사 과정을 통해 드디어 '선진국' 호주에 정착이 '허가되면서' 호주 교육에 대한 난민들의 높은 열망과 그들이 실제 교육 체제에 진입 후에 겪게 되는 현실의 괴리를 보여주었다. 문화적 다양성을 중핵 가치로 삼고 있는 호주의 다문화교육 정책은 난민 학습자가 가진 상처와 긴장, 그리고 복합적인 성취동기를 교육 현장에서 제대로 수용하지 못했다. 교육기관과 교육자는 난민촌에서의 생활과 기간, 고문과 억압에 노출된 경험, 본국에서의 교육 수준, 그리고 학습 욕구를 종합적으로 진단하고 그들에게 필요한 학습자원을 제공해야 하지만, 현재 호주사회에서 난민 배경의 성인학습자를 위해 전개되는 교육서비스는 아직 한계에 부딪히고 있다. 학교교육체제의 교실 상황에서도 난민 학습자와 학급 구성원간의 상이한 생애 경험과 관점을 공유하는 상호작용 학습이 유의미함에도 불구하고, 교사들은 이를 어떻게 긍정적으로 활용하고 동기 부여를 할 수 있는지 도전을 받고 있다(Sidhu and Taylor, 2007). 난민을 무능한 학습 객체로 대상화하는 것이 아니라, 이들이 가진 특별한 능력(skill)과 목소리(voice)를 드러내고 교감하는 세심한 접근이 요청되고 있는 것이다.

난민의 교육적 접근성과 윤리적 문제를 푸코의 '두려움 없는 용기'(parrhesia) 개념을 차용하여 분석한 크리스티와 시드후(Christie and Sidhu, 2006)는 교육이야말로 피부색과 언어, 신분을 초월해서 제공되어야 하는 공공재임을 역설하였다. 구금센터에 갇힌 학령기의 난민들이 자유롭게 교육서비스를 받을 수 없는 점과 호주 사회에서 한 달에 50건씩 발생하는 난민의 자해와 자살 문제(self-harm & suicide issues)에 대해 침묵하는 것은 다문화 민주주의 사회의 시민적 규범과 배치된다는 것이다. 2002년 이민과 다문화원주민부처(Department of Immigration & Multicultural & Indigenous Affairs)에서 난민의 교육과 학습접근성 향상을 위한 정책이 발표되었다. 그 중 일부는 다음과 같다.

▶ 난민구금시설 아동에게도 적절한 교육프로그램 및 사회적응 프로그램을 실시한다. 난민 학생들이 지역 사회에 있는 학교에 출석할 수 있고, 교사는 교육과정을 지도한다.

▶ 시설의 아동 및 가족에게도 사회적 레크리에이션 활동을 제공된다. 텔레비전, 비디오게임, 축구, 배구 등 다양한 활동 시설을 지원한다. 구금 시설은 운동장을 갖추고 장난감이나 게임도 구비한다. 더불어 바다와 공원 등 산책도 할 수 있도록 관리를 조정한다.

　그런데 문제는 이러한 '규범상 윤리'(ethics of normality)가 현장에서 제대로 실천되지 않는다는 점이다(Christie and Sidhu, 2006). 크리스티와 시드후(Christie and Sidhu)의 연구(2006)는 호주 브리즈번(Brisbane)에서 실시한 전수 조사를 통해, 난민 아동과 그 가족을 위한 교육서비스가 다각화되지 못했다는 점을 보여주었다. 다문화주의 교육과정의 기반이 견고한 호주의 교육정책에도 아직까지 난민 학습자의 특별한 요구를 배려하는 교육적 인프라가 부실하고 이를 활용하는 현장의 실천은 역부족임을 지적하였다. 일부 종교단체나 비영리 시민단체에서 난민을 위해 무료로 교육프로그램을 제공하지만 난민들의 특별한 요구(Special education Need)는 호주사회의 또 다른 소수자인 원주민(Australia aborigine)과 비영어권 출신의 이주노동자들과 인프라 경쟁을 벌이는 모습이 포착된다. 이주민들이 분절적 생애 경험을 반성적으로 활용하고 지속적으로 교육기회에 참여하는 교육지원(education provision)이 불충분한 것이다.
　난민들의 경우 본국에서 정치적, 경제적 기득권을 가진 극소수를 제외하고는 대부분 3~12년간 난민 캠프에서 생활하거나 중등 교육과정을 이수하지 못한 사람들이 대부분이다(Haileluel, 2008; Australian Government, 2007). 특히 문자를 사용한 경험이 없고 부족언어나 구어로 언어생활을 한 난민들의 경우 이들을 위한 특별 교육프로그램이 필요함은 자명하다. 난민의 교육 문제를 연구한 기존의 저작들은 호주의 공적 교육체제에서 난민들이 다양한 교육기회에 접근하는 데 어려움을 겪고 있으며 교육 체제에서 포용되지 못하는 현실을 비판한다. 난민 학습자의 교육적 필요와 학습 요구를 체계적으로 분석하고 이들의 역량을 전 생애에 걸쳐 개발하는 장기적인 과제를 외면할 수 없다.

V. 결론 및 시사점

지금까지 본 연구를 통해서 호주에서 국제 난민 이슈를 중심으로 전개되는 '다문화'에 대한 언표들이 인도주의와 통치성 이데올로기라는 상이한 담론 지형을 만들어 내는 것을 알 수 있었다. 또한 매년 30개국 이상의 다양한 국가의 난민을 수용하는 호주 사회에서 난민 이주민을 위한 다양한 교육적 기획들이 정부와 민간 차원에서 전개되고 있음을 분석하였다. 다문화담론을 둘러싼 이질적 관점의 혼재와 병존은 난민을 위한 성인교육 프로그램과 비형식적 성인학습활동에도 투영되고 있음을 밝혀 낼 수 있었다.

그럼에도 불구하고 담론 분석을 시도한 본 연구는 일정한 한계를 가지고 있다. 성인교육 연구 영역에서 고찰한 다문화담론과 난민 성인학습자에 관한 다각적인 논의와 이론적 정교화가 시작 단계에 있기 때문에, 보다 치밀한 논리 전개가 보완되어야 한다. 그것은 다문화담론에 대한 개념 혼재와 의미구조의 다층성 만큼이나 도전적인 연구 영역이기 때문에, 과연 다문화적 배경으로 소외받는 사회적 약자를 위한 성인교육은 어떤 방향으로 나가야 하는가라는 고민과 맞닿아 있다. 또한 이 연구에서는 난민 이주민을 위한 성인교육의 특징을 심층적으로 분석하지 못한 제한점을 가진다. 이러한 한계를 보완하기 위해서 추가 연구를 통해서 난민 성인학습자의 생애경험과 교육적 요구를 반영한 평생학습이론과 방법론을 체계적으로 연구할 필요가 있다.

그리하여 궁극적으로 본 연구는 호주에서 다문화주의가 작동하는 원리를 분석하고, 난민 성인학습자를 위한 평생교육의 특징을 살펴봄으로써, 앞으로 평생교육이 다문화 구성원들을 포용하고 나아가는데 몇 가지 함의를 도출하고자 한다.

첫째, 다문화담론에 대한 진지한 성찰과 평생교육적 개입이 체계적으로 요청된다(철학적 측면). 호주 사례는 국가가 정책적으로 선포한 다문화주의와 시민들이 체감하고 실천하는 생활세계의 다문화 사이에 괴리가 나타난다는 것을 보여주었다. 호주난민위원회(Refugee Council of Australia, 2010)에 따르면 다양한 소수 문화의 공존과 사회적 통합을 지향하는 호주의 국가후원형 다문화주의 정책과 달리, 난민 출신 이주민들이 피부로 느끼는 소속감 부재와 주변화는 여전히 심각한 괴리를 보이는 것으로 조사되었다. 호주사회의 다각적인 노력에도 불구하고, 난민을 향한 보이지 않는 편견과 차별은 여전히 팽배하다. 예컨대 시드니에서 수십 차례 서류 심사에 탈락한 아프리카 수단과 소말리아 출신 난민들은 자신의 이름을 백인식으로 개명한 후에야 비로소 면접 제의를 받았다고 말했다(Francis, 2011년 8월 21일). 다문화사회에서 그들의 '아프리카식 이름(African name)'은 취업시장에서 편견과 차별의 장벽으로 작용하는 것을 보여주는 것이다. 본국을 탈출한 이주민들은 제3국으로 정착한 후에도 인종적, 문화적, 계층적 요인으로 이질적인 '타자'(being othering)로 인식되면서 이방인화(strangerhood)를 겪게 된다.

　　호주라는 새로운 삶터로 인도되었지만, 다양한 난민 정착 프로그램과 달리 현실에서는 불안정한 일자리, 빈약한 사회적 지원, 협소한 네트워크, 인종주의 등 한계에 부딪히고 있었다. 세계에서 다문화주의 국가의 전형이자 주요 모형으로 손꼽히는 호주에서도 국제 난민들은 소외, 차별, 갈등, 부적응을 겪고 있음을 인식했을 때, 우리나라의 빈약한 다문화 철학에 대한 진지한 성찰과 방향성에 대한 재정립이 필요하다. 현재 우리나라의 다문화정책과 기획들이 저출산·고령화담론에 갇혀서 결혼이주민과 다문화가족 위주로 편향된 점부터 제고해야 한다. 약 140만명의 다문화인구 중 12%를 차지하는 이들에 대한 배려와 장기적인 고려도 중요하지만, 가장 높은 비율을 차지하는 이주노동자(약 60%)와 가장 낮은 비율을 차지하는, 그러나 매우 중요한 난민(1% 이하)에 대한 큰 관심을 받지 못하고 있다. 물론 결혼이주민과 그 자녀에 대한 한국어교육 프로그램과 한국문화 체험도 중요하지만, 문제는 그 기저에 흐르는 다문화정책이 큰 틀에서 동화주의 패러다임으로 전개되고 있다는 점에 있다. 동화주의는 차별과 배제의 정치학을 내재하고 있다(Foucault, 2006; Saavala, 2010). 많은 식민지를 거느린 유럽의 다문화주의에 내재된 제국주의적 동화주의의 인식틀이 이주민을 복지나 교육의 대상으로 '객체화'하는 접근과도 멀지 않다(정병호 외, 2011). 다문화담론에서 차별과 배제 그리고 동화주의가 미묘하게 작동하고 있다고 볼 수 있다. 이제 막 '다문화'와 살을 부딪치며 걸음마를 시작한 우리사회는 서구의 다문화주의 경험과 성과 그리고 그들의 실패에서 교훈을 얻어야 한다.

이제 한국형 다문화적 사회 현실이 무엇이며, 이것을 어떻게 인식해야 하는지 끊임없이 성찰하고 재구성하는 과정에 평생교육학이 적극적으로 개입해야 한다. 왜냐하면 난민 출신 이주민의 사회적 소외와 타자화 현상을 극복하기 위해 가장 중요한 역할을 수행할 수 있는 것이 평생교육이기 때문이다. '모든 이를 위한 교육(Education for All)'이라는 신념에 뿌리를 둔 평생교육의 철학은 낡은 유물이 아니라, 생애에 걸친 교육과 학습을 통한 소수자를 포함한 모든 학습자의 역량 강화를 가장 구체적으로 끌어올리는 실천형이다. 난민 배경 성인들에게 '당신에게 지금 필요한 것은 무엇인가?'라는 조사에서 '일자리', '친구'를 비롯하여 '새로운 교육'이라는 대답이 많았다(Refugee Council of Australia, 2010). 여기서 교육은 단순히 영어능력과 직업능력을 향상시키는 단기적인 교육을 넘어선다. 새롭게 정착한 사회는 어떤 시스템을 가지고 있는지, 자신은 어떤 존재이자 구성원이 될 수 있는지, 새로운 인생의 2막을 열고 기반을 잡고 살아가기 위해 필요한 지식, 기술, 태도, 역량을 습득하고 발휘할 수 있는 새로운 삶의 이정표를 찾기 위한 평생교육이라 할 수 있다. 불안정하고 불연속적인 삶의 과정을 거친 난민들은 새로운 사회에서 새로운 학습 욕구를 가진다(Haileluel, 2008; Sidhu and Taylor, 2007; 김진희, 2011a). 이들을 위한 교육은 삶의 특정한 시기와 장소에 머무는 것이 아니라, 학교, 가정, 산업체, 지역사회를 아우르는 모든 영역에서 이루어져야 한다. 단순히 다양한 문화를 존중하고 타자의 존재를 관용하는 입장을 넘어서야 한다. 다문화 평생교육의 실천과 프로그램은 사회적 소통을 통한 다양한 구성원들의 참여와 개입이 필수적으로 수반되어야 한다. 호주라는 국가에서 270개의 다민족이 사는 자체가 다문화주의의 완성형이 아닌 것과 마찬가지로, 다문화에 대한 사회 구성원들의 교육과 학습이 일어나지 않으면, 상호작용 없이 끼리끼리 살아가는 평행선을 달릴 수밖에 없다. 그런 맥락에서 관용이라는 개념도 '너'와 '나'의 세계는 기본적으로 다르며, 그 이질성은 서로 개입되고 섞일 수 없으므로, 평화를 위해 내가 너를 포용하겠다는 일방적 수용주의로 흐를 우려가 있다. 평생교육은 소수자들의 참여적 시민권과 사회적 상호작용을 촉진하고, 다양한 개인과 공동체가 학습활동의 주체로서 차이와 다양성을 비판적으로 성찰하는 지원체제가 되어야 한다.

둘째, 다문화 시민학습의 저변을 확산하고, 평생교육을 통한 다문화시민성 함양이 필요하다(내용적 측면). 호주에서 난민을 둘러싼 다문화주의 논의와 실제는 여전히 실험중이다. 국가 후원적 다문화주의는 다양한 집단의 이해관계와 목적에 따라 가정, 지역, 일터 내부에서 상이하게 실천되지만, 호주사례는 시민사회의 다문화적 인프라와 실천이 무엇보다 중요하다는 것을 보여주었다. 물론 다수의 난민들은 시민권을 얻은 이후에도 경제적 궁핍, 실업, 인종차별, 빈약한 사회 네트워크, 낮은 교육 성취도 문제에 취약하지만, 인종적·민족적·문화적 다양성에 대한 국가적 지원이 고도화되었고, 그와 동시에 풀뿌리 형태의 다문화적 저변이 폭넓게 깔려 있다는 것은 우리나라 평생교육 방향에 시사하는 바가 적지 않다. 정부 지원형 형식교육 차원의 성인교육서비스뿐만 아니라, 다양한 평생교육기관에서도 형식에 구애 받지 않고 지역주민들과 이주민의 사회적 상호작용이 촉진될 수 있는 것은 형식학습과 무형식 학습의 채널의 유연하게 열려있는 다문화 친화적 인프라가 중요하다는 점을 말해준다.

이와 함께 국제 난민 이슈는 민주시민교육을 담당해 온 평생교육의 내용이 재구성되어야 한다는 것을 역설하고, 그 중요성을 환기시킨다. 시대에 따라 한 사회와 공동체가 어떤 시민을 좋은 시민(good citizen)으로 규정하는가는 달라질 수 있으나, 다인종, 다문화사회로 전환되는 우리사회에서 시민은 한 국가의 시민인 동시에 세계의 시민이 되는 것이므로 다문화 시민성(multicultural citizenship)을 함양해야 한다(이해주, 2010). 난민 이슈는 국제정치의 역학과 세계체제적 인식론을 성찰하게 하고, 다문화에 대한 이해와 실천 역량을 높이는 기제이다. 평생교육영역에서 이러한 내용을 다문화적 관점에서 기획하고 프로그램을 개발하는 것은 유의미하다. 평생교육은 누구나, 언제 어디서든 자신의 필요와 목적에 따라 삶을 영위할 수 있도록 길을 열어주는 전 생애에 걸친 교육이다. 난민 이주민들의 건강하고 지속가능한 삶의 새로운 오리엔테이션이 되어 주는 버팀목이자 지지대로서의 교육, 그들이 시민 구성원으로서 국가와 지역사회에 대한 책임과 권한을 이해시키는 교육, 우리사회의 모든 구성원들이 전 지구적 차원에 대한 열린 사고와 문화다원주의에 대한 이해와 실천을 도모하는 교육으로 나아가야 한다. 따라서 다문화 평생교육은 이주민과 일반 시민이 분리되지 않고 함께 학습하는 통합형으로 나아갈 필요가 있다. 모두를 위한 교육접근성의 균등성(equity)과 전 생애에 걸친 다문화 역량을 함양하는 방향으로 나아가야 한다. 그 것은 누구나 인종, 종교, 국적, 계층, 성의 배경에 차별받지 않고 평등한 평생교육 기회를 전 생애에 걸쳐 향유할 수 있도록 보장하는 교육적 안전망이며, 다문화사회에서 상이한 개인과 집단의 다양성을 비판적으로 '성찰'하고 '실천'하는 생애 통합형 세계시민교육이다. 요컨대 특정 시기와 특정한 공간에서 이루어지는 교육이 아니라, 평생학습 과정이라는 것에 방점이 찍혀야 한다.

　　셋째, 다자간 파트너십과 사회적 연대의식이 활발하게 이루어져야 한다(실천 방식 측면). 호주의 난민 성인학습자를 위한 교육지원 사례는 정부와 시민단체 그리고 학계의 협력이 지속적으로 시도되는 현상을 보여주었다. 교육 프로그램의 성과를 떠나, 다자간 파트너십은 우리의 평생교육 실천 방식을 반성하게 한다. 난민 성인학습자는 각자 다른 학습욕구와 교육적 필요를 가지지만, 이들은 공통적으로 정착한 사회에서 자기 삶의 주도력과 생애 구성 능력을 재구조화하는 시험대에 놓이게 된다. 이들의 다면적인 필요와 학습기회를 충족시켜야 하는 평생교육은 정부나 학계, 시민사회단체 혹은 지역공동체 한 쪽이 일방적으로 주도할 수 없다. 각 주체들이 자원과 힘을 모을 때 시너지 효과를 발휘할 수 있고, 비로소 다양한 공적·사적 영역에 질적 변화가 가능하다. 난민 이주민에게 굶지 않을 '밥'과 생명의 위협 없이 살 수 있는 '집'이 제공되는 최소한의 복지 테두리를 넘어서, 평생교육을 통한 주체의 성장(empowerment)과 시민사회의 민주적 가치를 확산시키는 연대의 메커니즘이 필요하다.

　　오늘날 급속하게 주목받기 시작한 다문화담론이 '우리' 안의 새로운 통치성과 차별적 인식론을 '그들'을 향해 강화하는 기제가 아니라 새로운 사회 구성체의 도래를 비판적으로 성찰하는 불길이 되어야 한다. 한 쪽으로 치우진 인도주의와 통치성 이데올로기 그리고 동화주의를 극복할 수 있는 반성적 학습과 실천이 우리 사회의 유의미한 변화를 이끌 수 있을 것이다. 앞으로 성인학습이론과 연구 영역은 이러한 새로운 변화에 보다 적극적으로 참여하면서 연구와 실천의 지평을 부단히 넓혀가야 할 것이다.

참고문헌

김진희(2011a). 호주에 정착한 국제 난민의 학습활동 이해. 평생교육학연구, 17(4), 1−28.

김진희(2011b). 다문화시대의 한국과 호주의 국제이해교육 특성과 과제. 비교교육연구, 21(1), 33−63.

난민인권센터(2011). 2011 상반기 국내의 난민 현황 자료집.
http://www.nancen.org/613

문경희(2008). 호주 다문화주의의 정치적 동학: 민족 정체성 형성과 인종·문화갈등, 국제 정치논문, 48(1), 267−291.

법무부(online, 2011). http://www.moj.go.kr/search/jsp/search.jsp

이병렬·김희자(2011). 캐나다, 호주, 독일, 프랑스 난민정책의 특성에 대한 연구. 한국사회 정책, 18(2), 13−36.

이해주(2010). 다문화 사회, 다원적 시민교육의 필요성과 방향.
http://blog.naver.com/volun?Redirect=Log&logNo=90121249494에서 추출

정병호·송도영·권온·김용승·박경태(2011). 한국의 다문화 공간. 서울: 현암사.

AMES(online, 2011) http://www.ames.net.au/

Australian Government (2007). Fact Sheet 60. Australia's refugee and humanitarian programme Produced by the National Communications Branch, Department of Immigration and Citizenship, Canberra, Retrieved July 25, 2008, from http://www.immi.gov.au/media/fact-sheets/60refugee.htm#g

Bennett, C. I. (2012) 김옥순 외 공역. 다문화교육 이론과 실제. 서울: 학지사.

Brown, G., & Yule, G. (1983). *Discourse analysis*. Cambridge: Cambridge University Press.

Christie, P., & Sidhu, R. (2006) Governmentality and 'fearless speech': Framing the education of asylum seeker and refugee children in Australia. *Oxford Review of Education, 32*(4), 449−465.

Church, K., Bascia, N., & Shragge, E. (2008). *Learning through community: Exploring participatory practices*. London: Springer.

Department of Immigration and Citizenship (online, 2011).
http://www.immi.gov.au/media/publications/settle/empowering_refugees/index.htm

Field, J. (2006). *Lifelong learning and the new educational order*. Trentham Books

Foucault, M. (2006). *History of madness*. New York: Routledge.

Gee, J. P. (2005). *An introduction to discourse analysis: Theory and method*. London: Routledge.

Giroux, H. A. (1993). *Bordwer crossing*. New York and London: Routledge.

Haileluel, G. S. (2008). *Integration strategies of migrants and refugees*. The winston Churchill Trust. Memorial Trust of Australia.

Institute for Cultural Diversity (online, 2011). http://www.culturaldiversity.net.au/

International Organization for Migration (online, 2012). http://www.iom.int/

Jakubowicz, A. H., & Moustafine, M. (2010). Living on the outside: Cultural diversity and the transformation of public space in Melbourne. *Cosmopolitan Civil Societies: An Interdisciplinary Journal*, 2(3), 55−75.

Jarvis, P. (2010). *Adult education and lifelong learning*. London: Routledge.

Jordan, B., & Duvell, F. (2003). *Migration*, London: Polity.

Low, A. (online, 2011). *Local interaction: A durable solution for refugees?* http://wiredspace.wits.ac.za/bitstream/handle/10539/1740/Rampe%20Hlobo%20rese arch%20report.pdf?sequence=2

Marfleet, P. (2004). *Refugees in a global era*. New York: Palgrave Macmillan.

National Association for Multicultural Education (online, 2010). http://nameorg.org/

Pamela, C. (2005). Blank slates or hidden treasure? Assessing and building on the experiential learning of migrant and refugee women in European countries. *International Journal of Lifelong Education*, 24(3), 227−242.

Refugee Council of Australia (online, 2011) http://www.refugeecouncil.org.au/

Russel, T. (2005). Learning to be Australian: Provision of education programs for refugee young people on−journey and upon resettlement. UNSW: The centre for Refugee Research.

Saavala, M. (2010). Forced migrants, active mothers or desired wives. *Journal of Ethnic and Migration Studies*, 36(7), 1139−1155.

Sidhu, R. R., & Taylor, T. (2007). Educational provision for refugee youth in Australia: Left to chance? *Journal of Sociology*, 43(3), 283−300.

Soutphommasane, T. (2006). After Cronulla: Debating Australian multiculturalism and national identity. *Australian Mosaic*, March－April.

UNHCR (2011). *Global trend 2010*. Retrieved July 29, 2011, from http://www.unhcr.org/pages/49c3646c4d6.html

Victorian Foundation for the Survivors of Torture (2005). *Education and refugee students from southern Sudan Foundation House*. Retrieved October 10, 2007, from http://www.foundationhouse.org.au/pdfdocs/SudaneseStudentsWeb.pdf

Wise, A. (2010). Sensuous muliticulturalism: Emotional landscapes of inter－ethnic living in Australian suburbia. *Journal of Ethnic and Migration Studies, 36*(6), 917－937.

신문기사

ABC news (Jul 25, 2011). Rights advocates not convinced by asylum deal. http://www.abc.net.au/news/2011－07－25/rights－advocates－react－to－asylum －deal/2809648

ALIRAN (Aug 5, 2011) Double standards in Australia－Malaysia refugee swap deal. http://aliran.com/6233.html

David R. Francis(August 21, 2011). Employers' Replies to Racial Names. http://www.nber.org/digest/sep03/w9873.html

McHutchison, I. (August 2, 2011) Migrants roll up their sleeves. http://www.theage.com.au/opinion/society－and－culture/migrants－roll－up－thei r－sleeves－20110801－1i84n.html

Refugee Action Coalition Sydney (April 24, 2011) Refugee protest spreads to CURTIN, refugee supporter banded from visits. http://refugeeaction.org.au/2011/04/24/refugee－protest－spreads－to－curtin－refu gee－supporter－banned－from－visits/

호주의 국제난민 정착과 난민 이주민의 학습활동 실제

**연구
개요**

　본 연구는 호주에 난민 지위로 정착한 성인의 학습활동의 이론과 실제를 분석함으로써 평생교육학 연구의 지평을 확장하고 다문화 평생교육의 주제를 심화하는 데 목적을 가진다. 이 연구는 분절적 생애 경험을 가진 초국경 학습자로서 국제난민이 새롭게 정착한 다문화사회에서 어떠한 과정을 통해 학습하며, 학습활동을 통하여 일어난 변화가 무엇인지를 구체적으로 밝히고자 했다. 이를 위해 이론적 분석틀로서 학습에서의 '분절'(disjuncture)을 매개 개념으로, 초국경 이주와 평생학습논의를 전개하였다. 실제, 난민들의 학습을 탐색하기 위해 질적 연구방법을 통해서 아프리카, 중동, 아시아 출신의 5명의 난민들을 면담조사하고 자료를 해석하였다. 그 결과 난민의 분절적 생애 경험은 정착한 사회에서 상호작용의 과정을 거치면서 새로운 학습역동을 만들어낸다는 것을 알 수 있었다. 또 난민의 학습활동은 반성적이고 전환적인 삶의 양식이라는 점을 발견하였다. 최종적으로 본 연구는 다문화 평생교육 논의의 토대로서 평생교육이 인종적, 문화적 소수자의 역량을 끌어올리고 그들의 학습경로의 공백을 유기적으로 지원하는 '가능성의 언어'가 될 것을 논증하고 있다.

I. 서론

성인교육 및 평생학습 영역에서 다문화주의 담론은 주로 영미 학계를 중심으로 1990년대부터 본격적으로 다루어지기 시작했다. 흔히 한 사회의 다문화주의를 실천담론으로 환원할 때는 이질적인 문화복합체 간의 공존과 관용, 다양성 존중의 가치를 강조하지만 평생교육학 영역에서는 그 접근이 다르다. 즉, 문화 다양성 논의는 성인교육자들이 인종, 민족, 계층, 성, 언어의 차이로 인해 발생하는 불평등한 권력 관계를 근본적으로 문제제기하고 비판적으로 분석하고, 평생교육을 통해 학습 주체의 자율성과 해방을 기획하는 논의를 저변에 깔고 진행되어 왔다(Gudtavsson and Osman, 1997; Pamela, 2005). 그런데 지금까지 우리나라 평생교육학 영역에서 인종적, 민족적, 계층적, 언어적 요소로 인해 다문화적 배경을 가진 성인 학습자의 교육과 학습 경험에 대한 논의는 풍성하게 전개되지 못했다. 더욱이 지배문화와 이질적인 다인종 배경을 가진 개인과 집단이 국경을 넘어 불연속적이고 전환적인 삶을 전개하는, 초국경 학습 경험을 가진 학습 집단(transnational border crossing learners)에 대한 연구도 미진하였다(Lee, 2006). 초국적 생애 전환을 실시한 이주민으로 북한이주민 혹은 새터민에 대한 연구 성과는 정치, 사회, 경제학 영역에서 비교적 축적되어 왔으나, 인종적, 문화적 배경이 다른 국제난민들이 정착하는 문제와 그들의 생애 전환적 경험에 대해서 귀를 기울이지 못했다. 이는 그동안 한국 사회가 가진 혈연을 기반으로 한 단일민족, 동질 문화 중심의 정치, 경제, 사회 문화적 환경이 교육 연구 담론에 모종의 울타리를 설정했다고 할 수 있다.

2015년 발표된 법무부의 자료에 따르면 국내에 체류하는 외국인과 이주민의 비율이 꾸준히 증가하여, 현재 187만 명의 외국출신 거주민이 한국사회에 살아가고 있다. 다인종·다문화사회로 진입하고 있는 우리 사회의 현 주소를 읽고, 미래를 기획하는 지점 가운데 하나가 국제난민 이슈이다. 주로 임노동과 결혼을 계기로 '상대적으로' 자발적 의지로 이주하게 되는 일반 이주민과 달리, 본국의 정치, 종교, 인종적 박해를 피해 탈출하여 제3국에 유입된 국제난민의 수용 문제는 한 사회의 다문화역량을 보여주는 유의미한 지표 중 하나이기 때문이다 (Christie and Sidhu, 2006; Anderson and Osman 2008). 1992년 난민협약에 가입한 우리나라는 2001년에 최초로 에티오피아 국적출신을 난민으로 인정된 이후 2011년 6월까지 총 3,301명이 신청을 하였으나, 220여 명이 난민 지위를 인정받았다(난민인권센터, 2011). 특히 2011년 상반기에만 386명이 난민신청을 하여, 이 수치는 지속적으로 점증하고 있다. 유엔난민기구는 한국에서 난민 지위를 인정받은 사람은 미국 33%, 호주 32%, 캐나다 40%에 비해 상당히 낮은 10%에 불과하고 1,249명의 난민 신청자와 비호신청자(asylum seeker)가 불법체류자 신분으로 위험 수준에 머물러 있다고 보고했다. 우리나라의 난민인정비율은 0.0005% 정도로, 난민 비율이 높은 스웨덴(0.87%), 독일(0.72%), 캐나다(0.5%), 영국(0.43%)의 경우와 OECD회원국의 평균 난민 비율을 0.2%로 상정한다면, 난민 문제에서 우리 사회가 얼마나 소극적인지 알 수 있다(UNHCR, 2011; 내일신문, 2011). 난민보호 체계를 갖춰가는 초기단계로 2008년 발의된 '난민 등의 지위와 처우에 관한 법률안'은 국회에 계류 중이다. 난민법이 통과되면 난민 인정 절차와 신청자를 위한 수용시설이 개선되고, 일할 수 있는 권리와 차별받지 않을 권리가 보장되어 변화를 도모할 수 있다(난민인권센터, 2011).

    그러나 다문화사회로 급속하게 전환되는 우리나라의 상황에서 국제난민 문제는 더 이상 남의 나라 이야기가 아니다. 2010년부터 2011년에 걸쳐 튀니지에서 일어난 재스민혁명(Jasmine Revolution)을 필두로 민주화를 향한 시민혁명은 튀니지에 머무르지 않고 이집트, 리비아, 시리아 등 주변 국가에도 확대되었다. 그 과정에서 치안부재, 정국 불안정, 정치적 박해, 경제 불황에 시달리며 본국을 떠나는 사람들이 끊임없이 국경을 넘고 있다. 전술했듯이 아시아-태평양 지역을 향해 이동 중인 난민이 세계 난민의 약 30% 정도를 차지한다는 점에서 (UNHCR, 2011) 우리나라를 비롯한 동북아시아의 역할 분담 문제가 제기된다.

    이와 같은 흐름을 평생교육 영역에서 착목할 필요가 있다. 큰 틀에서 보자면 평생교육학 연구에서 난민 문제를 주목하는 이유는 국제 이주의 확대로 인해 이주민 배경을 가진 성인학습자의 점증과 그들의 전환적 학습 경험, 사회구성체로서의 다문화 담론, 그리고 사회 통합이라는 복합적 맥락과 닿아 있다(Horst 2010; Anderson and Osman, 2008, 김진희, 2010). 분명히 국제난민 이슈는 사회체제적 관점에서 보자면 이질적인 배경을 가진 난민의 유입으로 새로운 구성체가 형성되는 과정이며, 평생학습적 관점에서는 인종, 민족, 정치, 종교, 문화적 경계를 넘어 이동하는 사람들이 기존의 생애 경험과 학습생태계를 전환하는 변혁적 과정을 동반하는 것이라 할 수 있다. 더욱이 전 세계에 1억 명 이상의 난민이 흩어져 있는데 이들은 생명과 자유에 대한 위협으로부터 타국으로 피난하는 주변부 소수자(minority)라는 점을 주목할 필요가 있다. 다문화사회로 진입하고 있는 시섬에서 다양한 인종적, 문화적, 계층적 소수자를 포용하고 이주민과의 시민적 통합(civic integration)을 모색하는 전 사회적 과제 앞에 평생교육학 연구의 지평과 실천적 인프라가 전향적으로 재구성될 필요가 있다. 이러한 문제의식에 근거하여 본 연구는 성인학습자로서의 난민의 학습활동을 이해하고, 시민사회가 소외와 차별의 정치학을 극복하는 기제로서 평생교육의 역할을 탐색하고자 한다.

특별히 이 연구는 국제난민 사례를 하나의 프리즘으로 설정하고 평생교육학 연구의 새로운 함의를 찾기 위하여, 비교적 오랜 시간에 걸쳐 대규모의 난민을 수용해 오고 다문화적 사회구성체의 외연을 확장해 온 호주에서 현장 연구를 실시하였다. 호주는 전 세계적으로 미국, 스웨덴, 독일, 영국 등에 이어 주요 난민 정착 국가 중 하나이며, 특히 아시아-태평양 지역에서 난민 수용의 거점 국가로 인식된다. 2008년과 2009년에 걸쳐서만 아프가니스탄, 이라크, 미얀마에서 유입된 13,500명의 난민 정착자를 수용하였다(Refugee Council of Australia, 2011). 비록 난민 수용에 관한 정치적인 논쟁이 가속화되고 있지만, 2009년과 2010년 접수된 3,966건의 난민신청 중 2,914건에 대한 심사가 끝났고, 승인율은 72.9%를 기록한 것은 국제난민 이슈에서 적극적인 호주의 모습을 발견할 수 있다(UNHCR, 2011).

본 연구는 호주에 정착하여 인종적, 민족적, 언어적으로 이질적 배경을 가지고, 분절적 생애 경험을 가진 초국경 학습자로서 국제난민의 학습 활동에 대해 조명한다. 성인학습자로서 난민들이 새로 유입된 다문화사회 체제에서 어떠한 학습 경험을 가지고 있는지를 이해하는 것은 향후 다문화맥락의 평생교육학 연구에 함의를 줄 수 있을 것이다. 이러한 연구 목적을 이루기 위해서 본 연구는 두 가지 측면에서 연구 문제를 설정하였다.

첫째, 호주에 정착한 난민들의 학습 맥락 및 과정은 무엇인가? 즉 사선을 넘어 난민 지위를 얻고 정착하기까지 어떤 상황에서 학습을 하고 어떤 과정을 통해 학습하게 되는가?

둘째, 이질적인 다문화사회에 유입된 난민 성인학습자들은 학습 활동을 통해 어떻게 변화하고 자신의 경험 구조를 반추하고 재구성하는가? 즉 학습의 내용은 무엇인가?

광의의 관점에서 본 연구는 평생교육학에서 이질적인 경계 넘기가 부단히 이루어지는 학습 활동의 다양한 메커니즘을 어떻게 연구할 것인가를 고민하는 것이며, 협의의 관점에서는 불연속적이고 전환적 경험을 가진 소외된 성인학습자가 다문화적 학습 맥락에서 어떠한 학습여정을 전개하는지를 이해하는 시도이다.

Ⅱ. 초국경 이주와 평생학습 논의

난민의 지위에 관한 협약(Convention Relating to the Status of Refugees)에 따르면, 난민이란 인종, 종교, 국적, 정치적 견해, 특정 사회단체 참여 등의 이유로 인한 박해의 공포를 피해 조국을 떠난 후, 귀환하지 못하거나 귀환하려 하지 않는 사람으로 정의된다. 난민과 유사 개념이라 할 수 있는 망명신청자 혹은 비호신청자(asylum seeker) 역시 사회적 생존권과 안녕을 보장받기 위해 제3국으로 이주하여, 국제난민법상 요건이 충족하는지 아닌지 심사를 기다리는 불안정한 위치에 놓인 소수자다. 이들의 공통점은 정주가 아닌 '이주'라는 초국적 경험(transnational experience)을 가진다는 것이며, 정치적, 인종적, 민족적, 계층적 배경으로 인해 중심부(core)에서 배제되고 주변화된 약자(minority in periphery)

라는 점이다. 이러한 관점에서, 평생학습연구에서 난민의 학습활동은 국제 이주 (global migration)로 인해 분절적 생애경험을 가진 소외된 성인학습자를 이해하는 프레임이며, 한 사람의 학습과정에서 기존의 경험 세계의 분절과 사회적 소외(alienation)라는 구속이 어떻게 작용하는지를 보여주는 지점이라 할 수 있다. 국경을 넘어 이동한 난민이 고국에서 탈출하는 과정, 난민 캠프나 제3국에서 난민 지위를 인정받기까지의 과정, 그리고 최종적으로 난민 자격으로 영주권을 부여받은 후의 사회 정착과정까지 일련의 과정은 육체적·정신적 시련과 불연속적 경험을 끊임없이 수반한다. 다른 어떤 이주민의 사회적 경험 보다 더욱 큰 굴곡을 가지고 있음을 전제할 수 있다. 국경을 넘는 전환전 생애 경험이 인간의 학습에는 어떠한 영향을 미치는지를 연구하는 것은 평생교육학 영역에서 중요한 위치를 차지하고 있다. 국제 이주가 가속화되면서 선진국과 개발도상국의 경계를 넘어 점점 더 많은 국가들이 정치경제적 변동 및 문화다양성의 확대로 긴밀한 영향을 주고받고 있기 때문이며, 이주의 영향으로 인해서 사람들은 자신만의 전기(biography)를 새롭게 재구성하는 과정에 놓여 있기 때문이다(Jordan and Duvell, 2003).

지금까지 평생학습 연구에서 국제 이주와 학습의 관계를 논의하는 담론은 크게 세 가지 측면에서 다루어져 왔다. 첫째, 초국경 이주 경험과 새로운 학습환경 재구조화 문제, 둘째, 학습 현상에서 분절로 인한 학습경로의 연속/불연속성, 셋째, 문화다양성과 소외 담론이다. 첫째부터 구체적으로 살펴보면, 짐머만과 아멜리에(Zimmermann and Amelie, 2007)는 난민들이 감행할 수밖에 없는 초국경적 경험은 자유주의적 세계시민주의(liberal cosmopolitanism)와 같은 연성적인 이주가 아니라, 새롭고 이질적이고 갈등적인 환경에 노출되면서 기존의 지식, 태도, 사상, 관례를 깨부수고 전환해야 하는 불연속적 학습 상황을 직면하는 것이라고 지적했다. 예컨대 이슬람교의 전통적 규율을 가진 아프가니스탄 출신 난민이 종교적, 언어적, 문화적 배경을 달리하는 호주나 한국에 정착하게 될 때, 문자를 읽고, 대화를 하고, 시장을 보고, 은행을 가서 계산을 하는 일련의 일상 자체가 새로운 환경이자 도전 그 자체이다. 본국의 정치사회적 억압에서 탈출해서 해방

을 도모한 난민은 새롭게 정착한 제3국에서 다시금 이질적인 생활세계에 노출
되어 자신의 학습 환경을 비판적으로 인식하는 변화에 직면하게 된다. 즉 불연
속적 경험을 가진 난민은 새로운 사회에 노출되면서 고국에서 살던 경험 틀과
똑같은 행동, 태도, 가치를 가지고 살아갈 수 없다, 즉 '물 설고 낯선 곳에서' 자
신의 생애 전기는 새롭게 재구성되는 것이다.

  둘째, 기존의 삶의 경험과 중장기적으로 절연된 생애 경험을 형성하게 되는
난민의 학습 활동을 이론적으로 이해하는 데 학습 분절(learning in disjuncture)
논의를 살펴볼 수 있다. 학습에서 분절 혹은 균열 현상은 난민들의 생애 경험을
이해하는 기본적인 프레임이다. 피터 자비스(Jarvis, 2007: 138)는 학습은 전 생애
동안 계속되지만 불안정성, 불확실, 시시각각의 변화 통해 이루어진다고 말했다.
새로운 상황과 변화를 맞게 될 때 인간은 균열과 부정합을 경험하고, 세계와 자
아의 상호 작용 과정에서 학습 여정은 늘 당연시 여겨왔던 가치, 행위 양식, 규
범을 재구성하고 새롭게 디자인한다. 피에르 부르디외(Pierre Bourdieu)의 아비
투스(habitus) 개념을 차용하자면, 난민의 초국경 이주 행위는 그동안 그가 전제
한 일정 방식의 행동과 인지, 감지와 판단의 구조화되고 육화된 성향체계를 해
체하고, 제3국에 정착하면서 자신의 사회적 위치, 교육 환경, 계급 위상, 문화
정체성을 재구성하면서 후천적 아비투스(realignment of habitus)를 형성하게 된
다. 인간의 학습 과정에서 분절(disjuncture)은 종종 발생하게 되며, 어떤 종류의
사건과 에피소드인가에 따라 그에 대응하는 학습활동의 양질의 경험 틀이 달라
지는 것이다. 그런데 본 연구에서 주목하는 바는 난민의 초국적 이주 경험은 한
개인과 관련 집단에게는 가장 전폭적인 문화적 변화와 정체성의 요동을 불러일
으킬 수 있다는 점이다. 자신의 현재적 위치와 미래의 방향에 대한 끊임없는 의
구심과 세계와 자아의 어긋남(sense of dislocation)을 감지하는 가운데 분절이 학
습 행위를 자극하는 중심 매개체가 된다. 이런 측면에서 보자면, 분절은 학습이
일어나는 필수적인 조건이다. 왜냐하면 성인학습자는 분절과 부정합이라는 자극
을 통해 다시금 자신에 대한 비판적 이해를 실천할 수 있고, 학습 세계의 균형
과 조화를 창조하는 동력을 재생산할 수 있기 때문이다(Jarvis, 2007: 128).

경미한 분절(Tenuous disjuncture)	깊은 분절(Thick disjuncture)	온전한 분리(Full disjuncture)
낯선 환경에 대한 초기적 단계의 균열 상태, 최소한의 적응과 상호작용을 필요로 함	자아와 외부세계간의 총체적인 단절 현상으로 대응적 학습을 필요로 함	이질적 환경에서의 격리와 소외(Estrangement)로 격심한 타자화, 어긋남, 사회적 배제 상태로 학습 탄력과 긴장이 증대함

<표 1> 분절의 층위와 학습 경로

출처: Jarvis(2007) 논의에서 재구성

　　이주민의 문화 적응이론을 밝힌 킴(Kim, 2005)의 연구에서는 새로운 사회로의 진입이 이주민에게 스트레스를 유발하고 이 스트레스는 적응과 성장의 변증법적 과정을 거친다고 설명했다. 초국경적 이주 경험은 국제난민에게 스트레스를 불가피하게 가져오고, 이들은 불연속의 상황(state of disequilibrium)을 직면하면서 자기 삶의 균형을 다시 찾기 위해 분투하게 된다. 이러한 관점에서 학습은 분절을 극복하는 존재론적 활동에 다름 아니며, 분절은 학습을 가능케 하는 새로운 필수체(new prerequisite occasion to learn)로 위치된다. 그러나 여기서 상기할 지점은 개별 난민마다, 주어진 정치사회적 상황과 구조에 따라 어떻게 분절을 극복하고 새로운 학습 여정을 재구조화하는가는 상이하게 전개된다는 점이다. 따라서 초국적 이주를 한 성인학습자의 학습 행위를 사회적 맥락에서 이해하기 위해서는 개별 사례마다 분절의 수준과 학습의 역학 관계를 다각적으로 규명하는 것이 중요하다.

　　난민의 생애사와 사회적응에 관한 연구들(Horst, 2010; Wise, 2010; Christie and Sidhu, 2006; Pamela, 2005)은 난민들이 제3국으로 정착하는 과정에서 중대한 분절(major disjuncture)과 이방인화(strangerhood)를 겪게 된다고 밝혔다. 이들이 겪는 사회적 소외가 어떻게 학습 경험으로 재구성되는가는 사례에 따라 상이하게 나타날 수 있다. 그러나 평생학습연구에서 각인할 지점은 학습은 개인의 사회적 필요로 채워주는 변화이며, 존재론적인 본질이라는 점이다. 국제이주로 인해 촉발된 깊은 분절을 직면한 난민에게 학습 활동은 필수적인 조건이자 본능적 과정이라 할 수 있다. 학습활동을 통해 기존의 준거체계를 반추하고, 개인과 사회의 관계를 재배치하는 단초를 찾게 된다. 이에 뉴먼(Newman, 1994)은 정치·사회·문화적으로 소외되고 불능화된 개인일수록 그들의 학습활동이 사적 영역에 구속될 것이 아니라, 사회적 관계를 통해 공적으로 개입됨으로써 모종의 사회질서의 변화를 도모해야 한다고 주장했다.

셋째, 이 연구에서 다루는 국제난민의 학습 활동을 이해하기 위해서는 난민 문제를 둘러싼 문화다양성과 소외 그리고 주변화(marginalisation)라는 사회구조적 측면을 조명하는 것이 유의미하다. 난민을 수용하는 국가 입장에서 이질적인 인종, 계층, 문화적 특질을 가진 소수자의 유입은 단순히 조화와 관용의 다문화주의적 가치를 강조하는 사태에 머무르지 않는다. 오히려 이들은 문화다양성을 가진 가시적인 집단이자 소수 계층으로서, 난민의 수용은 정착 국가의 지역공동체의 특질을 변화시킬 수 있고, 난민의 필요에 맞는 공적 서비스체제를 재정비해야 하는 포괄적인 실천을 수반한다(Jordan and Duvell, 2003). 예를 들어 호주의 시드니의 경우, 아프리카 및 중동계 난민들의 최초 정착 커뮤니티로 각광받게 된 'Bankstown'의 경우, 난민 출신 노동자들의 요구로 인해 시드니의 대부분의 타운과 달리 토요일에도 은행이 문을 열거나, 이들을 위한 상권이 형성되고, 난민들을 위한 지역사회 프로그램이 제공되는 등 기존에 타운이 가진 풍토와 공적서비스가 재구성되기 시작했다. 이러한 변화는 문화다양성이 개인과 공동체의 필요에 맞추어 실천되는 사례를 보여준다.

그러나 사회구조적 측면에서 이것은 소외와 주변화라는 양날의 칼을 가져올 수도 있다. 다문화주의 논쟁이 내포한 '소수 문화 정체성의 정치'와 '동화주의적 사회 통합'의 복잡다단한 역학 관계가 재현될 수 있다는 점이다. 즉 국제난민을 둘러싼 문화다양성 이슈는 결코 탈정치적인 지형이 아니다. 국경을 넘어 재배치된 삶에서 난민들이 직면하는 사회적 현실과 그들이 자발적 혹은 비자발적으로 구성하는 현실은 개별적인 문제가 아니라 사회적이고 정치적인 영역이라 할 수 있다. 마치 남한 사회에 정착한 북한 이탈 주민, 즉 새터민들이 한국 사회에서 집단적 소외를 경험하고 주변화되는 문제와 유사한 지점이다. 이들은 끊임없이 '우리'와 다른 '이방인'으로 타자화되고 중심부에서 벗어나 게토를 형성하기 쉽다. 마찬가지로 국제난민들이 가진 문화적 다양성은 이들이 국경을 넘고 새로

운 사회에서 정착한 후에 또다시 새로운 문화적 경계 넘기(border crossing)를 시
도해야 하는 과제를 보여준다.

울리히 벡(Ulrich Beck)은 위험사회 논의에서 사회적 약자는 위험의 분배와
증가에 더 많이 노출되는 현상을 지적했다. 난민들은 고국에서 겪은 고도의 박해
와 위협을 피해 새로운 땅으로 탈출했지만, 정착한 국가에서도 인종적, 계층적,
문화적 약자로서 중심부에서 끊임없이 소외되고 주변화되는 위험에 노출되기 쉽
다(Pamela, 2005). 래쉬(Lash, 2000)는 전통적으로 난민과 이주 노동자를 수용해온
서구 선진국의 방어적 국가 정책과 다문화주의 정책의 폐기가 이질적인 객체로
서 난민과 이주노동자를 바라보는 위험 문화(risk culture)를 반영하고 있다고 비
판하였다. 수용 국가의 국민들도 난민들을 모종의 위험한 집단(risk entities)으로
인식하는 것도 국제난민 이슈가 가진 소외의 정치학을 보여주고 있다.

바로 여기서 성인교육학의 전통을 계승한 평생학습연구는 난민의 교육과
학습 담론을 분석하는 비판적 언어와 가능성의 언어(languge of critique and
possibility)를 동시에 발전시킬 필요가 있다. 난민이 가진 문화다양성이 게토화될
것이 아니라, 민주적 공동체에서 차이와 정체성이 상호 교차되는 경계넘기가 기
획되어야 할 것이다. 난민들은 그러한 과정에서 자신이 떠나온 고국의 정치 사
회적 상황과 이데올로기를 비판적으로 분석하는 반체제학습(counter learning
under oppression)을 수행하거나(Foley, 1999), 해방적 학습 패러다임(liberatory
learning paradigms)을 통해 자신들이 직면하는 '열등한 난민 출신자'로 위치되
는 소외와 주변부화를 극복하는 비판적 학습 과정에 참여할 수 있다(Kucukaydin,
2010; Pamela, 2005). 성인교육학이 인종, 민족, 계층, 성의 문제로 인한 불평등의
문제에 소홀했다고 지적한 클로슨(Closson, 2010)은 소외와 갈등의 정치학을 논
하지 않는 다문화주의 패러다임은 기존 사회 체제에 근본적 변화를 주지 않는
자유주의적 이데올로기라고 비판했다. 이처럼 평생학습연구에서 국제난민 이슈
는 인종적, 문화적, 민족적 다양성과 소외 문제를 내포하고 있어, 난민 배경을
가진 성인학습자가 어떻게 학습경험을 재구성하고 시민권 목소리를 확보하는지
그 가능성과 도전을 보여주는 하나의 프레임이 될 수 있다.

Ⅲ. 연구방법

　　본 연구에서는 정치사회적 박해를 피해 국경을 넘어서 호주로 이주하게 된 난민의 학습을 이해하기 위해서 면담 조사에 기반을 둔 질적 연구방법을 취하였다. 기존에 소수로 진행된 선행 연구들은 주로 난민 관련 정책 분석과 담론 비평에 초점을 두었다면 본 연구에서는 분절적 생애 경험을 가진 성인학습자인 난민의 생생한 목소리를 드러내고 생활 세계에서 그들의 학습이 어떠한 과정과 맥락에서 전개되는지 해석하기 위한 것이다.

　　2011년 4월부터 8월까지 약 5개월간, 총 5명의 난민 출신 배경을 가진 사람들이 연구에 참가하였다. 면담 참여자는 28~42세로 젊은 장년층 성인학습자들이며, 이들이 가진 종교적, 언어적, 인종적 다양성은 다문화사회 호주에서도 이질적인 성격을 띠고 있다. 대부분 본국에서 종교적, 인종적 박해를 피해 호주에 정착한 경우이며, 면담자들은 난민 지위 심사 과정을 거쳐 인도주의 비자(humanitarian visa)로 받고 정착한지 2년이 되지 않은 사람과 호주에서 영주권(permanent residentship)을 받거나 시민권(citizenship)을 획득한 사람으로 구성되었다. 모두 5년 미만의 비교적 신규 정착 난민 거주민들로서, 직업도 다양했지만 주로 미숙련 비정규직에 종사하고 있다. 새로운 사회에 정착하면서 사회문화적 환경 변화로 인한 과도기를 보내면서 적응 과정 중에 놓인 난민들의 목소리를 듣기 위해서 최근 정착자 위주로 면담자를 선정하였고 이들은 자신의 경험과 생각을 비교적 적극적으로 드러내고 공유하고자 하였다.

　　연구자는 2011년 "호주 난민 출신 성인학습자의 정보 문해 교육 프로젝트"에 참여하면서 3개월간 시드니(Sydney), 브리즈번(Brisbane), 멜버른(Melbourne), 퍼스(Perth) 등 호주의 주요 도시에 정착한 난민들을 직접 만나고, 교육 장면(education provision)에서 일어나는 그들의 학습 행위를 참여관찰하면서 점차 라포(rapport)를 형성할 수 있었다. 면담 참여자들은 시민단체에서 무료로 제공하는 영어교육 및 컴퓨터교육 프로그램을 4주 이상 수강하면서 호주에서 자립하기 위해 진로 계발과정에 놓여 있었다. 본 연구의 주요 자료는 초점집단면접

이름	성별/나이	출신국가	난민캠프/체류기간	호주 입국/비자 형태	모국어	인종·민족	종교	직업	거주지
도티	남성 42세	아프가니스탄	이집트 6년	2008년 시민권	다리어	아랍계	이슬람	택시 운전	브리즈번
아자르	남성 28세	이라크	시리아, 요르단 5년	2007년 영주권	아랍어	아랍계	만다이교*	IT 엔지니어	시드니
산드라	여성 38세	콩고	케냐 7년	2009 인도주의 비자	불어	루바족	이슬람	청소	퍼스
로쿠이	남성 27세 추정**	수단	우간다, 차드 12년	2006년 시민권	아랍어	흑인계 베자족	기독교	대학생	멜버른
파루	여성 35세	미얀마	태국 6년	2009 영주권	버마어	샨족	불교	주방 보조	시드니

<표 2> 면담 참여자

* 유엔난민기구(UNHCR)는 이라크의 과격 세력 박해로 만다이교도의 80% 이상이 시리아와 요르단 에서 망명생활을 하고 있으며 세계적으로 7만 명에 못 미치는 숫자로 줄어들고 있다고 밝혔다.
** 내전 당시 태어나자마자 고아원에 맡겨진 경우로, 정확한 나이나 생일을 모른다. 오랜 국외 난민 촌 생활 이후 난민 비자 신청을 위해 유엔난민기구(UNHCR) 도움으로 생일을 만들었다.

(Focus Group Interview)과 개인별 심층면담을 통해 도출되었다. 난민들의 심적 부담을 최소화하고 연구 참여의 접근성을 강화하기 위해서 그들이 선호하는 시민단체나 커피숍 그리고 자녀가 있는 여성 면담자의 경우는 그들의 집에서 면담을 진행하였다. 연구자는 난민들의 학습현상을 이해하기 위해서 관련 연구 자료와 문헌 자료들을 수집하고, 난민 정착 및 인권 옹호 시민단체의 직원들과의 대화를 통해 난민 출신 거주민들이 지역사회에서 상호작용하고 그들의 모습이 공적으로 재현되는 현상에 대해 폭넓은 이해를 도모할 수 있었다. 이를 통해 연구자는 면담 자료뿐만 아니라 연구 자료의 원천을 다양화하여 본 연구의 타당도(trustworthiness)를 제고하였다. 면담은 개별 면담과 집단 면담을 포함해서 3회에서 5회에 걸쳐 실시하였고, 최소 1시간에서 1시간 30분까지 소요되었다. 연구자가 미리 준비한 키워드 중심의 개방형 질문지를 통해 반구조화된 면담을 진행하였다. 심층 면담은 연구자가 도출한 초기 자료의 분석 결과를 추가적으로 검증하고, 그들의 목소리에 담긴 뉘앙스(nuance)와 맥락을 구체적으로 포착하기 위하여 개별적으로 진행되었다. 또한 참여자가 가진 사진이나 기록, 일기장, 국

제전화카드 등을 통해 그들이 가진 경험의 궤적을 추적하고 현장 연구 노트를 지속적으로 보완하였다.

자료의 분석과 해석을 위해 난민의 학습 현상을 그들의 담화(narrative)에서 포착하는 개방형 코딩(open coding)을 활용하였고, 이것을 다시 주제별 분류체제를 통해 이론화하는 코딩(theocratic coding)을 실시함으로써 발견적 순환 과정(heuristic process)을 거쳤다. 이 과정을 통해 연구자는 1차적 자료 분석 결과를 면담자들과 다시 공유하고, 그들의 목소리와 학습 현상이 왜곡되지 않고 맥락에 맞게 재현되었는지를 다각적으로 검증하였다. 그리하여 난민의 학습 행위를 분석하고 그들의 경험 구조가 재구성되는 현상을 정교하게 해석할 수 있었다.

IV. 분석결과

1. 학습 맥락 및 과정: 분절을 통한 학습 역동

대개 국제난민들은 자신을 받아 줄 제3국에 정착하기까지 복잡다단한 굴곡을 경험하게 된다. 본국에서의 박해를 피해 목숨을 담보로 국경을 넘어야 하고, 안정적인 탈출 경로를 확보하거나 여권을 만들려면 돈을 마련해야 하며, 천신만고 끝에 인접 국가의 난민촌에 도착하고 나서부터는 긴 난민 지위 심사 재판을 준비하면서 생계를 꾸려나가며 오랜 기간 심사 결과를 기다려야 한다. 호주난민위원회의 조사에 따르면 2008년/2009년 입국 난민의 3분의 2 이상이 난민 캠프에서 4년 이상을 보낸 후에 호주로 입국했다고 한다(Refugee Council of Australia, 2010). 더욱이 본국에서의 삶도 험난했지만 난민 캠프에서의 일상생활도 비참하고 열악하기는 마찬가지다. 그곳에서도 궁핍과 폭력이 만연하며 의료, 위생, 교육 문제는 사치로 여겨질 정도이다(UNHCR, 2010). 긴 난민 생활은 인간에게는 불안함과 불확실성의 연속이라 할 수 있다. 그 경험은 호주 정착 후에도 모종의 희망의 끈을 놓지 않으려는 난민 출신 성인학습자의 학습 동기를 형성하는 자원이 된다.

동굴 속에서 계속 빛이 한 줄 들어오기를 바라는 심정 알아요? 머리를 쳐들고 계속 돌려 다봐요. 그러다 낙담하고 또 희망을 가져보고... 몇 년 동안 반복할 수밖에 없어요. 계속 산산조각 난 것들을 모으고 다시 한 조각씩 모아서 깨진 걸 맞추면 불안하지만 뭔가 미래를 위해 지금 가만히 놀면 안 되겠다 싶은 생각이 들어요. 그래서 어느 나라로 가게 될지 몰라도 난민촌에서 일단 영어 알파벳을 공부했어요. 유엔난민기구(UNHCR)에서 옛날에 영어 동화책을 주고 간 적이 있어서... 근데 그런 과정이 호주 와서도 끝난 게 아니더라고요. 누가 떠먹여 주는 게 아니니까 혼자 침착하게 판단하고 해결해 가야 해요. 더 이상 주저앉고 싶지 않아요(아자르).

크로스(Cross, 1981)는 성인의 학습 장애와 학습 동기 발현을 상황적, 제도적, 성향적 관점에서 분류해서 설명했다. 아자르의 언설은 난민캠프에서의 열악한 상황적, 제도적 한계에도 불구하고, 조각난 삶 속에서도 희망을 품고 독자적으로 영어 공부를 한 것은 성인학습자로서의 자기 인식(self perception)을 가진 학습 기질을 보여준다. 이는 분절 속에서 상황을 극복하기 위하여 스스로의 학습 동력을 끌어 올리는 모습을 보여준다. 호주에 입국한 난민들의 35%는 본인 및 가족이 직간접적으로 반정권 활동과 평화주의 운동으로 하다가 최소한 6개월부터 최대 10년까지 본국에서 투옥된 경험이 있는 것으로 나타났다(Victorian Foundation for the Survivors of Torture, 2005). 그 과정에서 일어난 고문과 학대의 경험은 정신적 외상(trauma)으로 남아, 호주 정착 후에도 그들의 학습 활동에 영향을 주고 있는 것을 볼 수 있다.

난민촌에 가면 적어도 폭탄과 총알을 피하고, 두 다리 뻗고 잘 수 있을 것 같아서 탈출을 결심했어요. 떠나기 전날 밤을 아직도 잊을 수 없어요. 남편은 감옥에 갇혀 있고 늙으신 아버지와 애들 키우고 살고 있었는데, 새벽 4시가 넘었나? 총탄 소리가 두두두... 내 눈 앞에서 우리 아버지가 죽었어요. 우리 막내아들 4살짜리를 구한다고 몸을 던졌는데(떨리는 목소리), 바로 그게 전쟁이고 지옥이에요. 그 뒷날 새벽에 무조건 짐을 싸들고 마을 사람들에게 알리지도 않고 나왔어요. 아무도 우리를 눈치채지 못하도록, 준비한 돈을 전부 다 브로커에게 주고 일단 애들하고 나는 살아야 했어요. 무조건 기도했어요. 나는 강하다. 살아야 한다. 그건 호주에 도착해서도 몇 년간 계속 기도하는 제목이에요(산드라).

콩고 내전으로 삶터와 재산을 강탈당하고 고향을 등져야 했던 산드라는 케냐의 난민 캠프에서 7년을 보내고 천신만고 끝에 2009년 호주로 입국했다. 탈출의 경로가 불확실하고 위험하기 때문에 이주민(migrants)과 달리 난민들은 모든 것을 급박하게, 절대적인 비밀로 감행하며 국경을 넘게 되는 경우가 대부분이다(Haileluel, 2008; Victorian Foundation for the Survivors of Torture, 2005). 산드라의 경우 난민 생활은 불가피한 생의 유일한 선택이었고 그녀가 건너온 케냐와 호주의 국경은 정신적 상처와 고난을 수반하였다.

호주 정부는 난민 지위 심사 과정에서 면담을 통해서 그들이 겪는 정서적 장애를 14가지로 분류하였다(Australian Government, 2007). 불안, 패닉 상태, 환각 재현(flashbacks), 우울, 슬픔, 과다흥분(irritability), 공격성, 불면증, 식이 장애, 불신, 수치 및 죄의식, 미래 설계능력 부족, 상시적 고민, 정신분열(dissociation)이 그것이다. 이것은 심리적 측면에서 불연속적인 전환적 생애 경험을 가진 학습자의 깊은 분절 현상을 보여준다. 자신이 전제하던 익숙한 환경과 문화로부터의 격리는 기존의 자아와 세계의 관계망을 해체하고 재구성하도록 만든다(Jarvis, 2010). 경험의 구조와 인식의 재구성은 곧 학습의 과정이라 할 수 있다. 자아와 세계의 분절 현상은 대항 학습(counter learning)을 불러일으킬 수 있다.

더 이상 이집트 난민촌 생활은 말 안 하고 싶어요. 힘들어서… 브리즈번에 도착하니까 모든 게 새롭고 낯설었어요. 내가 먹던 음식, 좋아하던 것들, 익숙한 가족, 그 어디에도 없죠. 영어도 모르니까 까막눈이 된 것 같고. 매일 꿈에 그리다가 상상만 하던 나라인데, 내가 여기서 이제 어떻게 살까? 그런 걱정이 들었어요. 그래도 더 정신 바짝 차렸죠. 어떻게 얻은 삶의 기회인데… 브리즈번에서 거리를 나가면 나 같은 흑인이나 아프리카 사람은 별로

못 만나니 아직 추측이 들지만, 호주는 생명의 위협은 없잖아요. 처음 정착하고 나서부터 영
어도 배우고, 직업도 찾고 내 처지에 대해 다시 생각해 보기로 했어요. 왜 나는 그 수많은
나라 가운데 아프가니스탄 사람이 됐고, 왜 우리나라는 그렇게 비참한지… 내가 힘을 키
워야 우리 가족들도 빨리 데려올 수 있으니까요. 그래서 힘이 되는 시민단체를 찾고 있는 중이
에요(도티).

오랜 내전과 2001년 미국과 영국의 대(對) 테러-아프가니스탄 전쟁으로 인
해 아프가니스탄은 전 세계 난민 발생 제1위 국가로 손꼽히고 있다. 무고한 시민
들은 주택 파괴와 공격에 대한 두려움으로 고향을 떠나고 있고 2009년과 2010년
두 해 동안 25만 명의 아프가니스탄 사람들이 국경을 넘고 있다(UNHCR, 2010).
도티의 이야기에서 새로 이주한 사회에서 인종적, 언어적, 문화적 배경의 이질
성으로 격리감과 소외를 인식하는 학습자의 온전한 분리(Full disjuncture)를 읽을
수 있다. 그런데 여기서 주목할 것은 분절적 경험을 가진 학습자에게 나타나는
모종의 학습의 탄성(resilience in learning)이다. 난민에게 국제 이주는 다양한 층
위의 분절을 가져오고 그 분절이 다시 학습의 동력으로 이어지는 이론적 지점을
시사하는 대목이다. 본 연구에 참여한 난민들은 불연속적 생애 경험으로 인해
정신적·육체적 고통을 겪었고, 그 이후에 호주 사회에서 문화적·환경적 변환을
직면하게 된다. 평생학습사회에서 호흡과 같은 본능적 행위로서의 학습활동
(Jarvis, 2007; Church and Bascia and Shragge, 2008)이 다양한 분절을 극복하고
탄성력을 발휘하는 현상이라 할 수 있다. 더욱이 도티의 사례는 주류에서 사회
적으로 배제되고 하위체(subaltern)로 인식되는 국제난민이 자신의 정치사회적
입지에 대해 생각하기 시작하고, 주변화를 극복하기 위해 자신의 네트워크가 될
수 있는 시민단체를 찾는 모습은 비판적 학습을 실천하는 활동이다(Kucukaydin,
2010). 이것은 하위체인 미등록 이주노동자들이 학습공동체에 참여하면서 '적극
적 질문하기와 비판적 사고' 과정을 통해 학습행위를 전개하는 것과 유사한 맥
락이라 할 수 있다(Kim, 2010).

분명히 새로운 사회로의 진입은 고급 기술을 가진 고액 연봉의 이주자건, 여

권의 잉크도 마르지 않은 채 사선을 넘어 탈출한 난민이건 간에 상당한 내부적·외부적 스트레스를 유발한다. 스트레스를 문화적 측면에 초점을 두고 설명한 킴(Kim, 2005)의 연구는 스트레스가 적응과 성장의 변증법적 과정을 촉발한다고 보았다. 그러나 사회구조적 제약으로 인해 불능화된 소수자(dis-empowered minority)로서 난민의 스트레스는 정치, 경제, 사회, 심리적 측면에서 보다 총체적이라 할 수 있다. 실제로 호주난민위원회의 조사를 통해 난민들이 호주에 정착하면서 겪는 스트레스와 어려움은 다층적이다(Refugee Council of Australia, 2010).

- ▸ 경제적 빈곤과 높은 실업
- ▸ 열악한 주거 환경
- ▸ 영어 능력 부족
- ▸ 호주 문화를 이해하고 적응하는 어려움
- ▸ 차별과 인종주의(racism)
- ▸ 친밀한 지원 그룹이나 네트워크 부재
- ▸ 교육시스템 이해 부족과 적응 실패
- ▸ 자기 문화와 정체성을 잃어버리는 걱정
- ▸ 커뮤니티 리더와 롤 모델의 부재
- ▸ 가족의 울타리 부재
- ▸ 본국에 남아있는 가족에 대한 걱정과 죄의식
- ▸ 본국이나 난민촌에 사는 친지들에 대한 경제적 지원
- ▸ 고문과 정신적 외상의 후유증

본 연구의 참여자들은 지속적인 불연속 상황을 견디며, 호주를 새로운 삶의 환경으로 전환했다. 그에 수반된 복잡다단한 스트레스에 직면하면서 새로운 균형을 찾기 위한 학습 과정을 부단히 거치게 된다. 그것은 완성되지 않은 현재진행형이라 할 수 있다.

호주에 정착한지 5년이 넘어가지만 아직도 이방인 같아요. 남들이 부러워하는 시민권은 있지만… 여기서 일부러 자원봉사 단체에서 활동 해보고 지역 사람들하고도 어울려 보려 하는데 아무래도 인종주의가 심해요. 말만 다문화국가고, 레인보우처럼 모든 문화를 존중한다고 하지만, 나 같은 흑인은 늘 차별 당해요. 가능하면 난민 출신이라는 건 아예 말 안 하는 게 나아요. 더 무시하니까. 왜 나만 따로 지목해서 전차에서 표 검사를 하고, 버스나 전차에서는 내 옆에는 아무도 안 앉아요. 심지어 일자리를 찾아야 하니 건물 경비원 지원했는데 영어가 아프리카 식이고 이상해서 퇴짜 맞고 흑인라고 거절당하고. 스트레스에요.… (중략)… 좀 짜증나서 방법을 찾아봤어요. 난민센터 찾아가서 저 같은 경험을 가진 분을 찾아서 상담하고, 시민단체 찾아가서 좋은 호주 사람들 만났어요. 이 분들이 개인적인 멘토 역할을 해주니까 이제 좀 자신감이 생긴 것 같아요. 이 외로운 땅에서 내 편도 있구나(로쿠이).

다양한 소수 문화의 공존과 사회적 통합을 지향하는 호주의 체계화된 다문화주의 정책과 달리, 난민 출신 이주민들이 피부로 느끼는 실제의 괴리를 반영하는 대목이다. '가능하면 난민 출신이라는 건 아예 말 안 한다'는 로쿠타의 이야기는 다문화사회인 호주에서 인종(흑인), 언어(아랍어), 계층(난민) 문제가 삼중(三重) 소외로 작용해서 그가 일상적으로 겪게 되는 인종주의와 차별을 암시한다. 다시 말하면 다문화국가 호주에서 다양한 피부색을 가진 다른 이주민처럼, 두드러지지 않게 평범한 이주민이었으면 좋겠다는 그의 희망사항을 담은 말이기도 하다. 또한 그의 진술에서 난민들이 호주에서 한계로 부딪히는 '친밀한 사회적 관계망과 네트워크의 부재'를 읽을 수 있다. 로쿠이의 경우는 자신의 모문화(母文化)가 가진 특수성이 수용되기보다 이질적으로 격리되면서 이를 극복하기 위한 방안으로 난민센터와 시민단체를 찾아가서 멘토링에 참여했다. 멘토를 통한 상담과 소통은 분절(disjuncture)을 경험한 난민 학습자가 자신의 학습활동을 전개하는 하나의 유의미한 과정이라 할 수 있다.

호주는 좋은 나라에요. 나 같은 사람을 받아주고 돈도 주고. 그런데 이제는 스스로 힘을 키워야죠. centrelink에 의존하는 것도 한계가 있고. 철저히 혼자에요. 남편은 군부의 손에 죽었

눈지 살았는지 행방도 몰라요. 버마 국경에 있는 자식들을 데려오려면 몇 년 더 걸릴거에요. (침묵) 어떡하겠어요? 내 스스로 악착같이 더 배우고 더 돈을 벌어야죠. 모든 걸 등지고 새로운 땅에 왔으니까, 두 배 세배 노력해야 돼요. 호주사람들은 태어나면서 많은 걸 가졌지만 난 빈 손에서 시작했잖아요. 그래서 이런 교육도 받고 컴퓨터도 배우고, 무조건 교육 프로그램이나 직업 훈련 있으면 어디든 찾아가서 배우는 게 제가 살아남는 방법이에요(파루).

연구에 참여한 대부분의 난민들은 교육 참여의 중요성을 강조하였다. 특히 미얀마의 '버마국민운동촉진위원회'에서 활동하다가 군부의 박해를 피해 태국에서 망명 생활을 하다가 호주에 정착하게 된 파루는 누구보다 교육의 가치를 역설하였다. 그녀는 호주에 정착한 후 스스로의 능력을 개발하기 위해 난민과 이주민을 위한 다양한 교육 프로그램에 참석함으로써 자신의 학습 경로(learning trajectory)를 이어갔다. 새롭게 정착한 사회에서 난민의 사회적 관계망은 분명 협소하며, 일반 시민들에 비해 이들이 다양한 사회적 상호작용을 통한 무형식 학습(informal learning)을 전개할 수 있는 사회구조적 인프라가 미약한 것이 사실이다. 이 지점에서 보건대, 지역사회에서 난민의 교육서비스(education provision) 접근성을 강화하고 교육적 자원과 내용을 다양하게 구성하는 것이 무엇보다 중요하다는 것을 재인할 수 있다.

지금까지 논의된 호주 사회 난민의 학습 맥락과 과정은 분절적 생애 경험을 가진 학습자가 직면하는 새로운 사회적 요구와 스스로의 삶의 필요가 상호 교차되면서 일어나는 학습활동을 볼 수 있었다. 이것은 점진적으로 난민들이 참여하고 개입하게 되는 학교, 지역 공동체, 산업체 등 호주사회의 다양한 공적·사적 영역에도 영향을 미치게 되고, 사회적 소통 양식에도 변화를 준다고 할 수 있다. 예컨대 본 연구의 이론적 배경에서 살펴본 난민 이슈를 둘러싼 다문화담론의 다층성과 교육서비스를 비롯한 시민사회의 움직임이 이를 뒷받침하고 있다.

2. 학습 영역 및 내용: 소외, 성찰, 전환

인간의 학습은 개인과 조직이 처한 각기 다양한 삶의 맥락과 결합하면서 발생하는 필수적인 행위이다. 앞 절에서는 초국적 이주를 경험한 난민들이 어떠한 맥락에서 학습하는지를 분절의 수준과 학습의 역동을 통해 밝힐 수 있었다. 본 절에는 호주에 정착하면서 난민들의 학습 경로가 어떻게 변화하고, 경험의 재구성을 통해 구성된 학습 내용이 무엇인지를 살펴보고자 한다. 이론적 배경에서 살펴보았듯이, 난민의 학습행위를 사회적 맥락에서 이해하면 이들이 호주에서 겪게 되는 소외와 주변화의 문제를 간과할 수 없다. 본 연구에서는 이를 학습 분절(learning disjuncture)이라는 개념으로 맥락화했다. 외부적인 압력으로 인해 새로운 땅에 불시착(forced landing)하게 된 난민들은 호주라는 이질적인 다문화사회에 정착하면서 소외와 주변화를 불가피하게 직면하게 된다. 여기서 난민들은 기존의 경험 구조를 성찰하고 새로운 가치, 지식, 태도, 행위를 재구조화하게 된다. 단순히 부정적인 현상으로서 소외와 주변화를 '부정'하거나 '극복'하는 것이라기보다, '대면'하고 '반응'하면서 학습활동에 참여한다.

처음에 '꿈에 그리던 낙원에 왔구나'라는 안도감이 제일 컸어요. 그리고 몇 달은 centerlink 자원봉사자가 도와주기도 했지만, 점점 내가 호주에 잘못 온 것 아닌가 (feeling of dislocation)라는 생각이 들어서 불안하고, 힘들었어요. 혼자서 아파트 임대료를 내고, 은행을 가고, 심지어 화장실을 사용하는 것까지 하나부터 열까지 낯설고, 위축되고, 사람들이 나만 이상하게 쳐다보는 것 같은 느낌, 그래서 일단 내가 사는 동네부터 좀 더 편하게 지내고 싶어서 일부러 레바논계 이민자들이 많은 동네로 이사했어요. 그리고 이사하고 나서도 열심히 커뮤니티센터를 찾아가서 도움이 될 만한 정보도 구하고 난민과 이주민을 위한 무료 교육도 수강했어요. 건강, 복지, 컴퓨터 교육 같은 거. 혼자 던져졌는데, 내가 스스로 상황을 긍정적으로 만들어야 하고 노력해야 한다는 걸 절감했어요. 독립성을 키워야 제대로 살 수 있어요.(도티)

난민 심사를 받고 드디어 호주에 입국하게 된 많은 난민들은 자아의 이상과 정착한 사회의 실제가 어긋나는 괴리감을 느낀다(Russel, 2005). 도티의 목소리는 문화적·인종적 다양성을 포용하는 호주에서도 난민들이 거부, 소외, 차별, 부적응의 반응을 겪게 되는 것을 보여준다. 유사한 흐름에서 새터민의 외상 경험을 연구한 김현경(2007)의 논문에서도 탈북이주민들이 '하나원' 교육의 보호된 세계를 나오면서 직면한 충격과 희망의 엇갈림을 경험한다고 설명했다. 새로 정착한 사회에서 직면하게 되는 소외와 타자화된 현실은 난민들이 꿈꾸던 이상과 상당한 괴리를 만든다. 호주에 정착한 아프리카, 아랍, 아시아 출신의 난민들도 호주 정부가 지원하는 'Centerlink'의 보호 체계에서 벗어나면서부터 불안감을 갖게 되는 것으로 나타났다(Refugee Council of Australia, 2011). 그러나 본 연구의 난민들은 이러한 불안감이 긴장을 불러일으키고 그것의 반응으로 학습활동을 이어갔다. 인간은 이미 구축된 학습경로(learning trajectory)에서 낯선 것을 대할 때 기존의 참조 체계(frame of reference)의 동질성과 균형이 무너지는 것을 인식하고, 성찰을 통해 새로운 경험 양식을 전환하게 된다(Field, 2006). 도티는 자신의 필요에 맞는 거주지를 찾아서 주변 환경을 바꾸고, 커뮤니티 센터에서 제공하는 정보를 구하고 단기 교육 프로그램에 참석하는 등 기존의 지식과 행동의 반경을 넓혀가는 주도적인 행위를 한다.

난민들은 정착 후에 기본적인 주거, 소비, 취업, 공공 서비스 이용 등 하나부터 열까지 호주사회의 시스템에 적응하고 기본적인 생활방식을 다시 습득하고, 필요에 따라 문화적 변용을 하게 된다. 정착 과정은 심리적으로는 고립, 문화 충격, 불안, 고향에 대한 향수에 시달리게 되고 사회행위적 측면에서는 새로운 사회에서 자신의 생애 구성 능력을 시험하는 과정이라 할 수 있다. 대부분의 난민들은 본국과 난민 캠프에서 고문과 학대로 인한 정신적 외상증후군뿐만 아니라 극심한 빈곤을 경험하고, 충분한 교육서비스에 접근할 수 없었다. 이전의 생애 경험은 이들이 호주에서 집을 렌트하고 세금을 내고 은행과 부동산을 이용하고 모든 것을 영어로 말하는 사회와 이질적일 수밖에 없다. 이러한 이유로 호주의 국제난민들은 적어도 5년간은 정착의 과도기를 거치게 된다(Australian Government, 2007). 이들이 가진 중층적 제약들로 인해 뿌리를 단단히 내리기까지 많은 도전과 한계를 직면하게 된다. 경제적 이주민(economic migrants)처럼 친지들과의 결합(reunion)이나 사회적 네트워크를 결성할 만큼의 힘과 기반이 부재하며, 일터와 생활공간에서 본국을 탈출한 이후에도 교란된 정체성을 가지기 쉽다(Christie and Sidhu, 2006). 공적 영역과 사적 영역에서 인종적, 계층적 요인으로 이질적인 '타자'로 인식되면서 자발적 혹은 비자발적으로 소외를 경험하게 된다. 여기서 '경계 넘기'는 학습활동의 주요한 내용이자 수단이 된다.

> 내가 남들과 다르다는 건 받아들여야 해요. 제 생각에는 난민이라는 걸 숨길 게 아니라, 난민촌에서 생활하면서 그냥 더 이상 잃어버릴 게 없어서, 좀 더 마음 크게 먹게 됐어요. 가진 게 없으니, 바닥까지 내려갔으니 두렵고 공포스러운 시간들(침묵). 지나고 나니까, 이제 뭔가 끝이 보이겠구나 싶었어요. 호주에서 영어도 못하고 내가 흑인이니까 난민들은 받아먹는 사람이라고 깔보는 시선도 느껴요. 호주 사람들이 안 그런 척 해도… 그런데 생각을 바꾸기로 했어요. 노란 머리건, 파란 눈이건, 다 똑같은 사람이라고. 내가 여기서 어떻게 헤쳐 나가는가가 중요하지 않나요? 같은 동네에 살면서 서로 도울 일 있으면 돕는 거고 주고받는 거고. 우리 동네 커뮤니티 센터에 행사 있으면 도와주러 가고, 센터에서도 우리 애기를 놀이방 시설 제공해 주니 고맙구요. 그래서 그런 적극적인 태도가 생겼다고 해야 하나. 좀 바뀐 게 있어요(산드라).

케냐에서 7년간 난민촌을 떠돌던 산드라는 호주에 정착하면서 자신의 태도가 적극적으로 변할 수밖에 없었다고 말했다. 언제 끝날지 모르는 불안정한 난민 생활을 거쳐 새로운 사회에 정착하면서, 그녀는 언어적, 인종적 한계에도 불구하고 소외와 고립의 경계를 넘기 위한 전환을 모색했다. 즉 이것은 주체의 자기 인식을 뚜렷하게 하고, '타자'라는 경계를 떠난(Saavala, 2010) 동질감의 생성이라는 새로운 방향이라 할 수 있다.

제가 호주 살면서 달라진 건 일단은 스스로 결정하고(self-determined) 문제가 발생하면 해결해야 하는 능력을 가지게 된 거 같은데. 뭐랄까 아직도 호주에 살면서 낯선 것도 있고, 그 누구도 믿을 수 없고, 의지할 수 없고, 디아스포라(diaspora) 상태에서 나 스스로 해결해야 살아남아요. 생각해보면 시리아에서 비자 브로커에게 당하기도 하고, 도망다니는 제 처지를 악용하는 사람도 많았는데, 호주에 오면서 그런 나쁜 사람은 없지만, 그렇다고 나를 도와주는 사람 역시 없더라고요. 결론은 내가 강해져야 해요. 그렇죠? 호주는 민주주의 선진 국가잖아요. 나는 이제 자유인이 됐지만, 책임이 그만큼 크다는 걸 매일 느껴요. 돈도 벌고 세금도 내고 이 나라의 규칙도 따라야 하고, 이런 모든 일상에서 내가 주인이 될 수밖에 없어요(아자르).

최근 호주에 정착하는 난민들은 대부분 35세 이하의 젊은 장년층이고 그들 가운데 40%는 가족이 다른 제3국의 난민 캠프에 체류하고 있어 혼자 입국한 것으로 나타났다(Australian Government, 2007). 이라크 출신 아자르는 이슬람 과격 세력의 소수 종파 탄압으로 인해 시리아와 요르단에서 난민 생활을 하는 사이, 그의 부모는 아자르보다 2년 앞서 스웨덴으로 망명하였다. 5년간의 난민 유랑 이후 누나와 입국할 수 있었지만 누나 역시 호주 입국 1년 후 스웨덴으로 다시 이주하면서 혼자 살고 있다. 그에게 호주에서의 정착 과정은 이질적인 사회에서 인종적, 문화적, 종교적, 계층적 소수자로서 '혼자 살아남기'를 증명하는 과정이자 일상에서 부딪히는 문제를 주도적으로 해결해 가는 과정이라 할 수 있다. 난민 캠프와 호주사회에서 경험한 분절과 소외를 통해 기존 태도, 가치, 행위를 돌아보고(reflection), 사회적 상황과 상호작용하면서 자기 관리(self governance) 능력을 키운 것이다. 이는 정착을 수용한 주류 사회의 시선이 난민을 '세금을 축내고 받아먹기만 하는 무능한 무임승차자(incapable free-rider)'로 보지 말고, 난민의 능력을 재발견하고 사회적 다양성을 고양하자는 Haileluel(2008)의 논지에 힘을 실어 주는 지점이다. 극적인 생애 경험을 통해 새로 정착한 사회에서, 자유와 책임의 양면성을 각인한 난민 성인학습자는 자신과 세계에 대한 비판적 성찰을 통해 기존의 학습경로(learning trajectory)를 변화시키고 있음을 보여주는 분석

결과이다.

한편, 본 연구는 난민들이 새로운 사회에 정착하면서 비판적 사고력을 획득하게 되었음을 보여주었다. 특히 다문화주의를 국가 정책으로 선포한 호주에 정착한 난민들은 입국 전의 기대와 달리, 난민을 향한 보이지 않는 인종주의와 차별을 일상생활에서 느끼면서 기존의 시각을 반성하고 학습 양식을 전환하게 되었다. 즉 다문화주의의 가치와 자신의 처지를 성찰하고, 넓은 틀에서 자아와 세계의 관계에 대해 질문을 하기 시작하면서 사고력을 키우게 되었다.

> 호주에 살면서 정치적으로 변했어요. 정확하게 말하면 제일 크게 얻은 건 비판적으로 사고하는 습관 같아요. 처음에 맥쿼리대학교에 입학하고 나서, 수업 시간이나 과제 제출을 할 때마다 교수가 계속 비판적 사고(critical thinking)를 수십 번 강조하는 거에요. 처음엔 그게 무슨 말인지 감이 안 잡혔어요. 왜냐하면 수단에서 학교도 못 마쳤고, 난민촌에서도 제대로 학교를 못 다녔어요. 누가 나를 자극시켜 주지도 못하고, 매일 먹고 살기 바빴고, 또 난민 심사 결과만 10년 넘게 기다리다보니... 그런데 대학에서 공부를 하고 호주에서 사람들과 매일 부딪히다 보니까, 점차 세상을 보는 제 눈이 달라졌어요. 나는 왜 고문을 당했는지, 왜 정당한 재판도 없이 그렇게 우리 할아버지는 총살당했는지, UN이 있는데 왜 난민촌에 하루에도 수백 명이 몰려들고, 사람들은 굶주리는지, 왜 아프리카는 이 모양인지. 참, 물어봅시다. 호주는 다문화국가라고 하면서 왜 흑인을 더 차별하나요? 아프리카 이름으로 취업 지원서 내면 무조건 휴지통이에요. 제가 전화하면 이미 채용됐다고 하면서, 다시 공고가 인터넷에 나오고, 결국 백인 친구한테 전화해서 물어보면 모집 중이라고 해요. 이런 인종차별이 보이지 않게 심해요(로쿠이).

로쿠이는 어린 나이부터 우간다와 차드에서 12년간 난민 생활을 하고 5년 동안 호주에 살고 있는 청년이다. 그가 획득한 비판적 사고력과 질문하는 힘(critical thinking and capacity to inquire)은 분절적 생애 경험이 수반한 소외와 주변화를 재구조화하는 학습과정이자 학습활동의 산출물이라 할 수 있다. 또한 사태를 논리적으로 판단하고 인과관계를 분석하는 힘을 가진 맥락은 로쿠이가 난민으로서 가진 개인적 경험과 사회체제가 결합되어 형성된 것이다. 자신을 둘러싼 거시적인 세계 구조에 질문을 가지기 시작한 것이다. 실제로 취업시장에서 '아프리카식 이름(African name)'의 만연한 차별은 다문화사회인 영국, 미국, 호주에서 끊임없이 지적되어 왔다. 시드니에서 30번 서류 심사에서 낙방한 흑인계 취업지원자가 백인식 이름으로 개명을 한 후에 회사에서 6번의 면접 제의를 받았다는 보도는 다문화사회의 포용적 가치와 실제의 극심한 괴리를 보여준다(Francis, August 21, 2011). 호주에서 난민들은 소수자로서 참여적 시민권(participatory citizenship)이 포괄적으로 보장되기 보다는 사회적 안전망의 테두리에는 있되, 그들의 사회적 통합과 개입은 여전히 한계를 가진다는 점을 보여준다. 로쿠이의 경우, 자신이 사적으로 경험했던 소외와 차별사적인 문제를 보다 공적인, 사회구조적인 체제와 연계해서 확장적으로 사고하는 능력을 키우게 된 것이다. 이와 같은 비판적 관점의 전환은 호주사회의 하위체인 난민들이 처한 이중 차별을 구조적으로 읽어 내고 문제를 제기하게 하는 학습결과라 할 수 있다. 폴리(Foley, 1999)는 가장 강력한 학습은 불합리와 압제에 대항할 때 일어난다고 말했다. 왜냐하면 사람들은 자기를 둘러싼 세계에 대체 무슨 일이 일어나고 있는지 파악하려고 분투하고 그 방법을 도출하려고 노력하는 경향이 강하기 때문이다. 성인교육학에서 비판적 사고에 기반을 둔 학습 패러다임(critical learning paradigms)은 기존의 현상유지(status quo) 체제의 모순을 지적하고 사회구조를 비판적으로 이해하여, 새로운 해방적 방안을 도출하는 것이다(Kucukaydin, 2010: 21). 이 점에서 난민 학습자의 분절은 기존 관념과 행위를 성찰하는 비판적 학습여정의 기제로 해석할 수 있다.

마지막으로 본 연구에 참가한 난민들은 학습활동을 통해 미래를 설계하는 힘(ability to design future)을 획득하기 시작한 것으로 나타났다. 그들은 새로운 삶의 터전에서 취업을 하고, 교육을 받고, 친구를 만나고, 지역사회에서 자리를 잡는 낯선 과정에서 과거를 돌아보기 보다는 미래를 기획하는 태도를 얻었다고 말했다.

이젠 고통스런 과거에서 벗어나고 싶어요. 저는 자꾸 난민들한테 정신 상담하는 프로그램만 쏟아 붓는 건 불만이에요. 과거 상처 경험을 치유하기보다 건드리기만 하고, 상담사가 문화 다양성도 모르면서 대충 말하고. 그것보다는 취업에 대한 정보나 교육을 시켜주고, 호주 사람들하고 자연스럽게 만나고 어울릴 수 있는 기회가 더 도움이 돼요. 우리나라에서 회계사하다가 호주와서 청소부하는 현실은 슬프잖아요. (중략) 저는 무조건 여건이 되면 우리 커뮤니티 행사에도 참석하려고 해요. 얼마 전에 새로 입국한 난민을 돕는 멘토링 프로그램도 참여했어요. 난민 출신이라고 3등급이 되어야 하나요? 얼마나 어렵게 호주에 왔는데. 열심히 살고 돈도 많이 벌고 더 앞을 보고 만들어 가는 게 중요해요. 작년부터는 일기도 쓰고, 제가 더 힘을 키워서 나중에 미얀마에 돌아갈지 아니면 민주화운동 단체에 어떻게 도움을 줄지 생각 중이에요.(파루).

파루는 '내가 어떻게 호주에 왔는데'라는 대목을 강조하면서 자신의 삶의 경로와 미래를 설계하는 의지를 보여주었다. 유엔난민기구(2010)는 난민 지위를 인정받아 제3국에 정착한 사람이 34%고, 송환된 난민(refugee returnees)은 66%라고 밝혔다. 즉 난민의 3분의 2에 해당하는 사람들은 또다시 불확실하고 험난한 난민 생활을 거치게 된다. 파루의 진술처럼 대개의 국제난민들은 천신만고 끝에 호주에 입국하게 되고, 굴곡의 여정을 자각하는 만큼 보다 안정적인 정착을 열망하고 미래를 설계하고자 한다. 그런데 현재 호주에서 진행되고 있는 난민 상담 프로그램이 오히려 난민들을 과거로 회귀하게 만들고 상담사의 다문화적 인식(multi-cultural awareness)이 부족하다는 비판이 제기된다(Haileluel, 2008). 영주권 비자를 획득한 난민들은 오히려 지역 사회에서 주민들을 만나고 상호작용하며 몸으로 부딪히는 비형식적 교류의 장을 선호한다(Low, 2011; Institute for Cultural Diversity, 2011).

물론 아직 적지 않은 난민들이 호주 생활에 적응하지 못하고 우울증에 걸리는 경우도 있으며, 특히 본인의 의지보다는 청소년기에 부모와 함께 정착한 난민 학생들은 호주의 교육시스템에 적응하지 못하고 마약에 손을 대거나 조직폭력에 가담하는 비행을 저지르기도 한다(Australian Government, 2007; Victorian

Foundation for the Survivors of Torture, 2005). 그러나 반대로 뉴사우스웨일즈 (NSW)주의 '성인이민자영어프로그램(AMEP)'을 이수한 난민 출신 학습자의 95% 가 호주에서 직업을 갖고, 자신의 고용 능력을 높이기 위해 추가적인 교육을 받고 싶다고 했다(McHutchison, 2011). 이것은 호주에서 난민들이 복지에만 의존하고 취업의사가 없는 나약한 집단으로 재현되는 사회적 인식을 뒤집는 조사라고 할 수 있다.

    그런데 파루도 언급했듯이 '본국의 회계사가 호주에서는 청소부가 되는' 직업능력기술의 호환과 사회 통합 정책의 불일치를 해결하는 과제도 중요하다 (Anderson and Osman, 2008). 특히 평생교육은 성인학습자가 가진 사회학습경험을 체계적으로 분석하고 인증하는 연구와 실천을 담당해야 하는 분야이므로 이에 대한 주목이 필요하다. 아직 대다수의 난민들은 호주에서 교육과 직업 훈련에 관한 다양한 정보에 접근할 수 있는 경로가 제한되어 있고, 미래를 설계하기보다는 우선적으로 일자리를 찾아서 돈을 버는 데 몰두할 수밖에 없는 어려움에 봉착해 있다(Christie and Sidhu, 2006). 아울러 많은 학습자들은 시간부족, 자신감 부족, 학습 기회에 대한 정보 부족, 동기 부족 등을 학습참여의 장애 요인으로 꼽는데 분명한 것은 이러한 요인들이 다양한 제도적, 상황적, 기질적 요인에 따라 달라진다는 것이다(Cross, 1981). 다문화사회인 호주에 정착한 난민들 역시 유사한 학습활동의 한계에 직면하고 있지만 개별 학습자에 따라 본인이 처한 상이한 내적인 요인과 외적인 요인의 상호작용을 통해 학습 궤적을 구성하게 된다. 다시 말해 호주사회에서 난민들은 인종적, 문화적, 계층적 배경으로 인해 '이방인 중의 이방인'으로 보이지 않는 이중적 구속을 받기 쉽지만(Jakubowicz and Moustafine, 2010), 본 연구는 학습활동의 주체로서 난민들이 미래를 향해 나아가는 힘을 키우기 위한 학습여정을 보여준다. 새롭게 정착한 난민들을 위한 멘토링 행사에 참여하여 자원봉사를 한 파루와 마찬가지로, 본 연구에 참가한 국제난민들은 그들이 거쳐 온 초국경적이고 분절적인 생애 경험을 성찰함으로써, 삶의 의미를 재발견하고 미래를 설계하는 태도와 능력을 얻기 시작했다. 이것은 인간의 행위, 사고체계, 감정 등 기본적인 전제를 구조적으로 변화시키는 하나의 전환학습이라 할 수 있다(O'Sullivan, 2003: 19). 난민들은 자신의 사회적 위치, 세계와의 관계, 계층과 인종성이 서로 구조적으로 맞물려 있는 복잡다단한 관계를 이해하기 시작했고 분절과 재통합의 전환적 과정을 거쳐 학습경로를 재구성하였다. 이론적 배경에서 제시했듯이 대개 난민들은 제3국으로 정착하는 과정에서 격심한 분열(major disjuncture)과 이방인화(strangerhood)를 겪게 된다. 질적 연구방법론을 통해 이 연구는 난민의 목소리를 직접 반영하고, 그들의 학습 행위가 새로운 경험의 내용과 구조를 재기획하는 사회적 반응이자, 근본적인 삶의 행위라는 것을 보여주었다. 국제이주로 인해 촉발된 높은 수준의 분절을 직면한 난민에게 학습 활동은 반성적이고 전환적인 생의 양식이라는 점을 각인할 수 있다.

V. 결론 및 시사점

지금까지 살펴본 호주 난민의 학습활동을 통해 우리는 삶의 분절에서 새로운 학습여정이 직조되는 것을 발견할 수 있었다. 아직 대다수의 난민들이 호주에 정착한 후에도 경제적 궁핍, 실업, 인종차별, 언어적 장벽, 교육시스템 적응 실패, 협소한 사회적 네트워크로 인해 변화와 성장의 한계에 부딪히면서 주변부에서 살아가고 있다. 그렇기에 본 연구는 국제난민의 학습 역동을 밝혀냄으로써 인종적, 계층적, 문화적 소수자인 난민의 사회구조적 결핍과 학습경로의 공백을 평생학습 차원에서 이해하고, 평생교육적 개입을 통해 그들의 변화와 성장을 지원해야 한다고 역설한다. 비록 그 사례가 호주의 난민들이라 할지라도 다문화적 배경을 가진 이주민이 점증하는 우리사회에서 이들의 평생학습을 체계적으로 지원할 수 있는 평생교육적 과업을 모색하는 데 의의를 가진다. 그러나 본 연구는 난민의 학습활동을 분석하면서 학습 분절의 수준과 유형을 보다 심도있게 분석하지 못했다는 점에서 한계를 가진다. 따라서 기존의 평생학습 논의를 심화시키기 위해 이주라는 현상을 학습의 관점에서 이론적으로 구조화하고, 분절적 이주 경험을 가진 학습자를 지원하는 실천 방법을 고안하는 추가 연구가 필요하다. 평생교육학이 불연속적인 학습경험과 생애 전환을 통해 이질적 경계선을 횡단한 사람들의 역량을 끌어올리는 '가능성의 언어'가 될 시점이기 때문이다. 이에 본 연구를 통해 도출된 함의와 시사점으로 결론을 마무리하고자 한다.

　　최근 다문화담론을 통해 우리사회에 다양한 인종적, 문화적, 계층적 배경을 지닌 사람들이 공존한다는 사실을 재인식할 수 있었고 평생교육학에서 다문화 사태에 대한 인식과 개입은 중요한 화두 중 하나로 여겨진다. 여기서 난민 출신 성인학습자에 대한 이해는 평생교육학이 학습세계에서 '나'와 '타자'의 경계를 재구조화하고, 다양한 소수자의 목소리를 들어냄으로써 학습경험의 다원성을 분석할 수 있는 하나의 매개 프레임(intermediate frame)이 된다. 이것은 1990년대부터 비판적 성인교육학이 기존의 인종주의에 대한 침묵을 지양하고, 성, 인종, 민족, 계층의 문제를 본격적으로 파고들면서 교육과 학습 경험에서 소위 '색깔(colour)'로 인한 불평등을 비판이론으로 접목시킨 흐름을 계승하는 작업으로 볼 수 있다(Closson, 2010). 교육과 학습 연구의 주요 무대에 코카시안계 유럽 및 영미권 학습자의 경험과 목소리에 집중하던 기존 담론의 확장을 꾀하는 것이다. 따라서 이 연구는 다양한 생애사적 배경과 경험 양식을 가진 학습자의 평생학습을 다각적으로 지원하기 위한 기초 연구로서, 향후 성인학습 발달이론 및 평생교육정책 개발에 하나의 함의를 제공한다.

　　국제난민의 학습활동은 평생교육 연구과 실천의 다문화적 맥락을 시사하고, 이론과 실천의 유기적인 접목을 요청한다. 포괄적 개념으로서의 '다문화'는 국민국가 내에 인종, 언어, 역사, 문화적 동질성과 이질성을 가진 공동체가 다수 존재하는 현상을 말하지만, 국가가 정책적으로 선포한 다문화주의와 시민들이 체감하고 상호작용하는 생활세계의 다문화적 실천은 괴리가 있다(Soutphommasane, 2006). 초국적 경험을 거친 난민들은 호주라는 새로운 삶터로 인도되었지만, 다양한 난민 정착 프로그램과 달리 현실에서는 불안정한 일자리, 빈약한 사회적 지원, 협소한 네트워크, 인종주의 등 한계에 부딪히고 있었다. 호주에는 270개의 다민족이 살고 있고, 거리마다 널린 다국적 음식을 시민들이 매일 즐긴다고 해서 전 사회의 다문화적 의식이나 역량이 자연스럽게 높아지는 것이 아니라는 점이다. 핵심은 타자와의 소통을 통한 참여와 개입이며, 적어도 한 개 이상의 문화집단에 소속되고, 경계를 넘어 민주적 가치를 실현하는 사회적 연대의식이다(Saavala, 2010, Low, 2011, Soutphommasane, 2006). 이것은 단순히 다양한 문화를 존중하고 타자의 존재를 관용하는 입장을 넘어선다.

　　이에 와이즈(Wise, 2010)의 통찰을 주목할 만하다. 그녀는 호주 시드니의 애쉬필드(Ashfield) 타운을 대상으로 중국계 이민자의 집단 거주지와 상권이 점차 확장되면서, 오랫동안 그 곳에서 태어나고 자라오던 백인계 노년층 주민들이 느끼는 다문화적 환경의 스트레스와 격리감을 밝혀냈다. 참여와 소통이 없는 다문화적 환경은 학습주체간의 교류 없는 평행선만 긋고 있다. 이주민의 유입으로 지역사회의 체질이 달라지면서 다른 동네로 이사를 갈 수 있는 경제적 여유도 없고, 새롭게 유입되는 난민들과 소통할 수 있는 '다문화적 시민 규범'(multicultural civic norm)을 체화하지 못한 지역 주민들은 '자신'의 생활세계가 '그들'의 침범으로 이질적으로 변해가면서, 스스로 '타자화'되어 가는 경험을 보여주었다. 호주에서 다문화주의는 국가의 대표적인 정책 골간이며, 사회적 환경으로서 구성되어 있지만 다문화복합체로서의 거시적 환경 자체만으로 개인과 집단의 다문화적 역량을 보장할 수 없음을 보여준다. 오히려 국제난민을 바로 보는 주류 사회의 '관용어린 시선'이 자칫 문화 본질주의로 흘러서, '너'와 '나'의 경계선을 강화하고 사회적 통합을 저해할 우려도 상존한다. 광대한 대륙에서 저출산과 고령화된 노동인구에 대한 사회적 필요로 인해 다문화주의를 채택한 호주에서 국제난민 이슈를 둘러싼 소외와 갈등의 역동이 전개되고 있는 것이다. 따라서 우리의 평생교육학은 학습세계의 차이와 다양성의 정치(politics of difference and diversity)에 어떻게 개입하고, 불연속적이고 전환적인 학습경험을 가진 사람들을 위해 평생교육의 소프트웨어와 하드웨어를 어떤 방식으로 지원할 것인지 진지한 성찰이 요청된다.

　　인간의 학습은 인간의 존재(human being)에 관한 것이고, 존재는 자신이 기반을 둔 생활세계에서 현재성을 가지고 모종의 방향으로 '되어가는'(becoming) 학습활동을 영위한다. 이번 연구에서 분석한 난민의 학습활동은 분절과 균열이 학습의 매개가 되어, 기존 경험의 재구조화를 통해 새로운 학습활동을 전개하는 진행형의 여정을 보여주었다. 더욱이 다문화국가인 호주에서 전개되는 난민의 학습활동은 평생교육 연구와 실천에서 또 하나의 유의미한 축을 제시한다. 그것은 다양한 인종적, 민족적, 계층적 차이를 가진 개체들이 함께 살아가기 위한 공생(共生)의 학습으로서 평생교육학의 역할을 환기시킨다. 누구나 배경과 출신에 상관없이 평등한 평생학습의 기회를 누리고, 평생교육을 통해 이질적인 사회구성원들이 공적 영역에서 참여하고, 각자의 능력을 발전시키고, 나아가 사회적 다양성을 비판적으로 이해하는 과정이 필요하다. 이것은 자아와 세계의 상호작용을 통해 이루어지는 경험의 재구성과정이며, 곧 평생학습 과정이라 할 수 있다.

  본 연구는 분절적 생애 경험을 가지고 새로운 사회에 정착한 난민의 평생학습은 보다 큰 틀에서 이해되어야 한다는 점을 제시한다. 즉 평생교육체제에서 이들의 특수성과 차이가 반영되고, 교육적 요구가 충족되어야 한다. 난민으로서 '표지(labeling)'가 소외와 주변화를 재생산하지 않도록, 공생의 학습은 난민 학습자뿐만 아니라 사회구성원도 자신의 학습활동을 성찰하고 비판적으로 체화해야 완성될 수 있다. 즉 상호작용은 평생교육의 중추적 양식이다. 난민의 정착과 개입은 넓게는 호주의 시민사회의 지형을, 좁게는 지역 주민의 경험양식을 변화시키는 기제가 되기 때문이다. 이 점에서 로우(Low, 2011)는 난민과 지역사회의 사회문화적 상호작용은 난민이 의존적이고 보호받던 존재에서 벗어나 자립의 기반과 성장의 발판을 마련하는 분수령이라고 말했다. 그 전략으로서 난민은 지역 발전에 공헌하는 기여자(contributor)로 인식되는 것이 필요하며, 그들의 역량 강화를 위해 지역사회 구성원은 교육과 노동시장의 접근성을 높여야 한다(Institute for Cultural Diversity, 2011). 이를 볼 때 분절과 전환의 학습과정을 거친 난민을 포용하는 평생교육은 인종적, 계층적, 문화적 다양성의 단순 조합이나 병렬이 아니라, 참여와 개입을 통한 공생의 학습을 지원할 수 있도록, 사회적 인프라를 유인하고 통합하는 혁신적인 기획을 시도해야 할 것이다.

  슬라보예 지젝(Slavoj Zizek)은 만약 사회의 구성원들이 그 사회의 가장 변두리에 존재하는 소수집단을 상호존중의 원칙하에 받아들이거나 소통하지 않는

다면, 다문화주의야말로 인종주의를 가장한 증오와 멸시를 합법적으로 배출하는 언어적 장치로 전락하고 말 것이라고 경고했다. 다문화주의를 표방하고 국가적으로 장려하는 호주에서도 민족적 커뮤니티(ethnic community)를 둘러싼 게토와 소통 단절이 나타난다는 것은 시민적 통합(civic integration)이라는 과제가 얼마나 도전적인지 보여준다. 다문화적 맥락에서 통합은 주체간의 사회적·경제적·정치적 참여가 전제되어야 한다(Haileluel, 2008). 다문화주의를 난민에 대한 통치성(governmentality) 모델로서 관(官) 주도적으로 '집행'하는 것은 외발이식 통합이 될 수 있다. 다문화사회는 차이와 다양성을 포용하는 공존의 이념형이자 실천이며, 다문화주의는 '우리'와 '그들'의 본질적 차이만을 강조하는 분리주의나, 인종적 소수집단을 통합하자는 숨 막히는 동화주의(stifling assimilation)를 넘어서야 한다.

　　프레이저(Fraser)의 논의처럼 다문화사회에서 인종과 계층이 차별의 근거가 되지 않고 이질적인 주체간의 참여적 동등권(participatory parity)이 실천되기 위해서는 사회적 장치가 전제되어야 한다(서유경, 2008). 본 연구는 평생교육이 다문화사회의 이념형이자 실천으로서의 사회적 장치가 되어야 함을 보여주고자 하였다. 타자성에 기반을 둔 동화와 연민의 대상으로서 난민을 포함한 이주민을 규범화하는 것이 아니라, 평생교육적 기획을 통해 학습 주체로서의 이주민의 성장을 체계적으로 지원해야 한다. 예컨대 난민을 위한 리더십교육, 직업능력향상을 위한 단계별 플랫폼(platform) 사업, 지역과 난민의 동반 성장을 위한 멘토링 프로그램, 시민참여의 반(反)인종주의·반(反)차별 하모니 캠페인, 함께 살아가는 시민학습 프로그램 등은 평생교육의 실천적 방법으로 제시될 수 있다. 이상의 논의를 종합하자면, 국제난민을 포용하는 평생교육학 연구는 불연속적 생애 경험과 학습발달이론의 관계를 고찰할 뿐만 아니라, 인종적, 문화적 소수자를 위한 평생학습 인프라를 넓히고 시민사회의 다문화 역량을 제고할 수 있도록 그 지평을 확장할 시점이다.

참고문헌

김진희(2011). 다문화시대의 한국과 호주의 국제이해교육 특성과 과제. 비교교육연구, 21(1), 33−63.

김현경(2007). 난민으로서의 새터민의 외상(trauma) 회복 경험에 대한 현상학 연구. 이화여자대학교 박사학위논문.

난민인권센터(2011). 2011 상반기 국내의 난민 현황 자료집, http://www.nancen.org/613.

서유경(2008). 다문화 공생의 정치원리로서 아렌트주의(Arendtianism). 한국시민윤리학회보, 21(1), 75−101.

이병렬, 김희자(2011). 캐나다, 호주, 독일, 프랑스 난민정책의 특성에 대한 연구. 한국사회정책, 18(2), 13−36.

Anderson, P and Osman, A.(2008). Recognition of prior learning as a practice for differential inclusion and exclusion of immigrants in Sweden. *Adult Education Quarterly*, *59*(1), 42−60.

Australian Government(2007). Fact Sheet 60. Australia's refugee and humanitarian programme Produced by the National Communications Branch, Department of Immigration and Citizenship, Canberra, Retrieved July 25, 2008, from http://www.immi.gov.au/media/fact-sheets/60refugee.htm#g

Beck, U.(1992) Risk Society, London: Sage.

Christie, P and Sidhu, R. (2006) Governmentality and 'fearless speech': framing the education of asylum seeker and refugee children in Australia. *Oxford Review of Education*, *32*(4), 449−465.

Church, K. and Bascia, N. and Shragge, E.(2008). *Learning through community: exploring participatory practices*, London: Springer.

Closson, R. B(2010). Critical race theory and adult education. *Adult Education Quarterly*, *60*(3), 261−283.

Cross, K.P. (1981). *Adults as learners*. San Francisco: Jossey−Bass.

Field, J(2006). *Lifelong Learning and the New Educational Order*. Trentham Books, Foley, G.(1999). *Learning in social action*. New York: Zed Books.

Giroux. H.A.(1993) *Bordwer crossing*, New York and London: Routledge.

Gudtavsson. B. and Osman. A.(1997). Multicultural education and life－long learning. Walters.S(Eds). *Globalization, adult education and training*. London and New York: Zed books.

Haileluel, G, S.(2008). *Integration strategies of Migrants and Refugees*. The winston Churchill Trust. Memorial Trust of Australia.

Horst, H, V.(2010). Dwellings in transnational lives: A biographical perspective on 'Turkish－Dutch' houses in Turkey, *Journal of Ethnic and Migration Studies*, *36*(7), 1175－1192.

Institute for Cultural Diversity(online, 2011). http://www.culturaldiversity.net.au/

Jakubowicz, A.H. and Moustafine, M.(2010). Living on the Outside: cultural diversity and the transformation of public space in Melbourne', *Cosmopolitan Civil Societies: An Interdisciplinary Journal*, *2*(3), 55－75.

Jarvis, P.(2007) Globalisation, lifelong learning and the learning society. London: Routledge.

Jarvis P.(2010). *Adult education and lifelong learning*. London: Routledge.

Jordan, B. and Duvell, F. (2003). Migration, London: Polity.

Kim, Y. Y. (2005). Adapting to a new culture. In Gudykunst, W (ed.) *Theorizing about Intercultural Communication*, Thousand Oaks and CA: Sage.

Kucukaydin, I.(2010). Counter－learning under oppression. *Adult Education Quarterly*, 60(3), 215－232.

Lash, S. (2000). Risk culture. In B, Adam. and U, Beck. and J, V. Loon. (eds.) The Risk Society and Beyond: Critical issues for social theory, London: Sage.

Lee, R.(2006). Lifelong learning at the borders: transnational learning experiences of migrant workers in Korea. University of British Columbia. PhD thesis.

Low, A. (online, 2011). Local interaction: a durable solution for refugees? http://wiredspace.wits.ac.za/bitstream/handle/10539/1740/Rampe%20Hlobo%20research%20report.pdf?sequence=2

Newman, M. (1994). Defining the enemy: Social action in adult education, Sydney: Stewart Victor Publishing.

Pamela. C.(2005). Blank slates or hidden treasure? Assessing and building on the experiential learning of migrant and refugee women in European countries. *International Journal of Lifelong Education*, *24*(3), 227−242.

Refugee Council of Australia(online, 2011). http://www.refugeecouncil.org.au/

Russel. T.(2005). Learning to be Australiam: provision of education programs for refugee young people on−journey and upon resettlement. UNSW: The centre for Refugee Research.

Saavala, M.(2010). Forced migrants, active mothers or desired wives. *Journal of Ethnic and Migration Studies*, *36*(7), 1139−1155.

Sidhu. R R and Taylor. T.(2007). Educational provision for refugee youth in Australia: left to chance? *Journal of Sociology*, *43*(3), 283−300.

Soutphommasane, T. (2006). After Cronulla: Debating Australian Multiculturalism and National Identity. Australian Mosaic, March−April.

UNHCR(2011) Global trend 2010. Retrieved July 29, 2011, from http://www.unhcr.org/pages/49c3646c4d6.htmlVictorian Foundation for the Survivors of Torture(2005) Education and refugee students from southern Sudan Foundation House. Retrieved October 10, 2007, from http://www.foundationhouse.org.au/pdfdocs/SudaneseStudentsWeb.pdf

Wise, A(2010). Sensuous muliticulturalism: Emotional landscapes of inter−ethnic living in Australian suburbia. *Journal of Ethnic and Migration Studies*, *36*(6), 917−937.

신문기사

내일신문(2011. 4 25).난민가입협약 19년, 한국의 난민 현주소 "난민으로 인정받기도, 살기도 힘들어 http://www.naeil.com/News/politics/ViewNews.asp?nnum=603066&sid=E&tid=0

David R. Francis(August 21, 2011). Employers' Replies to Racial Names http://www.nber.org/digest/sep03/w9873.html

McHutchison. I. (August 2, 2011) Migrants roll up their sleeves http://www.theage.com.au/opinion/society−and−culture/migrants−roll−up−their −sleeves−20110801−1i84n.html

찾아보기

ㄱ

가능성의 언어 397
가다머(Gadamer) 159
간문화적 역량 184
간문화적 통합 311
간문화주의 265, 332
갈등 34
개발도상국가 145
게토 406
게토화 39
결혼이주여성 212
경험서사 42
경험학습론 37
경험학습의 인증체제 27
계급 40
계층 43
고용허가제(EPS) 109
공교육의 평생화 12
공동체 16
공동체 모델 204
공적 영역 148
교육결과 인증 28
교육공동체 17
교육복지 274
교육성취도 288
교육수월성 271
교육시스템 23
구성주의 11

국가주의 시민성 143
국민국가 63
국민국가의 시민성 264
국제난민 133
국제이주 64, 404
국제이주결혼여성 99
국제이해 133
규범상 윤리 387
균등성 392
균열 132, 403
그람시 149
글로벌 인재 215
기능주의적 다문화담론 377
기업의 사회적 책임 202

ㄴ

난민 비호신청자 373
난민의 지위에 관한 협약 401
난민 청소년 286
네트워킹 15
노르웨이 251
능동적 학습자 177

ㄷ

다문화가정 자녀 75
다문화가족 35
다문화가족지원센터 76

다문화 갈등 259
다문화고객 379
다문화교육 콘텐츠 311
다문화교육 프로그램 328
다문화교육기관 359
다문화 · 다인종사회 256
다문화담론 365
다문화된 생활세계 108
다문화 민주시민교육 55
다문화사업 54
다문화사회 35
다문화서비스 379
다문화수용성 219
다문화수용성조사 223
다문화수용성지수 259
다문화 시민성 391
다문화 실패론 231
다문화역량 45
다문화 열풍 36
다문화유권자연대 53
다문화이해교육 121
다문화인구 251
다문화인식 329
다문화적 경험 134
다문화적 사태 36
다문화적 생활 세계 33
다문화적 시민 규범 426
다문화적 조직 모델 314
다문화 정책 73
다문화정책 무용론 248
다문화주의 모형 317
다문화 친화적 시민학습 365

다문화 학습 131
다문화학습능력 176
다문화학습역량 164
다양성 44
다양성 관리 205, 333
다원적 시민성 49, 107, 158, 162
다원주의(pluralism) 68, 142
다원주의적 시민성 47
다중복합체 48
단일문화 45
대항 학습 411
독일 237
동등화 21
동화적 접근 314
동화주의적 접근 82
듀이 29
디아스포라 232
딜타이 152

ㅁ

막스 프리쉬 144
매개 프레임 425
맥락화 7
멘토링 81
모든 이를 위한 교육 120
무상급식 275
무형식 15
무형식적 상호작용 154
문화간연구 44
문화다양성 192, 405
문화다원주의 100
문화 소외 136

문화적 상대주의 44, 194
물신화 143
미셸 푸코 262
민족주의 45

ㅂ

바우처 체제 18
반(反)다문화정서 263
반(反)차별 172
반(反)편견 172
반성 38
반인종교육 39, 140
배타성 63
백호주의 372
벨 훅스(Bell Hooks) 232
변증법적 과정 34
변혁적 성장 123
부정적 제어 115
분절 132
분절적 생애 경험 400
분절적 생애경험 124
불능화된 소수자 413
불연속적 경험 235
브릿지 프로그램 355
비서양문화 40
비판적 다문화주의 194
비판적 사고 41
비판적 시민교육 33, 121
빈곤 취약 지역 288

ㅅ

사인화 42
사전학습 27
사전학습 경험 347
사전학습 경험 인정 69
사회 계층이동 248
사회적 통합 271
사회적 포용 88, 123, 380
사회적 학습기회 93
삶의 경험 15
상호교섭 34
상호문화주의 184
상호작용 8, 261
상호학습 182
상황구속성 157
생활 세계 7
성 40
성인교육 21
성인학습 40
성인학습의 물신화 141
성찰 416
세계문화교실 154
세계시민교육 146
세계시민주의 142, 215
세계체제이론 103
셀비 47
소수인종 성취장려금 291
소수파문화 40
소외 405
소외의 정치학 146, 406
소통 34
수직적 통합 19

수평적 통합　19
슈그렌스키　154
스웨덴　75
스피박　150
슬라보예 지젝(Slavoj Zizek)　427
시뮬라시옹　375
시민사회　46, 195
시민성　47, 123
시민적 통합　124
CSR보고서　204, 220
시혜적 복지　118
식민화된 생활세계　126

아비투스　403
아프리카식　389
앎을 위한 학습　20
앎의 내재화　38
암묵적 지식　8
여성문화　40
연계성　21
영국　237
오스본　47
외국인 근로자　91
외국인정책 기본계획　315
월러스타인　103
유기적 연대(organic solidarity)　12
유기적(有機的) 학습　12
유네스코　19
유럽연합(EU)　239
UN　35
유엔난민기구　368

융합　34, 48
은행저축식　17
의미구조　37
이류 시민화　68
이민국가　35
이방인화　389, 404
이주　117
이주노동자　105
이주민　70
이주민 교육　345
이주민 교육지원　85
이주민 성인영어교육　378
이주여성노동자　99
이주의 가속화　103
이주의 세계화　103
이주의 여성화　103
이주의 정치화　103
이주청소년　284
이주형태의 다원화　103
이중적 굴레　120
이질성　38, 233, 259
인도주의　365
인도주의 비자　407
인도주의적 이념　372
인도주의 프로그램　350
인식망　50
인적자원개발　17
인종　40
인종 카드　237
인종결정주의　85
인종적 다양성　276
인종주의　67

ㅈ

자기주도 17
자유의지 39
자유주의적 다문화주의 67
자유주의적 보편주의 314
자유주의적 세계시민주의 402
재구조화 8
재스민혁명 368, 399
재현 48
적극적인 시민성 48
전문대학 343
접촉의 빈도 195
접촉의 질 195
존스톤(Jonhston) 158
존재를 위한 학습 20
종속성 44
종족 40
종족주의 44
주변화 405
주지주의 11
주체성 189
주체의 성장 392
주체의 자생화 147
지배문화 145
지역공동체 144, 301
질적 연구 109

ㅊ

차별적 포섭/배제 68
차이와 다양성의 정치 426
참여적 시민권 54, 123, 421

참여적 시민사회 47
참여적 시민성 265
초국경 이주 397
초국적 교육 경험 293
초국적 시민연대 141
충돌 34

ㅋ

캐나다 75, 317

ㅌ

타자화 54, 145
탈맥락적 29
탈주체성 44
태제 85
통치 담론 231
통치성 236, 245, 365
통합 18
통합적 유기화 21

ㅍ

파트너십 296
평생교육사 55
평생교육적 기획 101
평생학습 기회 33
평생학습 종합지원시스템 126
평생학습담론 4
평생학습망 14
평생학습사회 5
평생학습의제 123
평생학습진흥종합계획 4

평생학습체제   5
폐쇄형 종점모형   28
포스트모더니즘   11
포인트 시스템   350
푸코   145
프랑스   237

형식 교육   380
호주   75
호프스테드   150
혼종   49

ㅎ

하버마스   127, 149
하위체   161, 264, 369, 421
학부모의 높은 참여   301
학습경로   415, 417
학습경험   18, 404
학습공동체   91
학습분절   403, 416
학습 양식의 재구조화   131
학습사회   4
학습생태계   42
학습소외계층   16
학습의 탄성   412
학습자   16
학습자 중심   13
학습주체   29, 65, 165
학습하는 방법을 학습   17
학업 성취   295
함께 살아가는 학습   52
합법적 배제 기제   51
해체   41, 48
행함을 위한 학습   20
헤게모니   43, 149
헨리 지루   25
현장 경험학습 평가인증   23

저자약력

김진희

　　김진희는 이화여대 사회교육과를 졸업하고, 서울대학교 교육학과에서 석사학위를 받고, 동 대학원에서 박사과정을 수료하였다. 이후 영국 University of Surrey에서 「Border Crossing on Migrant Workers' Lifelong Learning」으로 박사학위를 받고 단과대 '최우수 박사논문상'을 수상한 바 있다. 박사 학위 취득 이후 호주 연방정부의 신진학자 연구상(Endeavour Awards)을 수상해서 University of Technology Sydney의 기금교수로 재직하고 남아프리카공화국 Free State University의 특임교수로 활동했다. 현재 한국교육개발원 연구위원으로 재직하면서 서울대학교 외래교수로 대학원 과정을 가르치고 있다. 그동안 국제이주와 교육학이 교차하는 다양한 이론 연구와 실천 지형에 관심을 가지면서 다문화교육, 세계시민교육, 국제교육개발협력을 연구해 왔다. 제70차 유엔(UN) 총회의 글로벌교육우선구상(GEFI)에 관한 한국 정부의 정책자문관으로 참여한 바 있으며, 유네스코 프랑스 본부의 자문위원과 한국다문화교육학회 및 한국국제이해교육학회의 이사로 활동하고 있다. 저서로는 『Transnational Migration and Lifelong Learning』, 『글로벌시대의 세계시민교육』, 『간문화주의와 다양성관리』 등 40여권의 논저가 있다.

제2판
다문화교육과 평생교육: 이론과 실제

초판발행   2016년 8월 10일
제2판발행   2018년 5월 15일

지은이   김진희
펴낸이   안상준

편 집   전채린
기획/마케팅   노 현
표지디자인   권효진
제 작   우인도 · 고철민

펴낸곳   ㈜ 피와이메이트
               서울특별시 마포구 월드컵북로 400, 5층 2호(상암동, 문화콘텐츠센터)
               등록 2014. 2. 12. 제2014-000009호
전 화   02)733-6771
f a x   02)736-4818
e-mail   pys@pybook.co.kr
homepage   www.pybook.co.kr
ISBN   979-11-88040-86-5   93370

copyright©김진희, 2018, Printed in Korea

정 가   22,000원

박영스토리는 박영사와 함께하는 브랜드입니다.